Elizabeth Tate

Ravensburger Handbuch der Maltechniken

Ravensburger Handbuch der Maltechniken

Elizabeth Tate

Die Techniken und Methoden von A bis Z
und eine ausführliche Anleitung
zum Malen der beliebtesten Motive

Urania-Ravensburger

Die Deutsche Bibliothek –
CIP-Einheitsaufnahme

Tate, Elizabeth:
Ravensburger Handbuch der Maltechniken : die Techniken und Methoden von A bis Z und eine ausführliche Anleitung zum Malen der beliebtesten Motive / Elizabeth Tate. [Aus d. Engl. übertr. von Hajo Düchting]. - Berlin : Urania-Ravensburger, 2000
Einheitssacht.: The encyclopedia of painting techniques <dt.>
ISBN 3-332-01076-X

Die Originalausgabe wurde erstmals unter dem Titel „The Encyclopedia Of Painting Techniques“ veröffentlicht

Aus dem Englischen übertragen von Hajo Düchting
Umschlaggestaltung:
Designbureau Di Stefano, Berlin
Printed in Slovenia
02 01 00 99 4 3 2 1

ISBN 3-332-01076-X

Inhalt

Lexikalischer Teil

Die Autorin vertritt die Meinung, daß es eine ganze Menge an Malmaterial gibt und viele Möglichkeiten, es zu verwenden. Einige dieser Materialien und Techniken sind schon seit Jahren bekannt, und einige sind neu dazugekommen. Das ist doch eine Anregung, einmal über Malerei und Malwesen erneut nachzudenken.

In einem Buch dieser Größe wäre es nicht möglich gewesen, alle Malmethoden und technischen Verfahren aufzuzeigen, noch wäre das wünschenswert. Allein über vierzig Techniken sind hier beschrieben, wobei die Auswahl der Autorin nicht nur anregend ist, sondern oft über das Übliche hinausgeht. Daneben sind praktische Anwendungen der mehr traditionellen Techniken eingeschlossen. Das Ziel dieses Buches ist eben, nicht zu sagen, wie man malen sollte, sondern Sie mit den vielen technischen Möglichkeiten des Malmaterials vertraut zu machen. Das Buch vermeidet absichtlich einen rein historischen Zugang: Eine relativ moderne Technik, „Frottage", erscheint vor einer altüberlieferten, „Lasur"; es konzentriert sich lediglich auf Anregungen und Vorschläge zu den technischen Möglichkeiten der Malerei.

Die meisten Lexika sind nicht dazu da, um von vorne nach hinten durchgelesen zu werden, sondern um ein bestimmtes Stichwort nachzuschlagen. Wenn Sie wissen wollen, was „Fett auf Mager" bedeutet und wie man das macht, können Sie das hier in normaler Weise nachschlagen. Es lohnt sich jedoch, auch den ersten Teil des Buches ganz durchzulesen, da viele Techniken aufeinander bezogen sind oder zusammen verwendet werden können. In diesem Lexikon werden Sie einen neuen Zugang zu den Maltechniken finden; die besondere Form des Buches ist dazu geeignet, Ihnen die Inhalte einprägsam zu vermitteln.

Was immer Sie malen, einige der hier aufgezeigten Techniken könnten für Sie interessant sein und vielleicht sogar Ihre Haltung zur Malerei verändern.

Man begegnet häufig der Theorie, daß die Sprache der Malerei als Mittel der Kommunikation dem gesprochenen Wort vorausgehe. Wie und aus welchen Gründen unsere entfernten Vorfahren Malerei zu Kommunikationszwecken benützten, ist bisher nicht genau erforscht. Unter Psychologen wie Künstlern gibt es darüber sehr unterschiedliche Ansichten. Eines steht jedoch fest: Zivilisationen ohne eine aufgezeichnete Sprache besaßen dafür irgendeine Form von Malerei.

Die Geschichte der Malerei und der von den Künstlern verwendeten Maltechniken ist nicht zuletzt deshalb so faszinierend, weil wir die genaue Handhabung von einigen älteren maltechnischen Effekten nicht kennen. In der National Gallery, London, befindet sich das Bild „Die Vermählung des Arnolfini" von Jan van Eyck aus dem Jahre 1434. Es ist heute wohlbekannt, daß van Eyck in diesem Gemälde Grünspan verwendete. Dies ist ein giftiges Mineralpigment von blaßgrüner bis tiefblaugrüner Farbigkeit, das durch Auflösen von Kupferspänen in Essigsäure oder auch einfach Weinessig gewonnen wird. Seit der Erfindung des Chromoxidhydratgrün hat die Maltechnik Grünspan nicht mehr nötig.

Van Eyck gebrauchte für seine Gemälde außerdem Purpurlack, gewonnen aus dem Saft der Purpurschnecke oder einem Absud der Cochenillelaus, und Auripiment, eine sehr giftige Schwefel-Arsenverbindung, die ihre Farbe von Zitronengelb bis Orange wechselt. Heute wissen wir genügend über diese Farben und schließen sie deshalb aus unserem Gebrauch aus. Zudem geht Grünspan in einem Zeitraum von wenigen Monaten in Weiß über, die beiden anderen Farben werden schwarz. Wir wissen nicht, wie es van Eyck gelungen ist, diese Farben so zu verwenden, daß sie als die lieblichen Farbtöne erhalten blieben, die wir bis heute auf seinen Bildern bewundern. Ebensowenig wissen wir über die Malmittel von Peter Paul Rubens (1577–1640), der im Unterschied zu van Eycks langsamer und penibler Arbeitsweise sehr schnell malte. Es wurden bisher viele Versuche unternommen, diese Malmittel zu rekonstruieren, jedoch ohne Erfolg.

Künstler verwenden meistens die Malmittel, die zu ihrer Zeit erhältlich und gebräuchlich sind. In den zurückliegenden Epochen wurden Malweisen geändert, weil neues Malmaterial entdeckt wurde oder weil man durch das Klima, in dem man lebte, dazu gezwungen wurde, neue Ausdrucksmittel zu finden. Die in Süditalien so beliebten Fresken, die die trockene Hitze konservierte, zerfielen im nördlichen, feuchten Venedig dagegen schnell, als man hier gleichermaßen verfahren wollte. Deswegen erfanden die Künstler in Venedig einen neuen Malgrund (Leinwand), verwendeten ein neues Malmittel (Ölfarben) und infolgedessen neue Techniken. Leinwand gab es genügend, da die Stadt einen Seehafen besaß, und die Ölfarben widerstanden dem Klima ausreichend.

Heute gibt es kaum noch diese alten Farben, da viele durch neue, künstlich hergestellte (chemische) Produkte ersetzt worden sind. Speziell die für die kunststoffverarbeitende Industrie hergestellten Farben sind brillanter und beständiger als die alten Farbstoffe. Phthalocyaninblau hat zum Beispiel Preußischblau (fast durchgehend) ersetzt und ist diesem bezüglich der Bindemittel überlegen. Neue Materialien vergrößern im allgemeinen das Repertoire des Künstlers, und dadurch werden neue Maltechniken entwickelt.

Der Nutzen des ersten Teils dieses Buches besteht darin, daß dieser von den Malmaterialien handelt, die heute im Handel sind, und daß er einen Bereich von Maltechniken aufzeigt, die man mit diesem Material ausprobieren kann. Er gibt eine Fülle von Anregungen und kann ebenso als Referenz- oder Quellenteil benutzt werden, indem Sie nachschlagen können, was Sie vorher noch nicht gekannt haben. Die Autorin verlangt von Ihnen nicht die Beherrschung einer speziellen Maltechnik, kein traditionelles Können oder abstrakte Vorstellungskraft. Sie ist vielmehr daran interessiert, Ihnen zu vermitteln, was überhaupt maltechnisch möglich ist. Sie werden keine esoterische Geschichte einer Malfarbe oder eines Malmittels finden, sondern viele praktische Vorschläge, insbesondere zu technischen Belangen, egal was Sie malen.

„Pusteflecken" werden beispielsweise gerne von Kindern benutzt, aber auch Jackson Pollock (1912–56) kannte diese Technik, die Sie wohl in Ihrer Malerei (bisher) kaum so verwendet haben. Und doch schreibt schon Leonardo da Vinci (1452–1519) in seinen Notizbüchern darüber, und Alexander Cozens (1717–86) beschreibt eine ähnliche Technik in seinem Buch über Wolken und Landschaften.

Es gibt noch genügend Maltechniken zu entdecken. Ich hoffe, Sie haben Spaß daran!

Abdeckverfahren

Abdecken bedeutet, daß bestimmte Stellen eines Bildes mit einem Abdeckband oder einer Abdeckflüssigkeit geschützt werden, um frei darüber arbeiten zu können, ohne die darunterliegenden Teile zu beschädigen. Das dient zwei Zwecken: Zuerst schützt das Abdecken fertig gemalte Farbflächen vor zufälligen Spritzern während der Arbeit. Wenn Sie z. B. an einer Stelle des Bildes eine „Action Painting"-Technik, wie Verspritzen von Farbe, versuchen, sollten Sie andere Teile des Bildes, die nicht gespritzt werden sollen, abdecken, da die Farbspritzer in alle Richtungen fliegen können. Zum andern dient eine Maske oder eine Abdeckflüssigkeit dazu, bestimmte Teile der Malerei vor weiteren Übermalungen auszunehmen, um die Farbe des Malgrundes beizubehalten.
Ist eine Fläche erst einmal sicher abgedeckt worden, können Sie ungehemmt mit dem Rest der Malerei weitermachen. Sie brauchen nicht um Stellen vorsichtig herummalen, sondern können direkt über die Abdeckung malen. Nach Beendigung der Arbeit werden die Abdeckung abgezogen und die darunterliegenden Stellen freigelegt.
Es gibt verschiedene Abdeckungsmöglichkeiten für den Künstler, angefangen von einem einfachen Stück Zeitungspapier zu Folien mit leicht klebenden Flächen oder Rubbel-Krepp bis zu einer sehr ausgeklügelten Latexflüssigkeit. Was Sie verwenden, hängt von Ihrer Technik, der Größe und Art Ihres Malgrundes und dem angestrebten Effekt ab.

Tesaband
Tesaband als starkes, selbstklebendes Band haftet fest auf Papier, Karton und Leinwand, kann aber leicht wieder abgezogen werden. Das Arbeiten mit Tesaband funktioniert gut auf Leinwand und getrockneter Farbe, kann aber manchmal die Oberfläche des weichen Papiers beschädigen. Verwenden Sie es deshalb nur auf ausreichend starkem und großem Papier. Tesabänder werden oft für lineare oder geometrische Muster verwendet, z. B. in der Hard-Edge-Malerei oder in der Op-Art. Da Tesaband immer eine harte Kante hinterläßt, ist diese Technik ungeeignet, um weiche, organische Formen abzudecken.

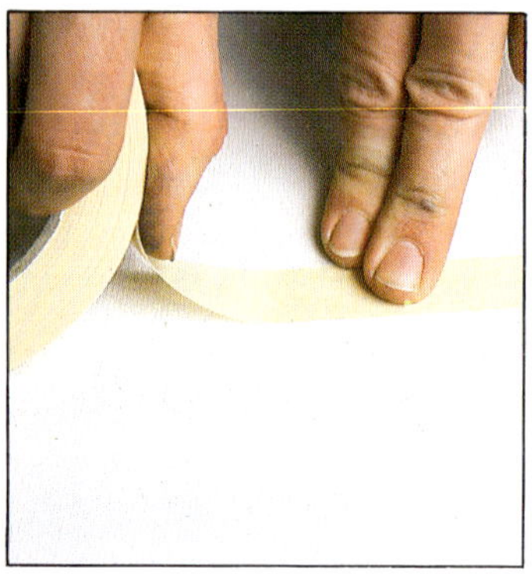

Abkleben mit Tesaband
1. Wenn saubere, scharfe Grenzlinien beim Farbauftrag gewünscht werden, ergibt Tesaband die besten Resultate. Der Untergrund muß völlig trocken sein, bevor Sie das Band in der gewünschten Position befestigen.

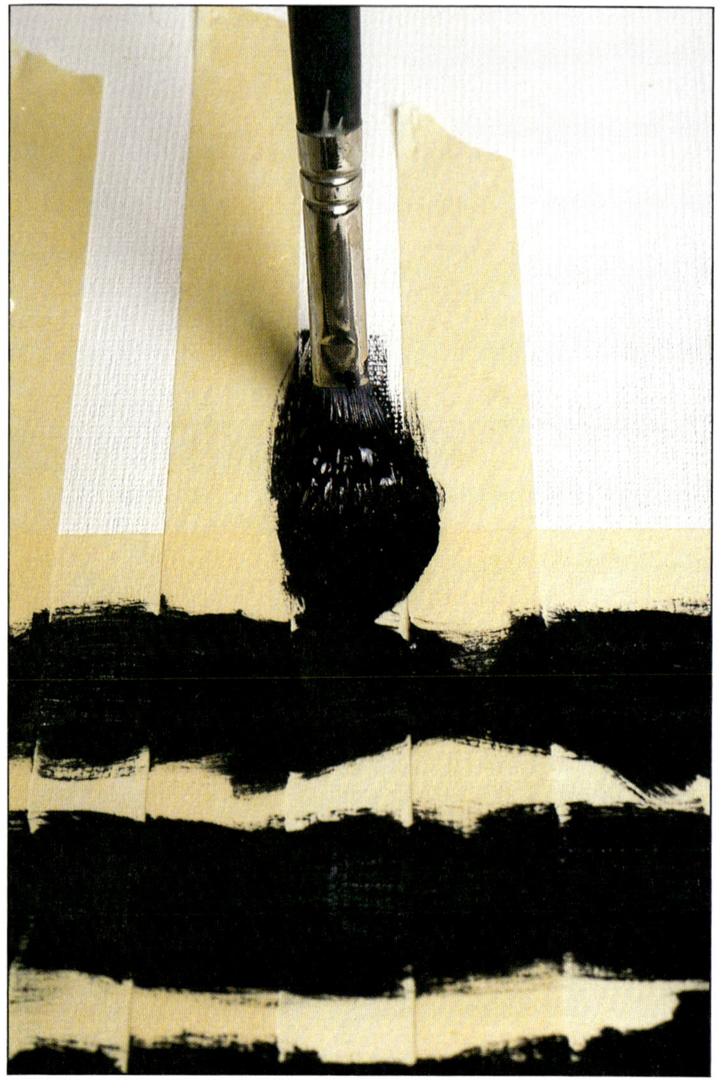

2. Hier wird Acrylfarbe über die Gitter der Tesabänder gestrichen. Malen Sie gleichmäßig über die Kanten der Bänder, damit nach dem Abziehen keine unregelmäßigen Linien zurückbleiben.

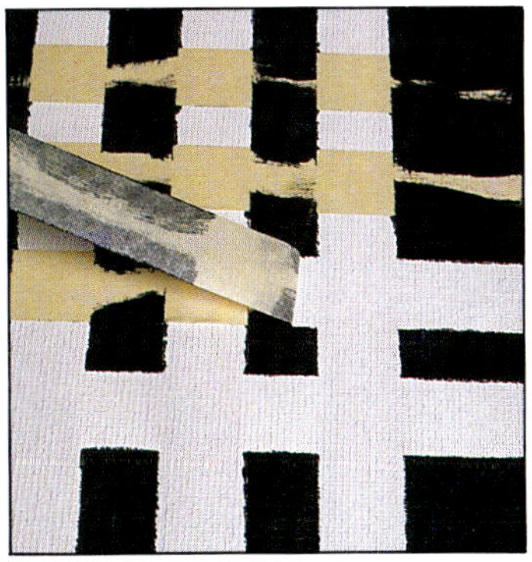

3. Lassen Sie die Farbe gründlich durchtrocknen und heben Sie dann jedes Band vorsichtig an und ziehen es ab.

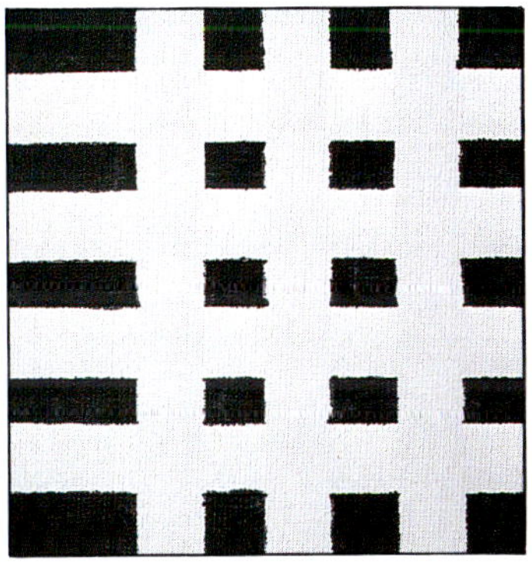

4. Der endgültige Effekt zeigt ein klares Muster sauber gezogener Linien.

Abdeckflüssigkeit

In der Aquarellmalerei muß man vorher einplanen, wo die hellen Stellen kommen sollen und um sie herummalen. Das kann ein zeitraubender Prozeß werden. Man kann das Problem sehr wirkungsvoll lösen, indem man eine Spezialflüssigkeit wie Rubbel-Krepp über die abzudeckenden Stellen streicht.

Diese im Fachhandel erhältliche, gummiähnliche Lösung wird mit einem Pinsel wie Farbe aufgetragen und trocknet in Sekunden zu einem klaren, wasserabstoßenden Film auf, der übermalt werden kann, ohne daß die darunter befindliche Farbschicht beeinträchtigt werden würde. Wenn das Bild vollkommen trocken ist, kann sie leicht durch Rubbeln mit dem Finger entfernt werden.

Diese Abdeckflüssigkeit hat den Vorteil, in jeder Form aufgebracht werden zu können. Sie bildet eine sichere, wasserfeste Abdeckung und braucht nicht manuell auf dem Malgrund festgehalten zu werden. Der einzige Nachteil ist, daß die mit Abdeckflüssigkeit behandelten Stellen immer einen scharfen Rand haben, der vielleicht nicht immer mit der übrigen Malerei übereinstimmt. Zum Auftragen der Flüssigkeit sollten Sie immer einen alten Pinsel nehmen und ihn anschließend in warmem Seifenwasser auswaschen, um ein Verkleben der Pinselhaare mit der Gummilösung zu verhindern.

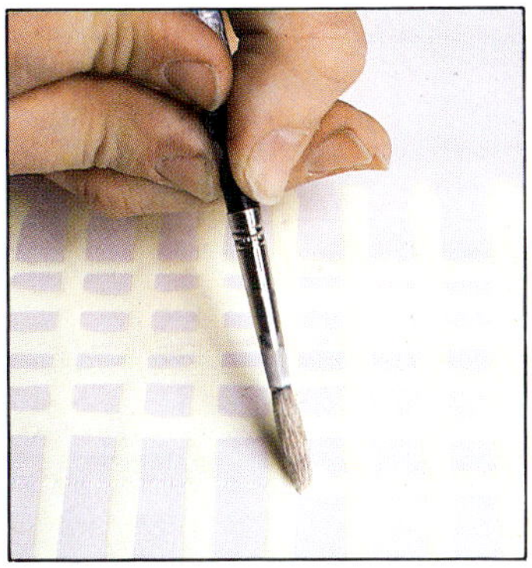

Auftragen von Abdeckflüssigkeit

1. Tragen Sie mit einem weichen Pinsel die Abdeckflüssigkeit in die Stellen ein, die weiß bleiben sollen. Trocknen lassen. Die Abdeckflüssigkeit muß frisch sein, sonst färbt sie das Papier gelb. Waschen Sie nach Gebrauch den Pinsel aus, um ein Verkleben zu verhindern.

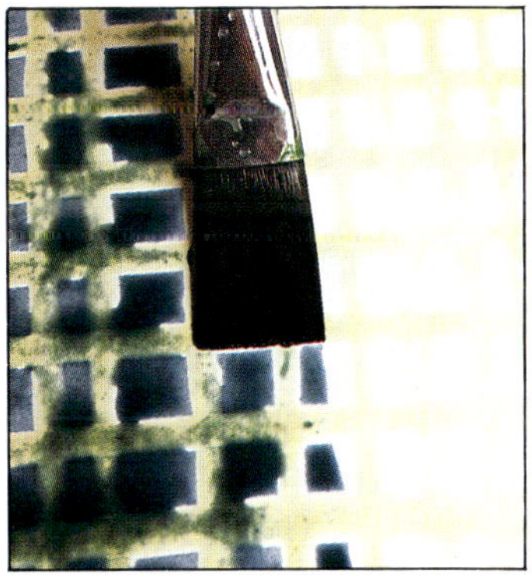

2. Wenn die Flüssigkeit trocken ist, können Sie frei über die Malfläche gehen. Andernfalls müßten Sie die Stellen, die freibleiben sollen, vorsichtig umgehen.

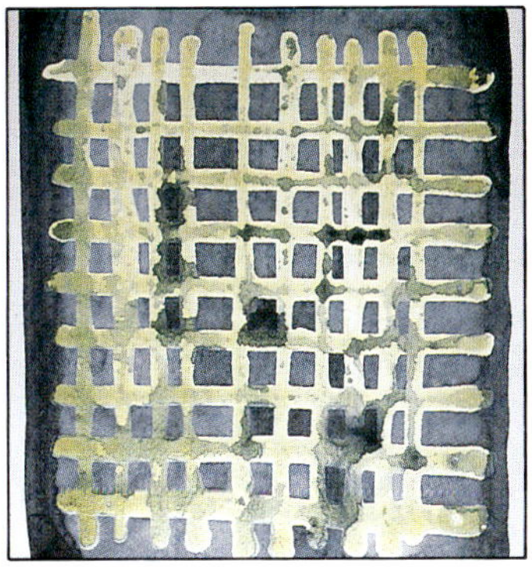

3. Lassen Sie die Aquarellfarbe gut durchtrocknen, bevor Sie weitermachen.

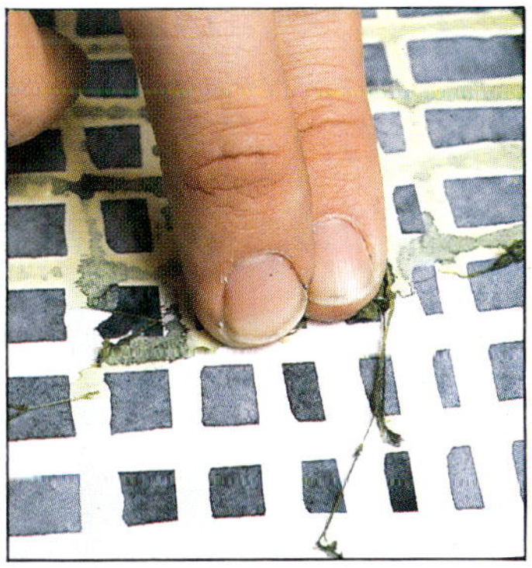

4. Entfernen Sie die Abdeckflüssigkeit durch Rubbeln oder mit einem weichen Knetgummi und ziehen Sie die Reste ab. Falls die Farbe noch nicht ganz trocken ist, wird sie natürlich bei dieser Prozedur verschmieren.

Wachs

Ein schöner, gebrochener Effekt, besonders auf rauhem Papier oder Leinwand, wird durch Abdecken mit Wachs erreicht. Nehmen Sie eine weiße Kerze oder eine weiße Wachskreide und reiben Sie über das Papier, so daß lediglich die Körnung berührt wird. Nach Beendigung des Malprozesses kann das Wachs durch Ausbügeln entfernt werden.
Das gefleckte, aufgebrochene Aussehen der mit Wachs bedeckten Farbe eignet sich sehr gut für Texturen von Baumrinden oder die Wiedergabe funkelnden Sonnenlichts auf Wasser.

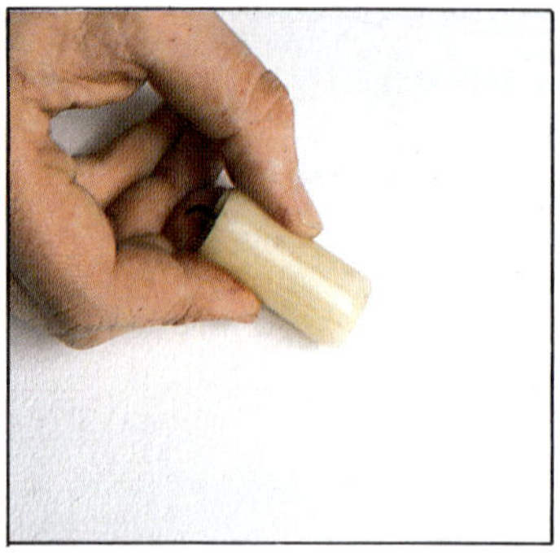

Abdecken mit Wachs

1. Reiben Sie dort, wo Sie es für nötig befinden, mit einer trockenen Wachskerze (oder Wachskreide) über das Papier.

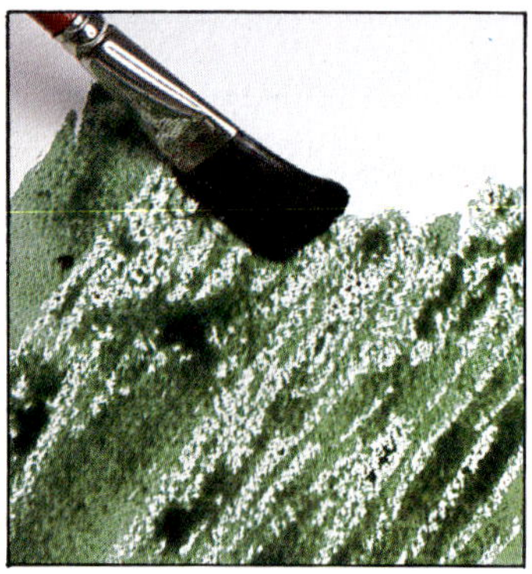

2. Malen Sie über das Wachs und die umliegenden Flächen. Das Wachs weist die Aquarellfarbe ab und schützt das Papier darunter. Lassen Sie alles gut durchtrocknen.

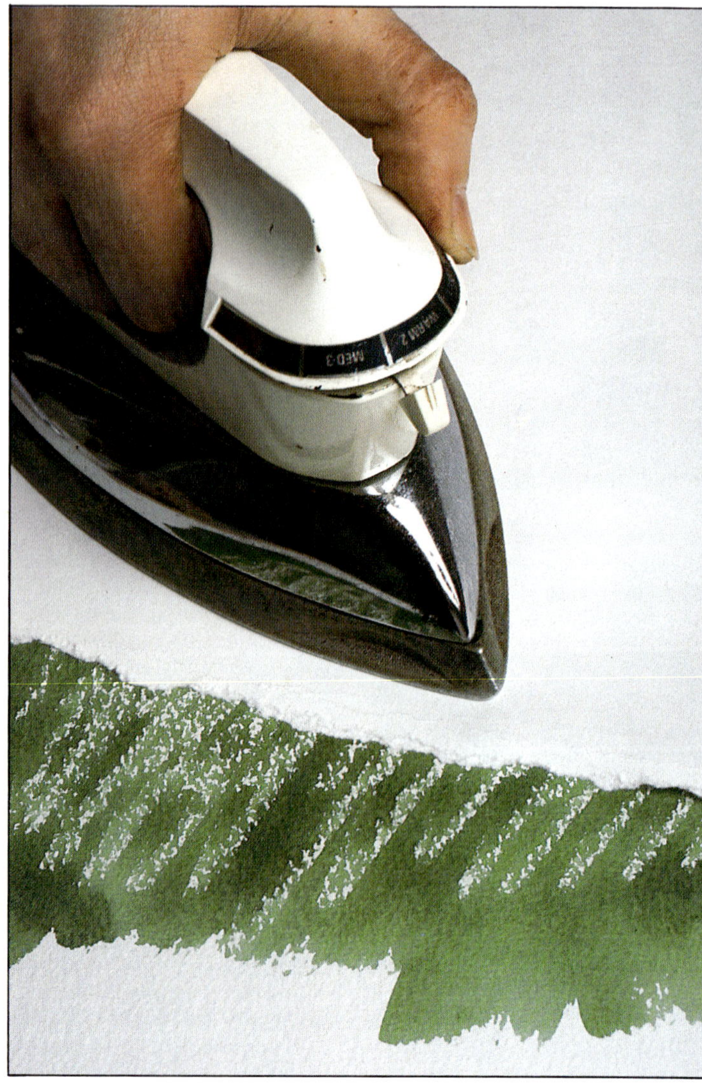

3. Entfernen Sie das Wachs mit einem Blatt Löschpapier, das Sie über die betreffende Stelle legen und heiß ausbügeln, bis das Wachs in das Papier eingedrungen ist. Eventuell müssen Sie den Vorgang zwei- bis dreimal wiederholen, bis das Wachs abgeschmolzen ist.

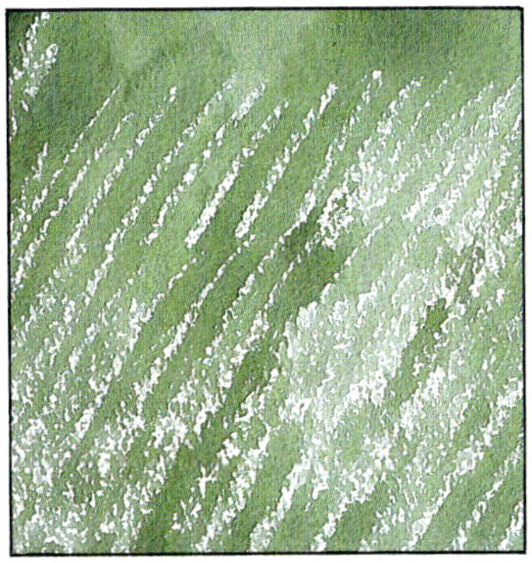

4. Da das Wachs nur die Körnung des Papiers berührt, weist es die Aquarellfarbe nicht vollständig ab. Die entstehenden Formen zeigen einen interessanten Batikeffekt mit unregelmäßigen, gemusterten Strichen. Um eine stärkere Textur zu schaffen, können Sie rauhes Papier verwenden.

Abdecken mit Verbandswatte
Der Nachteil der meisten Abdecktechniken liegt in den harten, scharfen Rändern der stehenbleibenden Formen. Wenn Sie eine Form mit etwas weicheren Umrissen abdecken wollen, nehmen Sie einmal Verbandswatte als Abdeckmaterial. Diese Methode eignet sich gut für die Spritztechnik.

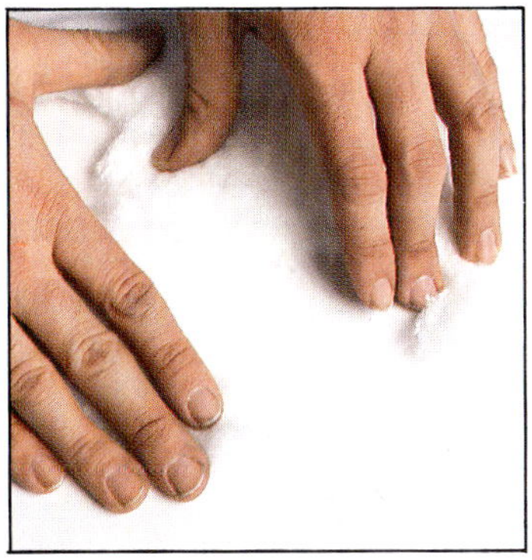

1. Nehmen Sie ein kleines Stück Verbandswatte und zupfen Sie es so auseinander, daß eine ziemlich dünne Lage entsteht. Legen Sie sie auf das Papier in der gewünschten Form auf.

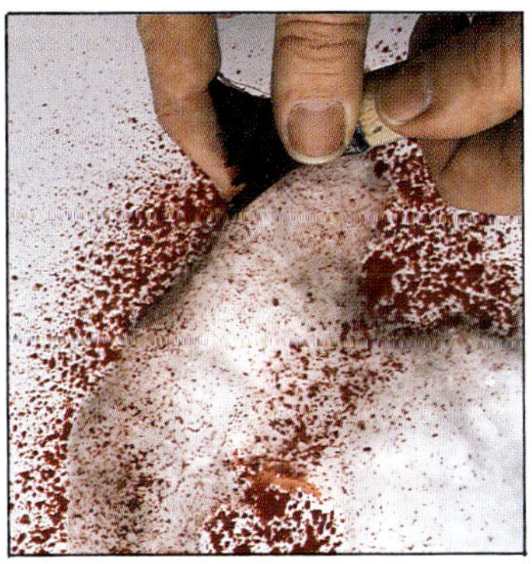

2. Aus einem Abstand von wenigen Zentimetern sprühen Sie Farbe über die Watte und die anliegenden Flächen, indem Sie mit einem Finger über einen mit Farbe gefüllten Borstenpinsel streichen.

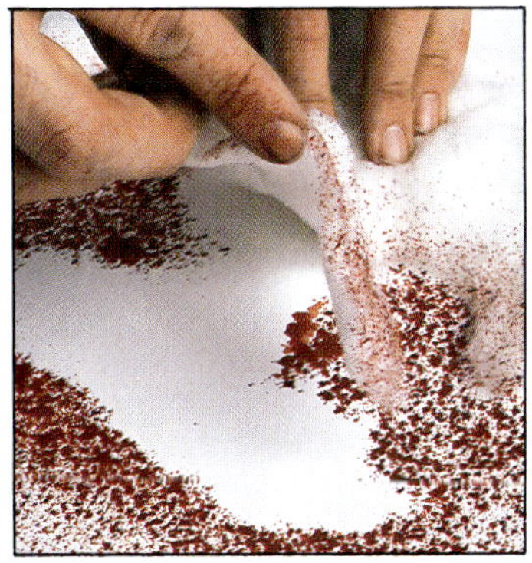

3. Warten Sie, bis die Farbe ganz trocken ist, bevor Sie die Verbandswatte wegnehmen.

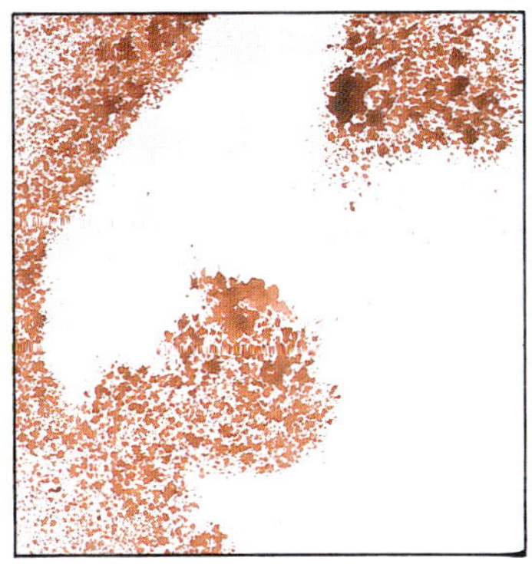

4. Das weiche Material der Verbandswatte hat an ihren Rändern einige Farbspritzer durchgehen lassen. Die entstandene Form hat einen weicheren, natürlicheren Umriß, als es mit anderen Abdeckmethoden erzielt werden könnte. Diese Technik kann für die Malerei von Naturmotiven, wie Bäumen und Wolken, eingesetzt werden.

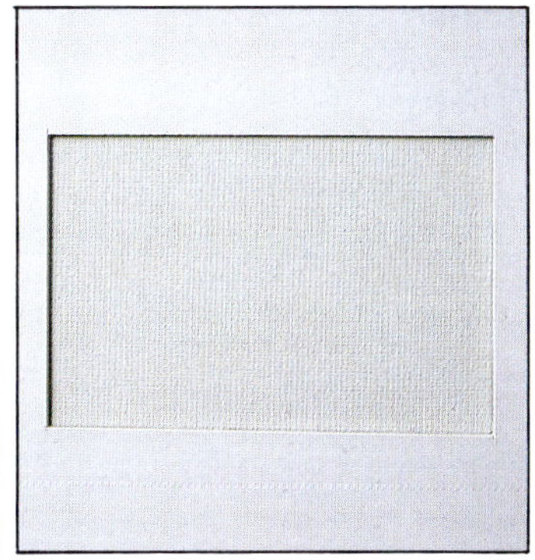

Abdecken mit Karton
1. Dazu zeichnen Sie die Form auf einen starken Karton und schneiden Sie sie mit einem Messer aus. Diese Abdeckmaske kann als positive wie negative Form dienen. Der Künstler hat hier eine negative Form, ein Rechteck, ausgeschnitten und über ein Blatt Papier gelegt, das bemalt werden soll.

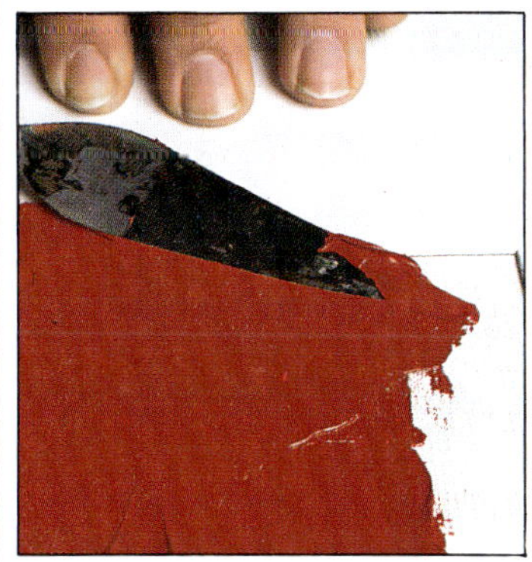

2. Halten Sie den Karton mit den Fingern fest oder nehmen Sie Tesaband. Der Künstler streicht hier eine Schicht dicker, kadmiumroter Acrylfarbe in die ausgeschnittene Form. Wenn die Farbe zu feucht ist, rutscht sie unter die Maske. Halten Sie die Farbe in angedicktem Zustand und arbeiten Sie von den Kanten der Form weg.

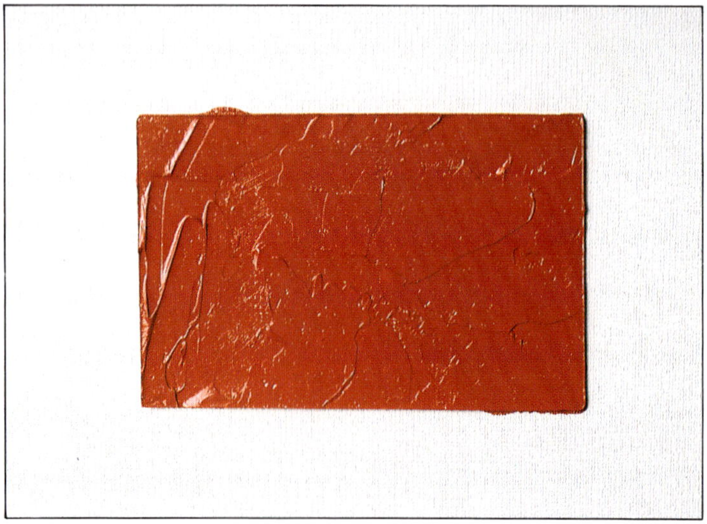

3. Ist die Farbe vollkommen trocken, nehmen Sie die Kartonmaske weg und legen die entstandene Form frei.

Abdrucktechniken

Sowohl in der transparenten wie auch in der deckenden Malerei kann man interessante Wirkungen mit dem Abdrucken von Gegenständen in einem feuchten Bildgrund schaffen.
Bei der Öl- und Acrylmalerei brauchen Sie nur einen Gegenstand mit erhabener oder durchbrochener Oberfläche in eine Schicht Farbe zu pressen und wieder entfernen. Versuchen Sie es mit einem Küchensieb oder einem Kartoffelstampfer, einer Gabel, einem Stück Rinde oder einem Stück Fahrradreifen. Die Möglichkeiten sind endlos. Ist die Farbe trocken, kann die abgedruckte Struktur durch Übermalung oder mit trockenen Strichen weiterbearbeitet werden, was die Struktur betont.
Eine andere Abdruckmethode ist folgende:
Streichen Sie den Gegenstand mit Farbe ein und drücken Sie ihn auf eine trockene Farbfläche oder auf eine unbemalte Leinwand oder das Papier.
Besonders gut eignet sich dafür Gouache, Tusche oder Aquarellfarbe. Nach dem Abdruck bleibt ein feines weiches Muster zurück. Naturgegenstände, wie beispielsweise Federn, Blätter und Gräser, eignen sich für diese Methode genauso gut wie Reste von grobmaschigem Stoff oder einer Spitze.
Wie die Collage ermutigt diese Technik zur Verwendung ganz gewöhnlicher Materialien, die sonst für Bilder zweckfremd gehalten werden. Der Künstler stellt allerdings immer sein Differenzierungsvermögen und seinen guten Geschmack in den Vordergrund seiner Überlegungen. Die Technik sollte immer Mittel zum Zweck sein und nicht irgendein „billiger" Trick.

Acrylfarben
Acrylfarben geben Ihnen reiche Strukturierungsmöglichkeiten. Acrylfarbe kann, mit Gel-Malmittel versetzt und in dicken Schichten angewendet, ohne Gefahr der Rißbildung aufgebaut werden. Sie können auch eine Schicht Modellierpaste auflegen und darin arbeiten. Während die Farbe oder die Paste noch feucht ist, können Muster und Texturen von jedem Gegenstand mit hartem Grat oder einer strukturierten Oberfläche abgedruckt werden.

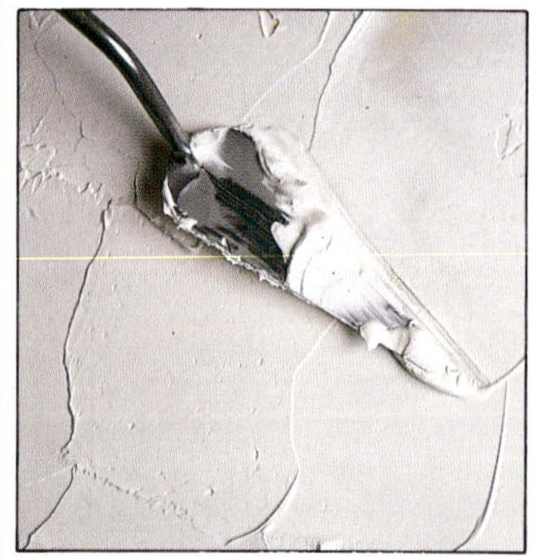

1. Eine dicke Schicht Acrylfarbe ist mit Modellierpaste vermischt und mit einem Palettmesser auf die Leinwand gestrichen worden.

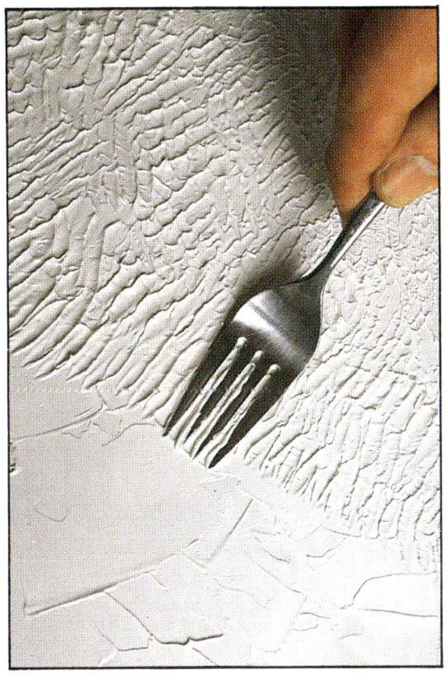

2. Eine Küchengabel wird in die feuchte Farbe gedrückt und hinterläßt ein lebhaftes Muster von Rillen und Furchen.

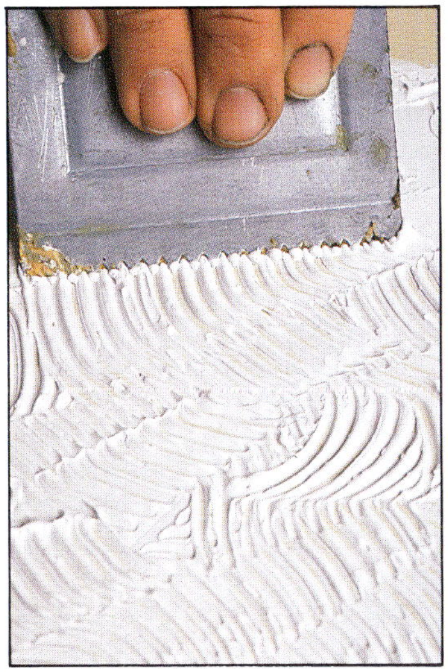

3. Hier wird ein Klebespachtel verwendet. Durch Drehen und Wenden des Spachtels können sehr viele verschiedene Muster entstehen. Sobald die Farbe trocken ist, können die Muster weiterbearbeitet werden mit Lasuren, durch Dämpfen der Farbe oder in Trockenpinseltechniken. Sie können z. B. ein Muster in eine dunkle Farbe legen und darüber trocken mit einer helleren malen. Der trockene Pinsel erfaßt die erhabenen Stellen des Abdrucks und läßt die tieferen Stellen unberührt. Das Ergebnis ist ein Farbauftrag von eigentümlich plastischer Tiefenwirkung.

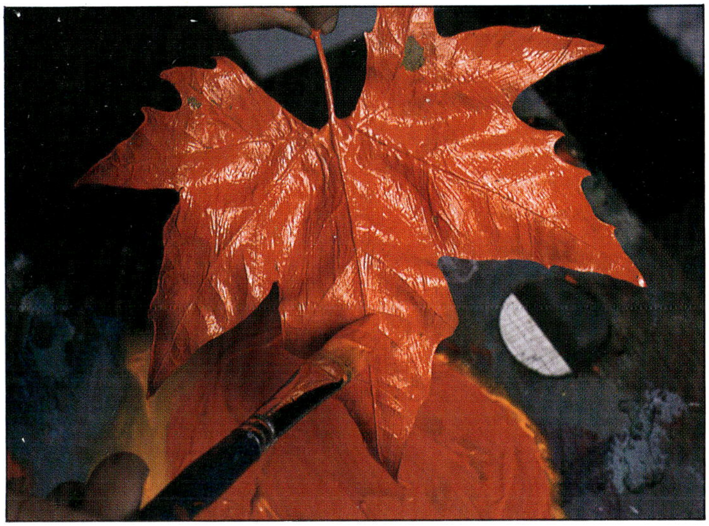

Abdrucktechniken

1. Fast jeder Gegenstand, vorausgesetzt er hat eine relativ flache Seite, kann für die Abdrucktechnik verwendet werden. Der Künstler hat hier mit einem großen, weichen Pinsel ein Blatt mit einer Schicht roter Farbe eingestrichen. Die Farbe muß von mäßig fester Konsistenz und nicht zu flüssig sein.

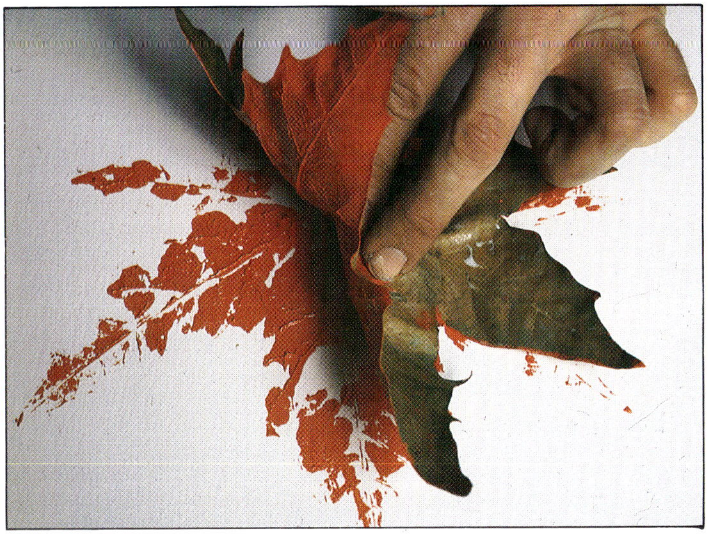

2. Das eingefärbte Blatt wird vorsichtig auf das Papier gelegt und fest angedrückt.

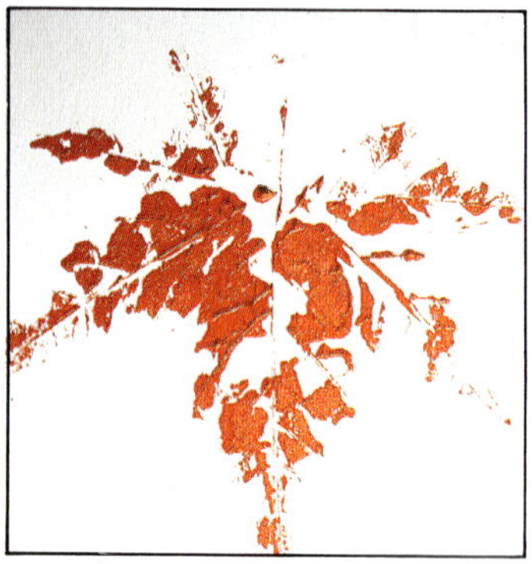

3. Das Blatt wird entfernt und zeigt das gedruckte Bild. Ein glattes oder heißgepreßtes Papier gibt den saubersten Abdruck. Ein mittelrauhes Papier schafft jedoch einen interessanteren, gebrochenen Effekt, da die Farbe nicht gleichmäßig angenommen wird.

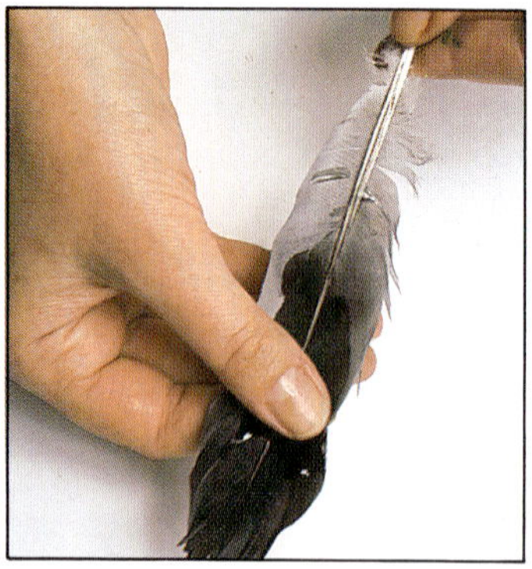

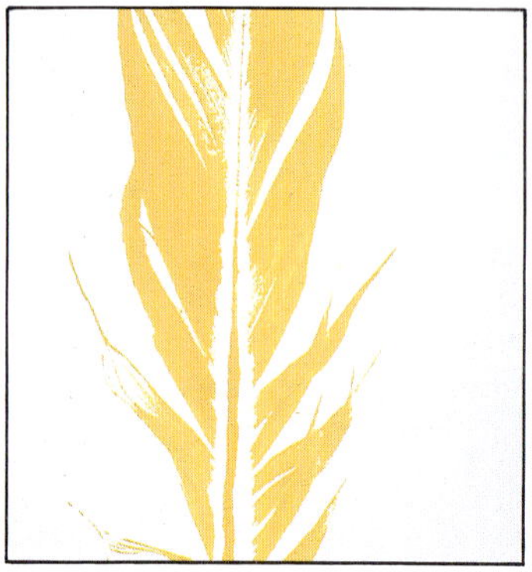

4. Die Oberflächen einiger Dinge, wie z. B. Federn, stoßen Wasser ab und machen sie ungeeignet für Druckvorgänge. Behandeln Sie diese Gegenstände mit Geschirrspülmittel. Ausspülen und trocknen lassen! Dann tragen Sie auf die übliche Weise Farbe auf. Um ein Verschmieren zu verhindern, legen Sie ein weiches Zellstoffpapier beim Drucken über die Feder. Experimentieren Sie mit verschiedenen Gegenständen, Holzfurnieren, Pappschablonen oder auch mit kleinen Stücken grobmaschigen Gewebes. Versuchen Sie auch einmal, unbemalte Gegenstände in eine feuchte Lavierung hineinzudrücken, um ein interessantes negatives Muster zu bekommen.

Alla Prima

ist ein italienischer Ausdruck, der übersetzt werden kann mit „auf den ersten Anhieb (Sitz)". Dieser Begriff bezeichnet eine Malerei, die in einer einzigen Sitzung fertiggestellt wird.
Alla Prima bedeutet, daß man direkt auf der Malfläche mit schnellen Pinselstrichen und Naß in Naß arbeitet, entgegen der traditionellen Lasurtechnik (Schichtenauftrag von Farbe). Eine Vorzeichnung oder Untermalung fehlt oft. Ziel dieser Technik ist es, das Wesentliche eines Motivs – den ersten Eindruck – so kühn wie möglich festzuhalten.
Diese Technik kann mit jedem Malmittel angewandt werden – eventuell mit Ausnahme von Eitempera, die ein überlegteres Vorgehen erfordert. Alla Prima wird jedoch am häufigsten in Verbindung mit Öl- oder Acrylfarben verwendet, die in dicken Impasto-Malschichten oder Naß in Naß vermalt werden.
Alla-Prima-Malerei kam Mitte des 19. Jahrhunderts auf, als sich Landschaftsmaler wie Constable (1776–1873) in England und Corot (1796–1875) in Frankreich von den stillen und idealisierten, im Atelier gemalten Naturbeschreibungen abwandten, die den damals allgemein akzeptierten akademischen Regeln entsprachen.
Die Künstler begannen nun direkt vor der Natur zu arbeiten, die sie zu einer neuen Lebendigkeit und Freiheit des Pinselstrichs anregte; es entstand ein Gefühl für Licht und Spontaneität, das im Atelier nicht erzeugt werden konnte.
Um 1870 herum, auf dem Höhepunkt des Impressionismus, nutzten Maler wie Claude Monet (1840–1926), Camille Pissarro (1831–1903), Vincent van Gogh (1853–90) die Alla-Prima-Technik voll aus, um die flüchtigen Lichtreflexe einzufangen, die sie so sehr faszinierten.
Das Wichtigste an der Alla-Prima-Technik ist die Fähigkeit, Farben schnell und sicher aufzutragen, da Sie sich gleichzeitig mit Form, Farbe, Tonwert und Textur auseinandersetzen müssen. Am besten hält man sich an eine begrenzte Auswahl von Farben, um komplizierte Farbmischungen zu vermeiden, welche die beabsichtigte Bildwirkung zerstören könnten.
Außerdem ist es wichtig, mit einer klaren Vorstellung von dem, was Sie ausdrücken möchten, anzufangen und unwesentliche, die Bildidee nicht tragende Elemente ausschließen.

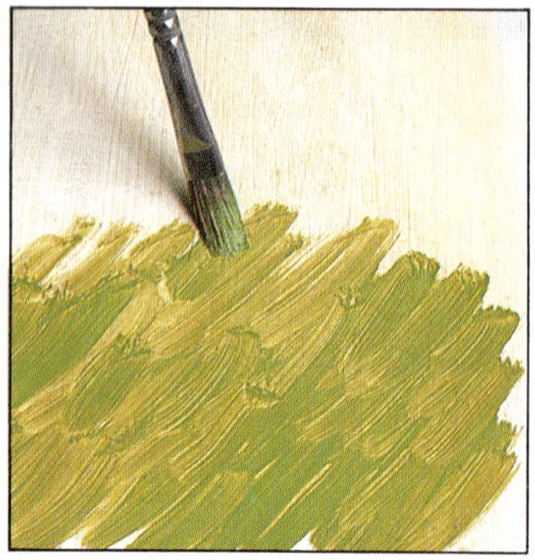

Alla Prima • Öl
1. Mit einem flachen Borstenpinsel Nr. 4 arbeitet der Künstler auf einem grundierten Malkarton und trägt Echtgelb und Saftgrün in kurzen, schnellen Pinselstrichen auf. Die Farbe wurde dabei nur mit Terpentin verdünnt, um der Gefahr von Rissen vorzubeugen, weil danach weitere dicke Farbschichten aufgetragen werden sollen.

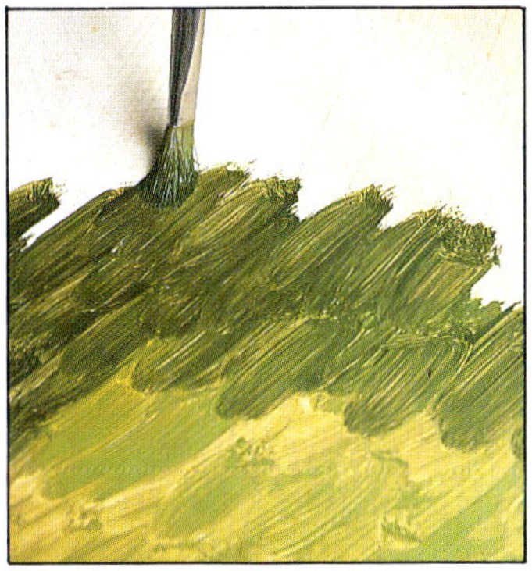

2. Der Künstler baut weitere Farbschichten in Naß-in-Naß-Technik auf, indem er die Farben direkt auf der Malfläche vermischt. Achten Sie darauf, wie die unteren Farbschichten an manchen Stellen durchscheinen.

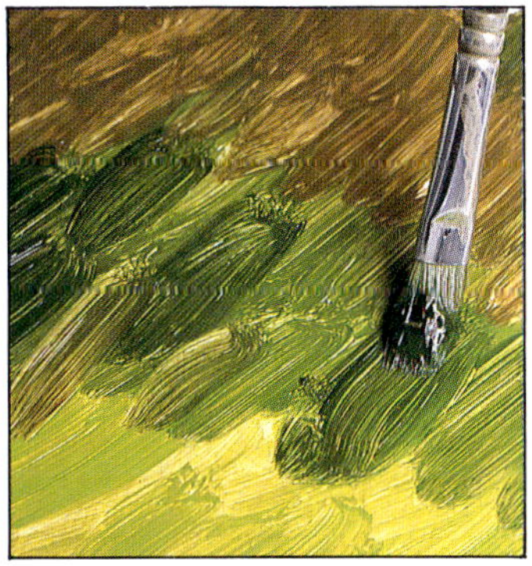

3. Dies ist eine schnelle, direkte Methode, die verwendet werden kann, um ein kühnes und aufregendes Bild zu malen. Die Formen der Pinselstriche selbst können zur Vielfalt und Bewegung des Motivs beitragen. Jeder Strich sollte entschieden gesetzt werden, um die Farben nicht unnötig zu trüben. Der Vorteil von Ölfarbe besteht darin, falsch gesetzte Farben leicht wegkratzen und neu anfangen zu können.

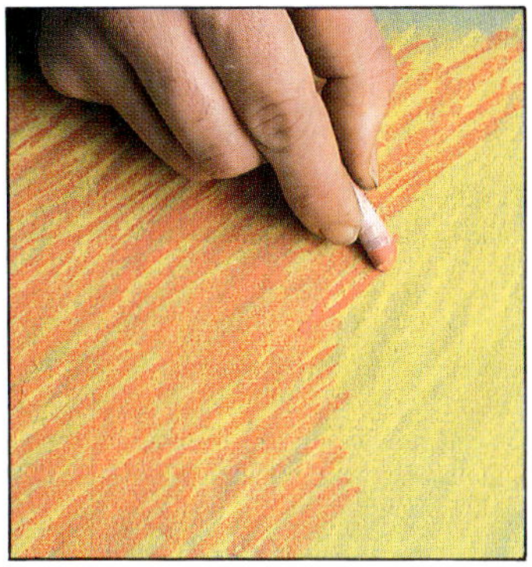

Alla Prima • Pastell
In der Alla-Prima-Malerei sind die Vorteile der Pastelltechnik offensichtlich. Hier braucht man nicht auf das Abtrocknen der Farbschichten zu warten, was von großem Vorteil sein kann, wenn Sie einen flüchtigen Wettereffekt oder ziehende Wolken wiedergeben wollen. Ein Pastellstift kann so, wie er ist, verwendet werden, ohne Pinsel und andere Ausrüstung. Der Pastellstift wird zu einer Verlängerung Ihrer Hand. Er erlaubt Ihnen, schnell auf ein Motiv einzugehen. Ein einziger Pastellstift kann eine Menge verschiedener Effekte erzeugen; er kann mit den Fingern verwischt werden, mit Stoffresten oder Papierwischern; er kann in dichten Schichten aufgetragen werden, gepunktet, vertrieben oder schraffiert werden, und er kann auch mit anderen Malmitteln kombiniert werden. Die Abbildung zeigt, wie der Künstler ein Farbfeld zusammen aus schraffierten und vermischten Strichen aufbaut.

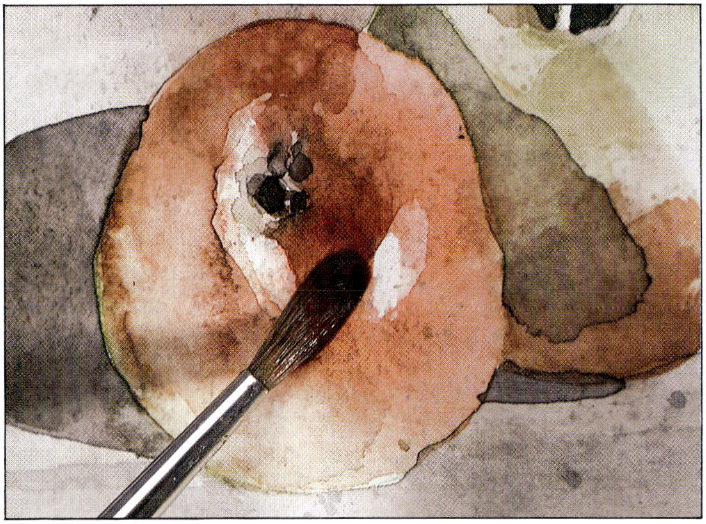

Alla Prima • Aquarell
Das Aquarell wird häufig als sehr präzise Maltechnik angesehen, die sehr viel Geduld und Geschicklichkeit erfordert. Genau das Gegenteil ist der Fall. Besonders gut eignet sich das fließende, schäumende Verhalten dieser Farben zur Improvisation. In der Alla-Prima-Malweise werden Sie schnell lernen, wie man das Verhalten von Aquarellfarben kontrollieren und voraussehen kann und wie man aus „glücklichen Zufällen" Gewinn ziehen kann. In der Abbildung malt der Künstler mehrere Äpfel. Mit schnellen, flüssigen Pinselstrichen reduziert er die Formen zu einfachen Farbblöcken. Er trägt die Farbe direkt auf, in der Kombination von Lasuren und Naß-in-Naß-Lavierungen. Die fertige Skizze zeigt „Apfelcharakter": Äpfel in aller Frische und Direktheit.

Auswaschen

Eine anregende Technik ist das Auswaschen von Tusche und Gouache, die der Wirkung des Holz- oder Linoldrucks nicht unähnlich ist. Der technische Vorgang ist zwar etwas langwierig, ergibt aber sehr interessante, sehenswerte Effekte. Das Geheimnis des Erfolges liegt in der geduldigen, methodischen Vorgehensweise. Jede Arbeitsphase muß vollkommen durchtrocknen, bevor die nächste einsetzen kann.
Die Grundmethode ist die folgende:
Ein Entwurf wird mit weißer Gouachefarbe auf ein Blatt Papier gemalt und trocknen gelassen. Das ganze Blatt wird dann mit einer Schicht wasserfester Tusche überzogen. Wenn sie trocken ist, wird das Blatt unter fließendes Wasser gehalten. Die Gouachefarbe löst sich auf und wird abgewaschen. Gleichzeitig löst sich aber auch die Tusche, die über die trokkene Gouache gemalt worden ist. Nur die schwarzen Tuschestellen, die das Papier an den Stellen ohne Gouachefarbe gefärbt haben, lösen sich nicht auf. Das Ergebnis zeigt eine negative Umkehrung des Entwurfs.

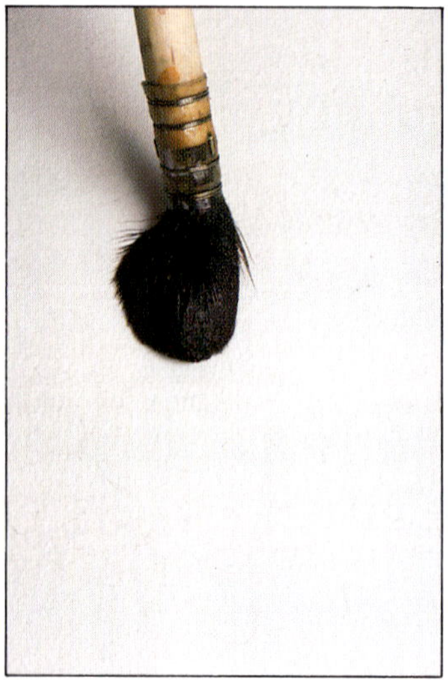

1. Die Auswaschtechnik muß auf einem Papier guter Qualität ausgeführt werden, das stark genug ist, ein völliges Durchnässen, ohne zu zerreißen, zu überstehen. Das Papier sollte vorher auf ein Malbrett aufgezogen und befestigt worden sein, damit es sich nicht mehr verwirft. Falls es sich doch ein wenig verzieht, ärgen Sie sich nicht. Lassen Sie das Papier natürlich trocknen, und es nimmt wieder seine ursprüngliche Form an. Bedecken Sie zunächst das Blatt mit einer gleichmäßigen Aquarellavierung, um den weißen Entwurf besser erkennen zu können. Hier wird eine verdünnte Lavierung von Umbra natur mit einem großen Rundpinsel angelegt.

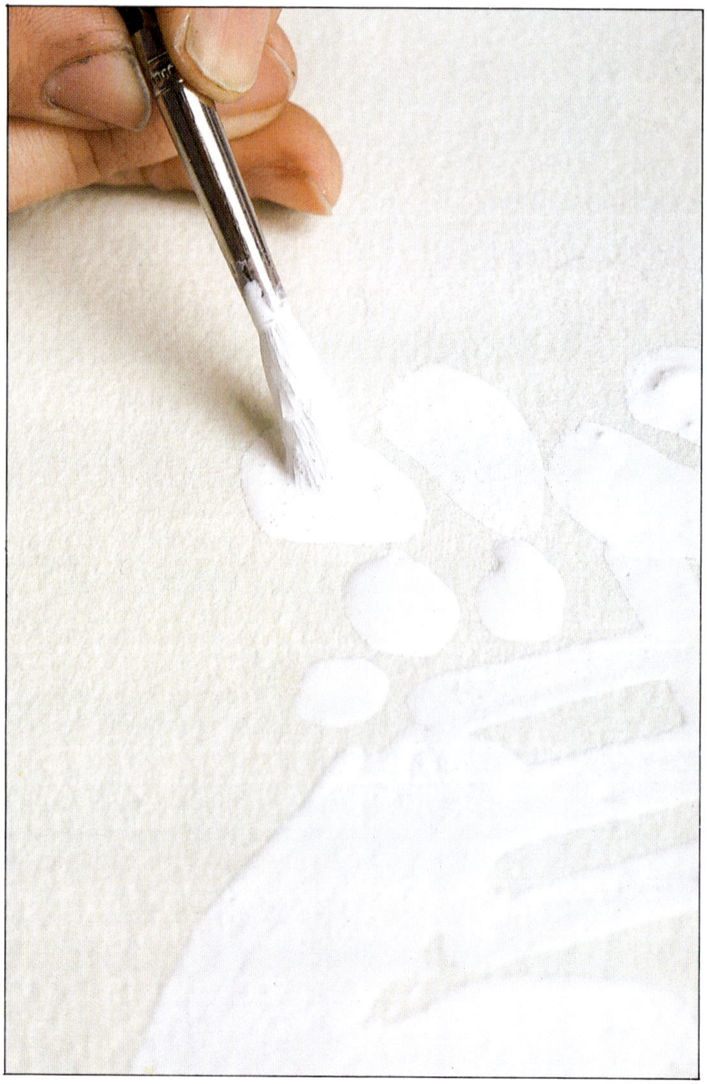

2. Wenn die Lavierung vollkommen trocken ist, malen Sie Ihren Entwurf in weißer Gouache aus. Bei komplizierten Entwürfen können Sie auch eine Vorzeichnung machen. Die Gouache wird ja später ausgewaschen und hinterläßt negative Formen auf einem schwarzen Hintergrund.

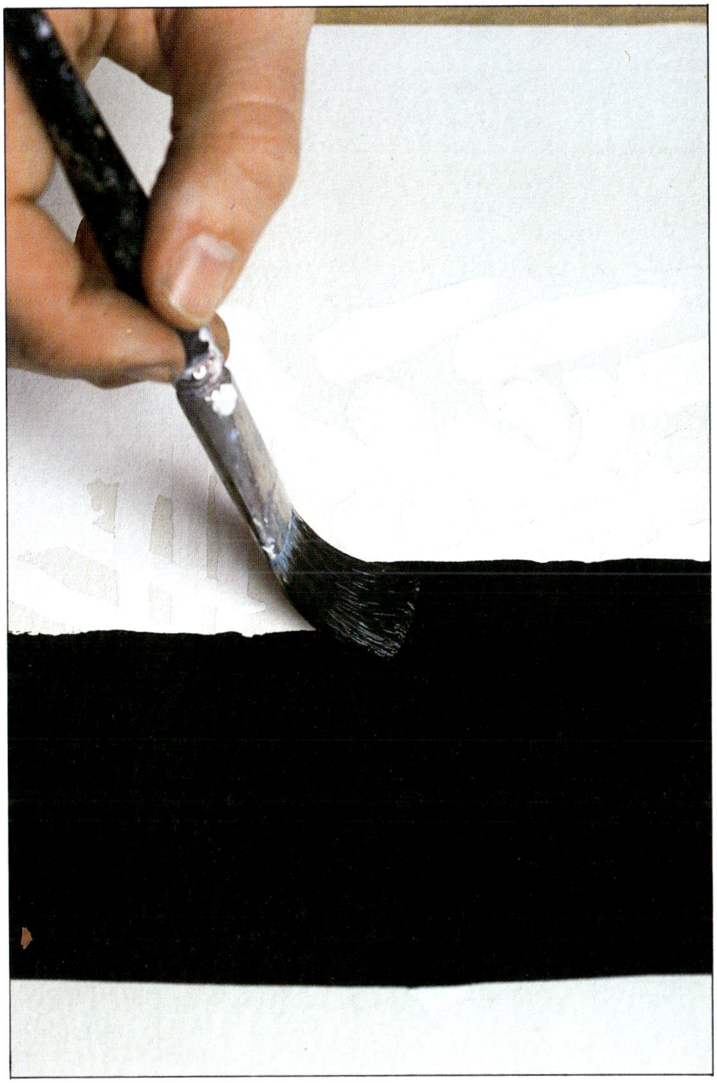

3. Lassen Sie die Gouache trocknen und übermalen Sie dann das Blatt mit schwarzer, wasserfester Tusche. Das ist der schwierigste Teil. Wenn jetzt nicht sauber gearbeitet wird, kann das die ganze Wirkung ruinieren. Prüfen Sie, ob Sie genügend Tusche haben und schütteln Sie sie vor Gebrauch. Nehmen Sie für den Tuscheauftrag einen Flachpinsel. Hier wird ein Marderhaarpinsel Nr. 16 benutzt. Fangen Sie oben an und streichen Sie die Tusche in horizontalen Zügen auf. Achten Sie darauf, daß Ihr Pinsel gut gefüllt ist, da Sie immer nur einen Zug machen können. Wenn Sie hin- und herfahren, beginnt sich die Gouache aufzulösen und vermischt sich mit der Tusche. Lassen Sie die Tusche ganz gründlich durchtrocknen.

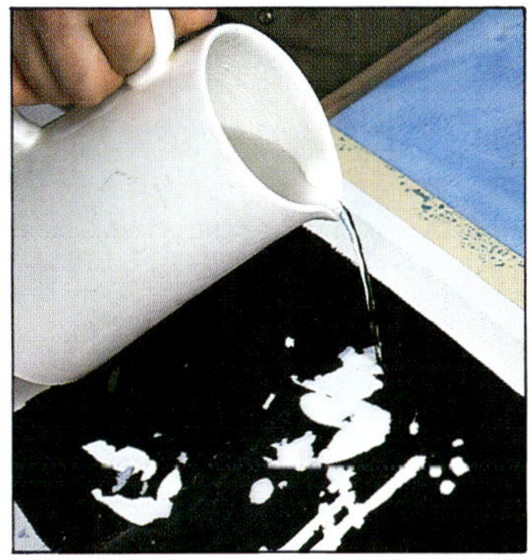

4. Nun beginnt das Auswaschen. Halten Sie das Brett leicht geneigt und schütten Sie kaltes Wasser über das Papier (oder halten Sie das Brett unter laufendes Wasser). Nach einiger Zeit beginnt sich die Gouache zu lösen. Die sich darüber befindliche Tusche wird abgesprengt und weggespült. Es kann einige Zeit dauern, bis alle abzulösende Tuscheteile vom Papier abgewaschen sind.

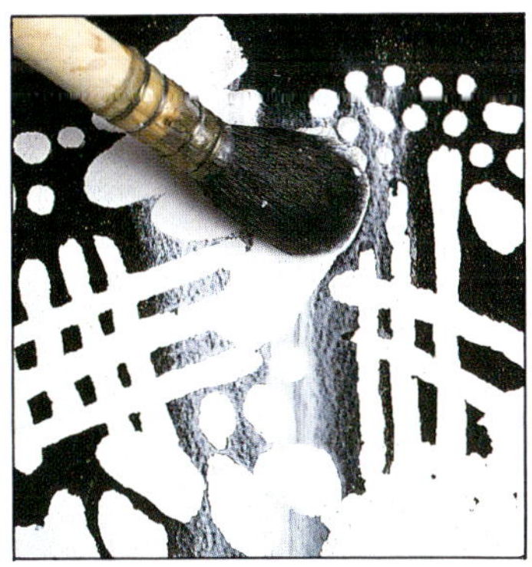

5. Mit einem weichen Pinsel entfernen Sie übriggebliebene Gouachefarbe. Die wasserfeste Tusche, die nicht über die Gouache gemalt wurde, bleibt trotz des wiederholten Auswaschens an ihrem Platz.

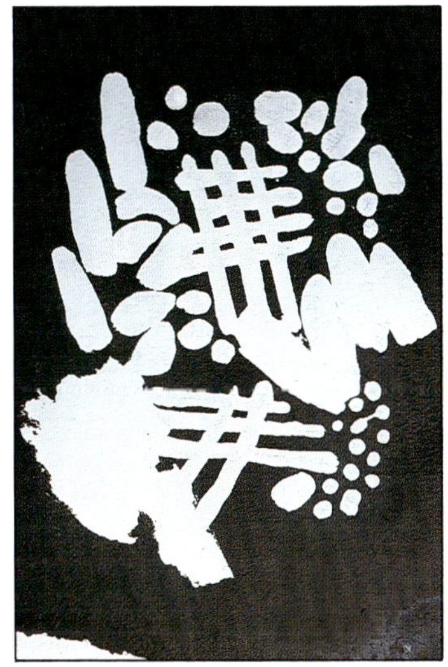

6. Der endgültige Effekt zeigt ein Silhouettenbild.
Das können Sie so lassen oder aber mit Farbe weiterentwickeln. Zu Demonstrationszwecken wurde der hier gezeigte Entwurf absichtlich einfach gehalten. Diese Technik eignet sich jedoch am besten für ein kompliziertes Bildmuster wie z. B. Blätter oder Blumen. Auch Tiere mit ausgeprägter Fellstruktur sind ein gutes Motiv dafür.

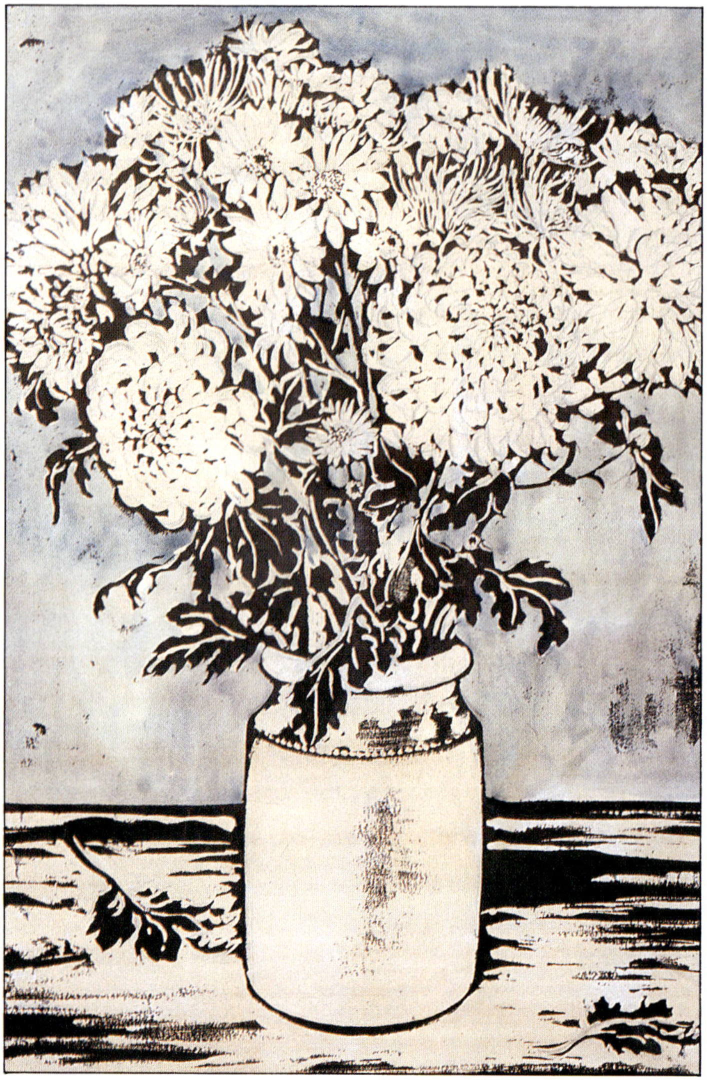

Ein Auswaschbild
Hier wurde eine Lavierung von Siena gebrannt über eine Bleistiftzeichnung angelegt.
Nach Trocknung:
1. Formen von Blumen, Vase und Tisch mit weißer Gouache übermalen.
2. Trocknen und das Bild mit wasserfester Tusche überziehen.
3. Trocknen und das Papier mit kaltem Wasser übergießen. Die übereinandergemalten Teile sind bald entfernt.
4. Die restliche Gouachefarbe mit Pinsel auswaschen. Wasserfeste Tuschepartien bleiben auf dem Papier.
5. Eine Hintergrundlavierung in Preußischblau anlegen, um das Bild farblich anzuheben.

Collage

Das Wort „Collage" ist von dem französischen Verb „coller" abgeleitet, das „kleben" bedeutet. Eine Collage ist ein Bild aus Papierstücken, Stoffresten oder anderen Materialien, die auf eine feste Unterlage geklebt wurden.
Picasso (1881–1973) und Braque (1882–1963) führten Anfang des 20. Jahrhunderts die Collage als Mittel ein, um Elemente der gegenständlichen Welt in die kubistischen Bilder einzubringen. Oft wurden Alltagsgegenstände, wie Theaterkarten, Zeitungsschnipsel oder Geschenkpapier, in die gemalten Stilleben eingefügt. Auch Stoffetzen wurden benutzt, um bestimmte Texturen anzudeuten. Ein Stück Wachstuch kann beispielsweise den Sitz eines Stuhls darstellen.
Streng genommen ist Collage keine Maltechnik. Sie kann aber neben gemalten Partien im Bild eingesetzt werden und ist dann ein zusätzliches Mittel, Texturen ins Bild zu bringen. So verschiedene Gegenstände wie Felsen, Stoffe und Wellen können alle durch ein wenig zerknülltes Papier wiedergegeben werden, das auf die Leinwand geklebt und übermalt wurde. Diese Technik verführt nicht zum „Tricksen", sondern regt die Phantasie und Geschicklichkeit an. Es ist nämlich gar nicht so einfach, die passenden Falten ins Papier zu machen und die Farbe so darüberzulegen, daß die Collage mit der übrigen Malerei einheitlich wirkt.
Eine Collage braucht nicht auf flächige Formen beschränkt bleiben: Eine dreidimensionale Collage läßt sich aus Kieselsteinen, Holzstücken und Metallteilen anfertigen, die man entweder auf eine feste Unterlage klebt oder in eine dicke Farbschicht einbettet.
Wenn Sie an dieser Technik interessiert sind, lohnt es sich, eine Sammlung von Fundstücken und Resten anzulegen: Zeitungsschnipsel, Photos, Stoffreste, Geschenkpapiere, Bindfäden, Wellpappe, Kieselsteine, Muscheln, Blätter – eigentlich von allem, was eine interessante Struktur und Textur hat.

Collage in Aquarellmalerei
Bei transparenten, wasserverdünnbaren Farben, wie Tuschen oder Aquarellfarben, beschränkt man sich am besten auf kleine, feine Stücke, welche die Malerei nicht aus dem Gleichgewicht bringen. Seidenpapier, Kreppapier und farbiges Zellophan gehen gut mit wasserverdünnbaren Farben zusammen: Ihre Halbdurchsichtigkeit erlaubt es, Farben in Schichten aufzubauen in der gleichen Weise wie Lavierungen und Lasuren. In der Blumenmalerei können die lebhaften Farben bestimmter Blüten mit Seidenpapier und dann mit Farbe angelegt werden.

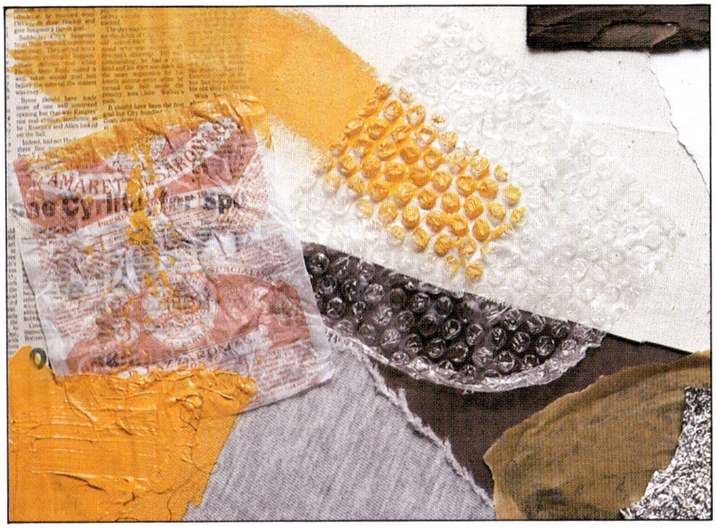

Collagetechnik
Eine Collage ist das ideale Mittel, um sich mit den Problemen von Form, Textur und Muster auseinanderzusetzen. Man kann damit auch ungewöhnliche Farbkombinationen viel einfacher ausprobieren als mit Farbe. Sie können die Collagematerialien auf dem Papier so lange herumschieben, bis Sie mit ihrer Anordnung zufrieden sind. Die obige Collage wurde aus Papierstücken, Stoffresten, Plastik und Holz gemacht. Mit einigen hellen Acrylstrichen wurden Akzente gesetzt. Dieses Beispiel ist rein abstrakt. Aber auch eine gegenständlichere Collage kann leicht hergestellt werden, indem man mit dem Collagematerial die Texturen des gegenständlichen Motivs nachzuempfinden versucht.

Acryl
In die klebrige Acrylfarbe kann, solange sie noch feucht ist, eigentlich jeder Gegenstand eingefügt werden.
Mattes oder glänzendes Acryl-Malmittel ist ein ausgezeichneter Klebstoff, um leichte Materialien wie Papier und Stoff auf eine trockene Oberfläche zu kleben. Streichen Sie einfach eine Schicht Malmittel auf die Oberfläche des Bildträgers, kleben Sie darauf das Collagematerial fest und legen Sie dann eine zweite Schicht Malmittel als Versiegelung darüber. Für größere, schwere Objekte, Kieselsteine, Muscheln, Holzstücke oder Metall, nehmen Sie Acryl-Gel, das noch kräftiger als das Acryl-Malmittel klebt.

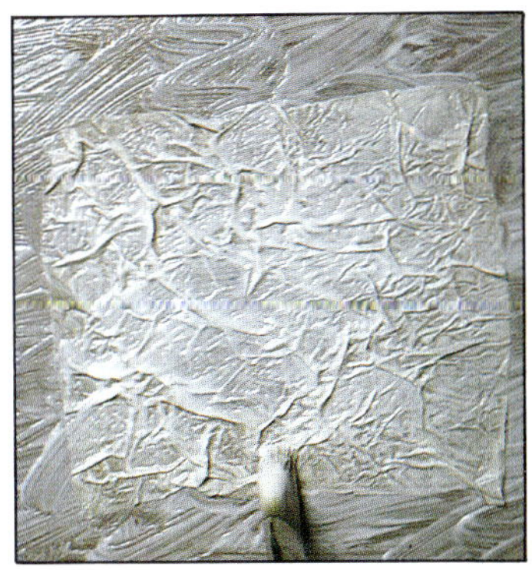

Collage • Acrylfarben
1. Acryl-Malmittel klebt und schützt fragile Collageteile vor Abnutzung. Ein Blatt Seidenpapier wurde zu einem Ball zusammengeknüllt und vorsichtig wieder auseinandergefaltet, um die Kniffe zu erhalten. Das Papier wurde geglättet und auf einen mit Acryl-Malmittel bestrichenen Malkarton gelegt. Eine zweite Schicht Malmittel wurde dann als Versiegelung über das Papier gestrichen.

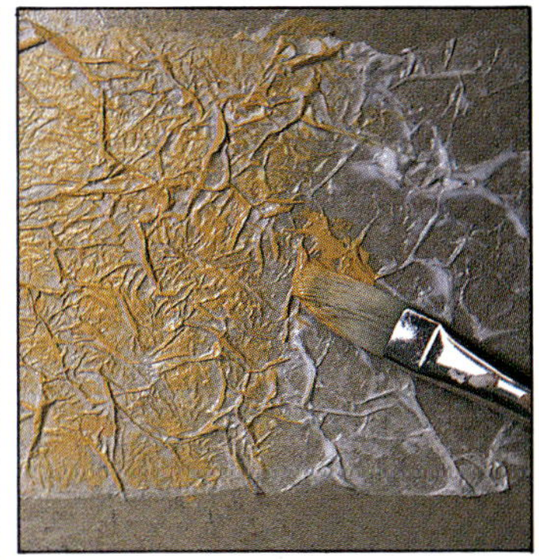

2. Nachdem das Papier durchgetrocknet war, konnte es übermalt werden. Die Textur der Falten kommt durch und kann durch weiteres trockenes Übermalen noch mehr betont werden.

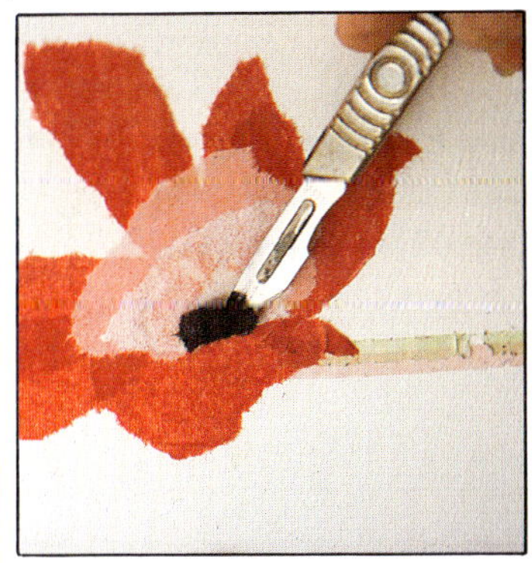

Collage • Seidenpapier
Seidenpapier ist ein gutes Material für Collagen. In halbtransparenten Schichten angelegt, kann eine Vielfalt von Farbtönen erzeugt werden. Mit einem Schneidemesser und einem Klebestift können die Papierstückchen so lange hin und her geschoben werden, bis Sie mit der Komposition zufrieden sind und die Papiere in ihrer Endposition festkleben wollen.

Ein anderer Vorzug des Seidenpapiers besteht in der Textur und dem plastischen Effekt, den es in Collagen ins Bild einbringt. Wenn es festgeklebt ist, kann das Papier noch etwas herausgezupft werden, um den gewünschten Effekt zu geben.

Einfärben

In der Öl- und Acrylmalerei kann die Leinwand mit dünner Farbe eingefärbt werden. Mit dem Einfärben des Grundes will der Künstler die Leinwandstruktur als wichtiges Element mit in das Bild einbeziehen. Ungrundierte Leinwand sollte allerdings nicht von Ölmalern verwendet werden. Wie in der Lasurtechnik kann das Einfärben der Leinwand wunderschöne, transparente Wirkungen entfalten, mit dem Unterschied, daß eine Einfärbung direkt auf die Leinwand gestrichen wird, während eine Lasur über eine Untermalung gelegt wird. Acrylfarben sind besonders gut geeignet, um große Flächen einzufärben, aber genauso verwendbar sind stark verdünnte Dispersionsfarben. Die Zugabe von einem Mittel, das die Wasserspannung bricht, hilft, die Farbintensität in großen Flächen durchzuhalten.

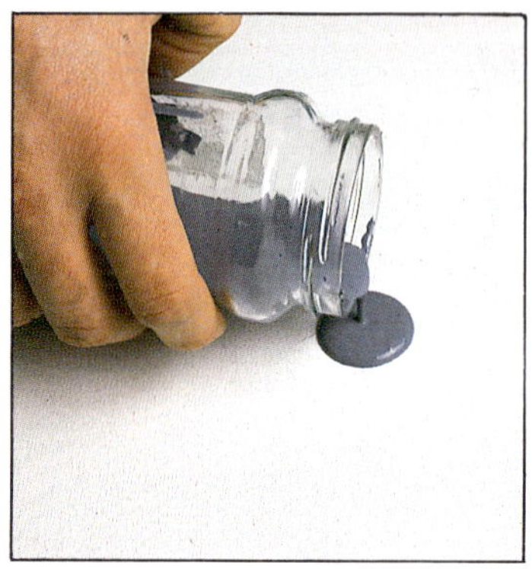

Grundieren einer Leinwand • Öl und Acryl

1. Mischen Sie Ihre Tubenfarbe mit dem geeigneten Verdünnungsmittel zu einer dünnflüssigen Konsistenz.

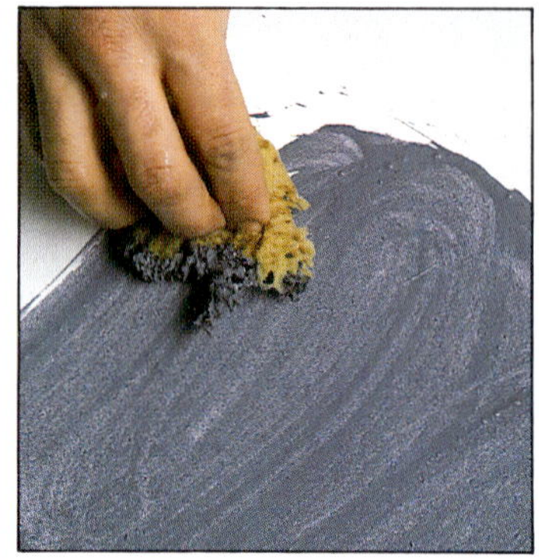

2. Arbeiten Sie die Farbe mit einem Schwamm in die Leinwandstruktur ein.

3. Sie können entweder die Farbe ganz glatt vermalen oder, wie hier gezeigt ist, die Farbe in verschiedenen Richtungen verstreichen, um einen lebhafteren Farbauftrag zu erhalten.

Farbabstufungen

Abstufungen sind allmähliche Übergänge von Licht zu Schatten oder von Farbe zu Farbe. Man sollte wissen, wie man feine Abstufungen macht, da sie in allen Motiven der Malerei auftreten: immer dort, wo eine Farbe allmählich in eine andere übergeht.
Bei wasserverdünnbaren Farben (Tusche, Aquarellfarbe und Acrylfarbe) können Übergänge mit einer abgestuften Lavierung erreicht werden. In deckender Malerei werden die verschiedenen Farbtöne in sorgfältig kontrollierter Pinselarbeit „zusammengewebt".

Aquarellfarbe • Tusche • Gouache
Bei wasserverdünnbaren Farben werden weiche Übergänge durch Naß-in-Naß-Technik erzielt.

Abstufungen • Aquarell
Der Künstler wollte durch Licht einen schimmernden Eindruck erzeugen. Er legte zwei Streifen von Paynesgrau auf feuchtem Papier an und ließ sie sich fast berühren. Dann zog er mit einem gerade noch feuchten Pinsel zwischen beiden Farbstreifen durch, um Farbe wegzunehmen und die Ränder aufzulösen.

Ölfarben
Die weiche Beschaffenheit von Ölfarben und ihre lange Trockenzeit erlaubt es, wieder über die Farben zu gehen, um fast unsichtbare Übergänge zu schaffen. Beispiele von feinen Abstufungen können in Werken von Tizian (um 1487–1576), Peter Paul Rubens (1577–1640) und Vermeer (1632–75) gefunden werden.
Die Farben können auch lediglich grob vermalt werden, so daß die Pinselarbeit sichtbar bleibt. Das gibt einen lebhaften Effekt (vgl. Verlaufstechniken).

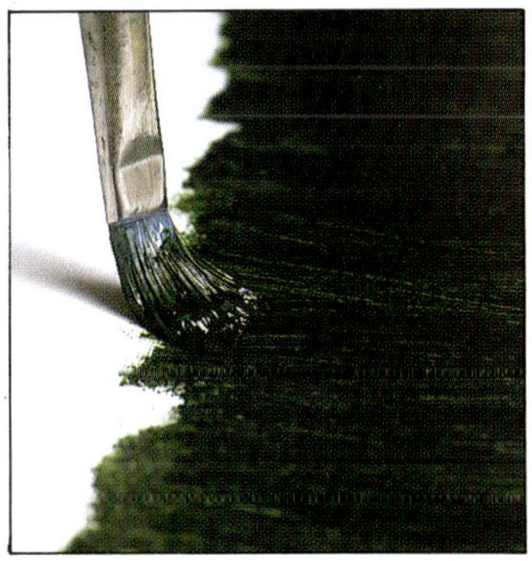

Abstufungen • Ölfarbe
1. Analysieren Sie die Farbtöne der abzustufenden Fläche sehr genau und bereiten Sie auf Ihrer Palette eine Farbmischung für jeden Farbtonwechsel vor. Fangen Sie mit dem dunkelsten Ton der Abstufung an. Der Künstler verwendet hier eine Mischung von Saftgrün und Elfenbeinschwarz und legt den dunkelsten Ton mit einem flachen Borstenpinsel Nr. 4 an. Die Farbe wird bis zu dem Punkt gezogen, wo sie heller auslaufen soll, damit sie mit der nächsten Farbe vermischt werden kann.

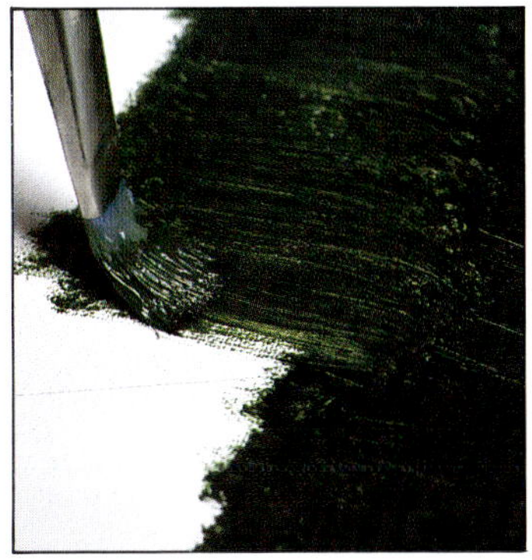

2. Mit einem sauberen Pinsel mischt der Künstler einen etwas helleren Farbton an, indem er ein wenig Titanweiß zur ersten Mischung hinzugibt. Dann legt er diesen Farbton an den ersten an und vermalt beide mit einer Zickzackbewegung des Pinsels.
Das zieht die hellere Farbe in die dunklere und umgekehrt, damit schafft er einen Übergang zwischen beiden Farbtönen.

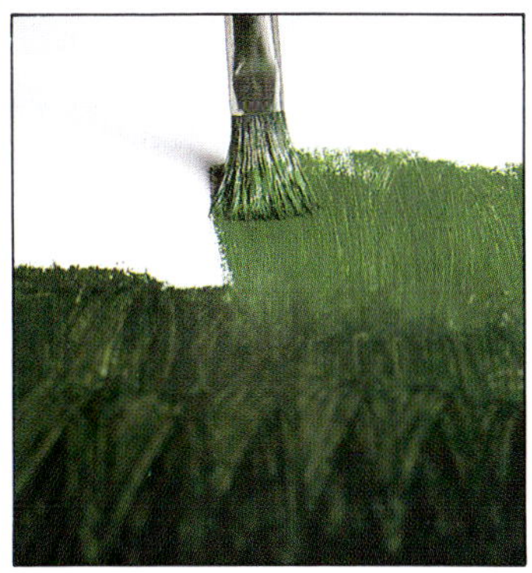

3. Der Künstler fährt auf diese Weise fort, indem er immer mehr Weiß zu jedem folgenden Farbton hinzufügt, bis der hellste Farbton der Abstufung erreicht ist.

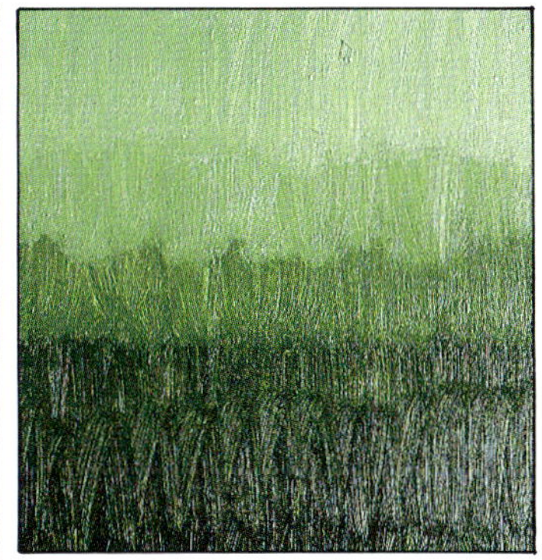

4. Der endgültige Effekt zeigt einen feinen, gleichmäßigen Übergang von der dunklen Fläche unten zur hellen oben. Hilfreich für diesen Effekt ist es, die Länge und Richtung der Pinselstriche beizubehalten.

Acrylfarben
Da Acrylfarben sehr viel schneller trocknen als Ölfarben, sind feine Abstufungen schwieriger zu schaffen. Wenn Sie schnell arbeiten, können Sie jedoch zwei Farben mit sehr schnellen, schrubbenden Pinselstrichen ineinander vertreiben, während sie noch feucht sind (vgl. Farbe dämpfen).
Das Vertreiben oder Dämpfen der Farben gibt eher eine zufällige, aber interessante Wirkung; statt einer gleichmäßigen Abstufung gilt diese Technik für die relativ moderne Acrylfarbe als typischer. Um eine glattere Abstufung zu erreichen, können Sie der Farbe Acryl-Malmittel zugeben. Das gibt ihr eine ähnliche Beschaffenheit wie die der Ölfarbe und verlängert ihre Trockenzeit. Die Zugabe von Verzögerungsmittel setzt die Trockenzeit noch mehr herauf.

Farbauftrag in Pastell

Der Farbauftrag in der Pastelltechnik entspricht im wesentlichen dem Impasto in der Ölmalerei. Mehrere Farbschichten werden ohne Vermischen überlagert. Die Pastellmalerei leidet oft unter dem Vorurteil, ein „Hobby für alte Damen" zu sein. Man nimmt häufig an, daß es dabei nur um Blumenstudien und Kinderporträts gehe. Verläufe und gefiederte Striche haben natürlich ihren Stellenwert in dieser Malerei. Pastellfarben sind aber auch zu satten, tiefen Wirkungen geeignet. Eine Möglichkeit, der Pastellmalerei Kraft und Körperlichkeit zu geben, vor allem in der Porträtmalerei, besteht in der Kunst des farbigen Aufbaus.
Pastellfarben können, im Gegensatz zur landläufigen Meinung, durchaus Schicht für Schicht angelegt werden, vorausgesetzt, man besprüht jede Schicht mit Fixativ. Allerdings müssen Sie das unvermeidliche Nachdunkeln nach dem Einsprühen in Kauf nehmen. Edgar Degas (1834–1917) benutzte diese Methode oft und legte Schicht auf Schicht kontrastierende Farbtöne in gekritzelten Hakenstrichen an. Das Ergebnis war eine reiche Patina von Farbe, wie „eine Badematte aus Kork", wie der englische Künstler Walter Richard Sickert (1860–1942) sie bezeichnete.
Die besten Ergebnisse erzielen Sie, wenn Sie mit der Breitseite der Stifte Farbe auftragen. Ein Vorzug der Technik besteht in der Möglichkeit, große Teile der Komposition schnell bearbeiten zu können. Diese Art der Technik wird auch den zurückhaltenden Pastellmaler anregen, seinem Medium neue, kühne Wege abzugewinnen.

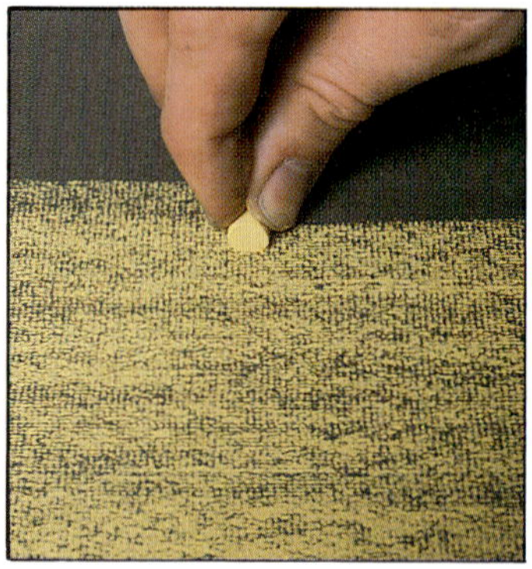

Farbauftrag in Schichten
1. Beim Farbauftrag wird die breite Seite des weichen Pastellstiftes benutzt, um dichte Farbschichten anzulegen. Der Künstler legt hier mit festem Strich die erste dichte Farbschicht an.

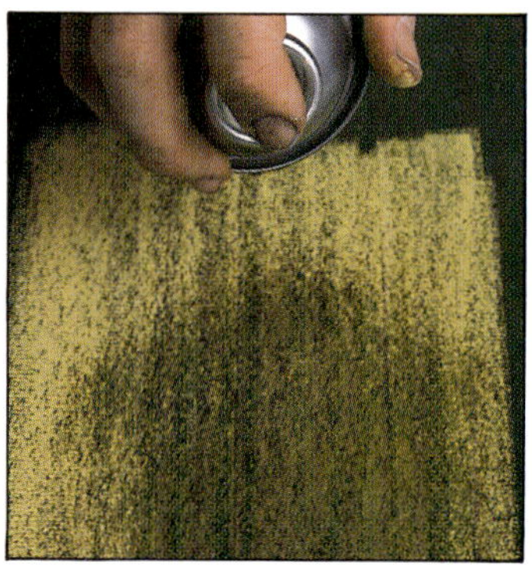

2. Indem Sie jede Schicht mit Fixativ einsprühen, können Sie mehrere Farbschichten übereinander aufbauen. Sie müssen allerdings das Nachdunkeln der Farben durch das Fixativ in Kauf nehmen.

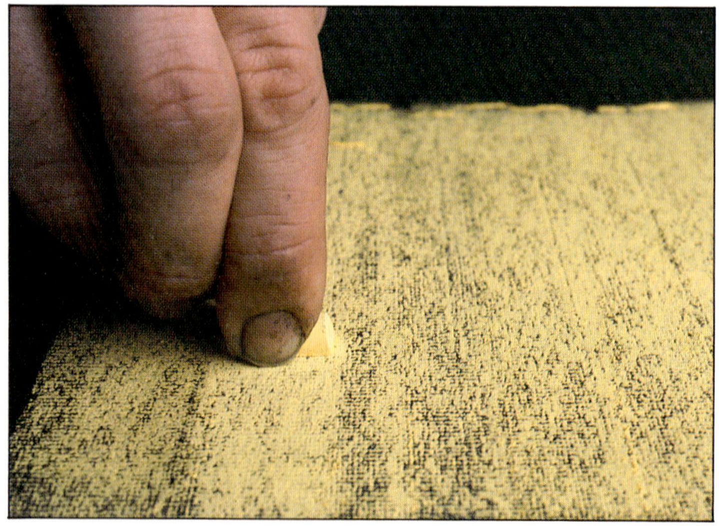

3. Jetzt wird eine zweite Farbschicht angelegt, welche die erste, untere Schicht vollständig abdeckt, und dann fixiert.

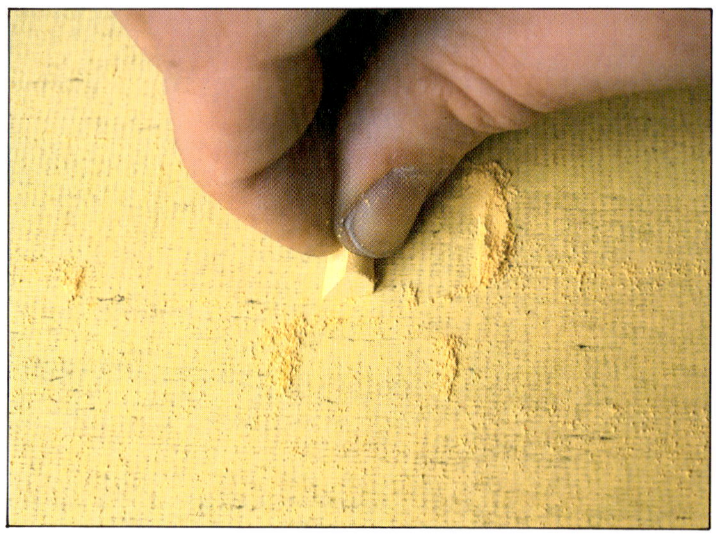

4. Sie können Farbe über Farbe anlegen, um eine Patina zu erzielen, die tief und kräftig von innen her leuchtet. Experimentieren Sie mit verschiedenen Farben übereinander!

Farbe dämpfen

Um kräftige Farben zu dämpfen oder zu mildern, können Sie folgendes Verfahren anwenden: Eine trockene, helle, halbtransparente Farbe wird rauh über einer dunkleren Schicht trockener deckender Farbe aufgetragen.
Die abdämpfende Farbschicht wird dünn aufgetragen und schafft einen schönen Farbenschleier, der die darunterliegenden Farben teilweise verdeckt. Egal ob Sie in Öl, Aquarell oder Pastell arbeiten, mit dem Abdämpfen der Farben können Sie technisch sehr vielseitig und ausdrucksstark verfahren.
Abdämpfende Farben werden in einer kreisförmigen, schrubbenden Bewegung mit dem Pinsel oder einer Malkreide aufgetragen. Der Effekt kann aber auch mit Streifen, Punkten, Flecken oder kurzen Strichen erreicht werden. Wichtig ist, die Farbe ungleichmäßig anzuwenden. Das ergibt eine lebendige, spontane Struktur, in der die Spuren des Pinsels oder der Kreide sichtbar bleiben.
Abdämpfende Striche haben eine unregelmäßige Beschaffenheit. Verwenden Sie darum einen Borstenpinsel statt eines Haarpinsels. Auch ein abgenützter, alter Pinsel ist sehr nützlich, da der schrubbende Auftrag der Farbe sonst leicht Ihren besten Pinsel ruinieren kann, wenn Sie diese Technik oft anwenden. Sie können dafür auch einen Putzlumpen, einen Schwamm, die Finger oder die Handkante nehmen.
Eine flach und langweilig aussehende Farbfläche läßt sich mit einer darübergestrichenen dämpfenden Farbe beleben und erscheint dann gesättigter und vibrierender. Eine graue Fläche z. B. beginnt zu leuchten, wenn Sie mit Gelb oder Rot darübergehen, weil die Farben sich optisch mischen und dadurch tiefer erscheinen.
Genauso können Farben, die zu warm oder zu kalt, zu hell oder zu dunkel geraten sind, durch Abdämpfen mit einer entsprechenden Farbe verändert werden. In Verbindung mit Lasuren erzielen Sie mit abdämpfenden Farbaufträgen eine Farbwirkung von außergewöhnlicher, geheimnisvoller Tiefe. Durch eine Schicht abdämpfender Farbe über einer Untermalung, gefolgt von einer Lasur, erreichen Sie eine Farbwirkung, die aussieht wie fein poliertes Holz, so als ob die Farbe von innen glühen würde. Die Malfarben sollten eine Zugabe von speziellen geeigneten Trockenmitteln erhalten, sonst könnte sich die Wartezeit zwischen den einzelnen Farbschichten als sehr lang gestalten. Die atmosphärische Qualität dieser Technik können Sie für viele Motive verwenden, vor allem für stürmische Himmel und Wasserlandschaften.
Die lebhafte Struktur dämpfender Pinselstriche eignet sich gleich gut für Texturen, wie Tigerfell oder die samtige Haut von Pfirsichen, wie für Motive mit Bewegung, vorüberziehende Wolken, fallendes Haar und fließendes Wasser.

Ölfarben
Mit dieser Technik können Sie in der Ölmalerei unter Beibehaltung eines lebendigen Pinselstrichs feinste Abstufungen eines Farbtons erreichen. Setzen Sie die Pinselstriche kurz und kräftig ab. Vermischen Sie die Farbe nicht zu stark, damit die Wirkung nicht verlorengeht.

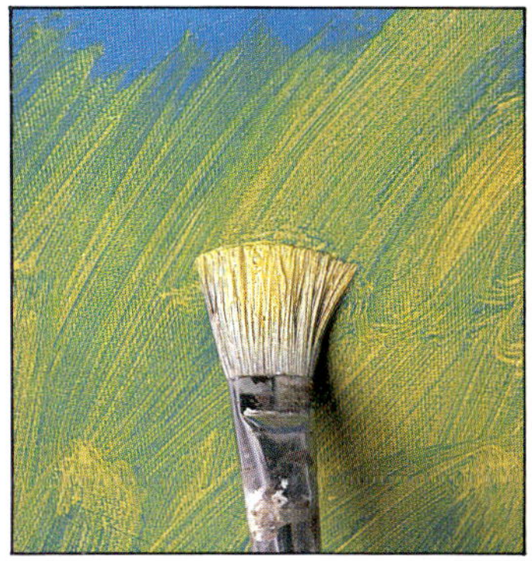

Abdämpfen mit deckenden Farben
Abdämpfende Farbe sollte ziemlich trocken verwendet werden. Wischen Sie den Pinsel auf Löschpapier ab, um alles überschüssige Wasser zu entfernen. Mit einem Borstenpinsel (ein Haarpinsel ist unbrauchbar) bürsten Sie die Farbe mit freien, kräftigen Strichen auf. Die Farbe kann in kreisförmigen Bewegungen, in Vor- und Zurückbewegung oder in verschiedenen anderen Bewegungsrichtungen vertrieben werden. Der wesentliche Punkt ist, die Farbe nicht zu vermalen, sondern die Pinselspuren sichtbar stehen zu lassen. Hier wurden Gelb- und Grüntöne mit kurzen, gebürsteten Strichen vertrieben. Die Textur erinnert an Baumlaub.

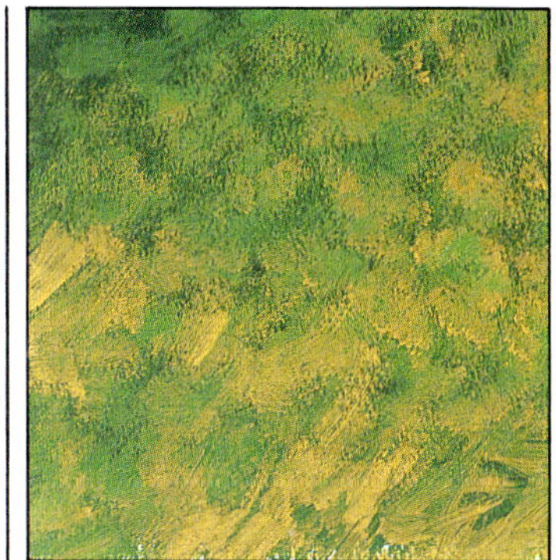

Es geht beim Abdämpfen darum, eine halbtransparente Malschicht wie einen Rauchschwaden über eine andere, bereits trockene Farbe anzulegen. Die Untermalung wird vollständig abgedeckt, schimmert aber durch die abdämpfenden Farben hindurch und schafft so geheimnisvolle und atmosphärische Wirkungen. Im allgemeinen gibt eine helle, abdämpfende Farbschicht über einer dunklen Farbe die besten Ergebnisse. Geben Sie etwas Titanweiß zur Farbe, um sie aufzuhellen und halbdeckend zu machen. Halbdeckende Farbaufträge sollten dünn und in allmählichen Abstufungen angelegt werden. Wenn die Farbe zu dick aufgetragen wird, geht der dunstige Effekt verloren.

Acryl
Die Farbe für halbdeckende dämpfende Farbaufträge sollte ziemlich pastos, aber flüssiger als für die Trockenpinseltechnik angemischt sein. Verdünnen Sie die Farbe mit etwas mattem oder glänzendem Malmittel und fügen Sie etwas Titanweiß hinzu, um die Farbe deckender zu machen.
Umgekehrt schafft die Mischung von wenig Farbe und viel Malmittel und Wasser wunderbare, zart-transparente, abdämpfende Farbaufträge.

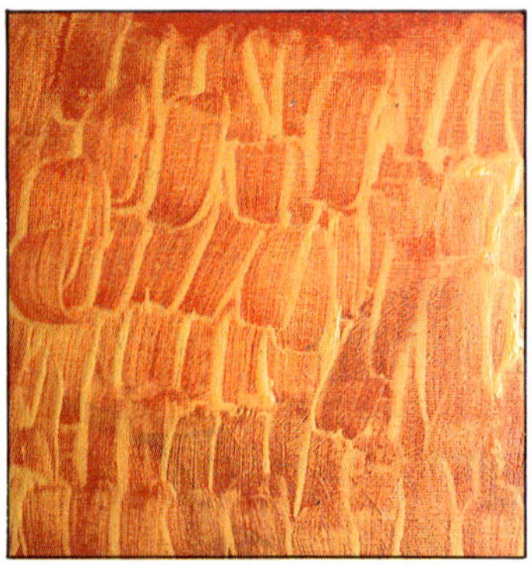

Transparente Farbabdämpfung
Versuchen Sie in der Acrylmalerei einmal eine Mischung aus viel mattem Malmittel, Wasser und Farbe. Diese Mischung gibt zarte, transparente Übermalungen. Mit mehreren transparenten Schichten übereinander können Sie Tiefe und Leuchtkraft der Farben noch verstärken.

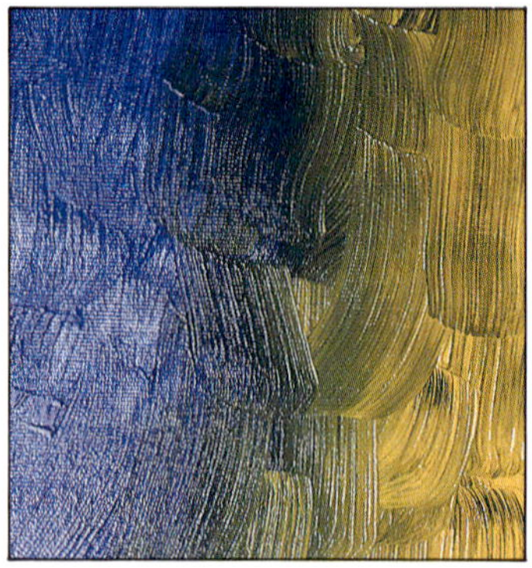

Verläufe mit abgedämpfter Farbe
Mit abdämpfenden Farbaufträgen können Sie auch Verläufe gestalten. Der halbdeckende Auftrag läßt etwas von der Untermalung durchschimmern. Wie Sie an diesem Beispiel sehen, können Sie auch eine nasse Farbe in eine andere abdämpfend vertreiben.

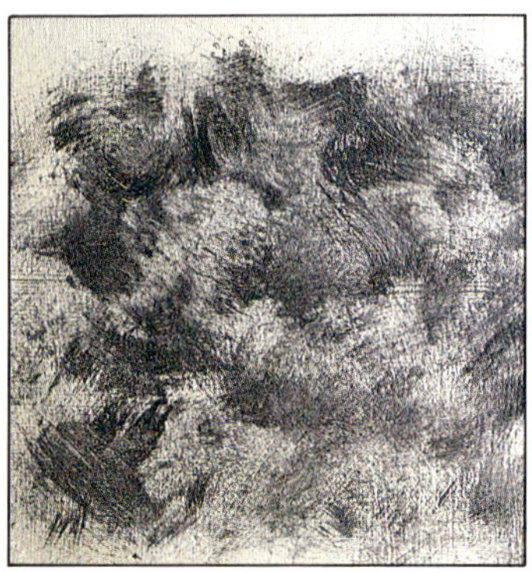

Abdämpfender Farbauftrag über einer Schwamm-Textur
Strukturen gehören zur Eitemperamalerei und verleihen ihr Leuchtkraft. Hier wurde ein heller Farbauftrag über eine Schwamm-Textur gelegt, um sie zu dämpfen und die Farbtöne zusammenzuführen. Arbeiten Sie mit einem Pinsel in einer kreisförmigen Bewegung.

Aquarell
Abdämpfende Farbaufträge werden in der Aquarellmalerei selten verwendet. Das würde der transparenten Eigenschaft der Farbe nicht entsprechen. Man kann aber trotzdem dicke Aquarellfarbe in Kreisbewegungen in das Papier reiben. J. M. W. Turner (1775–1851) benutzte abdämpfende Farbaufträge beim Malen von stürmischen Wettern oder rauhem Boden.

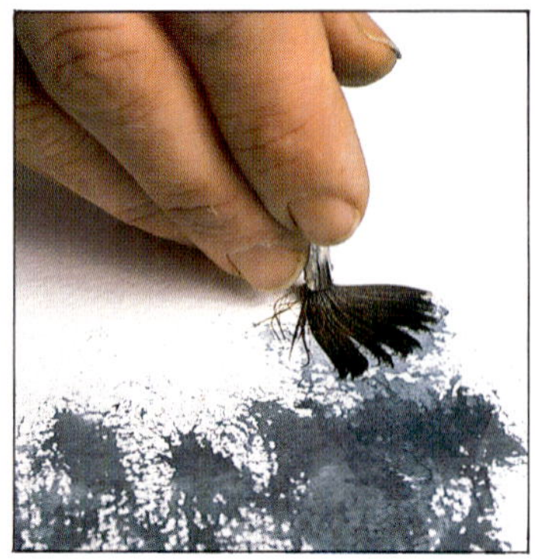

Abgedämpfter Farbauftrag • Aquarell
1. Füllen Sie den Pinsel mit ziemlich dicker Farbe. Überschüssiges Wasser wischen Sie auf einem Blatt Löschpapier ab. Fächern Sie die Borsten des Pinsels auseinander und arbeiten Sie in einer kreisenden Bewegung über die Malfläche.

2. Abdämpfende Farbaufträge über Lavierungen können rauhe Strukturen, wie z. B. verwitterten Stein, wiedergeben.

Pastell
In der Pastellmalerei ist das Farbenmischen nicht immer so einfach wie in anderen Techniken. Abdämpfen ist darum eine unschätzbare Technik, da sich mit ihr jede Farbe verändern läßt. Harte Pastellstifte sind am besten für abdämpfende Farbaufträge geeignet. Mit der Längsseite des Stiftes legen Sie leichte Striche an. Auch weiche Pastellstifte können verwendet werden, erfordern aber eine sehr leichte Auflage, da sonst die Untermalung verschmiert wird.
Durch abdämpfende Farbaufträge kann eine Farbfläche belebt oder beruhigt werden. Legen Sie mit der Längsseite der Pastellkreide ein Rechteck aus dichter Farbe an. Gehen Sie dann mit einer spitzen Kreide von anderer Farbe in mäanderförmigen Bewegungen über diese Fläche. Die erste Farbe schaut noch durch, ist aber durch die abdämpfenden Striche verändert worden. Besonders gut eignen sich komplementäre Farbenpaare. Ein vibrierendes Grün z. B. kann

durch abdämpfende Farbaufträge mit der Komplementärfarbe Rot abgekühlt werden. Strapazieren Sie aber die abdämpfenden Farbstriche nicht zu sehr. Wenn sie zu dicht liegen, geht die Wirkung verloren.
Auf glatten Papieren sind nur ganz wenige abdämpfende Strichlagen möglich, da sonst die Oberfläche verschmieren würde. Auf einer rauhen Oberfläche mit mehr Körnung sind mehrere abdämpfende Farbaufträge anzulegen. Sprühen Sie in diesem Fall jede Schicht mit Fixativ ein, bevor Sie die nächste anlegen.

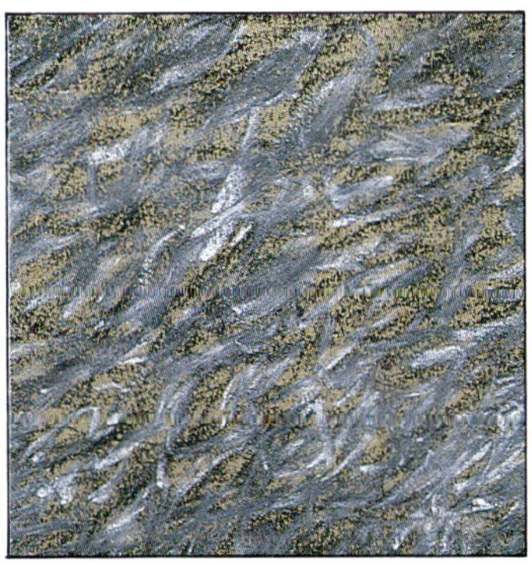

Abgedämpfter Farbauftrag • Pastell
1. Zuerst wurde ein dunkler Farbton angelegt. Ein noch dunklerer Farbton in abdämpfenden Strichen wurde darübergelegt.

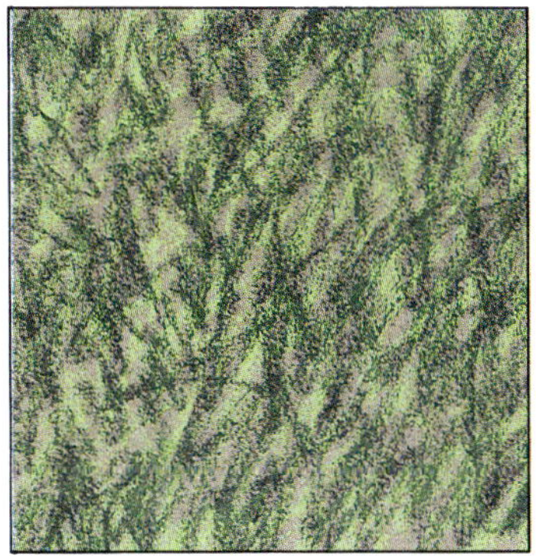

2. Hier wurde der Vorgang umgekehrt: Ein dunkler Farbton wurde mit einem hellen überarbeitet.

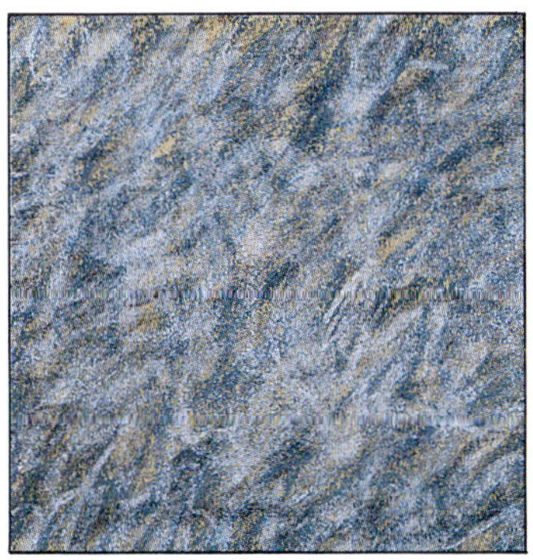

3. Eine dunkle und eine helle Farbkreide wurden in abdämpfenden Strichen vertrieben und ergeben diese vibrierende Wirkung.

Farbe entfernen

In der Aquarell-, Tusche- und Pastellmalerei bedeutet Entfernen, einfach kleine Stellen von Farbe mit einem weichen Pinsel, einem Schwamm oder einem Zellstoffpapier abzuheben. Die Technik hat verschiedene Zwecke: sie retuschiert Fehler, sie hellt Farben auf, schafft weiche, verschwommene Formen, fügt Lichthöhungen ein und verleiht einer zu dicht gemalten Fläche etwas mehr „Luft".

Aquarell
Feuchte Farbe kann ziemlich einfach abgehoben werden, aber trockene Farbe muß unter Umständen mit einem weichen Pinsel wieder etwas aufgeweicht werden. Erinnern Sie, daß einige Aquarellfarben stärkere Leuchtkraft als andere besitzen. Krapplack und Saftgrün werden beispielsweise immer Farbspuren hinterlassen. Das müssen Sie bedenken, wenn Sie Farbe abheben wollen, um das Weiß des Papiers wiederzugewinnen. Wenden Sie die Technik des Abhebens nur auf Papier guter Qualität an! Weiches Papier rauht leicht auf und hinterläßt schnell ein Loch im Bild, wenn zuviel gerieben wird.

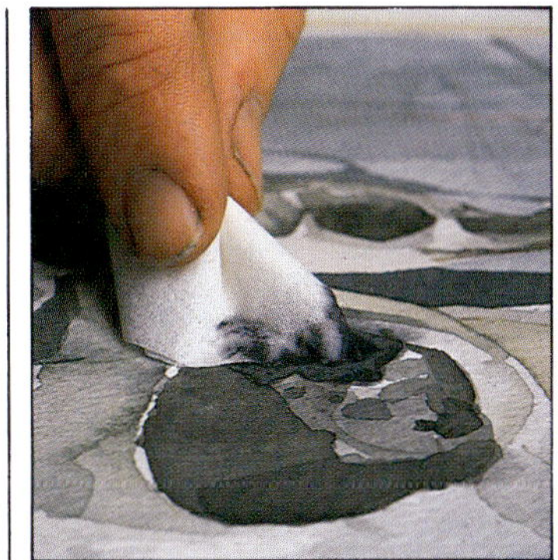

Zellstoffpapier
Bei sehr nasser Lavierung benutzen Sie Zellstoffpapier. Tupfen Sie nur mit dem Tuch! Reiben könnte die Oberfläche des Papiers angreifen. Zellstoffpapier kann auch benutzt werden, um amorphe Formen in einer Lavierung herauszubilden, z. B. eine Wolkenformation. Verwenden Sie diese Technik jedoch mit Verstand, sie wirkt sonst glatt und kraftlos.

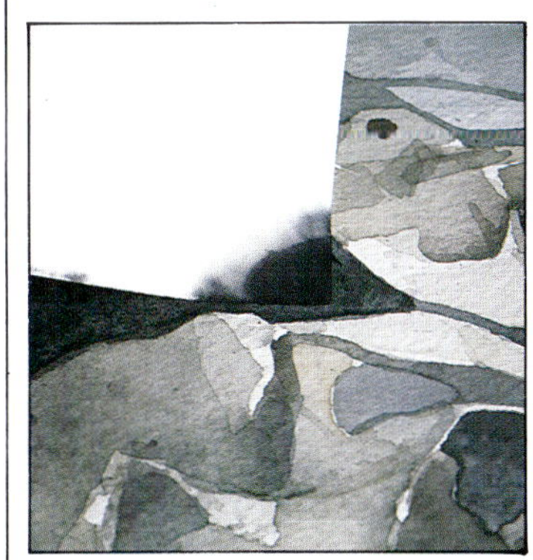

Löschpapier
Löschpapier ist dicker und saugfähiger als Zellstoffpapier und kann außerdem nach Trocknung wieder verwendet werden.
Wenn Sie kleine Stellen ausbessern wollen, halten sie eine Ecke des Löschpapiers auf die Stelle, bis die überschüssige Farbe aufgesogen worden ist.

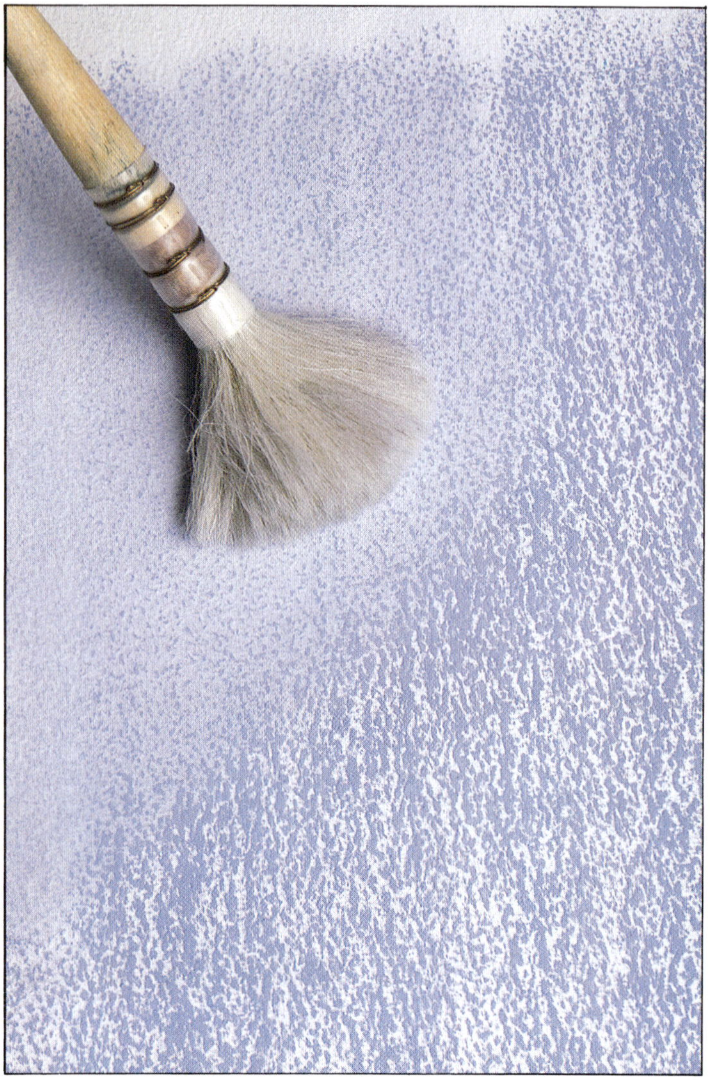

Farbe entfernen • Pastell
Um überschüssige Farbe in der Pastellmalerei zu entfernen, reiben Sie leicht mit einem weichen Pinsel über die betreffende Stelle und blasen den entstehenden Staub weg.
Sie können auch einen spitz geformten Knetradiergummi verwenden, um kleine Farbstellen abzuheben.

Fett auf Mager

Mit einem Ölmalmittel, wie z. B. Lein- oder Mohnöl, verdünnte Ölfarbe wird als „fett" bezeichnet. Mit Terpentin verdünnt heißt sie „mager".
„Fett auf Mager" ist eine Grundregel der Ölmalerei, die besagt, daß Ölfarben mit einem hohen Ölgehalt (über 50 Prozent) immer über Ölfarben gelegt werden sollten, die weniger Öl enthalten. Wenn diese Regel nicht beachtet wird, kann es zu Rissen in der Malerei kommen. Es gibt dafür eine einfache Begründung: Wenn magere Farbe über fette Farbe gelegt wird, trocknet die magere zuerst. Die darunter liegende fette Farbe trocknet langsamer und zieht sich dabei zusammen, was die übermalte, magere Farbe zum Reißen bringt.
Für Imprimituren und Untermalungen vermeiden Sie am besten Farben mit hohem Ölgehalt und verwenden nur Terpentin oder Terpentinersatz zum Verdünnen. In den oberen Schichten sollte der Ölgehalt dagegen verstärkt werden.

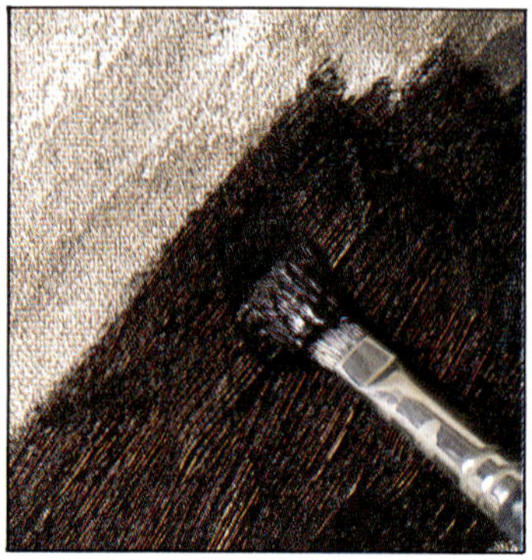

Fett auf Mager
Wenn ein Ölbild aus mehreren Farbschichten aufgebaut werden soll, gibt es drei Möglichkeiten, die Gefahr des Reißens zu vermeiden: Gehen Sie sicher, daß die Farben für die ersten Farbschichten nicht zuviel Öl enthalten. Nehmen Sie, wenn möglich, schnell trocknende Farben, wie Titanweiß, Umbra natur oder Permanentrot gebrannt, für die Untermalung. Vergewissern Sie sich, daß jede Farbschicht völlig durchgetrocknet ist, bevor Sie die nächste auflegen. Halten Sie die Trocknungszeiten auf jeden Fall ein, um unerwünschte Rißbildung zu vermeiden.

Fiedern

Fiedern ist eine Technik in der Pastellmalerei, um eine Farbfläche zu beleben, die durch zu ausgiebiges Vermalen oder Verreiben stumpf geworden ist. Die Technik kann auch verwendet werden, um harte Grenzen aufzulösen oder um eine Trennung von Hell und Dunkel zu verbinden. Der abschließende Effekt einer gefiederten Passage ähnelt den Federn eines Federkiels – daher der Name!
Um eine Farbe über eine andere zu fiedern, nehmen Sie einen harten Pastellstift oder eine Pastellkreide, machen Sie damit leichte Striche in Aufwärts- und Abwärtsbewegungen und bearbeiten so die Fläche.
Ähnlich den Techniken des Dämpfens und der trockenen Pinselstriche läßt Fiedern die unterliegenden Farben durchschimmern und erzeugt einen optischen Effekt, der lebendiger ist als eine gleichmäßig flächig angelegte Farbe.

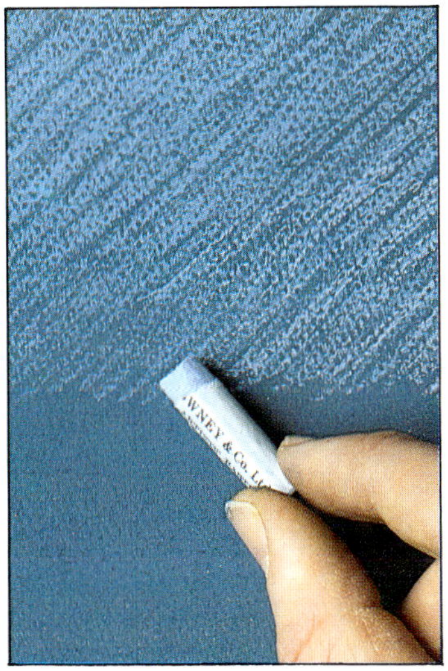

Fiedern • Pastellfarben
Verwenden Sie die Fiedertechnik, wenn Sie den Farbton einer bestimmten Farbe leicht verändern wollen.
Mit einem harten Pastellstift oder einer Pastellkreide fiedern Sie die eine Farbe über die andere. Mit lockerem Handgelenk machen Sie leichte, fedrige Striche in diagonaler Richtung über die darunterliegende Farbe.

Frottage

Das Wort „Frottage" leitet sich vom französischen Verb „frotter" ab, was „reiben" heißt.
Der Begriff wird am meisten mit Abreibungen von strukturierten Oberflächen auf Papier in Verbindung gebracht. Die unterlegten Strukturen erscheinen durch die Abreibung als Muster auf dem Papier. Diese Technik kann z. B. in der Pastellmalerei mit der Breitseite des Stiftes gehandhabt werden. In der Ölmalerei bezieht sich der Begriff jedoch auf eine satte, unregelmäßige Textur, die durch Abreiben einer frischen, deckenden Farbfläche mit einem Stück nichtsaugendem Papier geschaffen wird. Wird das Papier abgezogen, hinterläßt es eine rauhe, gefleckte Struktur in der Farbe. Das Papier kann entweder glatt oder zerknüllt verwendet werden. Letzteres schafft ein stärkeres Muster.
Die Frottage eignet sich besonders gut, um Texturen von Fels, Stein und Holz wiederzugeben. Sie ist außerdem eine schnelle, spontane Methode, interessante Strukturen innerhalb einer breiten Malfläche, z. B. in einem leeren Vordergrund, anzulegen.
Der deutsche surrealistische Maler Max Ernst (1891–1976) benutzte die Frottage in seinen Zeichnungen und Bildern, oft mit der Collage kombiniert, und erreichte dadurch eine fremdartige, alptraumhafte Wirkung seiner Bilder.
Die mit der Frottage erreichten Muster sind sehr zufällig. Deshalb ist es ratsam, vorher auf einem Stück alter Leinwand zu experimentieren.

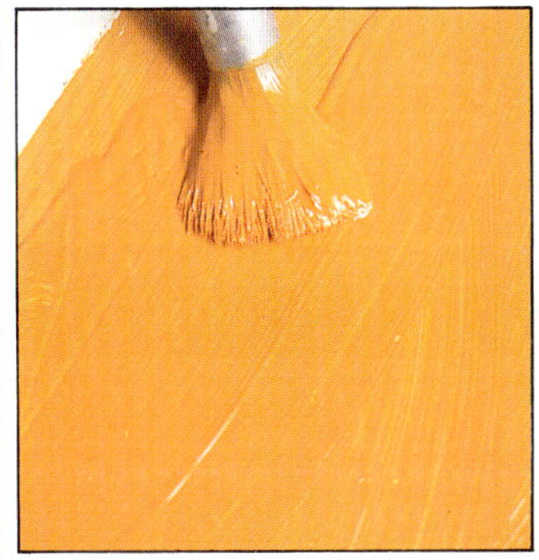

Frottage • Glattes Papier
1. Legen Sie eine größere Stelle pastoser, mit etwas Öl und Terpentin verdünnter Ölfarbe an. Je dicker die Farbe ist, die Sie verwenden, desto stärker und profilbetonter wird die Textur sein.

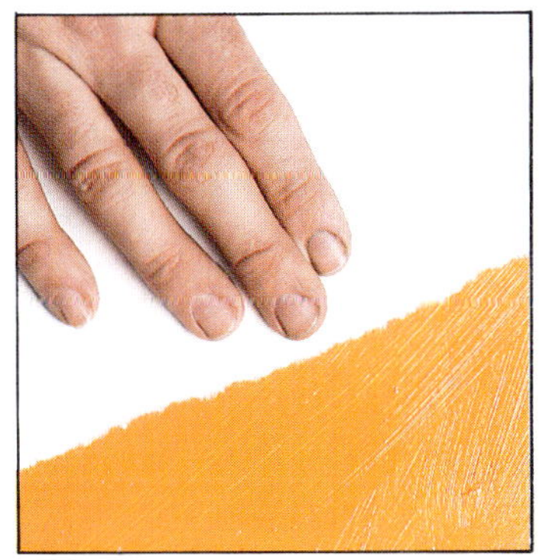

2. Legen Sie ein Stück nichtsaugenden Papiers über die Farbe und drücken es leicht auf. Reiben Sie leicht mit den Fingerspitzen über das Papier.

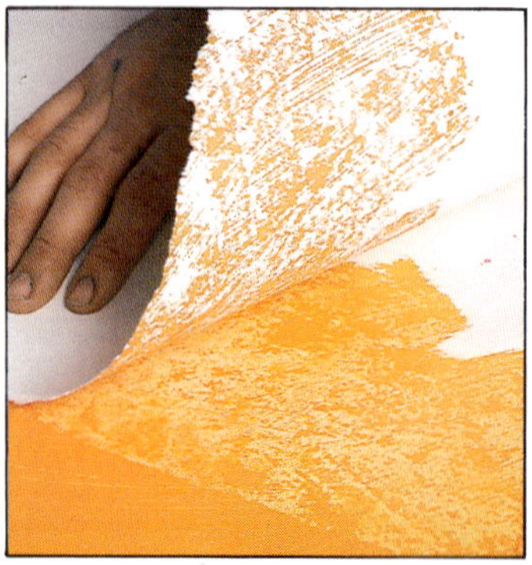

3. Ziehen Sie das Papier ab. Da die Farbe klebrig ist, zieht das Papier sie zum Teil ab und formt eine rauhe, gemusterte Fläche. Um die Textur zu verändern, können Sie das Papier wieder auflegen und bewegen oder abreiben. Experimentieren Sie solange, bis Sie den Effekt erreicht haben, den Sie wollten. Lassen Sie das fertige Bild bis zu 48 Stunden trocknen.

Der endgültige Effekt

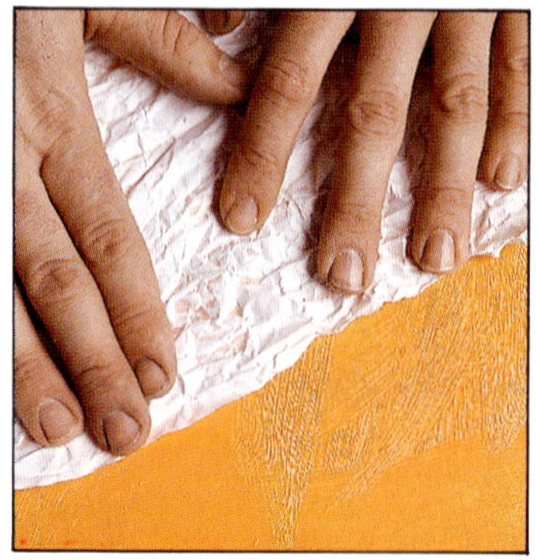

Frottage • Zerknülltes Papier

1. Legen Sie, wie vorher, eine dicke Schicht Farbe an. Zerknüllen Sie ein Stück Papier zu einem Ball, öffnen Sie ihn und drücken Sie das Papier auf die nasse Farbe.

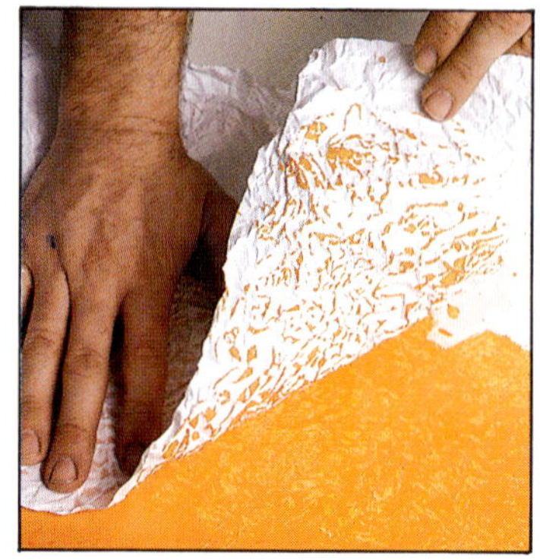

2. Ziehen Sie das Papier vorsichtig von der Farbe weg. Das ergibt eine betontere Textur als mit dem glatten Papier. Wiederholen Sie den Vorgang mit einem neuen Papier, wenn Sie wollen.

Der endgültige Effekt

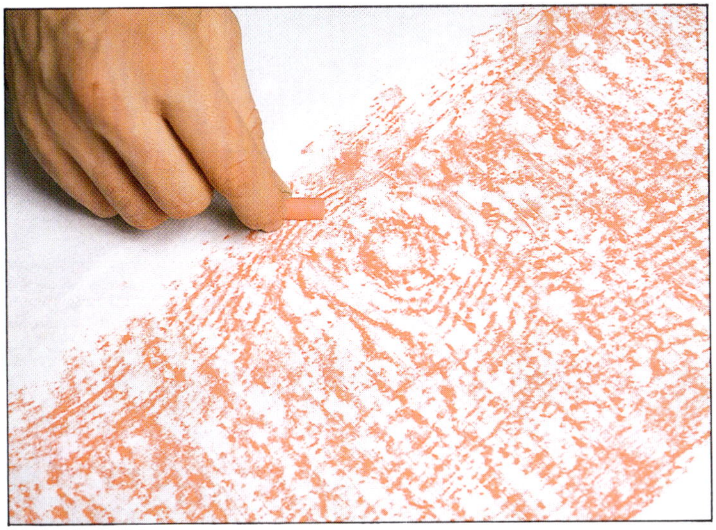

Frottage • Pastellfarbe
In der Pastellmalerei werden reich strukturierte Effekte dadurch erzielt, daß man ein Stück Papier über eine Oberfläche mit deutlicher Maserung legt. Rohes Holz oder grober Stein z. B. wird mit der Breitseite des Stifts abgerieben, so daß die Struktur erscheint.
Hier macht der Künstler eine Frottage von einer Holzdiele. Die Technik beinhaltet eine Menge kreativer Möglichkeiten. Versuchen Sie einmal, strukturierte Flächen unter bestimmte Teile einer Zeichnung zu legen und abzureiben, um natürlich aussehende Muster und Texturen zu schaffen. Sie können auch Teile einer Frottage ausschneiden und auf einer Unterlage neu komponieren und festkleben. So machen Sie aus einer Frottage eine Collage.
Die Frottage können Sie weiterbearbeiten. Vielleicht kommen dabei ganz ungewöhnliche und seltsame Bilder heraus.

Impasto

Dicke, pastose (= teigig, dickflüssig) Farbe, mit dem Pinsel oder dem Spachtel aufgetragen, wird Impasto genannt. Die Farbe wird mit kurzen, staccatoartigen, d. h. kurzen, stoßenden Bewegungen des Pinsels dick aufgetragen, so daß sie von der Leinwand absteht und eine rauhe Oberfläche erzeugt. Impasto erfordert Farbe von dicker, buttriger Konsistenz und ist daher auf Öl- und Acrylfarben beschränkt. In gewissem Umfang eignen sich auch Gouachefarben. Ein Eitemperagemälde kann mit vielen dünnen Schichten aufgebaut werden. Aber wilde, dicke Pinselstriche sind in diesem Medium unmöglich, da die Klebkraft des Eibinders nur für dünne Farbschichten ausreicht. Wenn Sie wollen, können Sie ein ganzes Bild in dickem Impasto aufbauen, um eine lebhafte und energische Oberfläche zu erhalten. Aus diesem Grund geht die Impasto-Technik oft Hand in Hand mit Alla Prima, da sich ein Bild durch dicke Farbe und schnelle Pinselstriche zügig und spontan aufbauen läßt. Van Gogh (1853-90) ist vielleicht der größte Vertreter der expressiven Möglichkeit des Impastos. Oft drückte er die Farbe direkt aus der Tube auf die Leinwand und „formte" sie in schwungvollen Linien und Strichen, die seine Leidenschaft für die Malerei und ihre Themen mit ausdrückte.
Impasto kann auch in Verbindung mit Lasuren verwendet werden, um Passagen von großer Sättigung und Tiefe zu erzeugen. Tizian (um 1487-1576) und Rembrandt (1606-69) malten ihre Schatten mit dünnen, dunklen Lasuren, um sie zurückweichen zu lassen, während sie die Lichthöhungen auf Haut, Stoff und Schmuck in dickem Impasto anlegten. Die kleinen, erhabenen Stellen fangen das Licht ein und wirken besonders leuchtend.
Wenn Sie über Impasto lasieren wollen, müssen Sie ein Trockenmittel, wie Kobaltsikkativ, im Impasto verwenden. Die Sikkative sind im Fachhandel kaum noch erhältlich, da sie in ihrer Anwendung kompliziert sind und zu gefährlichen Rissen und Sprüngen im Bild führen können. Daher können sie bei Acrylfarben ein Acryl-Malmittel und bei Alkydfarben besser ein Malmittel auf Alkydharzbasis verwenden, um Trockenprozesse zu beschleunigen. Eine vollkommen durchgetrocknete Impastostelle kann schließlich mit einer transparenten Lasur übermalt werden, die in die Furchen der Farbe eindringt und deren rauhe Struktur betont. Mit dieser Technik können Sie rauhe Gegenstände wie Holz, Borkenrinde oder unbehauenen Stein darstellen.

Ölmalerei
Wenn dicke Farbschichten übereinander aufgetragen werden, können die verschiedenen Trockenzeiten zwischen den Schichten Risse verursachen. Es ist ganz wichtig, daß Sie jede Schicht erst vollkommen durchtrocknen lassen, bevor Sie die nächste anlegen. (Eine dicke Spur Ölfarbe kann bis zu sechs Monate benötigen, um auszutrocknen.)

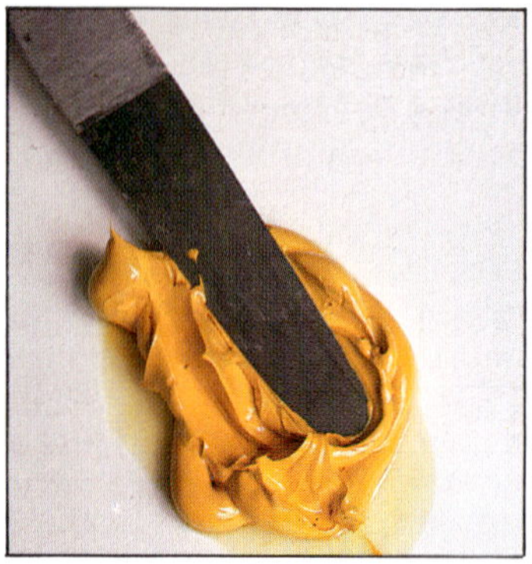

Impasto mit einem Pinsel • Öl
1. Zuviel Öl in der Farbe macht es schwer, einen dicken, strukturierten Pinselstrich zu setzen. Drücken Sie deshalb die gewünschte Farbmenge auf ein Löschpapier und lassen sie dort für einige Minuten stehen. Das Löschpapier saugt den Ölüberschuß auf, so daß die Farbe eine steife Konsistenz erhält, die für Impasto besser geeignet ist.

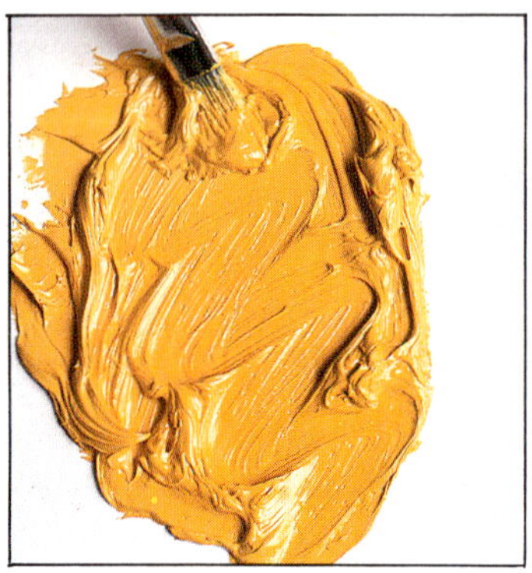

2. Nehmen Sie die Farbe vom Papier und vermischen Sie sie auf der Palette mit ein wenig Terpentin, um sie verstreichbar zu machen.

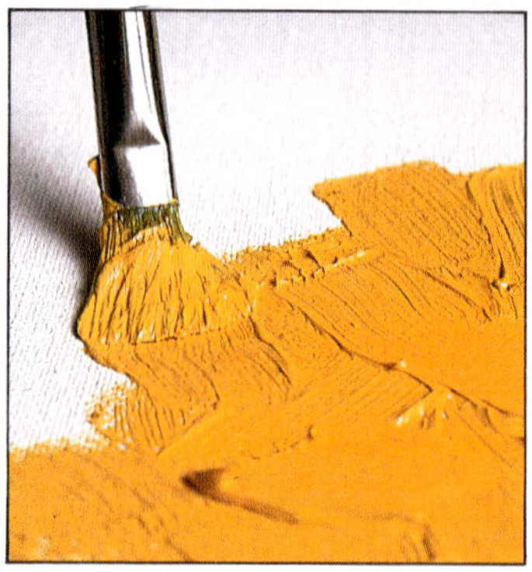

3. Der Künstler legt hier mit einem flachen Borstenpinsel Nr. 4 dicke Farbe in kurzen, kräftigen Strichen in verschiedenen Richtungen an. Widerstehen Sie der Versuchung, nochmals über die Farbe zu gehen! Legen Sie die Farbe mit sicheren Bewegungen an und lassen Sie sie so stehen. Die Farbe sollte so dick sein, daß sie die Spur des Pinsels hält. Ein kräftiges Impasto kann Tage oder Wochen zum Trocknen brauchen. Lassen Sie die Leinwand deshalb an einem staubfreien Platz liegen (oder an der Staffelei stehen). Sobald das Bild trocken ist, können Sie noch eine Lasur kontrastierender Farbe darüberlegen.

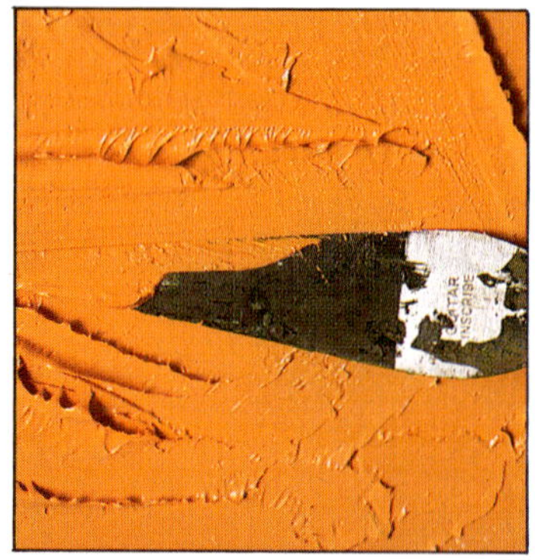

Impasto mit dem Palettmesser
1. Für ein kräftiges Impasto nimmt der Künstler hier das Palettmesser, um die Farben auf der Palette zu mischen. Dann verstreicht er sie dick in breiten, strukturierten Rillen auf der Leinwand.

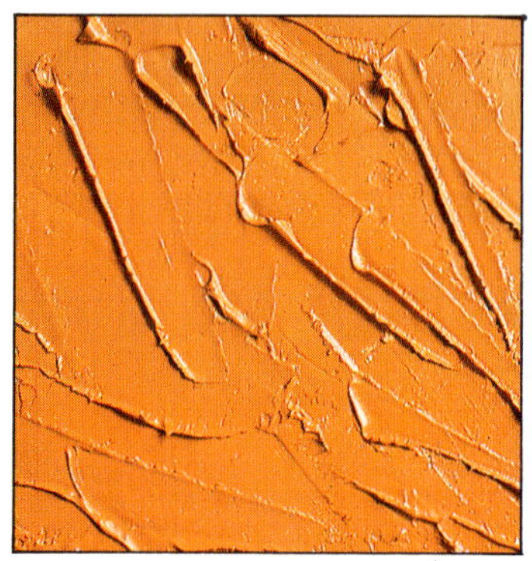

2. Der endgültige Effekt zeigt, wie Sie die Farbe mit einem Malmesser in lebendige Kurven und Rillen bringen können. Versuchen Sie jedoch nicht, die Farbe zu überarbeiten. Sie wird dann schnell ihre Vibration verlieren und „totgemalt" aussehen.

Acrylmalerei
Mit Acrylfarben lassen sich Impastos besser anlegen als mit Ölfarben, da sie schneller und ohne Rißbildung trocknen, selbst wenn sie in dünnen Schichten angelegt worden sind.
Die Farbe kann entweder direkt oder mit dem gleichen Raumteil Gel-Malmittel verdickt aufgetragen werden. Farblose, sehr dicke und sehr schnell trocknende Modellierpaste, die gleich mit der Farbe gemischt wird, ergibt die Wirkung dicker Ölfarbe.

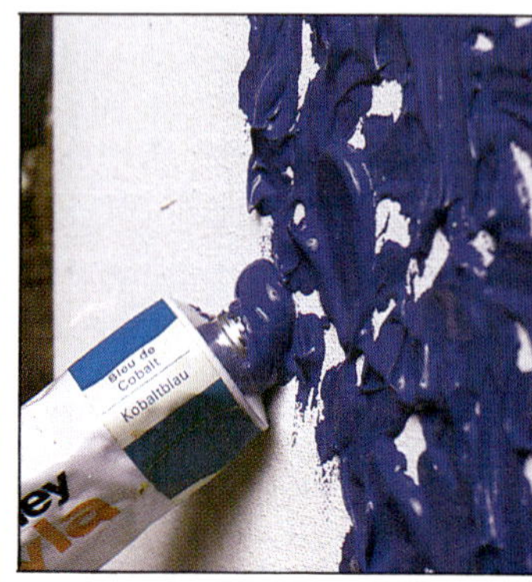

Impasto • Acryl
1. Acrylfarbe kann direkt aus der Tube benutzt werden. Sie können die Tubenfarbe auch in gleichen Raumteilen mit Gel-Malmittel mischen, mit dem Ergebnis einer dicken, pastosen Konsistenz, die der kräftigen Pinselarbeit entgegenkommt.

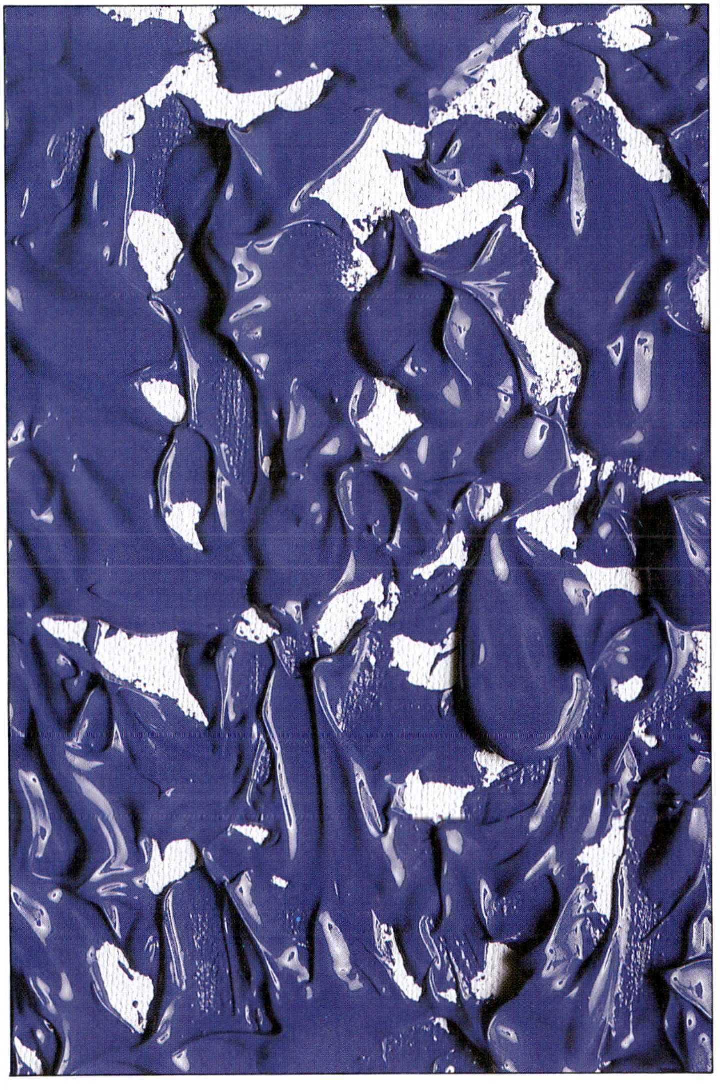

2. Mit einem Palettmesser oder einem Pinsel verteilen Sie die Farbe auf der Leinwand. Die klebrigen und schnelltrocknenden Eigenschaften der Farbe erlauben einen dicken Auftrag, ohne Angst vor Rissen haben zu müssen. Sie trocknen innerhalb weniger Stunden.

Imprimitur

Imprimitur ist der Begriff für eine Lasur oder eine Lavierung transparenter Farbe, um einen getönten Malgrund zu schaffen. Eine Imprimitur dient zwei Zwecken: Erstens mildert sie das Weiß der Leinwand oder des Papiers. Es ist einfacher, die Farbtöne der Mischungen einzuschätzen, wenn sie angelegt sind. (Oft sehen Farben auf weißem Grund dunkler aus als auf farbig getöntem.)
Scheint zweitens die Imprimitur durch die Übermalung durch, ist sie harmonisierendes Element und bindet die Farben.
Der Vorteil gegenüber einem abgetönten Grund liegt im Durchscheineffekt der Leinwand oder des Papiers durch die transparente Lasur, die die Leuchtkraft der Farben steigert.
Die auszuwählende Farbe hängt von dem Motiv ab, das Sie malen wollen, ist aber meist ein neutraler Farbton zwischen der hellsten und der dunkelsten Farbe im Bild. Beim Zusammenstellen von Hauttönen z. B. gibt eine verdunnte Lavierung von lichter Ocker und Siena natur einen mittleren Ton, der zwischen dunklen und hellen Hauttönen vermittelt.
In einem Landschaftsbild wählen Sie eine vereinheitlichende Farbe. Ein Sonnenuntergang oder eine Herbstlandschaft gewinnt durch eine goldgelbe Imprimitur. Eine Wasserlandschaft oder ein nebliges Gebirge verlangt hingegen ein neutrales Blaugrau.
Die Hauptsache ist, daß die Farbe subtil und unaufdringlich erscheinen sollte, eine Farbe, die nicht vor den anderen folgenden Farben dominiert. Wählen Sie verdünnte erdige, gedämpfte Farben, wie Siena natur, oder Ultramarin mit einer Spur Umbra gebrannt. Vermeiden Sie „elektrische" Farben wie Phtaloblau und Kadmiumgelb.
In der Ölmalerei verdünnen Sie die Farbe mit Terpentin bis zu einer sehr dünnen Konsistenz.
In der Acrylmalerei verwenden Sie mattes Malmittel als Verdünnungsmittel.
Das Äquivalent für die Imprimitur in der Aquarellmalerei ist die Lavierung einer transparenten Farbe auf weißem Papier, die vor weiterer Übermalung durchgetrocknet sein muß.
(Lassen Sie evtl. weiße Stellen für Lichter stehen.) Beim Malen eines Himmels gibt z. B. eine Untermalung mit Siena gebrannt, verdünnt zu einem hellen Farbton, eine warme Farbe, die sehr wirkungsvoll im Kontrast zu den kühlen, blauen Farbtönen und Grautönen der Wolken steht.

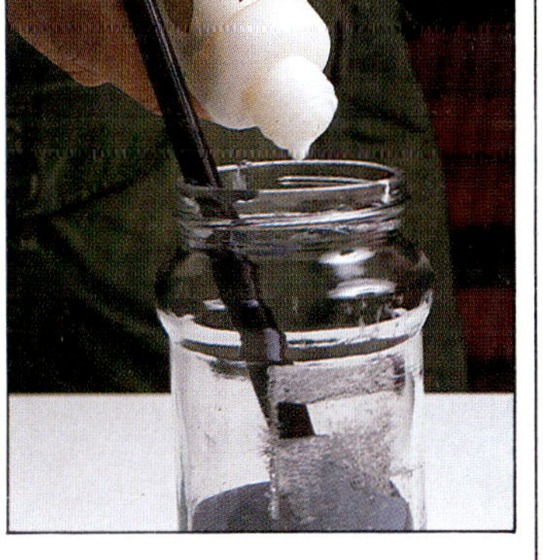

Imprimitur
1. Für eine Imprimitur sollte die Farbe eine flüssige Konsistenz haben wie bei einer Lavierung in der Aquarellmalerei. Verwenden Sie Ölfarben, können Sie mit dem entsprechenden Malmittel verdünnen. Acrylfarben ebenfalls mit entsprechenden Malmitteln verdünnen (auch mit Wasser).

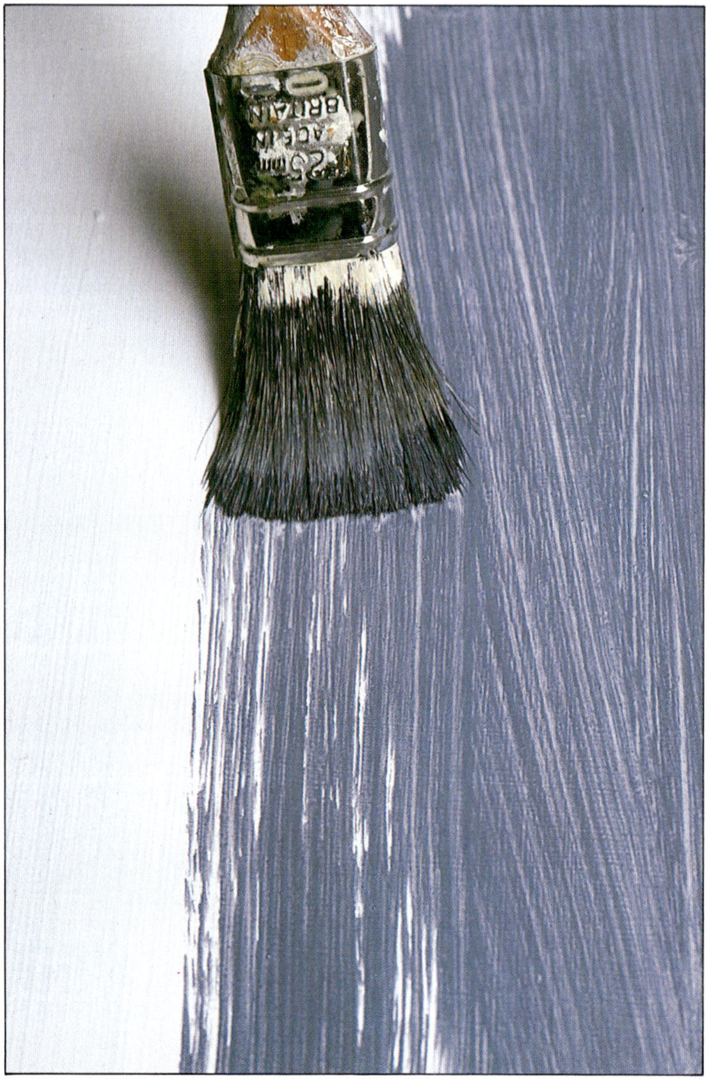

2. Mit einem großen Flachpinsel verteilen Sie die Farbe auf dem Malgrund so dünn wie möglich, damit der weiße Grund von der Farbe nicht völlig bedeckt wird. Vermalen Sie die Farbe mit langen, vertikalen Strichen, ohne sie jedoch glätten zu wollen. Die Streifen beleben die Imprimitur und ermutigen Sie, in gleicher Freiheit in späteren Werkphasen weiterzuarbeiten.

Korrekturverfahren

Nichts ist frustrierender für einen Künstler, als wenn er mitten in der Arbeit an einem Bild feststellen muß, daß etwas danebengegangen ist. Die Farben sind nicht harmonisch, die Formen sind zu hart, oder ein Gegenstand sitzt falsch im Bild. Aber selbst wenn das ganze Bild mißlungen scheint, lohnt es sich oft noch, es zu überarbeiten, anstatt es dem Abfalleimer anzuvertrauen.

Öl
Zur Korrektur eines Ölbildes legen Sie einfach ein Blatt saugendes Papier über die betreffende Stelle, reiben Sie leicht darüber und ziehen Sie es ab. Das entfernt die meiste Farbe und hinterläßt eine abgeschwächte Variante des ursprünglichen Bildes, die dann weiterbearbeitet werden kann.

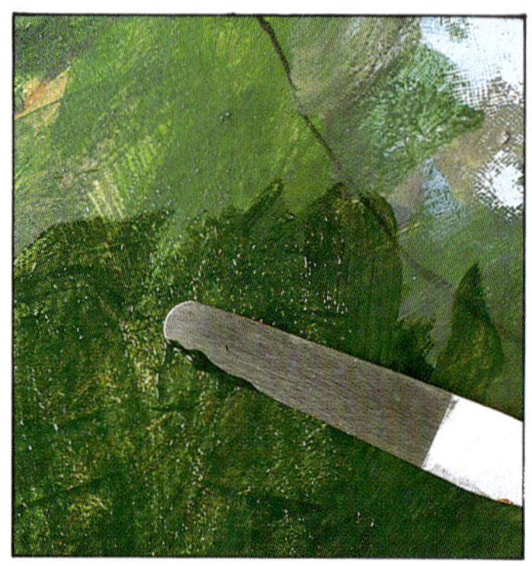

Korrekturen • Ölfarben
1. Wenn Sie mit dem Endzustand einer bestimmten Passage unzufrieden sind, kann sie im frischen Zustand noch leicht gerettet werden. Der Künstler kratzt hier die Farbe mit einem Palettmesser von einer zu dick aufgetragenen Stelle weg.

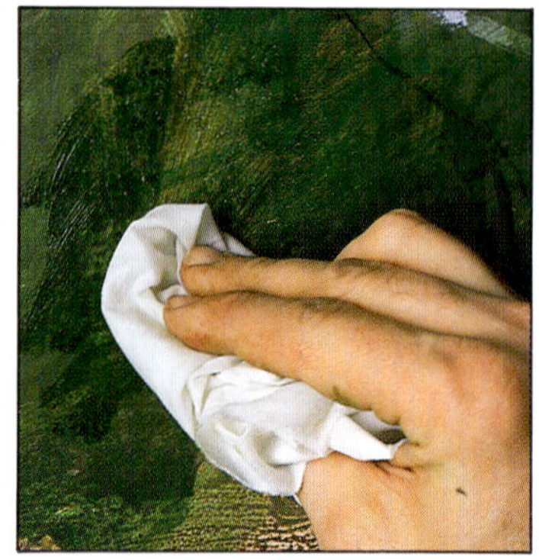

2. Mit einem in Terpentin getränkten Lappen wird dann die abgekratzte Stelle abgewischt und ist wiederhergestellt für eine neue Übermalung. Wenn Sie wollen, können Sie auf die umliegenden Stellen Malmittel geben, damit die neue Farbe besser „anzieht“ und gut mit der übrigen Malerei verschmilzt. Dieser Vorgang wird auch „Ausölen“ genannt.

Ölfarbe abtupfen
Wenn ein Ölbild trocken ist, kann es übermalt werden. Falls die Farbe aber an einigen Stellen zu dick ist, müssen Sie diese Farbstellen mit einem Palettmesser abkratzen, um eine glatte Arbeitsfläche zu erhalten. Genau wie beim Abtupfen ergibt das Abkratzen der Farbe ein gedämpftes, verschwommenes Bild, das als Leitlinie für die Nacharbeit dienen kann. Die weiche Wirkung dieser Korrekturen kann aber auch für sich genommen sehr anziehend sein. Es ist in diesem Zusammenhang interessant zu wissen, daß Whistler (1834–1903) seine Bilder viele Male abgekratzt und übermalt hat. Damit baute er Farbtöne und Texturen von unendlicher Vielfalt und Feinheit auf.

Korrekturen • Pastellfarben
Der beste Weg, einen Fehler in einem Pastellbild zu korrigieren, ist, die ganze Partie mit einem Fixativ einzusprühen und dann mit einer neuen Pastellschicht zu überarbeiten.

Korrekturen • Temperafarben
Da Eitempera sehr schnell abtrocknet, sollten Sie auf jeden Fall einen Lappen (ein Seihtuch) bereithalten, um jeden Fehler sofort beseitigen zu können, solange die Farbe noch feucht ist.
Eine trockene Temperafläche kann durch leichtes Reiben mit einem Stück Sandpapier ausgebessert werden.

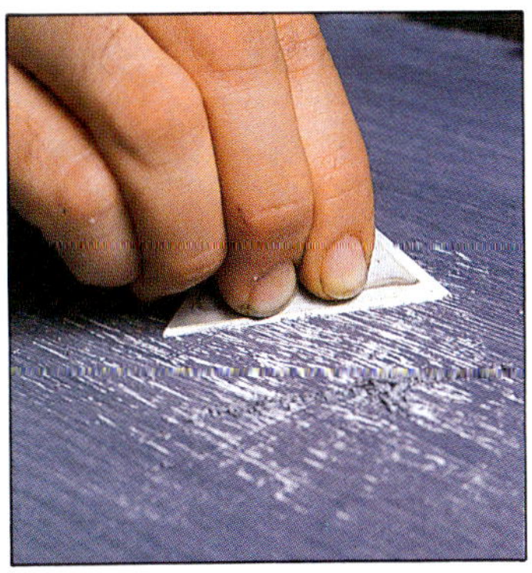

Mit einer Klinge schaben
Obwohl Eitempera in Kürze abtrocknet, können Korrekturen einfach angebracht werden. Halten Sie ein sauberes, feuchtes Musselintuch bereit, um Fehler während des Malens auszubessern. Ist die Farbe trocken, können Fehler mit einer Teppichklinge „ausradiert" werden. Halten Sie die Klinge in einem Winkel von 90°, kratzen Sie nun die Farbe ab, jedoch nicht in den Malgrund schneiden. Um eine Beschädigung anderer Stellen zu vermeiden, fixieren Sie diese Stellen mit Abdeckband.

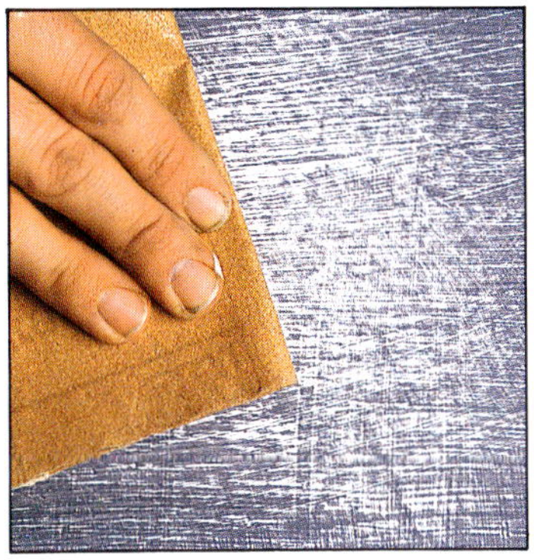

Mit Sandpapier aufrauhen
Wenn man mit einer Klinge die Farbe abzieht, hinterläßt das eine sehr glatte Oberfläche. Diese Oberfläche muß wieder aufgerauht werden, um den folgenden Farbschichten Halt zu geben. „Schleifen" sie darum die glatte Fläche mit einem feinen Sandpapier. Sandpapier in kleinen Stücken ist wunderbar dazu geeignet, kleine oder schwierig geformte Stellen abzukratzen. Wischen Sie den anfallenden Staub weg, bevor Sie wieder mit dem Malen beginnen.

Korrekturen • Aquarellfarben
Es gibt Leute, die fürchten sich ein wenig vor dem Aquarellmalen, weil sie glauben, daß Aquarellbilder nicht mehr korrigiert werden können. Es gibt jedoch verschiedene Methoden, um kleine Stellen auszubessern. Sie können sogar das ganze Bild ins Wasser tauchen, um das Motiv auszulöschen.

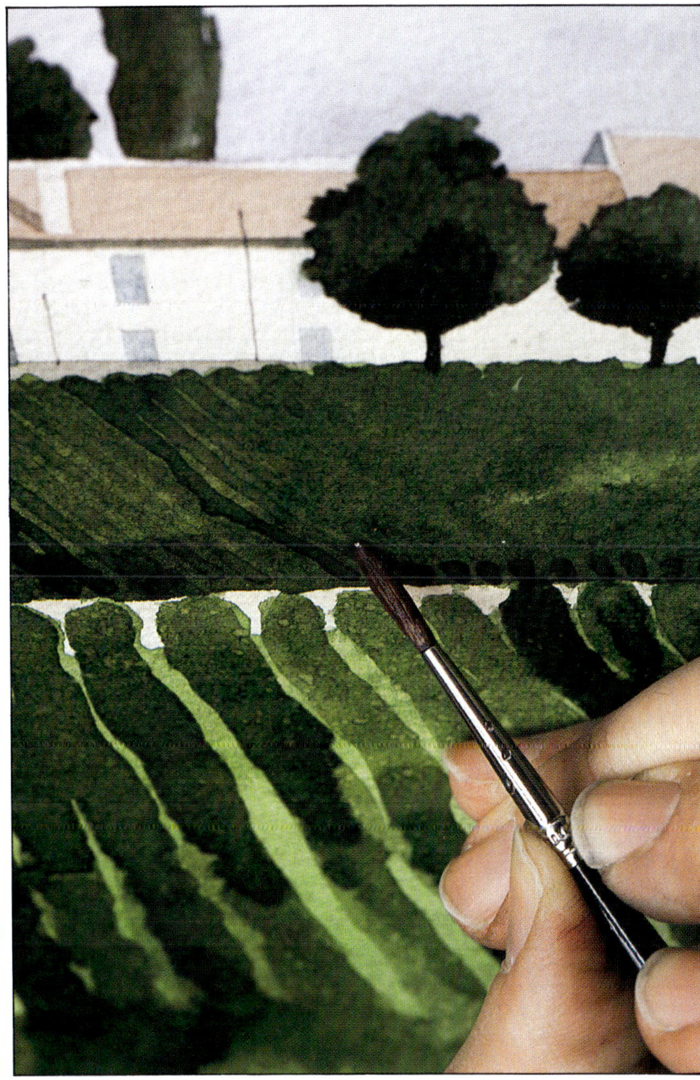

Ausbessern mit Zellstoffpapier und Schwamm
1. Die Abbildung zeigt einen Ausschnitt aus dem Bild eines Weinbergs in Frankreich. Nach Fertigstellung entschied der Künstler, daß die zulaufenden Linien des Feldes im Vordergrund zu stark in der Farbgebung seien und abgedämpft werden müßten. Um das auszubessern, löst er zunächst die Farbe an dieser Stelle durch leichtes Bestreichen mit einem weichen Pinsel und sauberem Wasser.

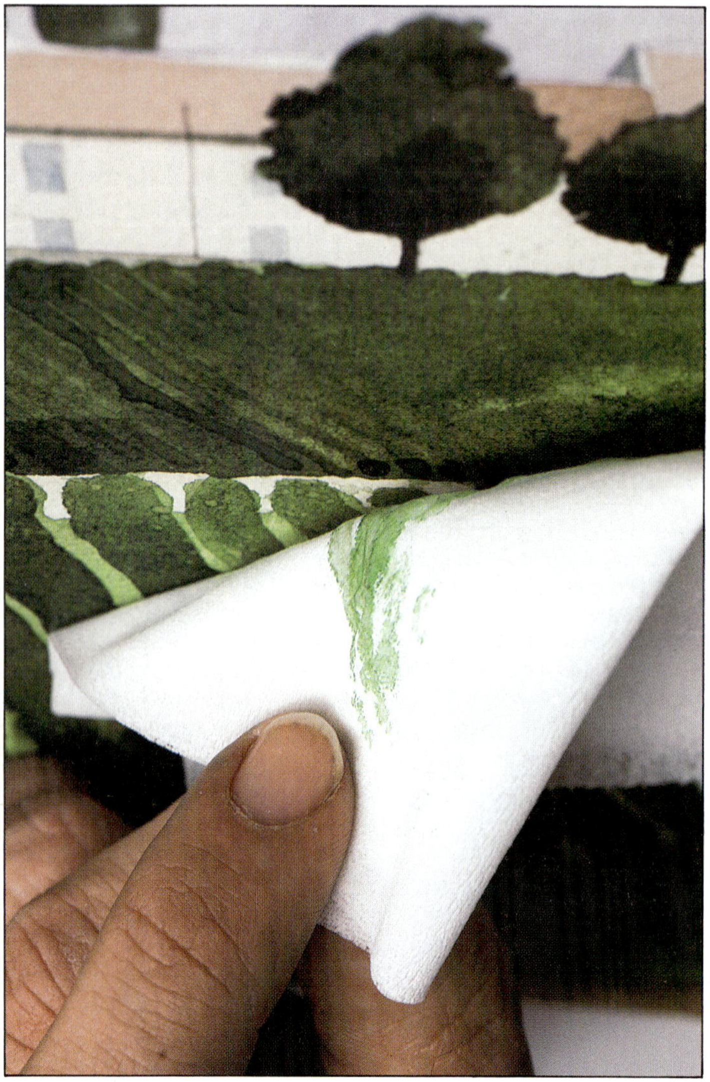

2. Nach wenigen Augenblicken ist das Wasser eingesogen, und der Künstler hebt die Farbe mit einem weichen Zellstoffpapier (Papiertaschentuch) ab.

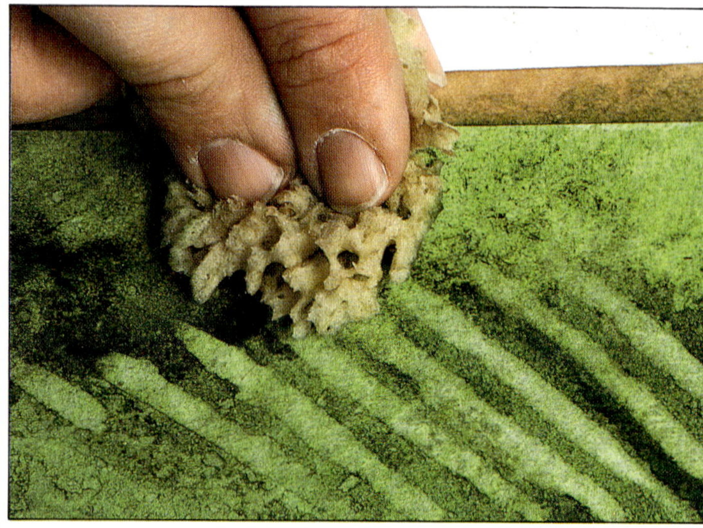

3. An einer anderen Stelle des Bildes nimmt der Künstler einen kleinen Naturschwamm, um die Farbe aufzuweichen. Der Schwamm wird in Wasser getaucht und ausgedrückt, so daß er gerade noch feucht ist. Die Farbe wird dann leicht mit dem Schwamm einmassiert. Diese Methode weicht harte Formen auf und reduziert auch die Farbintensität.

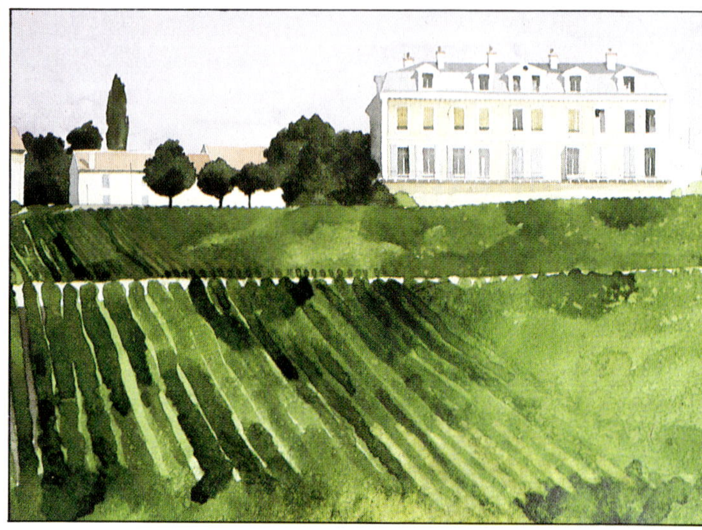

4. Das fertige Bild. Durch Veränderung der Farbintensität im Vordergrund hat der Künstler interessante Texturen und Lichteffekte ins Bild gebracht.

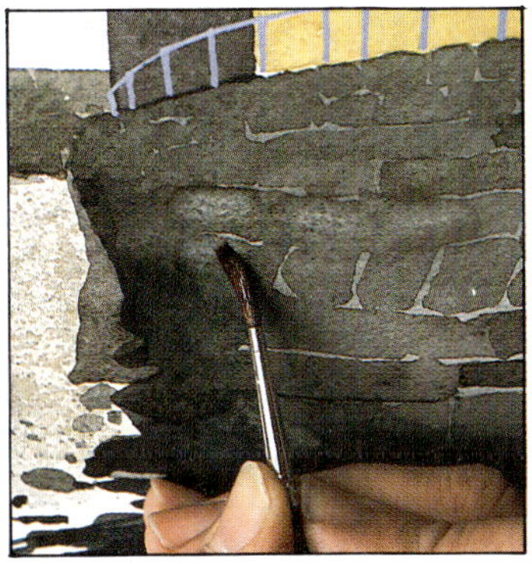

Ausbessern mit einem Wattestäbchen
1. Ein Wattestäbchen ist ein ausgezeichnetes Hilfsmittel zum Ausbessern von Farbflächen an kleinen Stellen. In diesem Bild „Kanalszene“ möchte der Künstler mehr Detail und Textur in die Steinmauer einfügen, die zu dunkel und fest geworden ist. Er beginnt mit dem Auswaschen bei den Formen einiger Steine mit Hilfe eines weichen Pinsels und sauberem Wasser.

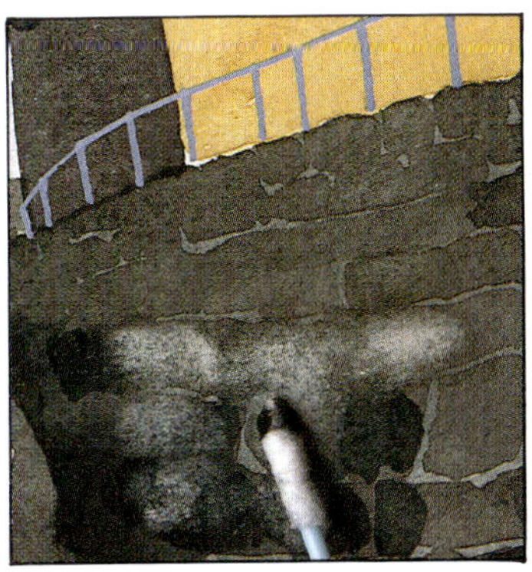

2. Mit einem Wattestäbchen reibt der Künstler die Stelle leicht ein und entfernt die meiste Farbe.

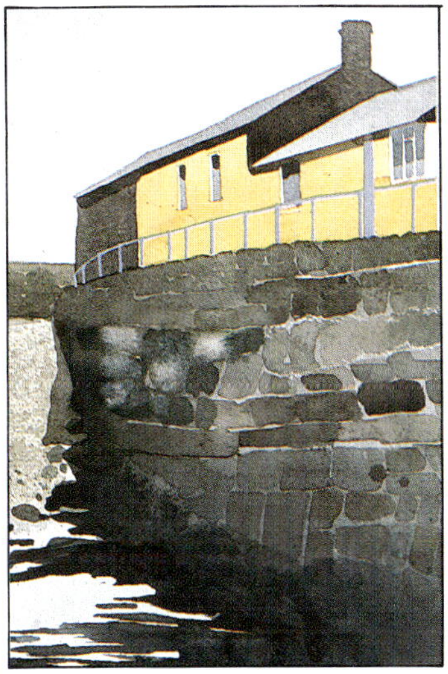

3. Das fertige Bild ist belebt durch eine Vielfalt von Tonwerten und Texturen in der Mauer.

Krakelee

„Craquelure“ (zu deutsch: Krakelee) ist ein französischer Begriff, der sich auf das Netzwerk kleiner, haarfeiner Risse bezieht, die auf der Oberfläche eines Bildes im Laufe der Alterung erscheinen. Das geschieht über einen Zeitraum von Jahren auf ganz natürliche Weise, durch die Einwirkung von Hitze, Feuchtigkeit und Trocknungsprozessen der Farbe selbst. Man kann dieses Krakelee auf vielen Bildern Alter Meister in Galerien und Museen sehen. Wenn Sie wollen, können Sie einem Ihrer neuen, gerade vollendeten Bilder das Aussehen Alter Meister geben. Sie können den Krakelee-Effekt leicht mit einer Kombination von Ölfirnissen und wäßrigen Leimlösungen nachahmen. Die Technik basiert auf der Nichtmischbarkeit von Öl und Wasser. Ein in Wasser gelöster Leim kann nicht auf einer öligen Firnisschicht haften.

Es gibt eine noch einfachere Methode. Mischen Sie einige Tropfen Tetrachlorkohlenstoff in die Farbe der letzten Malschicht. Das führt ebenfalls zu Rissen in der Farbe.

Der Krakelee-Effekt greift nur die Oberfläche des Bildes an und verletzt in keiner Weise das Bild in tieferen Schichten.

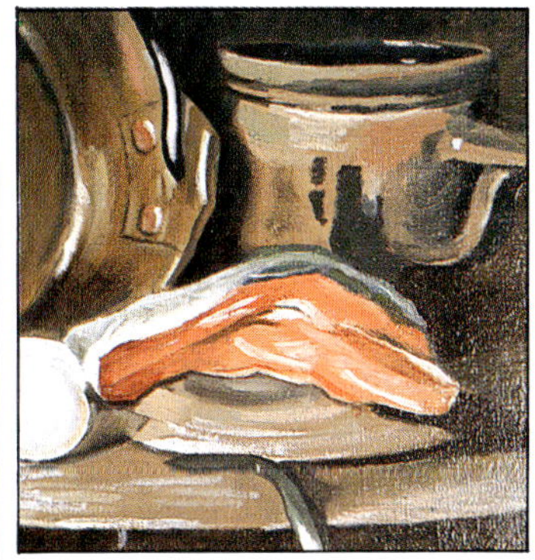

Krakelee
1. Hier sehen Sie ein traditionell gemaltes Stilleben vor der Krakelee-Behandlung. Achten Sie darauf, daß das Bild vollkommen trocken sein muß, bevor die Behandlung beginnen kann.

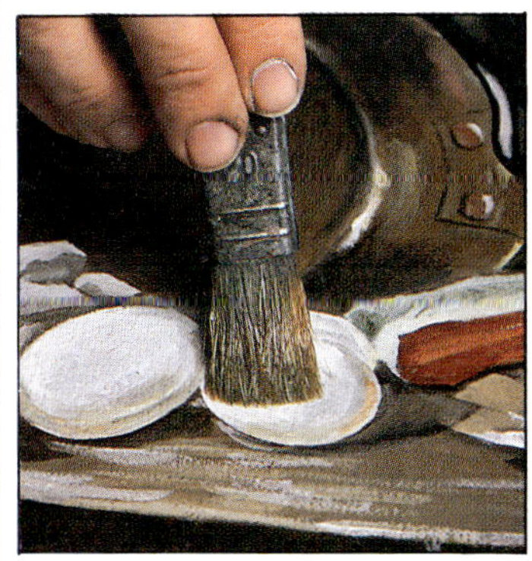

2. Mit einem breiten Borstenpinsel legen Sie eine Schicht Firnis über die gesamte Bildfläche. Lassen Sie das Bild über Nacht oder mindestens einige Stunden trocknen.

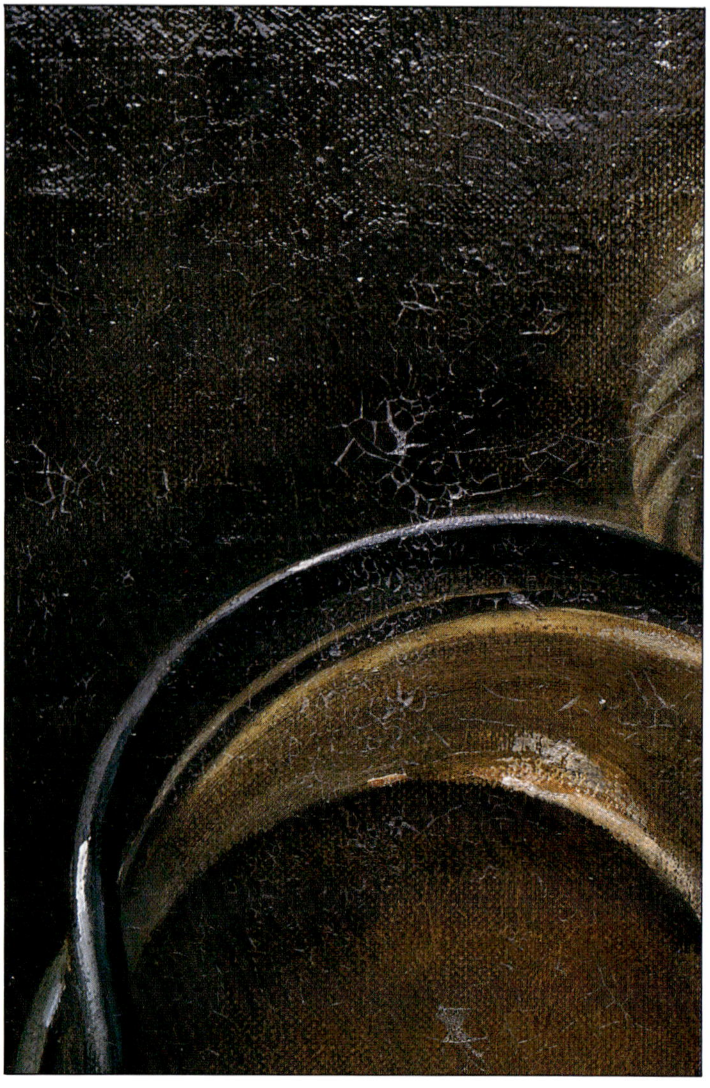

3. Bedecken Sie den trockenen Firnis mit transparenter Leimlösung. Während des Trocknens schrumpft die Leimschicht und hinterläßt ein Netzwerk winziger Risse, wie in diesem Ausschnitt gezeigt wird. Für große Risse nehmen Sie eine dicke Schicht Leimlösung, für feine Risse eine dünne Schicht. Wenn die Leimschicht trocken ist, legen Sie eine Schicht Firnis darüber. Das versiegelt den Leim und verhindert weiteres Aufreißen. Achten Sie darauf, die Risse mit dem Firnis nicht ganz auszufüllen. Um den Effekt der Alterung zu vervollständigen, reiben Sie etwas Vandyckbraun mit einem weichen Lappen in die Risse. Lassen Sie die Farbe trocknen und schließen Sie mit einer letzten Firnisschicht ab.

Kreuzschraffur

Die Kreuzschraffur ist ein feines Gitter von kreuz und quer übereinandergelegten Linien und Strichen von Farben. Diese Technik wird, wie die einfache Schraffur, neben in Bleistift- auch in Pastell- und Tuschetechniken verwendet. Auch in der Temperamalerei gehört die Kreuzschraffur zu den klassischen Techniken. Der Linienabstand kann in der Schraffur wie in der Kreuzschraffur je nach gewünschter Dichte variiert werden. Diese Technik wird benutzt, um Formen zu modellieren, Licht- und Schattenteile herauszuarbeiten oder lebhafte Farbmischungen zu schaffen.

Pastell

In der Pastellmalerei ist die Kreuzschraffur eine vielseitige Technik. Beim Experimentieren gewinnen Sie Kenntnisse über Pastellfarben.

Anstatt mit vertikalen und horizontalen Strichen Kreuzschraffuren anzulegen, versuchen Sie einmal Linien in diagonalen Richtungen zu zeichnen, um eine Art Korbgeflechteffekt zu schaffen. Experimentieren Sie mit verschiedenen Farbkombinationen und getönten Papieren. Wenn zwei oder mehr Farben in Kreuzschraffur über einem farbig getönten Papier angelegt werden, ergibt das eine sehr vibrierende Wirkung. Variieren Sie den Druck des Pastellstiftes, weichere Wirkungen erzielen Sie aus der Kombination von harten und weichen Strichlagen.

Edgar Degas (1834–1917) verwendete Schraffuren und Kreuzschraffuren sehr häufig in seinen Pastellbildern. Aufgrund des optischen Effekts aus den Farben schimmern diese Bilder.

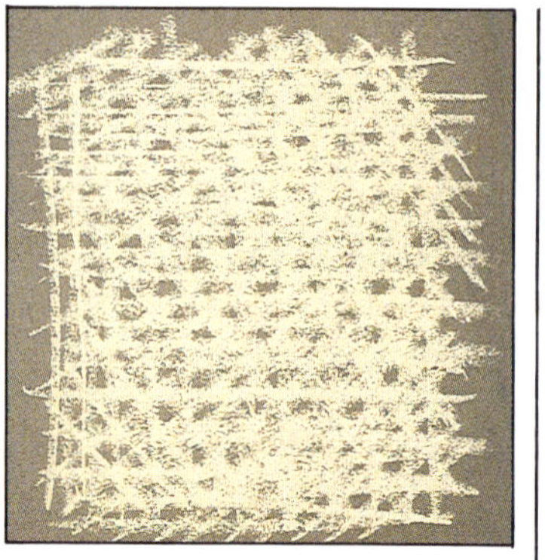

Kreuzschraffur • Pastell

1. Vielfältige Farbtöne und Tonwerte erzielt man durch Veränderung des Abstands und der Richtung der kreuzschraffierten Striche. Ein Beispiel von anderen Möglichkeiten der Kreuzschraffur: vertikale und horizontale Linien anlegen und mit diagonalen Strichen kreuzschraffieren.

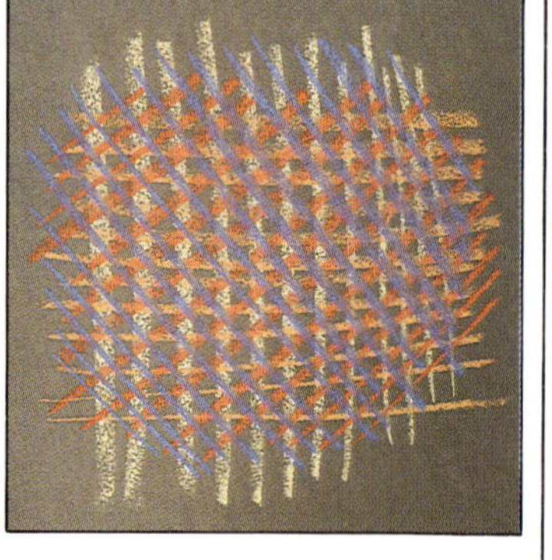

2. Durch Einlegen verschiedener Farbtöne können die Möglichkeiten noch erweitert werden. Dieses Beispiel wurde in vier Farben angelegt.

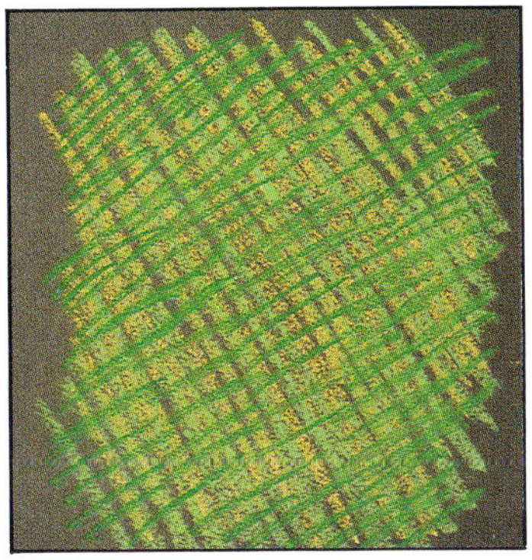

3. Verändern Sie den Druck des Pastellstiftes, so daß einige Linien dünner, andere dicker kommen.

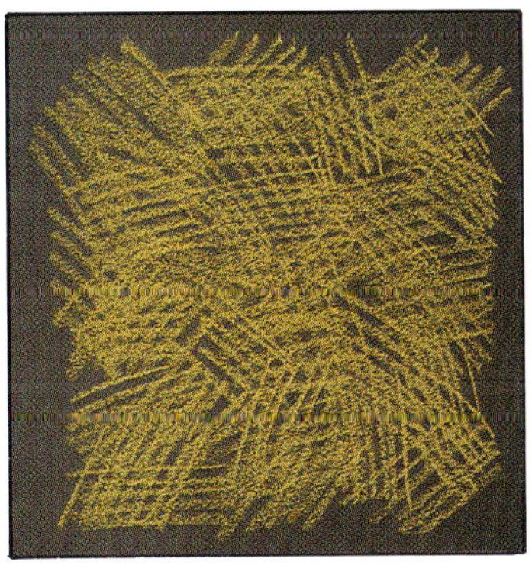

4. Ein lebhaftes Muster wird durch kleine, nebeneinander gelegte Kreuzschraffurflecken erzeugt, die in verschiedene Richtungen laufen.

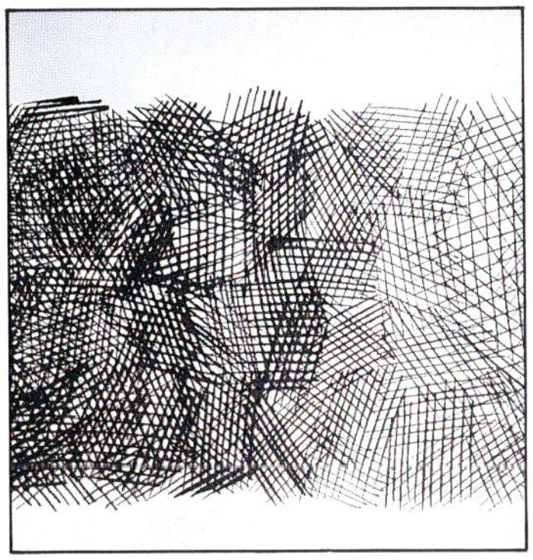

Kreuzschraffur • Tusche
Eine klassische Arbeitsweise ist die Kreuzschraffur mit Tusche und Feder. Durch Wechsel in der Dichte der Linien wird eine große Anzahl von Tonwerten erzeugt. Freigezogene Linien, wie diese hier, sehen viel lebendiger und interessanter aus als perfekt gerade gezogene, mechanische Linien.

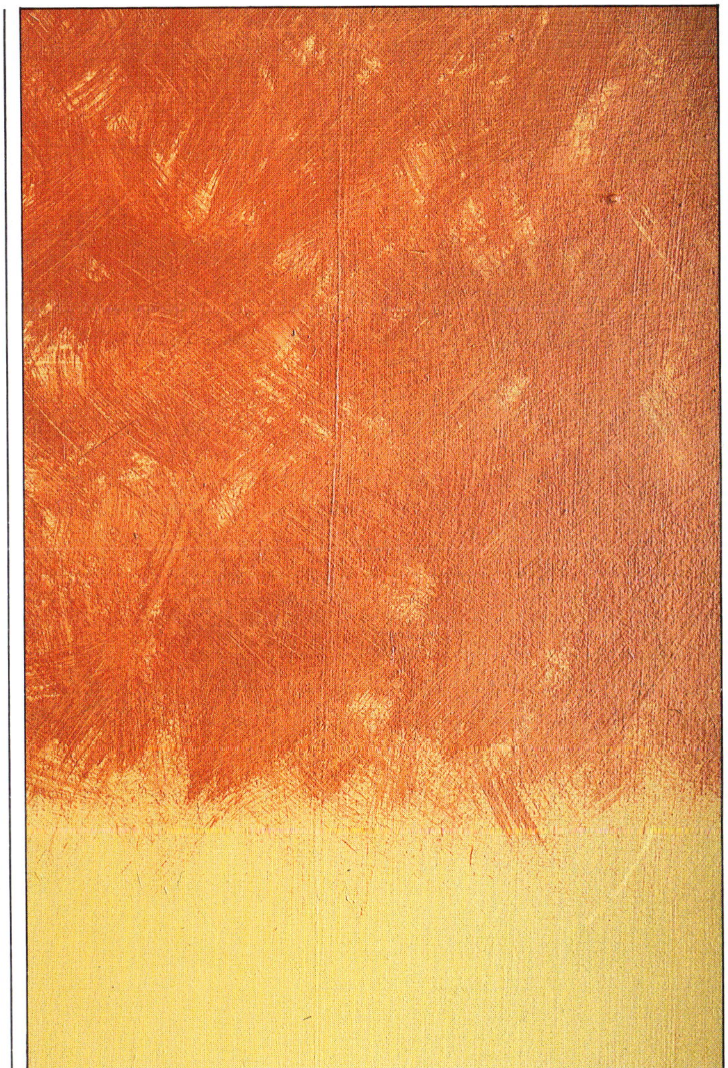

Kreuzschraffur • Acryl
In der Acrylmalerei kommt eine alte, abgeschrägte Bürste gelegen, um ein etwas rauhes Gewebe von farbigen Kreuzschraffuren zu schaffen, da jede Borste ihre eigene winzige Spur hinterläßt. Der Künstler hat hier eine breite Lavierung von lichtem Ocker angelegt und dann in verschiedene Richtungen mit ziemlich trockener Farbe kreuzschraffiert. Die unterliegende Farbe leuchtet durch die Übermalung und erzeugt eine subtile optische Mischung.

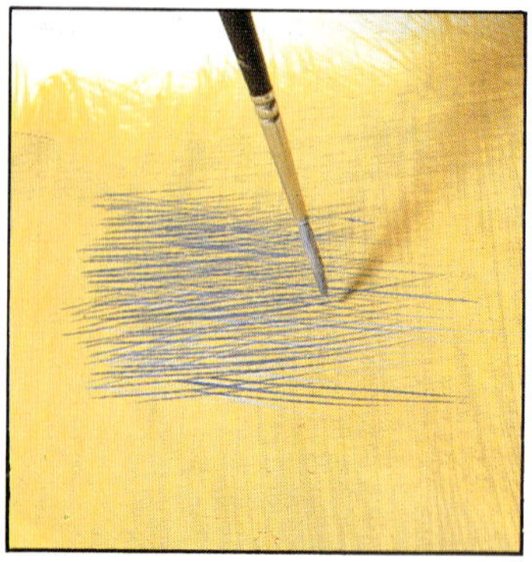

Kreuzschraffur • Tempera
1. Mit der Spitze eines feinen Pinsels malen Sie Linien mit leicht schrägen Strichen, erst in einer, dann in anderer Richtung.

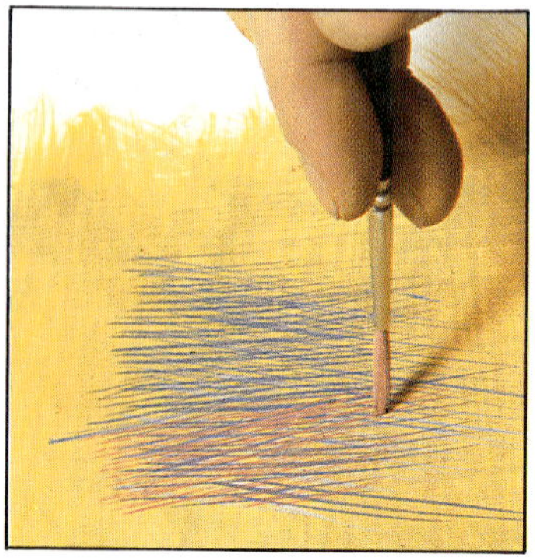

2. Wiederholen Sie die kreuzschraffierten Striche mit einer anderen Farbe, um ein feines Netz von Farben zu erzeugen.

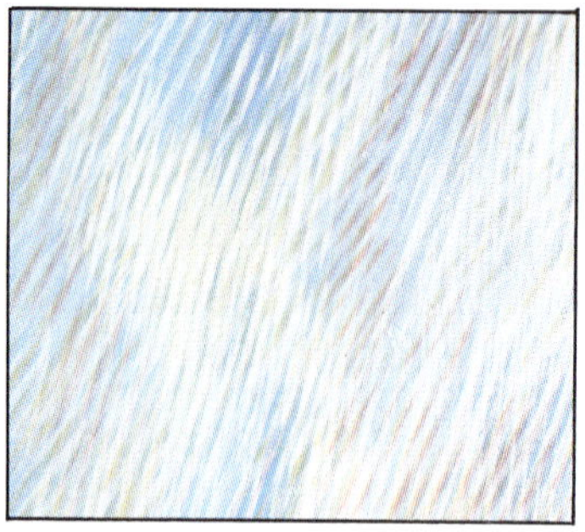

Temperafarbe eignet sich gut für Kreuzschraffuren, da sie in verschiedenen Schichten angelegt werden kann und schnell trocknet. Kreuzschraffuren können in jeder Farbe und in jede Richtung angelegt werden. Auf diesem Bild wurde über einem blau eingefärbten Grund Umbra gebrannt und lichter Ocker mit Weiß kreuzschraffiert.

Lasieren

Diese Technik besteht darin, dünne, transparente Farbschichten auf trockene Farbe zu legen wie viele Lagen farbiger Transparentpapiere. Jede Lasurschicht wirkt sich auf die andere aus, mit dem Ergebnis einer satten, transparenten, glühenden Malerei.
Das innere Leuchten der Farbe liegt darin, daß eine transparente Lasurschicht das Licht durchfallen läßt, das von der darunterliegenden Farbschicht reflektiert wird. Dieses mehrfach gebrochene Farblicht verbindet die Farben im Auge des Betrachters zu einer optischen Mischung, was Tiefe und Funkeln erzeugt. Durch einfaches Zusammenmischen der Farben auf einer Palette wird dies nicht erreicht.
Um die Lasiertechnik zu beherrschen, muß man die verschiedenen Reaktionen der Farbenschichten verstehen lernen. Führen Sie auf einem Stück alter Leinwand, Karton oder Papier Versuche aus.

Ölfarbenlasur
Die Lasurfarbe muß mit einem Lasiermittel verdünnt werden, das filmbildende Substanzen enthält, die der Maloberfläche einen weichen Glanz verleihen. Nehmen Sie ein fertiges Malmittel, das Bienenwachs enthält. Leinöl ist nicht geeignet. Es neigt dazu, sich nach Trocknung zu verschieben.
Verdünnen Sie die Farbe nicht nur mit Terpentinöl. Das macht die Farbe stumpf und flach und ergibt manchmal Risse in der Oberfläche. Gute Resultate erzielen Sie, wenn Sie die Lasur mit einem großen, weichhaarigen Flachpinsel auftragen. Neigen Sie die Leinwand in einem Winkel von ungefähr 15°.

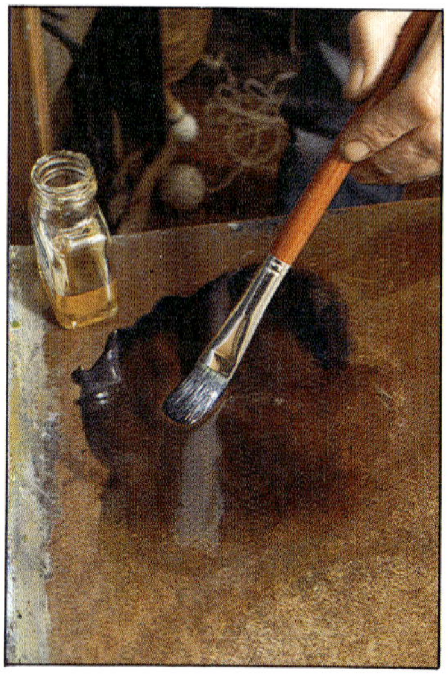

Lasieren • Ölfarbe
1. Mischen Sie die Farbe auf Ihrer Palette an und fügen Sie dann ein gleiches Raumteil Malmittel hinzu. Die Malfarbe sollte dünn, aber von öliger Konsistenz sein. Hüten Sie sich vor zu starker Verdünnung!

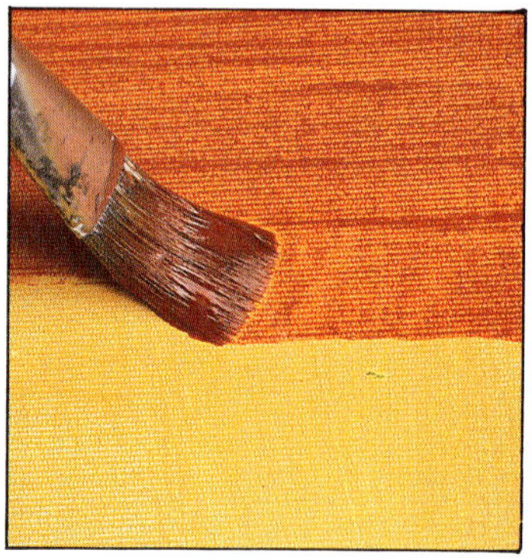

2. Legen Sie die Lasur in dünner Schicht über einen hellfarbigen Grund. Der Farbauftrag erscheint leuchtend, da das Licht von der Leinwand reflektiert wird. Legen Sie die Leinwand so flach, daß Sie Rinnsale und Tropfen vermeiden.

3. Lassen Sie jede Schicht vollkommen durchtrocknen, bevor Sie neue Lasuren anlegen. Das Beispiel zeigt, wie die unterlegte Farbe durch die Lasur scheint und der Farbe Tiefe gibt.

Öl • Verändern einer Farbe durch Lasur

Sie können Farbtöne durch eine Lasur verändern. Eine Lasur dämpft zu harte Kontraste und bindet auseinanderfallende Farbtöne. Sie verunklart die darunterliegenden Farbtöne nicht. Schattenpartien erscheinen durch eine Lasurschicht leuchtender.

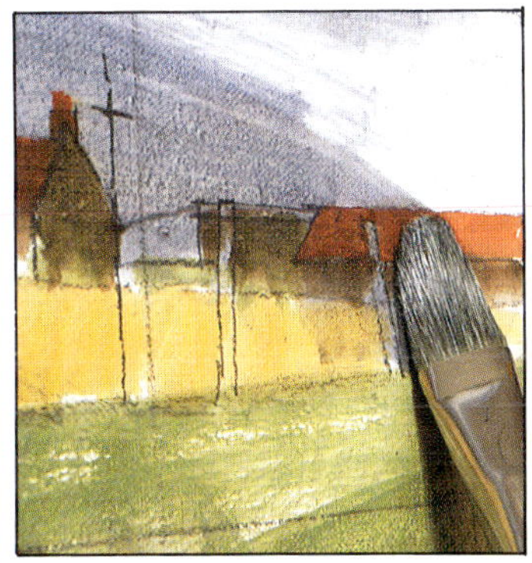

1. Legen Sie die Lasur in einer dünnen Farbschicht über die getrocknete Untermalung, so daß sie einen transparenten Film erzeugt.

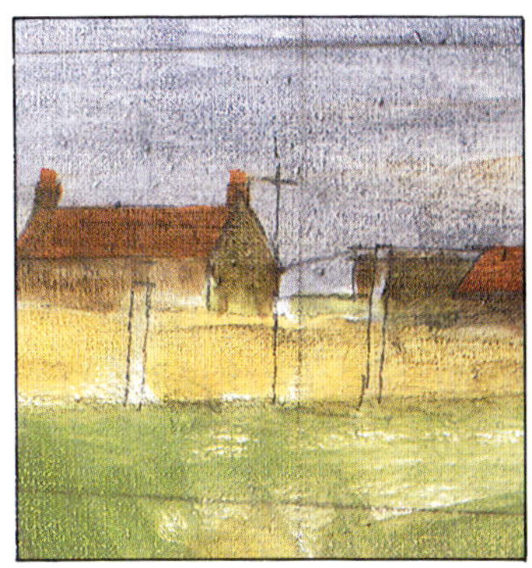

2. Die untermalten Farben leuchten durch die Lasur, sind aber im Farbton nicht verändert worden.

Öl • Lasurauftrag über Impasto

Eine Lasur kann auch verwendet werden, um ein Impasto zu steigern. Die verdünnte Farbe setzt sich in den Furchen der Farbe ab und betont deren schroffe Struktur.

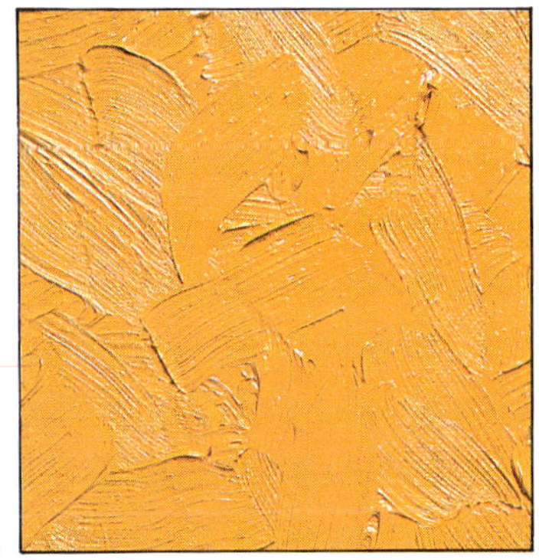

1. Legen Sie pastose Farbe mit einem Palettmesser, einem Spachtel oder einem Pinsel an und vermalen Sie sie zu einer rauhen, offenen Struktur. Lassen Sie die Farbe gut austrocknen.

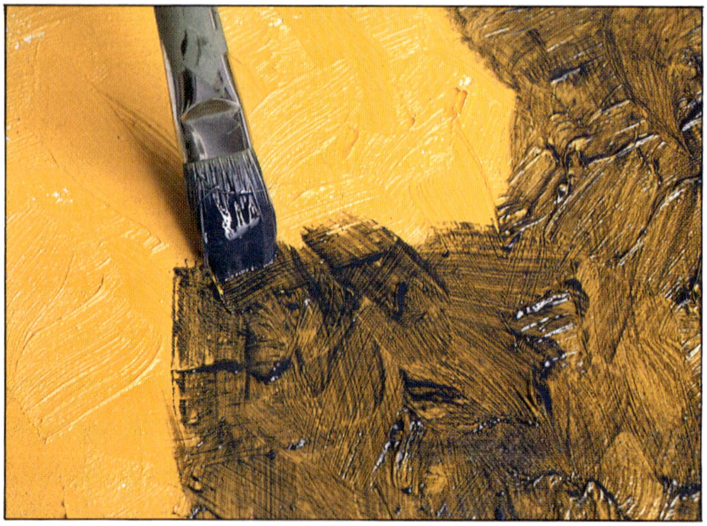

2. Mischen Sie eine dünne Lasur aus und verstreichen Sie sie leicht über dem Impasto.

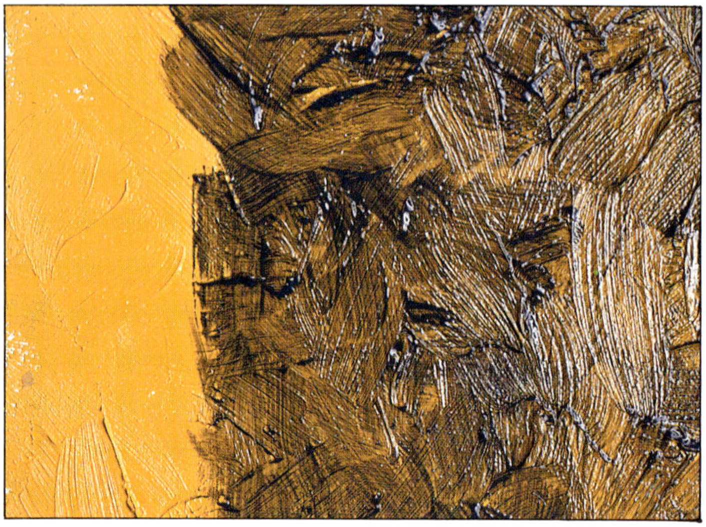

3. Lassen Sie die Lasur in die strukturierte Oberfläche eindringen und gut durchtrocknen, bevor Sie die nächste Farbschicht anlegen.

Temperafarben
Eitemperafarbe ist für Lasuren ideal, da sie wie die Acrylfarbe schnell auftrocknet und in beliebig vielen Lasurschichten aufgelegt werden kann. In der Eitemperatechnik werden die meisten Lasuren mit Eiklar oder Öl angelegt. Die Lasurschicht wird in kleinen Partien aufgetragen, da große Flächen mit einem so schnell trocknenden Malmittel schwierig anzulegen sind. Ein großes Bild kann aber zusammenhängend lasiert werden, wenn die Oberfläche mit Wasser (aus einem Zerstäuber) befeuchtet worden ist. Das verzögert den Trockenprozeß und läßt die Farbe leichter verfließen, ohne daß sich Streifen bilden.

Acrylfarbenlasur
Acrylfarben mit Malmittel verdünnt, sind für die Lasurtechnik besonders gut geeignet. Sie trocknen in wenigen Minuten und sind wasserfest, so daß der Künstler verschiedene Schichten aufbauen kann, ohne daß sich die Farben anlösen.
Eine kleine Menge Acryl-Malmittel wird der Farbe auf der Palette beigemischt, indem man in den Farbklecks eine Vertiefung macht, das Malmittel hinzugießt und Farbe und Malmittel gründlich mit einem feuchten Pinsel oder einem Palettmesser vermengt. Mit ein wenig Wasser verdünnen Sie die Farbe weiter. Eine stark mit Wasser verdünnte Farbe braucht vielleicht etwas glänzendes oder mattes Malmittel, um die Haftung der Farbe zu verbessern.
Wie in der Ölmaltechnik kann eine Lasur mit Acrylfarben dazu verwendet werden, Farbtöne zu verändern oder pastose Teile zu betonen.

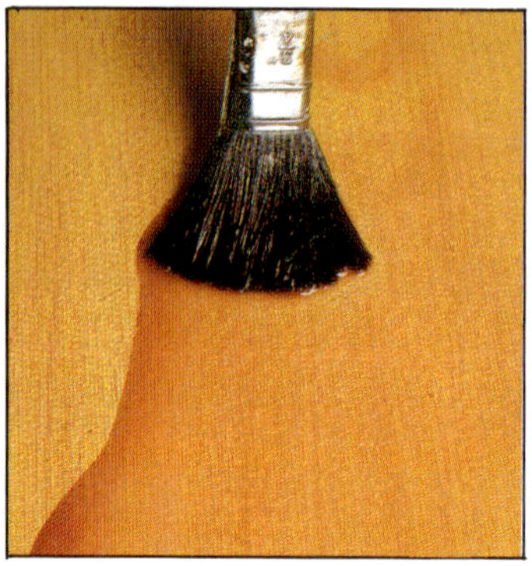

Lasieren • Acryl
1. Acrylfarbe leuchtet, ist sie in transparenten Lasurschichten angelegt worden. Mischen Sie etwas Farbe mit viel Malmittel. Acrylmalmittel sind im nassen Zustand milchig-weiß und trocknen klar auf. Legen Sie die Lasur an. Lassen Sie sie etwas trocknen, bevor Sie die nächste Schicht anlegen. Lasuren können in glatten Schichten über eine eingefärbte oder pastos angelegte Fläche aufgetragen werden, aber auch in dickeren Schichten, um Pinselspuren zu zeigen.

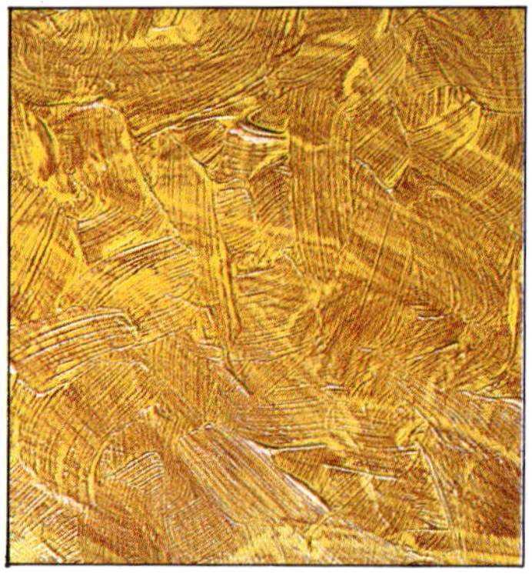

2. Eine transparentere Farblasur kann durch Beimischung eines extra matten Malmittels erzielt werden.

Aquarellfarbenlasuren
Die Lasurtechnik wird besonders dann in der Aquarellmalerei verwendet, wenn die Illusion von Atmosphäre, Raum und Licht wiedergegeben werden soll.
Einige Aquarellfarbpigmente sind deckender als andere, z. B. die Erd- und Kadmiumfarben. Sie sind für Lasuren weniger oder nur in extremer Verdünnung geeignet. Bleiben Sie bei den wirklich transparenten Farben, die das Licht vom weißen Papier reflektieren lassen. In der Aquarellmalerei sollte man nur zwei oder drei Lasurschichten anlegen, um den feinen, transparenten Charakter des Mediums nicht herabzusetzen.

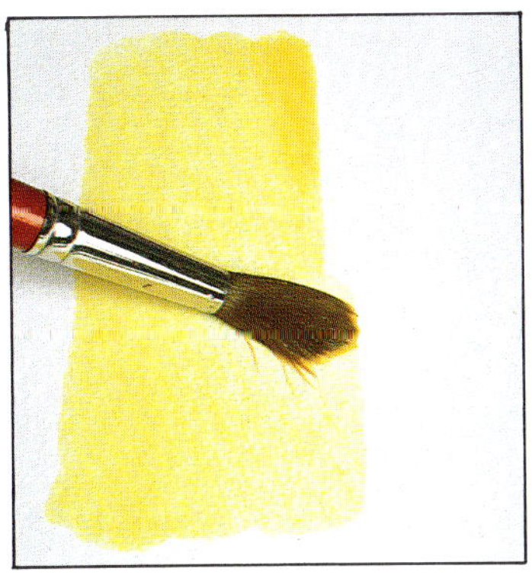

Lasieren • Aquarell
1. Legen Sie die hellste Farbe zuerst an, so daß das Licht vom weißen Papier reflektiert werden kann.

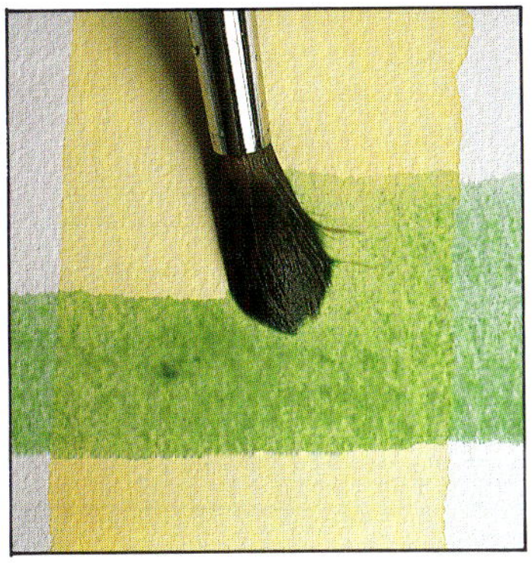

2. Es ist wichtig, daß eine Lasurschicht vollkommen durchtrocknet, bevor die nächste angelegt wird. Sonst mischen sich beide Farben, werden schmutzig und beeinträchtigen somit die Klarheit der Lasur.

3. Der Künstler legt hier eine dünne Lasur von Hookersgrün über die erste Farbe. Wo sich beide Farben kreuzen, entsteht ein dritter Farbton.

Lavieren

Abgestufte Lavierung
In der Aquarellmalerei und anderen Maltechniken auf Wasserbasis will man mit einer abgestuften Lavierung ein Farbfeld anlegen, das allmählich von Hell nach Dunkel, von Dunkel nach Hell oder von einer Farbe zur anderen übergeht. Die Anwendungsmethode ist genau dieselbe wie für die gleichmäßige Lavierung, außer, daß mit jedem Strich mehr Wasser und weniger Farbe mit dem Pinsel aufgenommen wird (oder umgekehrt, wenn Sie von Hell nach Dunkel arbeiten).
Es bedarf einiger Übung, um einen glatten Übergang ohne Streifen zu erreichen. Das Geheimnis besteht in der richtigen Mischung von Wasser und Farbe, so daß der Überschuß ganz allmählich beim Papier herunterläuft und mit dem nächsten Pinselzug wieder aufgenommen wird. Wenn der untere Rand des Papiers erreicht ist, sollte man die überschüssige Farbe mit einem sauberen Pinsel aufnehmen.
Wie bei allen flüssigen Lavierungen sollten Sie genug Farbe anrühren, um nicht Gefahr zu laufen, daß die Farbe während des Malvorgangs ausgeht. Wenn Sie von Dunkel nach Hell abstufen, werden Sie auch einen großen Vorrat an frischem Wasser brauchen. Abgestufte Lavierungen sorgen in Landschaften und Figurenbildern für weiche Konturen und sanft verschwimmende Flächen. Beim Malen von Himmel gibt eine konsequent abgestufte Lavierung die Wirkung am deutlichsten wieder, wenn von der intensiven Farbe, die im Zenit steht, zur langsam abnehmenden Intensität gegen den Horizont abgestuft wird.

Acryl
Wenn Acrylfarben sehr stark mit Wasser verdünnt werden, können Sie in der gleichen Weise wie Aquarellfarben verwendet werden. Für eine abgestufte Lavierung in Acrylfarbe fügen Sie Ihrem Malwasser etwas mattes Malmittel bei. Das beeinflußt die Farbwirkung nicht, verlängert aber die Trockenzeit der Farbe und macht die Abstufung so besser kontrollierbar.

Aquarell
Lavierungen mit Aquarellfarben trocknen immer heller auf, als sie in nassem Zustand erscheinen. Denken Sie daran, wenn Sie ihre Farben mischen. Nur durch Erfahrung lernen Sie zu beurteilen, wie eine Farbfläche in trockenem Zustand aussehen wird.

Abgestufte Lavierung • Aquarell
Mischen Sie sicherheitshalber mehr Farbe an, als Sie wahrscheinlich brauchen, wenn Sie eine große Fläche lavieren wollen. Mit einem großen, weichen Pinsel oder einem Schwamm befeuchten Sie das Papier, das auf einem Malbrett aufgezogen und befestigt werden sollte. Winkeln Sie das Brett leicht an, damit die Farbe besser herunterlaufen kann.
Füllen Sie den Pinsel mit gesättigter Farbe und legen Sie eine Farblinie am oberen Rand des Papiers an. Achten Sie darauf, den Pinsel nicht eher abzuheben, bis Sie das Ende des Strichs erreicht haben. Lassen Sie die Farbe sich ausbreiten und verteilen. Bevor der erste Streifen ganz trocken ist; arbeiten Sie schnell weiter und fügen der Farbe auf Ihrer Palette etwas mehr Wasser zu. Dann legen Sie ein Band dieser etwas helleren Farbe direkt unter das erste und lassen beide Farben sich leicht überlappen. Arbeiten Sie in großen Zügen weiter. Um einen abgestuften Effekt zu erhalten, fügen Sie der Farbe mit jedem folgendem Farbband mehr Wasser zu. Lassen Sie die Farben immer ineinander verfließen.

Abstufen von zwei Farben
Sie können auch eine Farbe in eine andere abstufen, was die Anwendung zweier abgestufter Lavierungen bedeutet. Die Künstlerin begann hier mit einer abgestuften Lavierung von Kobaltblau und verdünnte sie fast bis zu reinem Wasser auf einer Hälfte des Papiers. Als die blaue Farbe trocken war, drehte sie das Brett herum und malte mit einer abgestuften Lavierung von Echtgelb bis zur blauen Lavierung herunter. Auch diesmal verdünnte sie die Lavierung bis fast zum reinen Wasser.

Gleichmäßig flächig aufgetragene Lavierung
Die Technik der Lavierung wird bei flüssigen Farben angewandt einschließlich verdünnter Acrylfarben. Man benutzt die Technik meistens, um Flächen farbig anzulegen, die zu groß sind, um mit einzelnen Pinselstrichen ausgefüllt zu werden. In einer gleichmäßig flächig aufgetragenen Lavierung sollte man versuchen, eine glatte, gleichmäßige Farbschicht zu schaffen. Man erreicht es nur durch schnelles und sicheres Arbeiten. Jeder zögernder Strich wird sich nach der Trocknung zeigen. Wenn die Farbe zu langsam aufgetragen wird, trocknet sie ungleichmäßig auf und ergibt störend wirkende Abweichungen von dem glatten Verlauf.

Aquarell
Lavierungen sind Grundlagen der Aquarellmalerei. Eine gleichmäßige Schicht Farbe wird auf einem feuchten Papier aufgetragen und weich verteilt. Die Farbschicht trocknet mit einer feinen Durchsichtigkeit auf, die in keiner anderen Maltechnik erreicht wird.
Wenn man eine Lavierung anlegen will, so ist es hilfreich, das Papier zuerst anzufeuchten. Man kann dann die Pinselstriche besser vertreiben und auf dem Papier verteilen, ohne harte Ränder zu hinterlassen. Das Papier sollte nicht so feucht sein, daß es sich verwirft und zu holprigen Pinselstrichen mit Rückläufen führt. Falls notwendig, saugen Sie die überschüssige Feuchtigkeit mit einem Schwamm ab.
Ganz wesentlich ist es, genügend Farbe in einer vertieften Palette oder einem Glas vorbereitet zu haben. Bevor Sie anfangen, mischen Sie mehr Farbe, als Sie zu brauchen glauben. Sie können nicht mitten im Malvorgang aufhören, um neue Farbe anzurühren. Hilfreich ist beim Farbauftrag ein großer, flacher Pinsel. Im allgemeinen wird die Lavierung um so erfolgreicher ablaufen, je weniger Striche Sie ziehen, die dafür breiter sind. Wenn Sie die Lavierung anlegen, halten Sie den Pinsel immer gut gefüllt und streichen ihn schnell und entschieden, ohne zu zögern über das Papier. Sobald Sie mit dem Pinsel noch einmal in die Lavierung zurückgehen, riskieren Sie, diesen glatten, gleichmäßigen Farbton zu verlieren, den Sie eigentlich erzielen wollten.

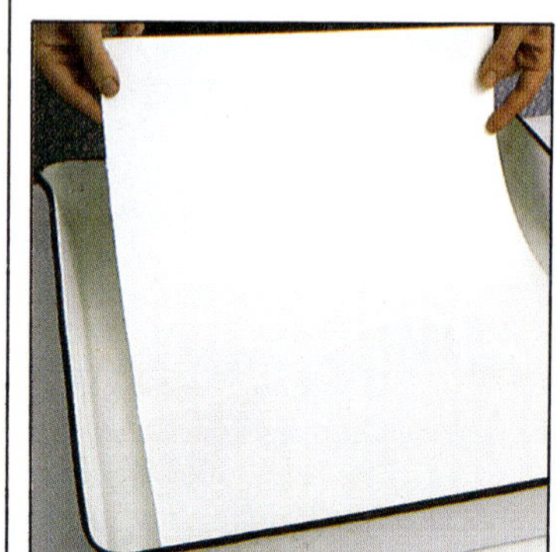

Papier aufziehen
1. Halten Sie das Papier in das Licht, das Wasserzeichen muß lesbar sein. Legen Sie das Papier auf Ihr Malbrett und schneiden Sie an jeder Seite ca. 2 Zentimeter ab. Legen Sie das Papier mit der richtigen Seite nach oben 10 bis 20 Minuten lang in eine Schale mit Wasser.

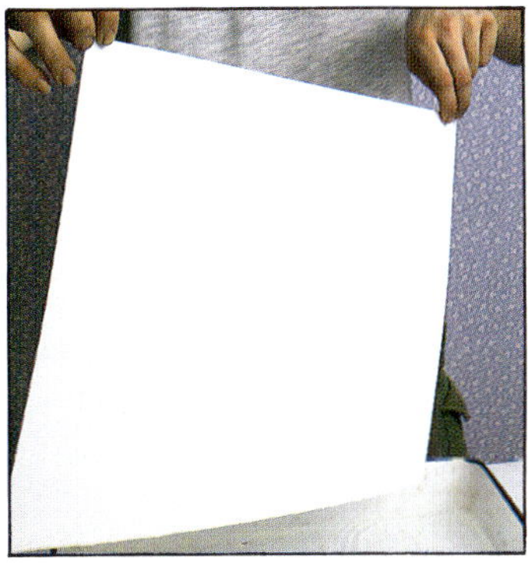

2. Heben Sie das Papier an einer Ecke heraus und schütteln Sie überschüssiges Wasser leicht ab.

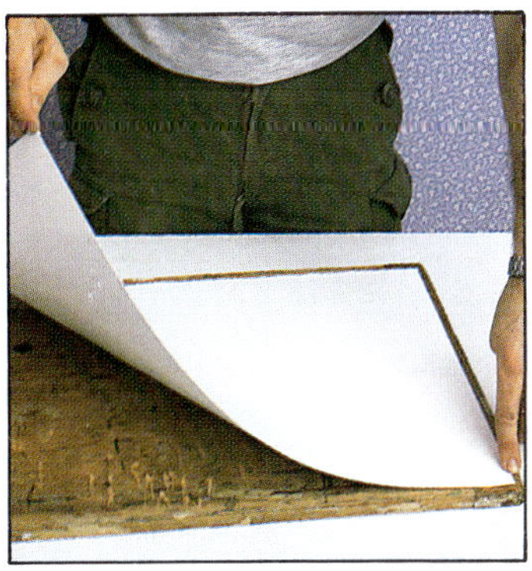

3. Legen Sie das nasse Papier mit der richtigen Seite nach oben vorsichtig auf das Malbrett. Passen Sie auf, daß keine Luftblasen unter dem Papier hängen bleiben. Das Papier muß vollkommen flach aufliegen.

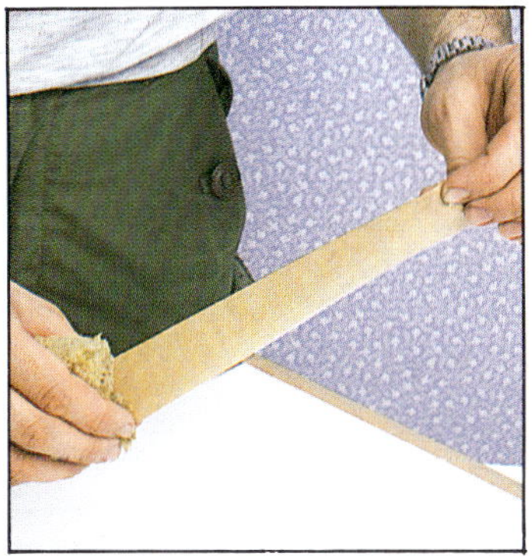

4. Schneiden Sie Streifen gummierten Papiers ab (Paketband) und befeuchten Sie es mit einem Schwamm.

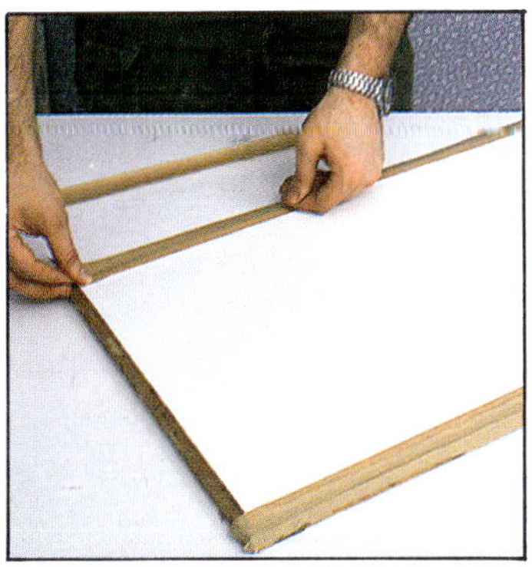

5. Kleben Sie alle vier Seiten des Blattes mit dem Band auf das Malbrett. Sichern Sie das Papier mit Reißzwecken an jeder Ecke und lassen Sie es natürlich trocknen, nicht in der Nähe von Heizungen. Diese etwas umständlich erscheinende Methode verhindert, daß sich das Papier später beim Malen zu sehr wellt.

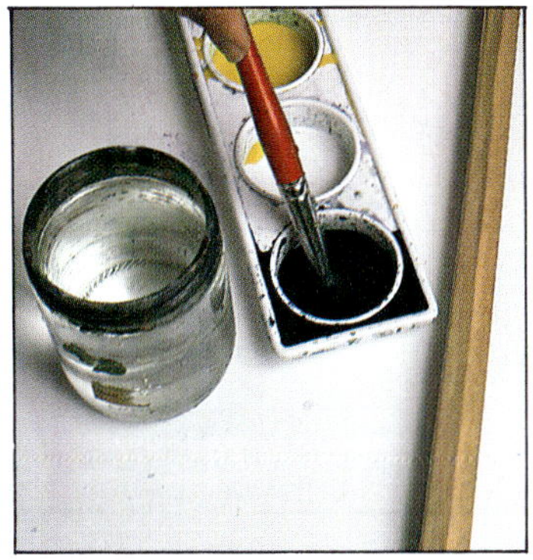

Gleichmäßiges Lavieren • Aquarell

1. Mischen Sie eine Lavierung auf einem Unterteller oder in einem Marmeladeglas an, und zwar in solchen Mengen, daß Sie sicher sein können, daß Ihnen die Farbe nicht ausgeht.

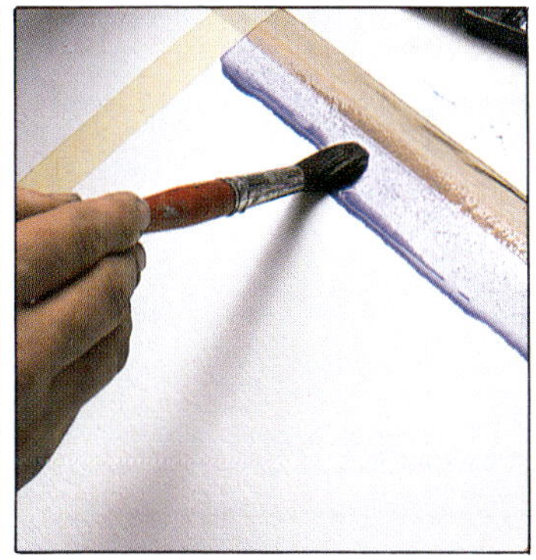

2. Befeuchten Sie das Papier, damit die Farbe leichter fließt. Die Farbe sollte flüssig, aber gesättigt sein, um die Aufhellung bei der Trocknung aufzufangen. Das Malbrett ist in einem Winkel von 10 bis 15° geneigt. Die Farbe läuft ohne Rinnsale herunter. Zum Anlegen füllen Sie einen großen Pinsel mit Farbe und ziehen mit ihm einen Strich entlang des oberen Papierrandes. Da das Brett noch im flachen Winkel ist, wird sich eine Rinne mit Farbe am unteren Rand des Striches ansammeln.

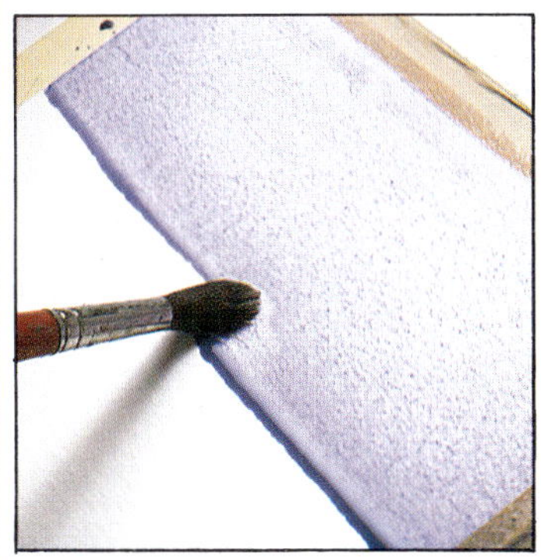

3. Malen Sie einen zweiten Strich unter den ersten, leicht überlappend und die Farbrinne aufnehmend. Die überschüssige Farbe sammelt sich an der Unterkante.

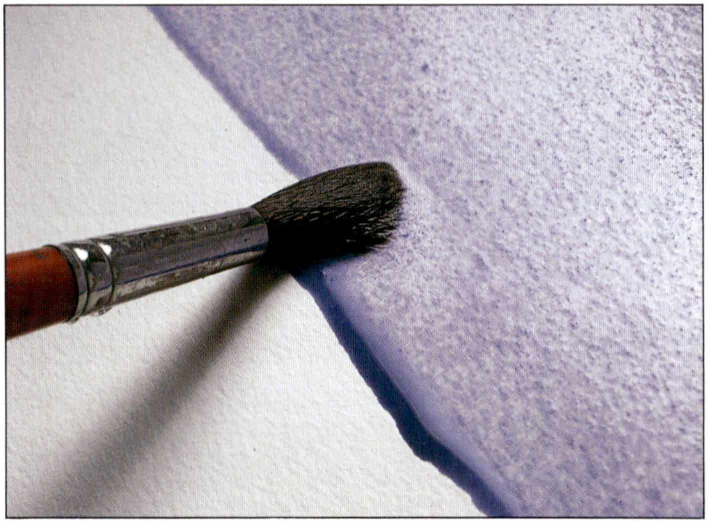

4. Wiederholen Sie diese überlappenden Striche, bis die ganze Malfläche des Papiers bedeckt ist, und nehmen Sie jedesmal die überschüssige Farbe vom vorhergehenden Pinselzug auf. Arbeiten Sie schnell und mit leichtem Druck, um einen glatten, ebenmäßigen Verlauf zu erhalten.

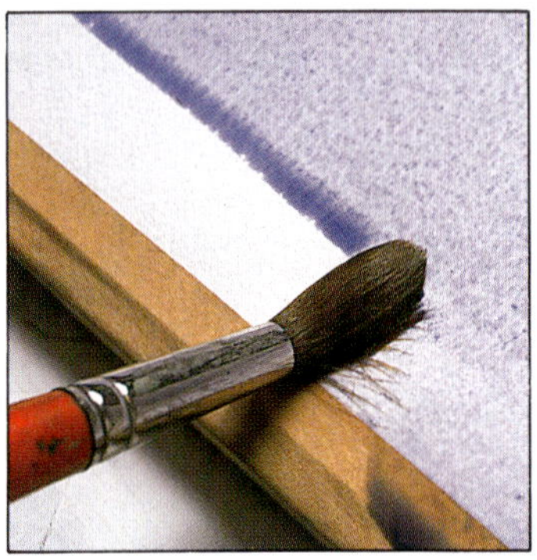

5. Am Ende der Lavierung drücken Sie den Pinsel halb aus und verwischen den überschüssigen Farbrest am Papierende. Nun sollte die Lavierung in der gleichen, angewinkelten Position trocknen. Falls Sie das Brett flach hinlegen, besteht die Gefahr, daß die Farbe zurückfließt und „Gezeitenmarken" in der Lavierung verursacht.

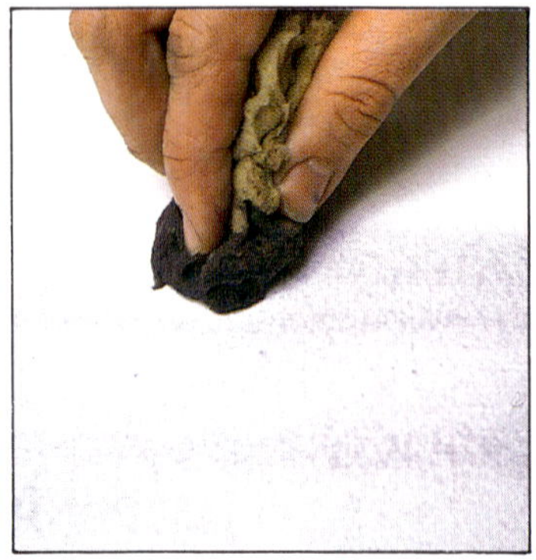

Lavieren mit dem Schwamm
Auch ein kleiner Naturschwamm kann für eine Lavierung gute Dienste leisten. Wie oben beschrieben, befeuchten Sie das Papier zunächst, um die Bildung von Streifen zu verhindern. Mit einem Schwamm können Sie ganz leicht die Dichte des Farbauftrags bei jeden Zug kontrollieren. Für eine dichte Schicht füllen Sie den Schwamm mit viel Farbe, für eine schwächere Farbwirkung drücken Sie den Schwamm aus, bis er fast ganz trocken ist.

Acrylfarbe
Wenn Sie eine Lavierung mit Acrylfarben in Art einer Aquarellavierung anlegen wollen, hilft eine Zugabe von Malmittel zur Farbe auf der Palette. Das macht sie etwas cremiger, so daß sie glatter verläuft und eine gleichmäßige Schicht bildet. Nehmen Sie statt steifer Borstenpinsel lieber weiche Haarpinsel, denn Borstenpinsel neigen dazu, leichte Rillen in der Farbe zu hinterlassen, egal, wie schnell Sie arbeiten.
Um eine gleichmäßige Lavierung zu erreichen, ziehen Sie jeden Strich in nur eine einzige Richtung. Wenn Sie mit dem Pinsel hin- und herfahren, nehmen Sie die Farbe eher weg, als sie zu verteilen.

Gleichmäßiges Lavieren • Acryl, Öl

Mischen Sie sich genügend Farbe mit dem entsprechenden Verdünnungsmittel an. Nehmen Sie einen breiten Flachpinsel und ziehen Sie die Striche in nur eine Richtung, um einen gleichmäßigen Farbauftrag zu erzielen. Jeder neue Strich sollte den davorliegenden leicht überlappen.

Lavierung auf körnigem Grund

In der Aquarellmalerei haben bestimmte Pigmente die Tendenz, sich in einer Lavierung abzusondern, wenn sie auf andere Farbpigmente treffen und zudem ungestört trocknen können. Diese Trennung wird durch die verschiedenen natürlichen oder chemischen Eigenschaften der Farben verursacht. Die Erdfarben z. B. sind von Natur aus grobkörniger als alle anderen Pigmente. Während die Lavierung trocknet, setzen sich die winzigen, in der Lavierung schwimmenden Teile der harten Pigmente auf der Körnung des Papiers ab. Das Ergebnis ist eine gleichmäßige Farbfläche mit einer natürlich-körnigen Struktur von großer Wirkung.

Eine Mischung von Siena gebrannt und Ultramarinblau gibt z. B. ein sehr schönes Grau, das mit einer feinen Körnung auftrocknet. Sie können diese Farben für Gebäude verwenden, um die körnige Struktur von Stein wiederzugeben. Manganblau wird oft für die Schatten in Schneelandschaften verwendet. Die körnige Beschaffenheit dieser Farbe ähnelt der pudrigen Erscheinung frisch gefallenen Schnees.

Lavierung auf gekörntem Papier • Aquarell

Das Beispiel zeigt eine gesättigte Lavierung von Ultramarin-Hell, auf die eine Lavierung von Siena gebrannt ist. Beide Farben wurden naß in naß vermalt. Das Papier wurde dann zum Trocknen flach ausgebreitet. Während der Trocknung darf die Lavierung nicht berührt werden. In der Nahaufnahme können Sie die körnige Struktur sehen, die entstanden ist. Dieser Effekt ist nur mit der Aquarellfarbe erreichbar; er verleiht Himmel- und Landschaftsszenen eine schöne Atmosphäre.

Vielfarbige Lavierung
Mit wasserlöslichen Farben, Tuschen, Aquarellfarben und stark verdünnten Acrylfarben, können ungewöhnliche Effekte durch naß in naß verfließende, vielfarbige Lavierungen geschaffen werden. Probieren Sie einmal bunte Lavierungen z. B. in Bildern mit atmosphärischen Himmeln aus. Vielfarbige Lavierungen sind nur bis zu einem gewissen Grad kontrollierbar. Sobald die Farben zusammenfließen, können Sie das kaum noch kontrollieren, außer durch Abtupfen mit einem Schwamm. Aber in jeder Art von Malerei sind es gerade die Kombinationen von Können, Hoffnung und dem „glücklichen Zufall", die zu den besten Ergebnissen führen.

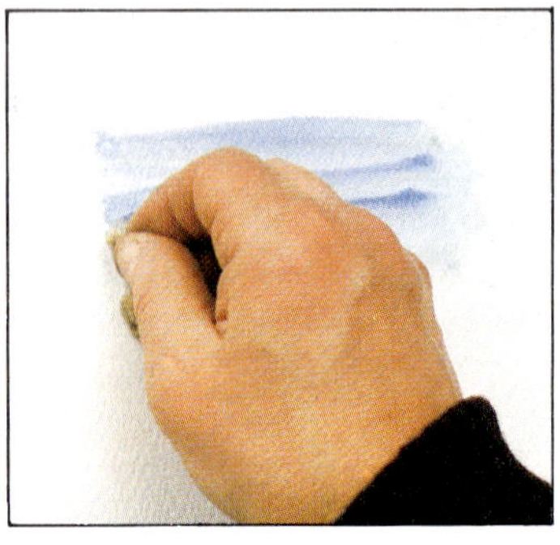

Vielfarbige Lavierung • Schwamm
1. Befeuchten Sie das Papier und mischen Sie dann viele Farben zusammen, die Sie anschließend in unregelmäßigen Formen verfließen lassen.

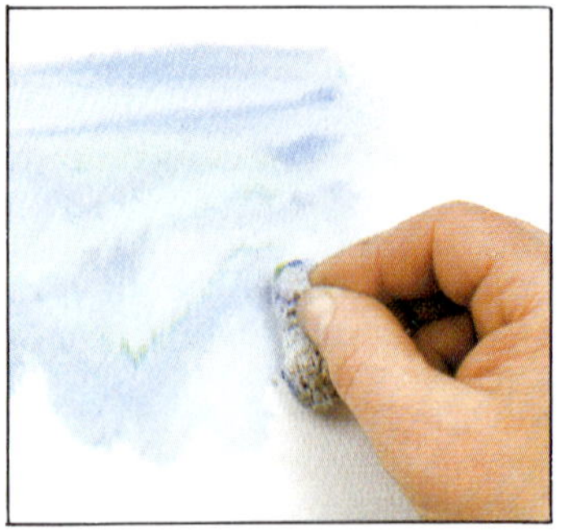

2. Während die erste Lavierung noch feucht ist, lassen Sie mit einem Schwamm eine andere Farbe hineinfließen und mit der ersten Lavierung verschwimmen.

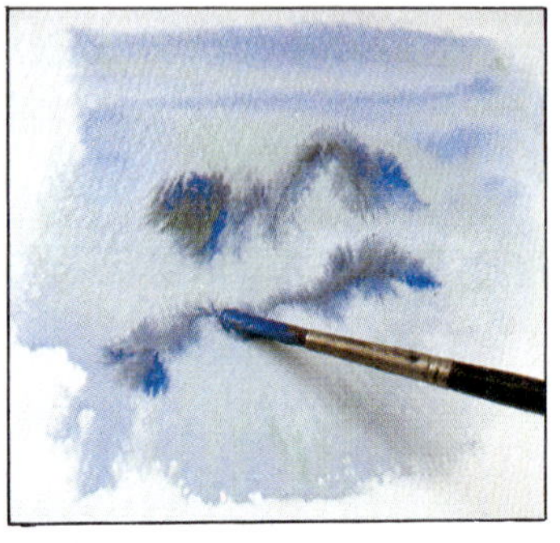

3. Mit einem Pinsel können Sie zwischendurch einen kräftigeren Farbton in die Lavierung ziehen.

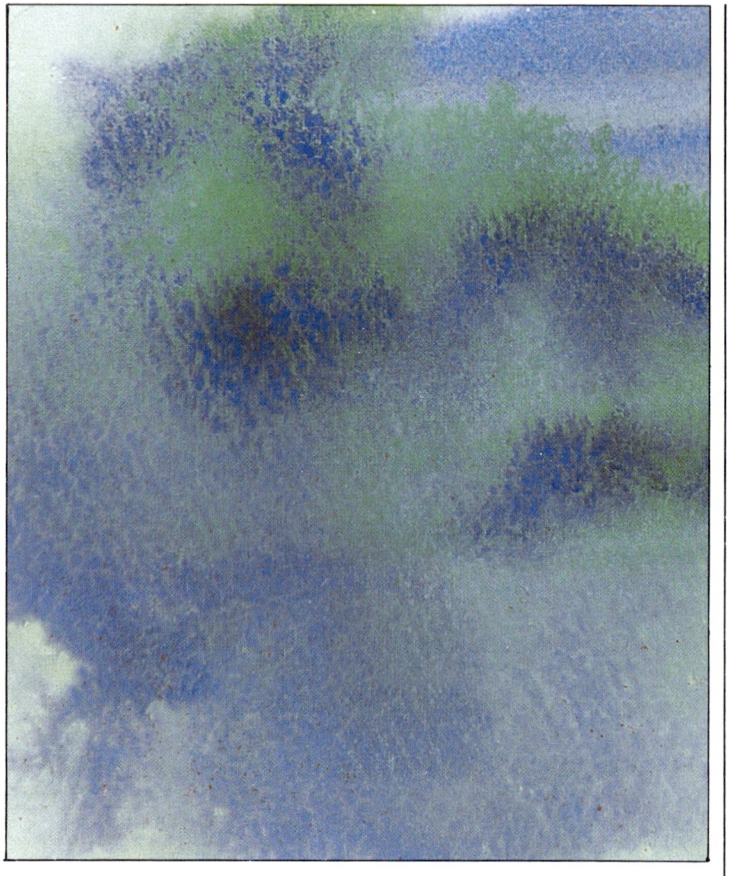

4. Lassen Sie die dunklere Farbe leicht verlaufen und dann trocknen. Die unvorhersehbaren Formen, die aus dem Verlaufen der Farben entstehen, machen diese Technik so aufregend.

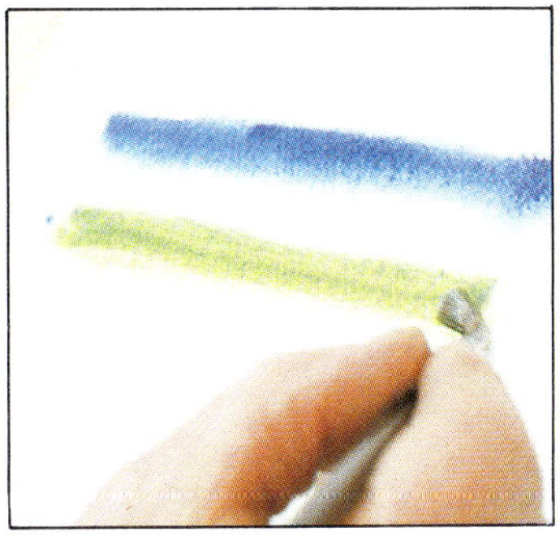

Vielfarbige Lavierung • Verlauf
1. Eine mit dem Pinsel angelegte Lavierung läßt sich besser als eine mit Schwamm aufgetragene kontrollieren. Nachdem Sie das Papier befeuchtet haben, malen Sie zwei parallele Farbstreifen in genügend Abstand und lassen sie trocknen.

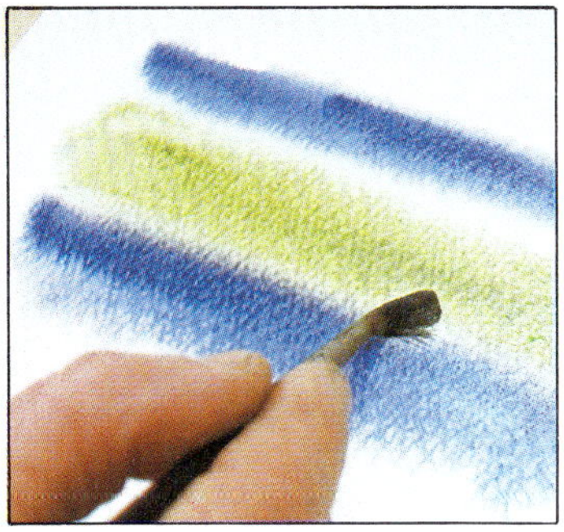

2. Malen Sie einen anderen Farbstreifen zwischen die ersten beiden und vermalen Sie die Grenzlinien aller Farbstreifen mit einem naßen Pinsel, bis sie ineinander verlaufen.

3. Mit einer so kontrollierten, vielfarbigen Lavierung können Sie einen Hintergrund anlegen und wissen, wie er dann nach der Trocknung aussehen wird. Alle Wirkungen der Farbe untereinander in einer so flüssigen Technik können Sie natürlich nicht voraussehen.

Lichthöhungen

Lichthöhungen in einem Gemälde sind Sache des Zufügens oder Wegnehmens von Farbe. Lichthöhungen sind das i-Tüpfelchen im Bild. Zum Abschluß eines Gemäldes kann man das Ganze oft sehr zufriedenstellend durch ein paar Tupfen von Farbe abrunden: das Funkeln von Sonnenlicht auf dem Wasser z. B. oder die hellen Reflektionen in den Augen eines Porträts, die es zum Leben bringen. Je nach Farbmittel gibt es verschiedene Werkzeuge und Techniken für Lichthöhungen.

Ölmalerei
In der Ölmalerei werden Lichthöhungen bis zuletzt ausgespart. Einige Künstler benutzen die Methode von Rembrandt, der die hellsten Lichter mit einem dicken Impasto viel Weiß ausführte. Da diese Stellen von der Leinwand abstehen, fangen Sie mehr Licht ein als der Rest der Malerei und erscheinen deshalb heller.
Man sollte jedoch vermeiden, Lichthöhungen in reinem Weiß auszuführen. Selbst die hellste Reflektion auf einer Glasflasche enthält z. B. eine Spur Grün, Gelb oder vielleicht Blau, je nach den vorherrschenden Licht- und Farbverhältnissen in der Umgebung. Eine kräftige, rein-weiße Lichthöhung verrät immer den „Amateur“.

Pastellmalerei
Sie können entweder Farbe aufsetzen oder wegnehmen, um Lichthöhungen zu schaffen. Wenn Sie auf einem dunklen Papier arbeiten, werden die Lichthöhungen meist mit einem hellfarbigen Stift ausgeführt. Die andere Methode ist die Verwendung eines Knetradiergummis, um Farbe zu entfernen.

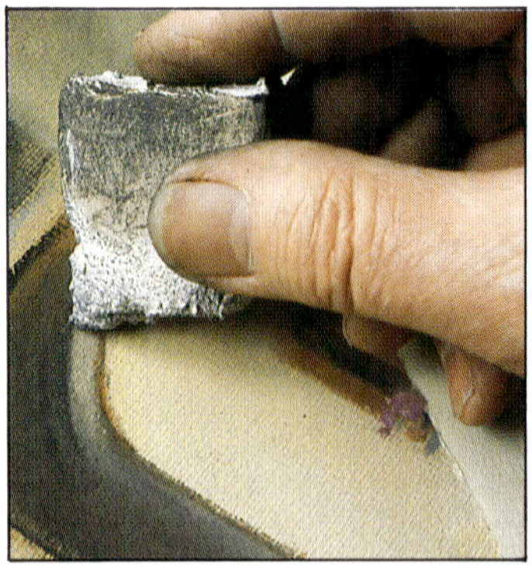

Pastell • Knetradiergummi
Kneten Sie den Radiergummi zu einer Spitze und hellen Sie damit den Farbton an kleinen Stellen auf.

Aquarellmalerei
Da sie in der Aquarellmalerei einen hellen Farbton nicht über einen dunklen legen können, müssen Sie zuerst entscheiden, wo die hellsten Stellen liegen sollen und dann entweder um diese Stellen herummalen oder sie abdecken. Auf diese Weise sparen Sie das Weiß des Papiers mit seinen brillanten, lichtreflektierenden Eigenschaften für die Lichthöhungen aus. Diese ausgesparten Stellen „blitzen“ dann aus den dunklen und mittleren Tonwerten richtig hervor.
Um Lichthöhungen in einer frischen Lavierung anzulegen, können Sie die Farbe mit einem weichen Zellstoffpapier, Löschpapier oder einem weichen Pinsel entfernen. Wenn die Lavierung bereits vollkommen trocken ist, können die Lichter mit einem scharfen Messer herausgekratzt werden.

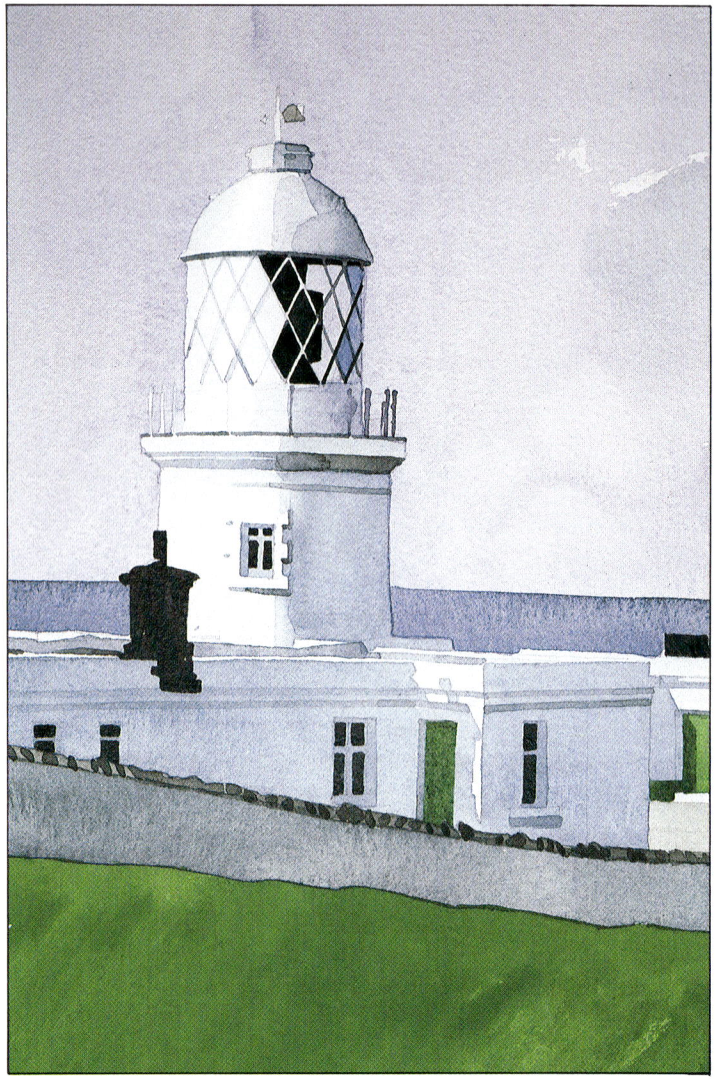

Lichthöhungen • Aquarell
In der Aquarellmalerei geben die unbemalten Stellen die hellsten Lichter, die Sie sich wünschen können, denn das Papier reflektiert die größte Lichtmenge.
In dieser Darstellung fangen die hellen Stellen des weißen Papiers die Wirkung intensiven Sonnenlichts auf dem Turm und dem Gebäude ein.

Linie und Lavierung

Fein gezogene Linien und zartfarbige Lavierungen besitzen einen visuellen Reiz. Sie rufen eine fließende, schwebende Bewegung hervor. In dieser Technik werden Farbe und Tonwert mit der Lavierung angezeigt, die erst trocknen muß. Feine Linien werden mit Feder oder Pinsel eingezogen. Man kann den Druck der Feder oder des Pinsels verändern und erhält so subtile Variationen der Linienführung. Die lavierten Tuschezeichnungen von Rembrandt (1606–69) und Hogarth (1697–1764) lohnen das Studium unter diesem Aspekt. Verwenden Sie wasserfeste Tusche, können Sie den Effekt umdrehen: erst den Gegenstand zeichnen und Lavierungen (einfarbig oder in verschiedenen Farbtönen) darüberlegen, um Licht- und Schattenkontraste zu geben. Auch können Linien, die in eine noch feuchte Lavierung gezogen werden und auslaufen, experimentell ausgenutzt, zu reizvollen Ergebnissen führen.

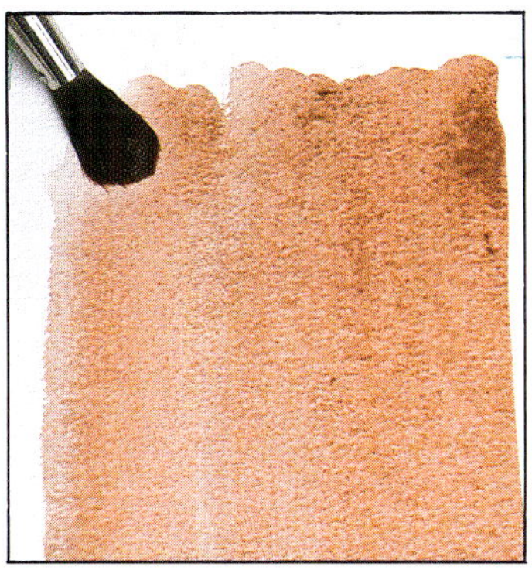

Linie und Lavierung
1. Mit Pinsel und Farbe Lavierung großzügig anlegen. Die Lavierung muß feucht sein, bevor Sie die Linien ziehen.

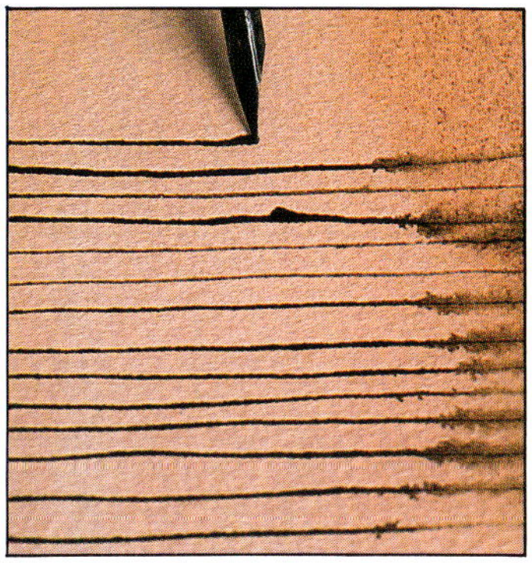

2. Mit Feder und Tusche ziehen Sie Linien in die Lavierung. Die Kombination von scharfen Linien und transparenter Lavierung ist sehr attraktiv.

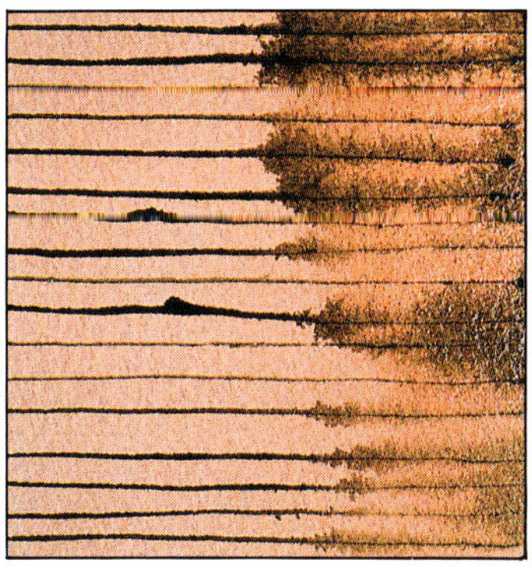

3. Eine scharfe Linie ergibt sich da, wo die Lavierung bereits trocken ist. An nassen Stellen sind die Linien weich und fiedrig. Man kann auch zuerst die Linien ziehen und dann die Lavierung anlegen. Wenn Sie trotz Lavierung die Linienschärfe gleichmäßig erhalten wollen, müssen Sie wasserfeste Tusche verwenden.

Linieren mit dem Pinsel

Es ist schwer, eine gerade Linie zu ziehen. Haben Sie keine ruhige Hand, nehmen Sie Abdeckband oder ein Lineal. Um Flecken zu vermeiden, halten Sie das Lineal von der Farbe entfernt. Achten Sie darauf, daß die untere Farbe glatt und trokken ist.
In den meisten gegenständlichen Bildern sind perfekt gezogene Kanten und Linien nicht erwünscht. Sie zerstören jeden „malerischen" Effekt. Mit dem Lineal gezogene Pinselstriche können aber in einer Hard-Edge-Malerei (Bezeichnung für eine in den 50er Jahren in Amerika aufkommende Malweise, bei der die Farbzonen durch scharfkantige Umrisse voneinander abgegrenzt sind.) sinnvoll sein, bei einem Architekturmotiv oder bei Abbildungen von statischen Dingen.

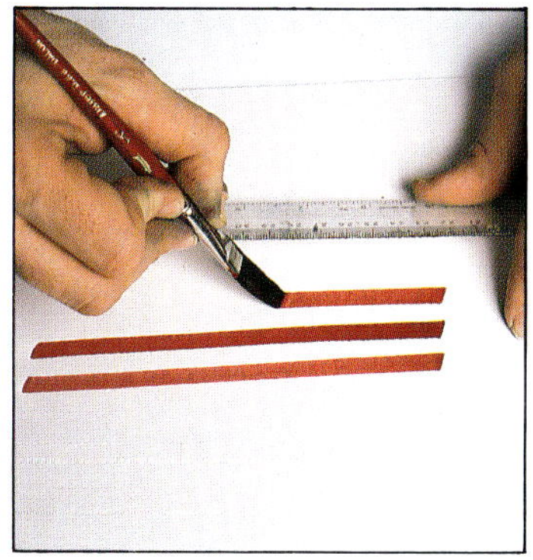

Linieren • Breite Linien
Halten Sie das Lineal wie vorher und zeichnen daran mit einem vollen, breiten Pinsel entlang. Drücken Sie die Pinselzwinge gegen das Lineal. Ist die Linie gemalt, nehmen Sie das Lineal vorsichtig weg, um Verschmieren zu vermeiden.

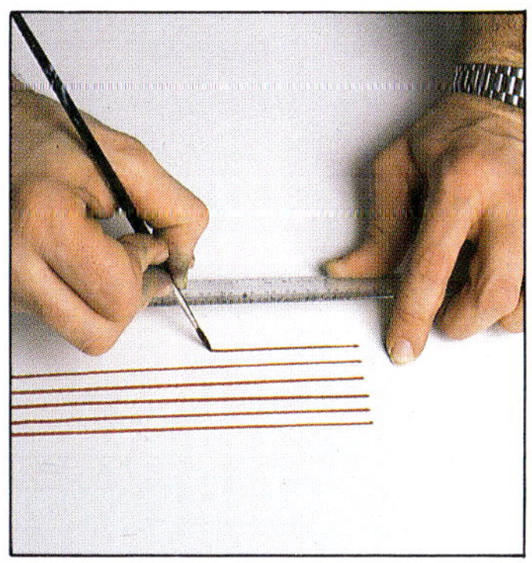

Linieren • Feine Linien
Halten Sie das Lineal in einem Winkel von etwa 45° zum Papier und klemmen Sie Ihre Finger unter des Lineal, so daß die Kante wirklich nicht das Papier berührt. Ziehen Sie mit einem kleinen Marderhaarpinsel leicht entlang des Lineals. Drücken Sie die Pinselzwinge gegen die Kante des Lineals, um so eine gerade Linie zeichnen zu können.

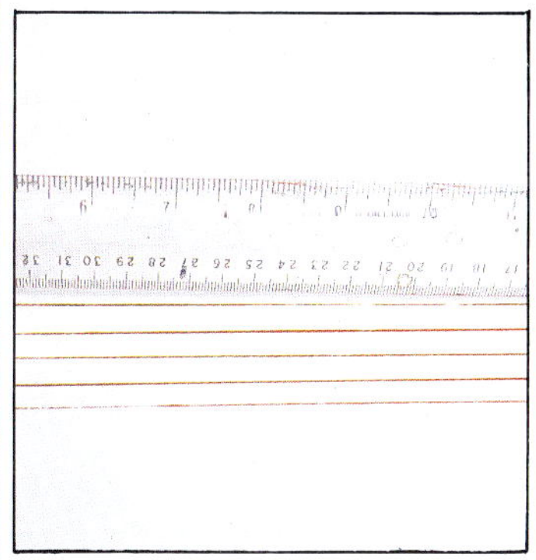

Linieren • Linien eindrucken
Mit einem Pinsel tragen Sie dicke, ziemlich trockene Farbe auf die Kante des Lineals auf. Drücken Sie die Kante des Lineals fest auf das Papier. Heben Sie das Lineal schnell wieder ab, um eine dünne Farblinie zu hinterlassen. Diese Methode eignet sich da, wo eine gerade, aber nicht „mechanische" Linie gefordert ist.

Malen mit dem Palettmesser

Malen mit dem Palettmesser oder Spachtel ist eine vielseitige Methode des Farbauftrags, des Aufbaus dicker Impastos, expressiver Struktureffekte oder auch feiner, weicher Übergänge.
Maurice Vlaminck (1876–1958) benutzte oft das Palettmesser für Himmel und Vordergründe und erzielte durch teilweises Vermischen der Farben und dem anschließenden Auftrag in breiten Wischern Farbeffekte in feinen Farbtönen. Sie können mit dem Palettmesser auch in Aquarell-, Tusche- und Gouachebilder Muster und Textur einbringen. Sogar Eitempera kann mit dem Messer aufgetragen werden, falls die Farbe nicht zu dick und das Messer nicht aus Metall ist. Ein Malmesser aus Bein oder Plastik genügt. Mal- oder Palettmesser (auch Malspachtel) gibt es in vielen Größen auf dem Markt. Sie sind kellenartig geformt, aus biegsamem Stahl und mit Holzgriff versehen, um die Finger von der Malfläche fernzuhalten.

Öl • Acryl • Gouache
Öl- und Acrylfarben sind für die Malerei mit dem Malmesser geeignet, da sie eine weiche Beschaffenheit haben und ohne zu tröpfeln vermalt werden können. Am besten läßt sich diese Technik auf Leinwand durchführen, die der Biegsamkeit der Messerklinge entgegenkommt. Malen mit dem Messer oder Spachtel verlangt Mut. Setzen Sie die Farbe zügig auf die Leinwand und heben Sie die Klinge am Ende sauber ab. Gehen Sie nicht mehr über den Spachtelzug, da sonst die Spontaneität reduziert wird und die Farbe ausdruckslos wirkt.

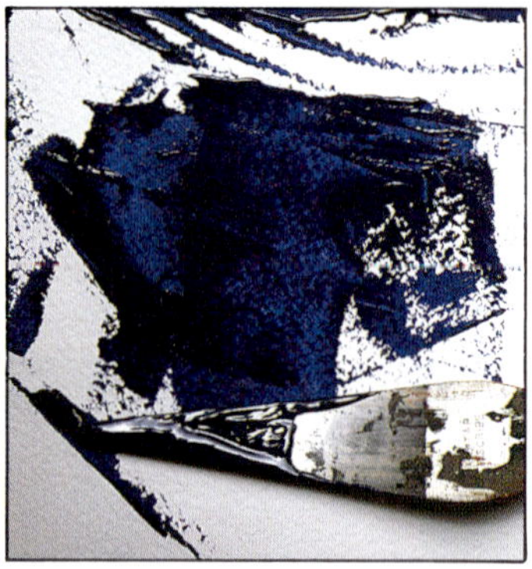

Malen mit dem Messer
1. Verstreichen Sie die Farbe mit einem Palettmesser dick auf der Leinwand zu interessanten Texturen. Lassen Sie das Ende des Malspachtels auf der Malfläche ruhen und bewegen Sie den oberen Teil in einer Halbkreisform, um die Farbe zu verteilen.

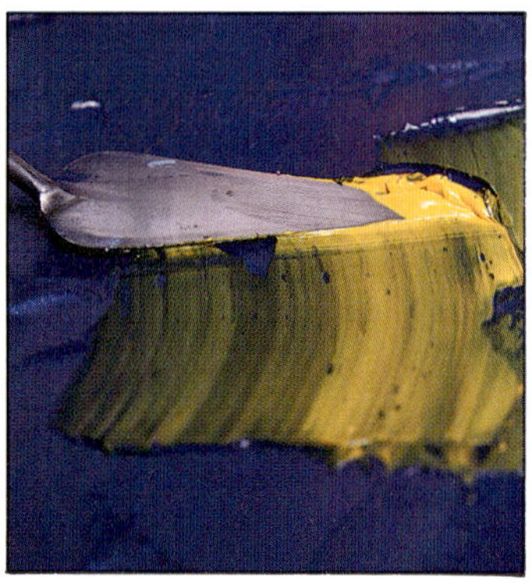

2. Der Künstler vermischt hier zwei Farben teilweise naß in naß. Zuerst wurde Kadmiumgelb auf eine Schicht Ultramarinblau gelegt und dann mit dem Messer wie Butter verstrichen. Wenn man darauf achtet, die Farben nicht zu einheitlich zu vermischen, können sehr schöne Farbnuancen erzielt werden.

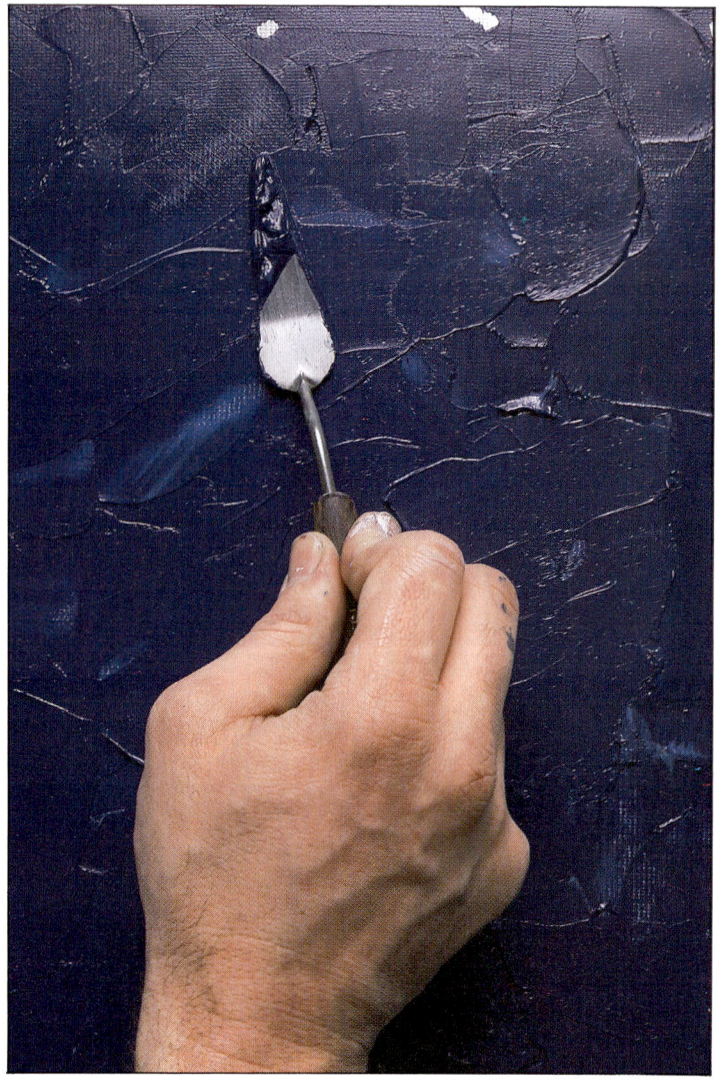

3. Eine mit dem Spachtel aufgetragene Farbe sieht oft leuchtender aus als eine mit dem Pinsel gemalte. Das liegt am Spachtel, der einen sehr glatten Farbzug zurücklassen kann, der viel Licht reflektiert. Säubern Sie Ihr Messer oder Ihren Spachtel nach Gebrauch, um die Farben rein zu halten.

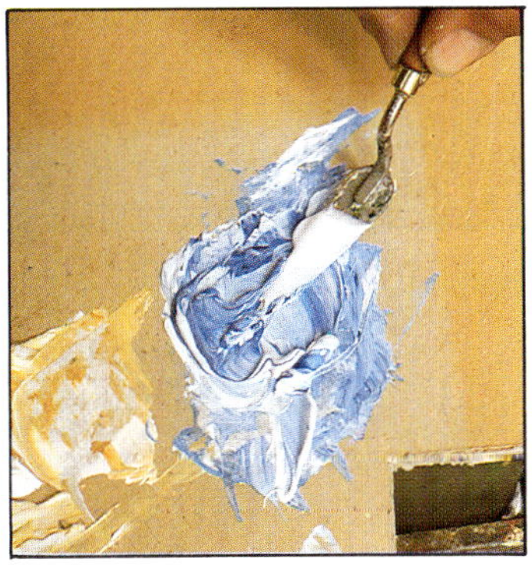

Malen mit dem Messer • Acryl

1. Verdickendes Gel-Malmittel wird mit Acrylfarbe auf der Palette gemischt, bevor sie auf dem Malgrund aufgetragen wird. Die Konsistenz der Farbe erlaubt jetzt stärkere Texturen mit dem Palettmesser.

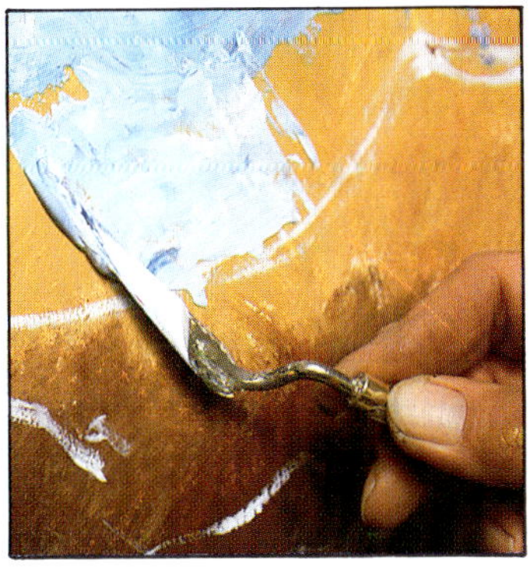

2. Die Farbe wird dann mit dem Messer auf die Malfläche gestrichen. Die Spuren des Messers verbleiben in der getrockneten Farbe. Das dicke, weiße Gel wird beim Trocknen durchsichtig, und die ursprüngliche Farbe kommt zum Vorschein.

Aquarell

Mit einiger Übung ist es möglich, mit einem Malmesser oder Spachtel in Aquarellfarbe hineinzugehen. Man benutzt dazu die Längsseite des Messers/des Spachtels, um dünne Streifen Farbe aufzutragen oder um helle Stellen in einer Lavierung auszuheben.

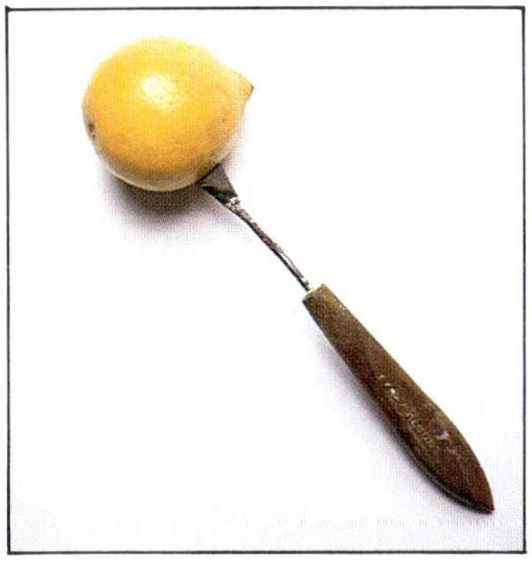

Malen mit dem Messer • Aquarell

1. Falls Sie ein neues Messer benutzen, müssen Sie es erst so behandeln, daß es Wasser annimmt. Neuer Stahl hat eine leicht fettige Oberfläche, die Wasser abstößt und abperlen läßt, wie es Ölfarbspuren oder Firnis tun. Säubern Sie das Messer darum mit einem Reinigungsmittel. Sie können das Messer aber auch in eine Zitrone stecken und lassen es über Nacht so liegen. Die Säure entfernt jede Spur von Fett.

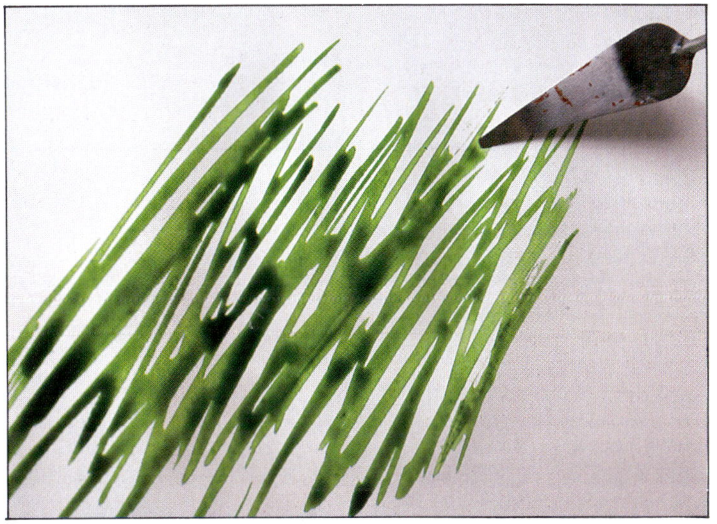

2. Mit dem Malmesser oder Spachtel in eine Aquarellmalerei hineinzugehen, ist eine sehr unübliche Technik. Üben Sie die Spachtelzüge erst auf einem Stück alten Papier. Sie benötigen eine Menge nicht zu flüssiger Farbe. Der Künstler nimmt hier die Messerspitze, um dünne Striche zu ziehen, die Grasfläche entstehen lassen. Bewegen Sie das Messer schnell, aber nur mit leichtem Druck, um das Papier nicht zu beschädigen. Lassen Sie die Striche auslaufen.

Malgründe abtönen

In der Öl- und Acrylmalerei dienen abgetönte Malgründe denselben Zweck wie eine Imprimitur. Sie dämpfen das Weiß der Leinwand und vereinheitlichen die Farbharmonie, wenn Stellen des Malgrunds durch die Übermalung scheinen.
Der einzige Unterschied zwischen beiden Verfahren ist der, daß eine Imprimitur transparent ist, während ein abgetönter Grund durch Zugabe von Weiß deckend aufträgt.
Der Vorteil eines transparenten Grundes liegt in der Leuchtkraft der Übermalung, da das einfallende Licht von dem weißen (leicht imprimierten) Malgrund zurückgeworfen wird. Wenn Sie jedoch kleine Partien des Malgrundes durchscheinen lassen, kann es sein, daß die Farbe der Imprimitur zu dünn ausfällt, um im Bildzusammenhang wirken zu können.
Der Vorteil eines deckenden Grundes liegt darin, daß große Teile der Untermalung offen gelassen werden können. Die Grundierfarbe wird dann wegen ihrer festen Beschaffenheit ein integraler Bestandteil des Bildes, so wie getöntes Papier in der Pastellmalerei.
Wie in der Imprimitur kann ein getönter Grund ein neutrales Grau oder eine Erdfarbe sein, oder sie kann die allgemeine Farbharmonie unterstützen. Ein rosafarbener Ton z. B. unter einen Abendhimmel gelegt, ergibt so einen stützenden Effekt der Untermalung. Man kann aber auch eine ungefähr komplementäre Farbe zur allgemeinen Farbgebung suchen, z. B. einen warmen Ton von Siena gebrannt als belebendes Farbelement für das kühle Grün einer Landschaft.

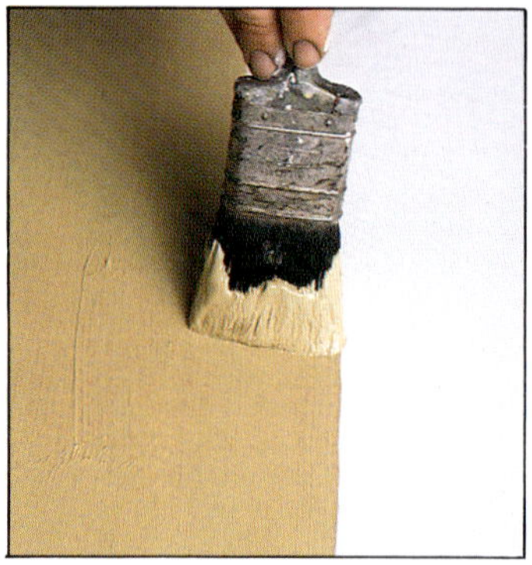

Abgetönter Malgrund
Nach der weißen Grundierung der Leinwand oder des Malkartons legen Sie einen deckenden Grund mit Umbra natur auf. Die Farbe sollte mit ein wenig Weiß gedämpft sein und mit dem üblichen Schuß Terpentin verdünnt werden. Mit einem großen Borstenpinsel verteilen Sie die Farbe deckend, aber in rauhem Auftrag. Ein abgetönter Malgrund muß völlig trocken sein, bevor darübergemalt werden kann. Das kann bis zu 48 Stunden dauern, vielleicht sogar länger, falls viel Weiß zugegeben wurde.
Aus diesem Grund ist es ratsam, mehrere Leinwände oder Kartons in verschiedenen Farbgründen vorzubereiten, auf denen Sie jederzeit malen können. Sie können aber auch Acrylfarbe zur Abtönung der Leinwand nehmen. Acrylfarbe trocknet in Minuten auf und ermöglicht die Übermalung in der gleichen Sitzung. Acrylfarben können Sie nach Trocknung auch mit Ölfarben übermalen, aber nie umgekehrt!

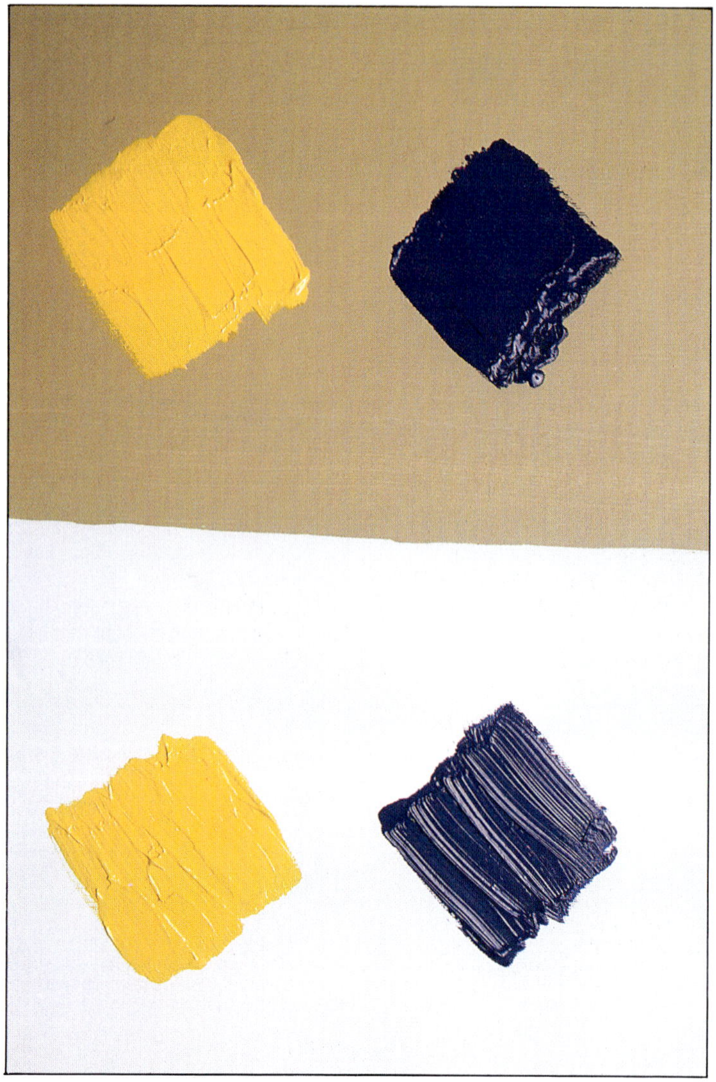

Farbwirkung auf abgetöntem Malgrund
Ein abgetönter Malgrund hilft Ihnen, die relative Intensität der Farbmischungen genauer als auf einer weißen Leinwand festzulegen. Der abgetönte Malgrund macht deutlich, wie die Farben in der Umgebung anderer Farbtöne aussehen können.
Die Abbildung zeigt eine, in zwei Hälften aufgeteilte Leinwand, die eine mit einem abgetönten Grund in Umbra natur, die andere weiß belassen. Auf jede Hälfte sind kleine Rechtecke von Ultramarinblau und Kadmiumgelb aufgetragen.
Bei genauer Betrachtung werden Sie sehen, um wieviel intensiver die Farben auf dem abgetönten Grund als auf dem weißen aussehen.

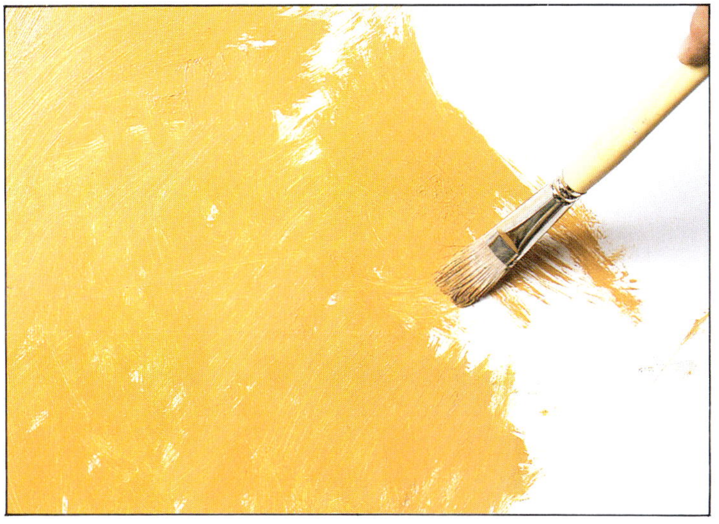

Abgetönter Grund • Acryl
Mit etwas Wasser verdünnte Acrylfarbe eignet sich gut für einen abgetönten Grund, da sie schnell trocknet und bald danach wieder übermalt werden kann. Wegen der schnellen Trockenzeit müssen Sie aber zügig arbeiten.

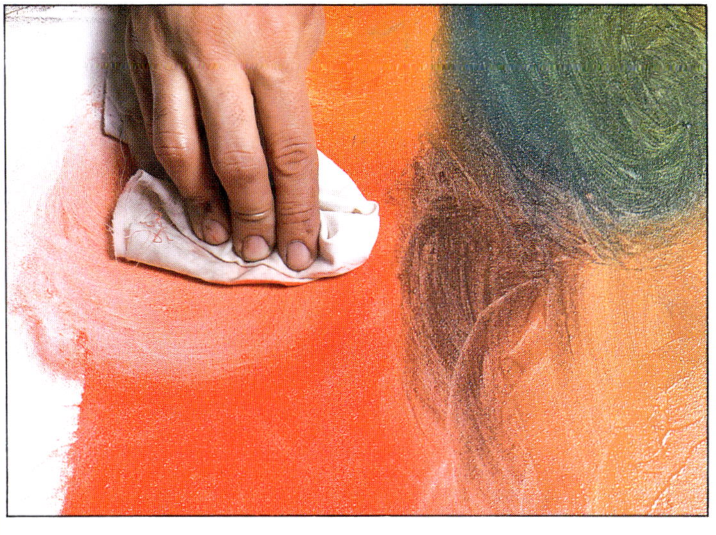

Vielfarbig abgetönter Grund
Für einen abgetönten Grund kann man ruhig mehr als eine Farbe verwenden, besonders dann, wenn Sie bereits genau wissen, wo im Bild warme und kalte Farbtöne eingesetzt werden sollen.

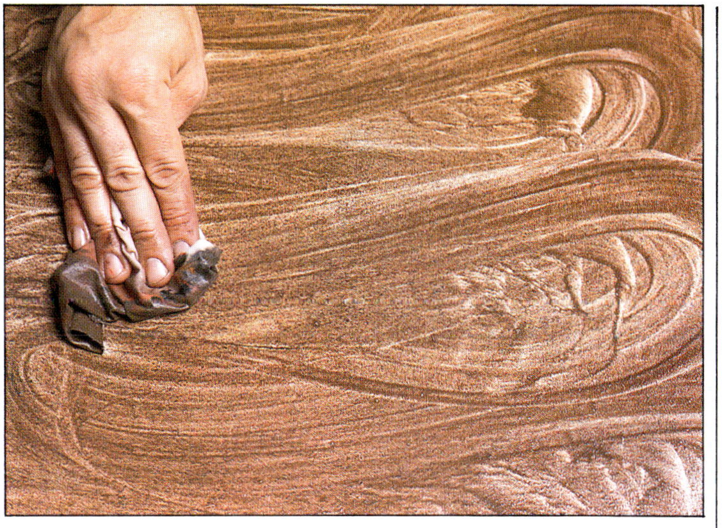

Mit Ölfarbe abgetönter Malgrund
Auch Ölfarbe kann für einen abgetönten Malgrund verwendet werden. Die Ölfarbe muß, wie die Acrylfarbe, zu einer flüssigen Konsistenz verdünnt werden. Dafür ist Terpentin(ersatz) am besten geeignet. Der Künstler verteilt Umbra mit einem Tuch auf der Leinwand. Ein abgetönter Ölgrund braucht ungefähr einen Tag zum Trocknen.

Mischtechniken

Ein wichtiger Aspekt der Malerei im 20. Jahrhundert ist die Freiheit des Künstlers, sich über alle technischen und stilistischen Konventionen hinwegzusetzen. Durch Kombination der Techniken und Farbmittel (Mixed Media) läßt sich das Spektrum und die Ausdruckskraft der Malerei über das gewöhnliche Maß erweitern. Nehmen Sie z. B. die Pastelltechnik: Edgar Degas (1834–1917) war kein Purist in der Anwendung dieses Mediums. Er kombinierte Pastellfarben oft mit Temperafarben, die er aus Pulverpigmenten und Tierleim herstellte, oder zeichnete mit Pastellkreiden über einen verdünnten Ölfarbenanstrich. Millet (1814–75) kombinierte in einer Studie für sein Ölbild „Erntearbeiter bei der Rast" Pastellfarben, Ölfarben, Aquarell und schwarze Kreide.

Es ist sehr zufriedenstellend, wenn man in den Grenzen eines Farbmittels einen Effekt oder eine bestimmte Textur erzielt hat. Verbinden Sie verschiedene Techniken. Einige Techniken lassen sich wegen unverträglicher Farbzusammensetzungen nicht verbinden.

Nur durch Erfahrung werden Sie herausfinden, welche technischen Möglichkeiten dazu beitragen, Ihre Malerei ausdrucksstark zu machen. Vielleicht entdecken Sie dabei noch verborgene Möglichkeiten Ihrer Farben oder wagen sich an Farben und Techniken, die Sie bisher vermieden haben.

Sie sehen hier eine Anzahl von Vorschlägen für gemischte Techniken. Wenn Sie einige von ihnen ausprobiert haben, fühlen Sie sich vielleicht ermutigt, eigene Ideen auszuprobieren.

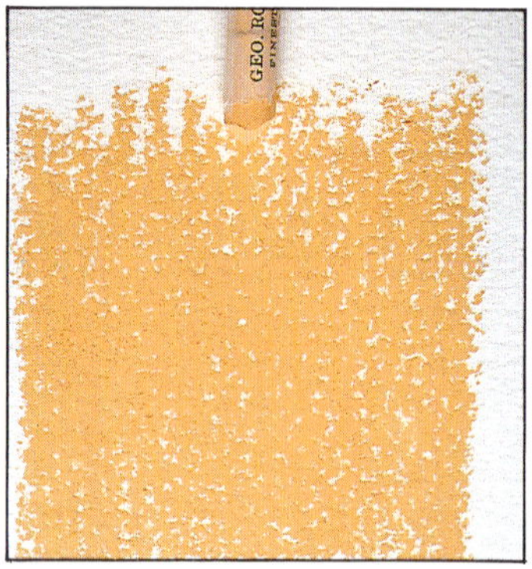

Aquarellavierung auf Pastell

1. Die Vibration weicher Pastellstifte kann verwendet werden, um die Lavierungen zu verstärken. Man legt eine Fläche mit einem weichen Pastellstift in Orange an.

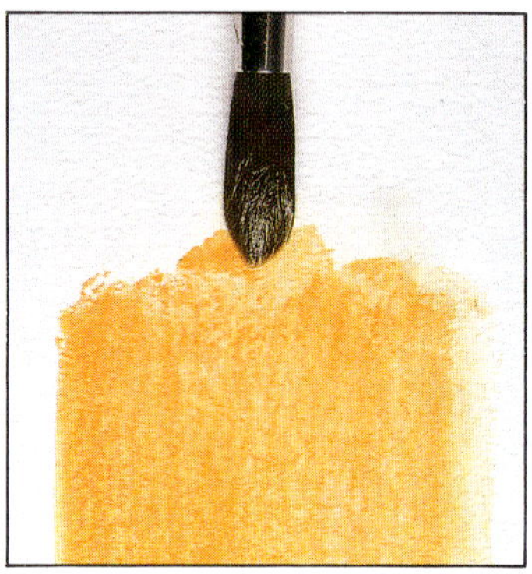

2. Mit einem weichen Wasserfarbenpinsel legt man über das Pastell eine helle Lavierung an, um damit die Pastellfarbe zu verteilen. Überschüssiges Wasser wird mit einem Löschpapier abgesaugt.

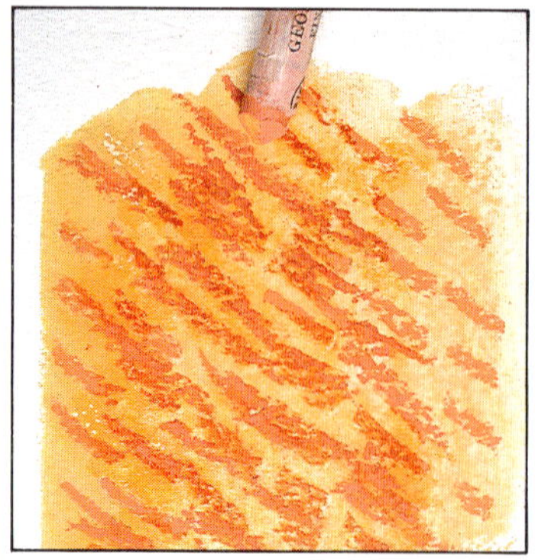

3. Ist die Lavierung noch feucht, setzt man weitere Details mit der Spitze des Pastellstiftes ein. Nach der Trocknung können weitere Pastellschraffuren und Lavierungen angelegt werden.

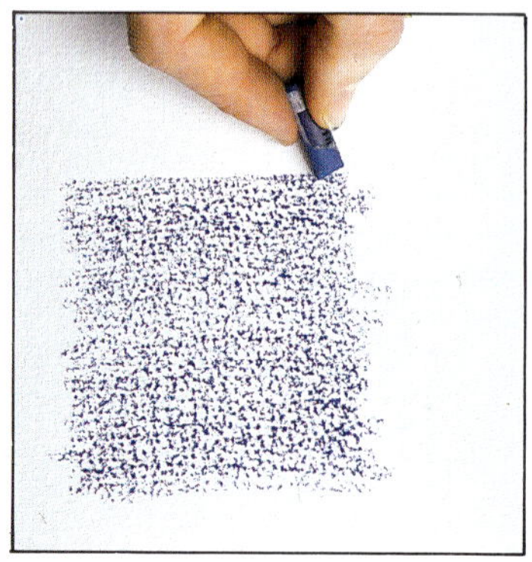

Aquarellavierung auf Ölkreide

1. Ölkreiden unterscheiden sich von den normalen Pastellkreiden dadurch, daß sie wasserabstoßend sind. Der Künstler reibt hier blaue Ölkreide über ein rauhes Aquarellpapier. Die Kreide fängt sich in der Körnung des Papiers und gibt eine fleckige Struktur.

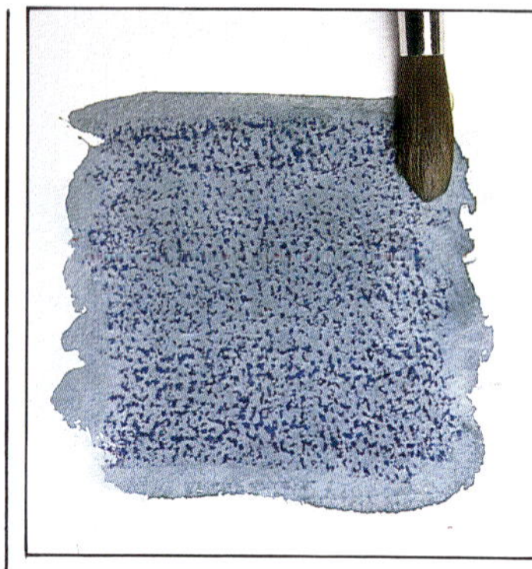

2. Eine Lavierung von Paynesgrau wird über die Ölkreide gelegt. Das Öl stößt das Wasser ab, das sich so nur in den Vertiefungen des Papiers absetzen kann, die von Ölkreide frei sind. Die Lavierung trocknet mit einer körnigen Textur auf, die gut geeignet ist, um Stein, Fels oder Sand wiederzugeben.

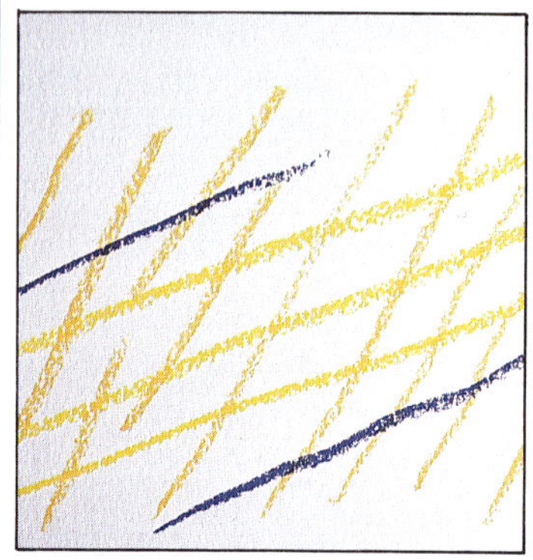

Acryllavierung auf Ölkreide

1. Der Künstler zeichnet hier zunächst mit Ölkreiden ein freies Muster auf die Leinwand. Für diesen ersten Entwurf sollten Sie die Kreide in kräftigen, festen Strichen handhaben.

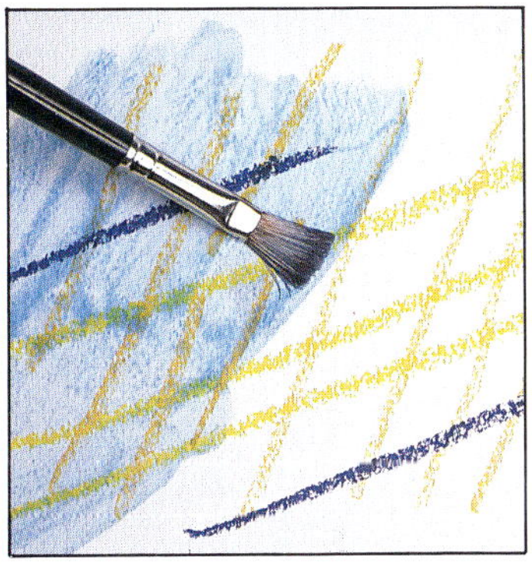

2. Mit viel Wasser verdünnte Acrylfarbe wird mit einem weichen Pinsel leicht über die Kreidestriche laviert.

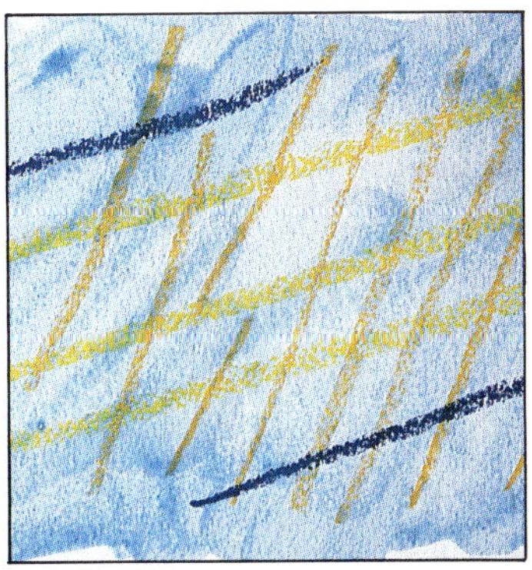

3. Da die Ölkreide das Wasser nicht annimmt, zeichnet sich der Entwurf deutlich durch die farbige Lavierung ab.

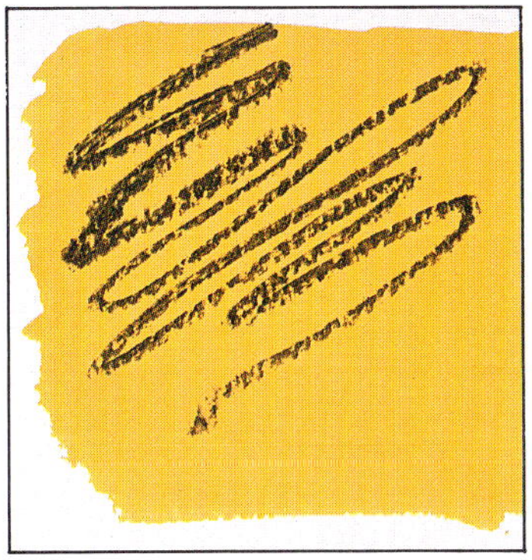

Zeichenkohle auf Gouache

1. Der Künstler legt zuerst eine dicke Schicht gelber Gouachefarbe an. Wenn diese trocken ist, zeichnet er mit Kohle darüber. Achtung: Auf nasser Farbe haftet eine Kohlezeichnung nicht!

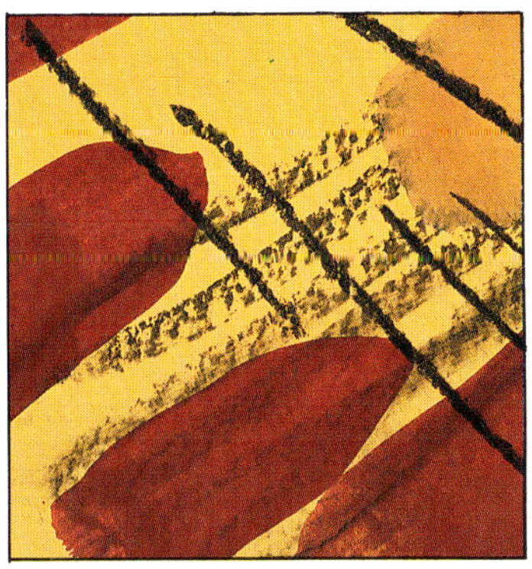

2. Mit einem Borstenpinsel Nr. 4 arbeitet der Künstler mit Gouachefarben weiter in die Kohlezeichnung hinein. Interessante Farbvariationen können dadurch erzielt werden, daß sich die Kohle teilweise in der nassen Farbe löst.

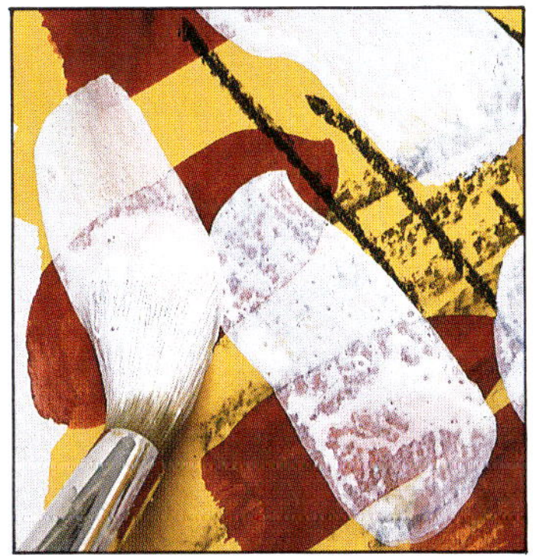

3. Nach Trocknung der Farbe können Sie weitere Kohlestriche und Gouachelavierungen anlegen.

Acryl- und Gouachefarben

Dank ihrer Vielseitigkeit harmonieren Acryl- und Gouachefarben sehr gut. Acryl kann für kräftige Impastos wie auch für transparente Lavierungen verwendet werden. Die Farbe trocknet schnell und färbt nicht ab, so daß weitere Lavierungen transparenter Farben mit schöner Tiefenwirkung aufgelegt werden können. Auch die Gouachefarbe kann sowohl pastos-deckend wie auch mit Wasser verdünnt in halbtransparenten Lavierungen benutzt werden. Beachten Sie jedoch, daß pastose Gouachefarbe zu Rißbildungen neigt. In unserem Beispiel verbindet der Künstler die Deckkraft der Acrylfarbe mit der weich verlaufenden, halbtransparenten Eigenschaft der Gouachefarbe, um ausdrucksstarke Effekte für die Umsetzung eines stürmischen Himmels oder vielleicht einer unheimlichen Nachtszene zu gestalten.

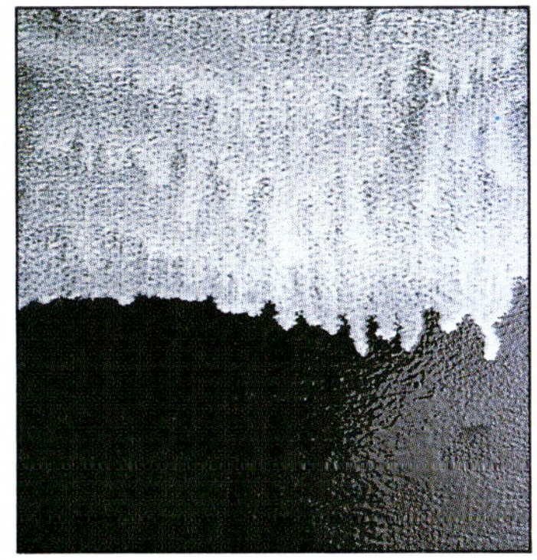

1. Auf einem 200-g-Feinkorn-Aquarellpapier ist eine Lavierung mit dunkler Acrylfarbe angelegt und getrocknet. Mit Wasser wird die Oberfläche befeuchtet. Das obere Blattende wird leicht geneigt. Eine dünne Lavierung in weißer Gouache wurde langsam verfließend angelegt. Da die untere Acrylschicht wasserunlöslich aufgetrocknet ist, färbt sie nicht mehr ab und verschmiert nicht die nachfolgenden Übermalungen.

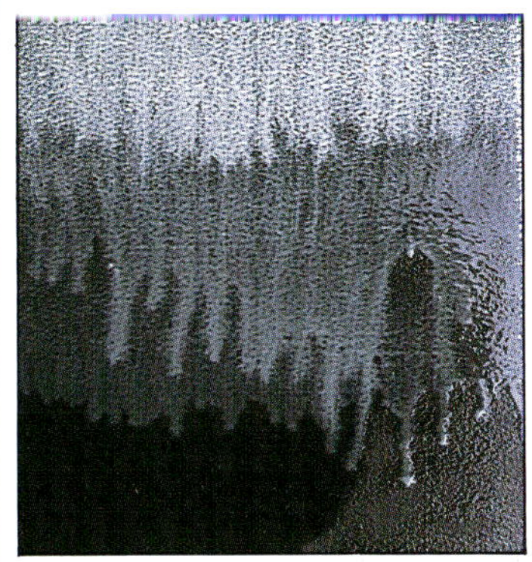

2. Nachdem die erste Lavierung ausgelaufen ist, wird eine neue angelegt. Beim Herunterlaufen vermischt sich diese mit der ersten Lavierung. Die Malerei gut trocknen lassen!

Naß auf Trocken

3. Der dunkle Grund mit der Acrylfarbe leuchtet durch die transparenten Lavierungen der weißen Gouache durch. Das Ergebnis erinnert in subtiler Weise an einen regnerischen Himmel.

Der gegenteilige Vorgang des Naß-in-Naß-Malens, das Malen Naß auf Trocken, bedeutet, frische Farbe auf eine bereits trockene Malfläche anzulegen. Diese Malmethode wird bei der Lasurtechnik verwendet und um genaue, stark modellierte Formen wiederzugeben.

Ölfarben
Durch dämpfenden Farbauftrag oder trockenes Vermalen über eine Passage von Impasto können aufregende Effekte erreicht werden. Da die nasse Ölfarbe von ziemlich steifer Konsistenz ist, bleibt sie nur an den erhabenen Stellen der Untermalung hängen und verleiht der Impastopassage eine dreidimensionale Erscheinung. Auch eine Lasur verdünnter Farbe setzt sich in den Furchen der Untermalung ab und erzeugt ein zufälliges Muster dunkler Linien.
In der Ölmalerei ist Naß auf Trocken eine zeitraubende Angelegenheit, da jede Farbschicht vollkommen durchgetrocknet sein muß, bevor die nächste angelegt wird, um ein Reißen der Farbschichten zu vermeiden. Um Zeit zu sparen, können Sie ja an zwei Bildern gleichzeitig malen.

Aquarell
In der Aquarellmalerei ist eine Mischung von Naß in Naß und Naß auf Trocken immer wirksam, besonders aber in der Blumenmalerei. Naß-in-Naß-Lavierungen fangen die Zartheit der Blätter und Blüten in den ersten Malphasen ein. Weitere Lavierungen auf der trockenen Untermalung geben dann Form und Umriß. Je nach Nässe der ersten Lavierung und dem benutzten Papier kann Aquarellfarbe bis zu 15 Minuten zum Trocknen brauchen, so daß die Technik ein wenig Geduld braucht. Wenn die Übermalung zu schnell erfolgt, werden die Farben schmutzig und unscharf.

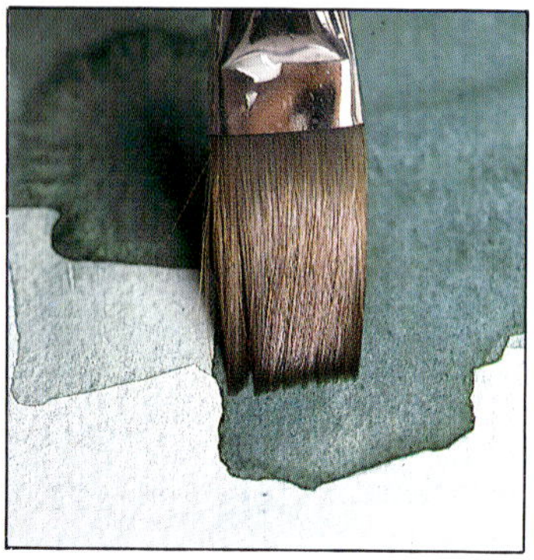

Naß auf Trocken • Aquarell
1. Der Künstler legt hier eine gleichmäßige Lavierung mit Hookersgrün an. Nach völliger Trocknung überlagert er sie mit einer anderen Lavierung der gleichen Farbe, um eine Schichtenwirkung zu schaffen. Aus der überlagerten Farbe entsteht ein dunkler Farbton. Mit jeder weiteren Farbschicht erhalten Sie immer dunklere Farbtöne.

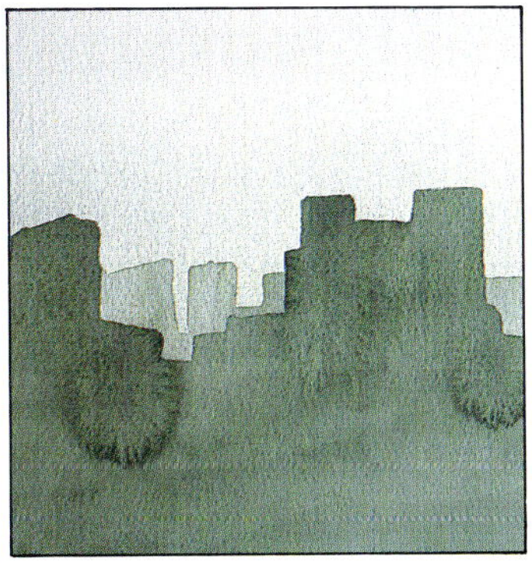

2. Dieses einfache Bild zeigt, wie man aus sich überlagernden Lavierungen von Hell nach Dunkel den Eindruck von Luftperspektive überzeugend wiedergeben kann. Die helleren Farbtöne sehen für unser Auge weiter weg aus. Es ist sehr wichtig, jede Farbschicht trocknen zu lassen, bevor man die nächste anlegt. Ansonsten geht die charakteristische Klarheit und Transparenz des Mediums verloren. Denken Sie daran: je weniger überlagerte Lavierungen, desto sauberer und heller das Ergebnis. Durch zu viele Lavierungen wird Aquarellfarbe trüb und schmutzig.

Acryl
Naß auf Trocken zu malen schafft keine Probleme, da die Farbe bald trocknet. Die Farbe wird nach der Trocknung unlöslich, selbst wenn sie verdünnt ist. Das bedeutet, daß eine nasse Übermalung eine trockene Unterschicht nicht mehr auflösen kann, wie das manchmal in der Aquarellmalerei passieren kann.

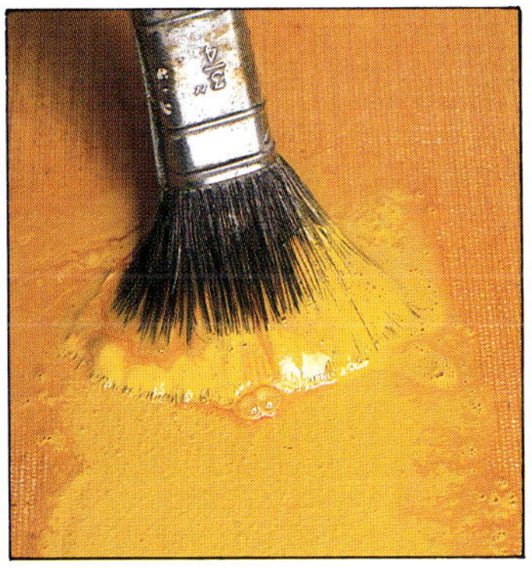

Naß auf Trocken • Acryl
Wenn Sie Naß in Naß über eine trockene Unterschicht malen wollen, vermalen Sie einfach etwas Wasser oder Malmittel auf der trockenen Farbe und legen die nächste Malschicht weich direkt in der nassen Schicht an.

Naß in Naß

In der Naß-in-Naß-Malerei werden Farben in nassem Auftrag übereinander oder ineinander vermalt. In teilweise gemischtem Zustand werden die Farben auf der Leinwand oder dem Papier stehen gelassen. Mit dieser Methode läßt sich sehr zufriedenstellend arbeiten. Sie gibt gleichzeitig lebhafte Farbmischungen wie weiche Verläufe.
Da die Farben nicht ganz zusammenlaufen, ist das Ergebnis weich und verschwommen, mit einer leicht geheimnisvollen Wirkung. In der Landschaftsmalerei z. B. sollte die Horizontlinie Naß in Naß vermalt werden. Das gibt dem Bild Raum und Atmosphäre und suggeriert dem Auge noch eine Tiefe jenseits des Horizontes.
Eine harte Grenze entlang des Horizontes sieht dagegen flach und unangenehm aus.
Naß in Naß ist also eine schnelle, spontane Methode und wird daher häufig in der Primamalerei angewandt. Die Impressionisten, besonders Monet (1840–1926), Camille Pissarro (1830–1903) und Alfred Sisley (1839–99), übermalten oder legten oft gedämpfte Farben über einer nassen Untermalung an, um die fliehenden Effekte des Lichts auf dem Gegenstand einzufangen.

Aquarell
Naß in Naß ist einer der klassischen Techniken in der Aquarellmalerei, die Sie an den wunderbar frischen, lebhaften Skizzen von Freilichtmotiven nachvollziehen können, die Constable (1776–1837) als Studien zu seinen großen Ölbildern ausführte. Wenn Sie zarte, verschwommene Motive, wie Blumen, Nebel, Himmel, Wasser, oder überhaupt Formen in großer Entfernung, malen wollen, gibt Ihnen die Naß-in-Naß-Technik die Möglichkeit, die Farben natürlich auf dem Papier verlaufen und ohne harte Ränder auftrocknen zu lassen.
Alles hängt allerdings davon ab, wie naß die untere Malschicht ist. Wenn Farben in eine nasse Lavierung eingeschwemmt werden, sind die Ergebnisse oft unvorhersehbar, aber dennoch sehr aufregend. Falls Sie jedoch eine größere Kontrolle über den Farbfluß haben möchten, ist es besser, die erste Farbschicht etwas antrocknen zu lassen.
Da die Ergebnisse dieser Technik so reizvoll sein können, ist man versucht, den Naß-in-Naß-Effekt zu übertreiben, was dahinführen kann, daß das Bild schließlich zu schwach und wolkig aussieht. Versuchen Sie immer, auch einige kräftigere Details um der Kontraste willen einzubauen.

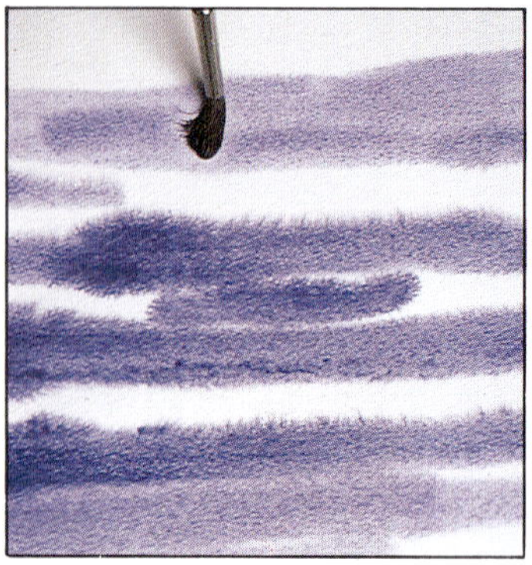

Naß in Naß • Aquarell

1. Der Ruf des Aquarells als einer spontanen, unvorhersehbaren Technik gründet sich hauptsächlich auf den Naß-in-Naß-Effekten. Für diese Technik verwenden Sie am besten schwere Papiere und Malkartons ab 150 g. Leichte Papiere neigen zum Verziehen und werden unter nassen Lavierungen leicht wellig. Das Papier sollte aufgespannt und auf einem Malbrett sicher befestigt sein. Befeuchten Sie das Papier mit einem großen Pinsel oder Schwamm. Überschüssiges Wasser tupfen Sie mit dem Schwamm ab, so daß das Papier gleichmäßig feucht, aber nicht triefend-naß ist. Das Malbrett sollte flach oder in ganz geringer Neigung liegen. Tauchen Sie nun den Pinsel in die vorbereitete Farbe und legen Sie die Farbe in absichtslosen Strichen auf dem Papier an. Verdünnen Sie die Farbe nicht zu stark, da sonst der Verlaufeffekt in der Farbwirkung zu schwach wird. Sie müssen auch einkalkulieren, daß die Farbe viel heller, als sie naß erscheint, auftrocknet, so wie ein nasser Stein am Strand auch farbiger aussieht als in trockenem Zustand.

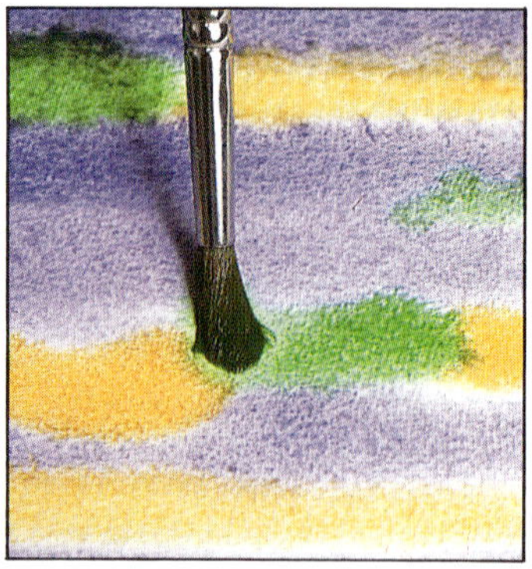

2. Während die ersten Striche feucht sind, können Farben hinzugefügt werden, so daß die Farbstriche sich ausbreiten und zusammenfließen können. Durch Neigung des Malbretts können Sie den Farbfluß auf dem Papier herunterlaufen lassen. Halten Sie ein weiches Papiertaschentuch bereit, um Farbe da wegzuwischen, wo sie nicht hingehört.

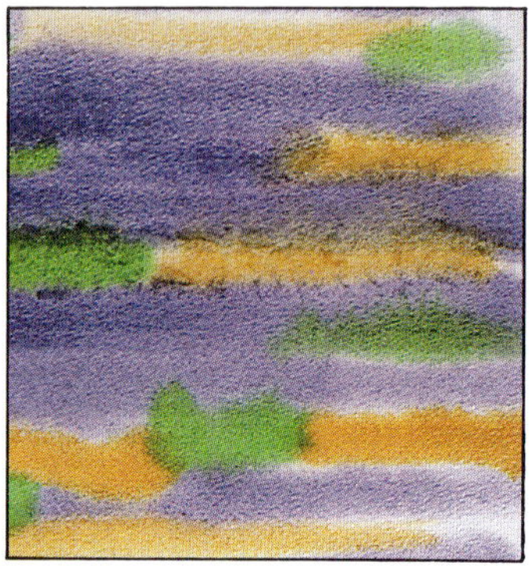

3. Eine Naß in Naß gemalte Passage sieht weich, impressionistisch aus. Die Technik ist zwar schlecht kontrollierbar, macht aber großen Spaß. Experimentieren Sie doch auf Papierresten, um zu sehen, welche Effekte damit möglich sind.

Acryl

Acrylfarbe ist schnell trocknend. Aber diese Eigenschaft schließt nicht die Möglichkeit aus, Naß in Naß damit arbeiten zu können. Mit Wasser stark verdünnte Acrylfarbe verhält sich z. B. sehr ähnlich wie Aquarellfarbe und erzeugt ebenso wie sie weiche, verschwommene Pinselstriche.

Um größere Kontrolle über den Farbfluß zu haben, verdünnen Sie die Farbe mit mattem Malmittel und vielleicht etwas Verzögerer.

Ölfarben

Mit den weichen, flexiblen Ölfarben können Sie eine bemerkenswerte Skala von Naß-in-Naß-Effekten erzielen und dennoch genügend Kontrolle über die Farbe behalten. Durch leichtes Verwischen der Farben, ohne sie ganz zu vermalen, erhalten Sie feine Abstufungen in Farbe und Tonwert. Die Farben selbst bleiben frisch und lebendig, da jede für sich bestehen bleibt. Eine andere Methode der Naß-in-Naß-Malerei besteht darin, eine helle Farbe über eine dunkle noch nasse Farbe zu malen. Die helle Farbe vermischt sich teilweise mit der unteren Farbe und gibt einen schönen Effekt. Diese Technik ist ideal, um wuschelige, weiße Wolken in einem blauen Himmel oder die weichen Lichter auf Haar zu malen.

Naß in Naß • Ölfarben

Die Naß-in-Naß-Technik wird am meisten in der Primamalerei mit Ölfarben verwendet, wo jeder Strich gleich neben oder über den anderen gesetzt wird, um weich vermalte Farbtöne zu schaffen.

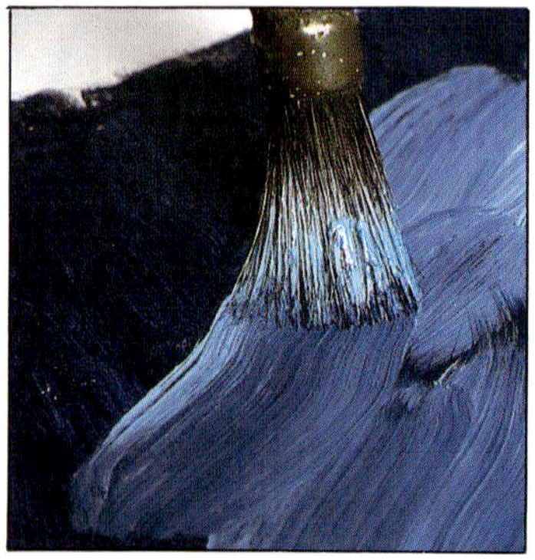

1. Legen Sie einen Farbfleck an. Während er noch naß ist, malen Sie mit einer zweiten Farbe in lockeren, absichtslosen Strichen hinein.

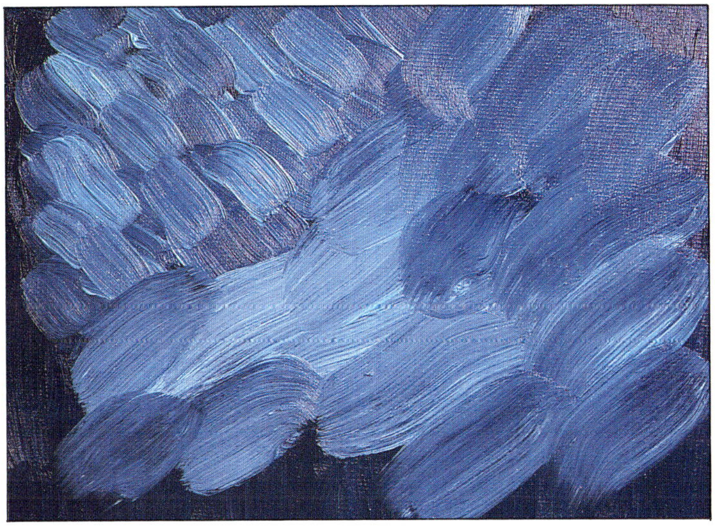

2. Bauen Sie weiter Farben und Tonwerte auf. Aber achten Sie darauf, die Pinselstriche nicht zu überarbeiten. Eine naß in naß gemalte Passage sollte ein frisches, lebhaftes Aussehen haben. In der Abbildung sehen Sie, wie die darübergemalten, dämpfenden Striche eine interessante Struktur schaffen. Die ganze Passage enthält eine feine Skala von Farbtonschritten zwischen den beiden Ausgangsfarben.

Pusteflecken

Die Wurzeln dieser aufregenden und spannenden Farbtechnik liegen in dem bekannten Kinderspiel des „Bilderklatschens“. Durch heftiges Blasen in nasse, sehr wässrig aufgetragene Farbflecken oder einfach durch Drehen der Malfläche in verschiedene Richtungen verströmt man kleine Bäche von Farbe in alle Richtungen. Die so hergestellten, zufälligen Formen lassen oft Bilder assoziieren: Blumen, Tiere, eine geheimnisvolle Landschaft, die der Künstler dann mit anderen farbigen Techniken weiter ausarbeiten kann.
Diese Art von „Action Painting“ bietet dem Künstler, der einmal Abwechslung von der nur gegenständlichen Malerei sucht, einige Anregungen. Indem man der Farbe ihren freien Lauf läßt, wird seine eigene Phantasie angeregt. Daraus gewonnene Erfahrungen lassen sich vom Künstler, wenn er wieder zu seiner üblichen Malerei zurück kehrt, positiv auswerten.
Das Konzept der freien, unkontrollierten Farbe wurde zuerst konsequent von Jackson Pollock (1912–56) und den anderen Malern des Abstrakten Expressionismus angewandt, die ihre Leinwände oft flach auf den Boden legten und die Farbe in scheinbar zufälligen Spritzern und Tropfen auftrugen (Gestische Malerei).

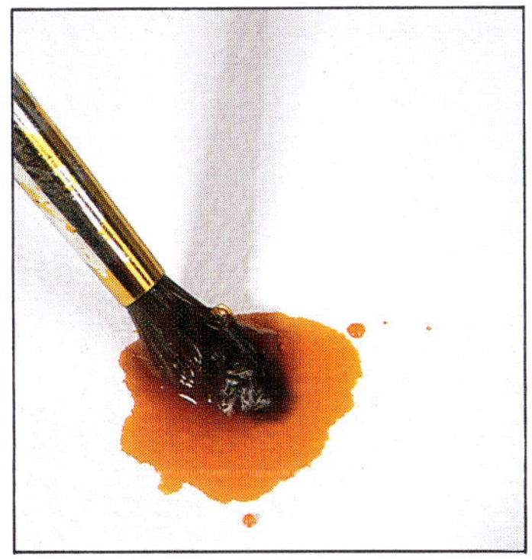

Pusteflecken • Aquarellfarbe und Tusche

1. Der Künstler gibt mit einem großen Pinsel eine tiefe Farbpfütze mit gelber Tusche auf ein trockenes Aquarellpapier.

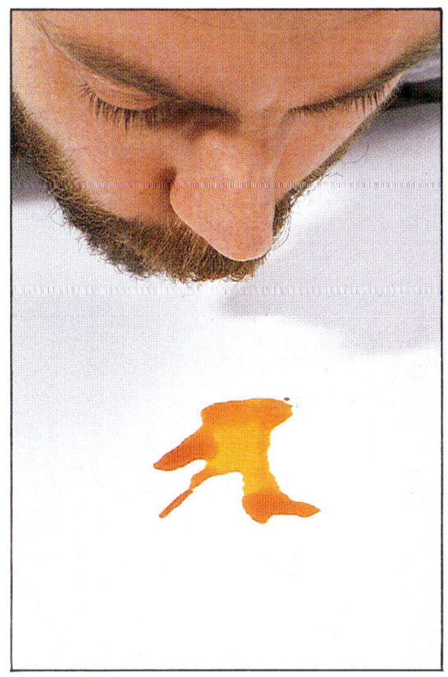

2. Dann bläst (pustet) er in kurzen Abständen stark in den Tuschefleck, und die Tusche beginnt, in spinnenbeinartigen Spuren auszulaufen. In verschiedene Richtungen geblasen, nimmt die Tusche bald eine interessante Form an.

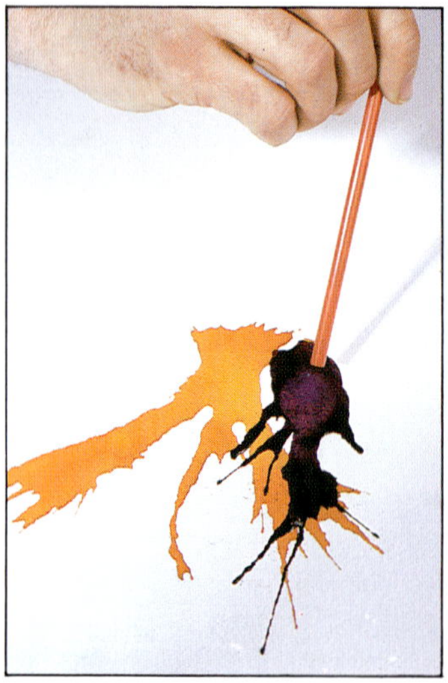

3. Sobald der erste Farbfleck trocken geworden ist, wird ein violetter Fleck danebengesetzt. Der Künstler bläst hier durch einen Strohhalm, um noch feinere Linien zu erzeugen. Diese Methode gibt mehr Kontrolle über Form und Richtung der Spuren.

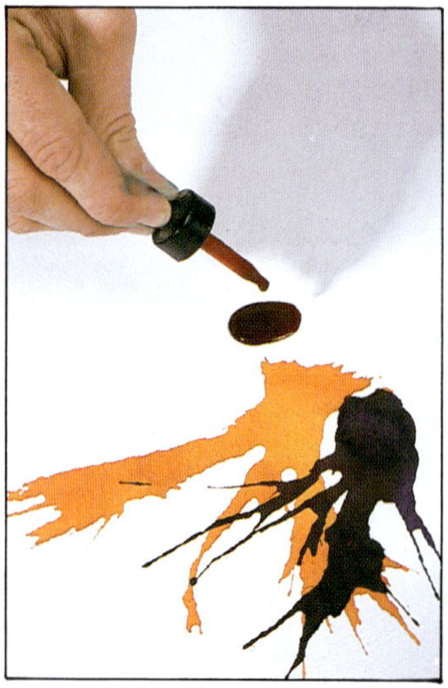

4. Mit einer Pipette wird ein roter Tuschefleck zugefügt. Beim Experimentieren mit verschiedenen Farben lassen sich die Farben teilweise überlagern. Versuchen Sie auch einmal, eine neue Farbe in eine noch feuchte einzubringen. Mit Hilfe Ihrer Einbildungskraft verwandeln Sie dann diese zufälligen Formen in ein erkennbares Bild oder entwickeln das abstrakte Muster mit verschiedenen anderen Farben und Techniken weiter.

Rändertechnik

Rückläufe, d.h. zurückfließende Farbaufträge, findet man vor allem in der Aquarellmalerei als jene furchtbar scharfkantigen Ränder, die sich manchmal in eine regelmäßige Lavierung einschleichen, wenn das Papier ungleichmäßig trocknet und sich wellt. Der Rändereffekt kann aber auch vorteilhaft eingesetzt werden, um kontrolliert wirkungsvolle Texturen zu erzeugen, die mit normalen Malmethoden nur schwer zu erzielen wären.
Die Technik besteht darin, Wasser oder stark verdünnte Aquarellfarbe in eine Lavierung tropfen zu lassen, die nicht mehr naß glänzt, aber auch noch nicht ganz trocken ist. Die eintropfende Farbe wird aufgelöst und fließt in die Lavierung ein, um sich schließlich in einer unregelmäßigen, scharfkantigen Form zu sammeln und einzutrocknen.
Die Art und Weise, wie das Wasser oder die Farbe benutzt wird, entscheidet über das Resultat. Einige sich auflösende und ausbreitende Wassertropfen erzeugen zum Beispiel eine gefleckte Textur, die an verwitterten Stein oder Fels erinnert. Feine, mit weichem Pinsel aufgetragene Striche klaren Wassers geben den Eindruck von fernen, froststarrenden Bäumen in einer Winterlandschaft wieder.

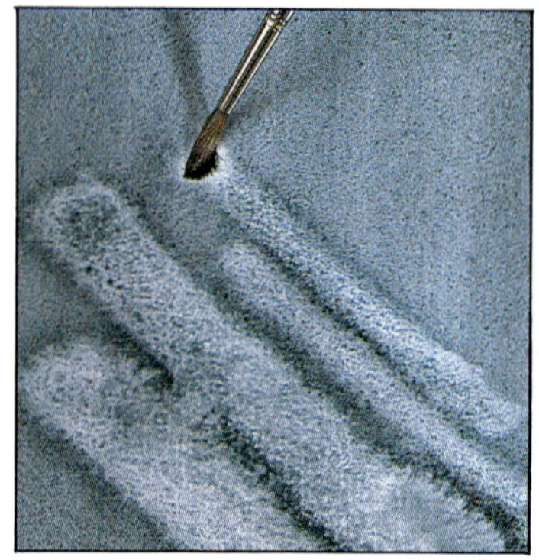

Rändertechnik • Aquarell
1. Man trägt auf einem glatten, heißgepreßten Blatt Aquarellpapier eine Lavierung in Paynesgrau auf. Mit einem Marderhaarpinsel, mit klarem Wasser gefüllt, „zeichnet" man mit der Spitze des Pinsels Linien in die Farbe, wenn die Lavierung fast trocken ist.

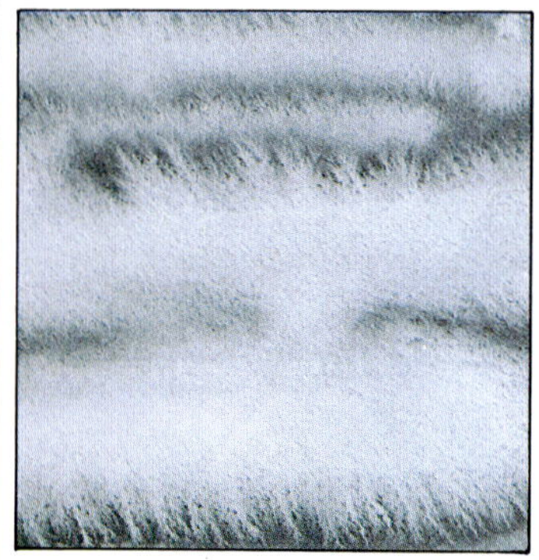

2. Der endgültige Effekt. Das Wasser schwemmt einige Farbpartikel weg, sobald es sich in der Lavierung ausbreitet. Diese Partikel sammeln sich an den abtrocknenden Wassergrenzen und erzeugen scharfe Ränder. Dieser besondere Effekt kann nützlich sein, wenn Sie einen stürmischen Himmel dramatisch wiedergeben wollen.

3. Schön gesprenkelte Muster können durch Verspritzen klaren Wassers in eine noch feuchte Lavierung erzielt werden. Die Pinselspitze ist dabei nur wenige Zentimeter vom Papier entfernt.

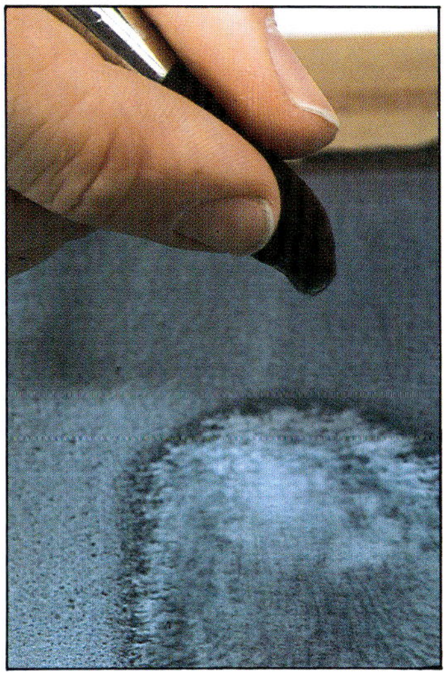

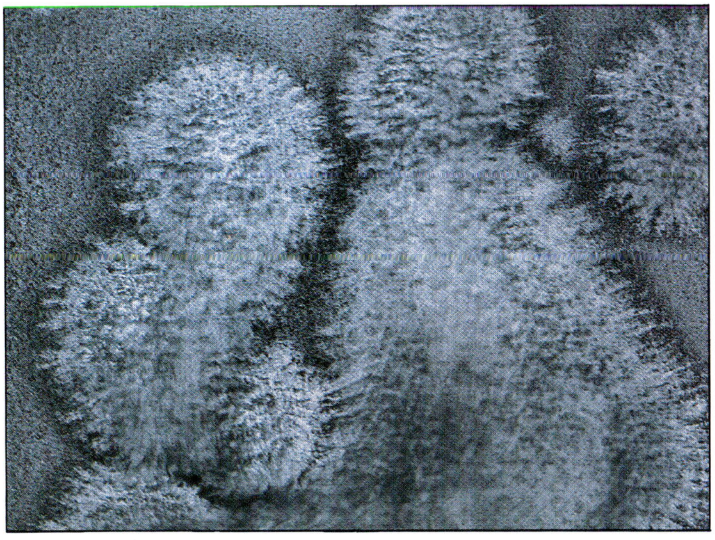

4. Die endgültige Wirkung hängt vom Feuchtigkeitsgrad der Lavierung ab. Wassertropfen auf nassem Papier erzeugen ein weiches, aufgelöstes Muster. Auf fast trockenem Papier entsteht ein deutlicheres Muster. Diese Fleckenstruktur kann eingesetzt werden, um Felsen und Steine in einer Landschaft anzudeuten. Die Strukturen können mit neuen Lavierungen weiterbearbeitet werden, um Schatten und Licht anzudeuten.

Schraffieren

Der Aufbau von Farbton und Textur mit parallelen Linien heißt schraffieren. Dies wird in der Zeichnung, aber auch in der Temperamalerei angewendet. Durch Abwandlung der Abstände zwischen den Strichen können Sie Tonwerte und Farbtöne von Hell nach Dunkel verändern.
Durch Schraffieren können Sie aber auch auf aufregende Weise verschiedene Farben vermalen. Da die Striche nicht miteinander vermischt werden, behalten sie, jeder für sich, seine Form. Aus einem normalen Betrachterabstand gesehen, wirken die gegenüberstehenden Farben frisch und vibrierend.

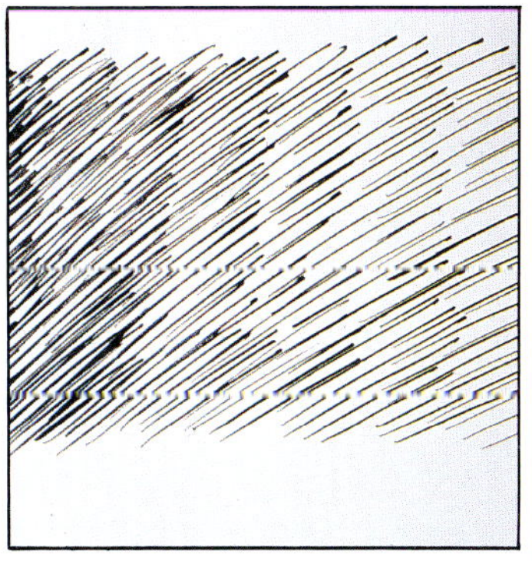

Schraffieren • Tusche
Schraffuren sind in der Tuschezeichnung die traditionelle Methode, Schattierungen zu erzeugen. Durch Richtungsänderung in den Strichlagen können Sie Form und Volumen der Gegenstände bestimmen. Um kräftige, klare Linien, wie die hier abgebildeten, zu ziehen, sollte Ihre Zeichentechnik kontrolliert, aber nicht zu mechanisch sein. Halten Sie die Tuschefeder gut gefüllt und ziehen Sie entschiedene, flüssige Striche.

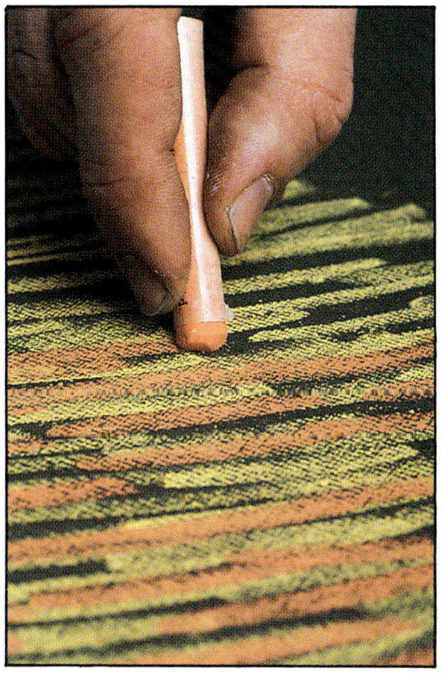

Schraffieren • Pastellfarben
1. Mit Schraffuren können Sie in der Pastellmalerei eine phantastische Vielfalt von Farbtönen und Texturen erzeugen. Der Künstler verwendet hier weiche Pastellkreiden, um verschiedene Farben zu vermischen, ohne sie glatt zu vermalen. Durch Schraffieren erhalten Sie so verblüffende Farbbeziehungen. Für Striche mit einer mehr linearen Qualität nehmen Sie einen harten Pastellstift mit scharfer Spitze oder die scharfe Kante eines neuen, weichen Pastellstiftes.

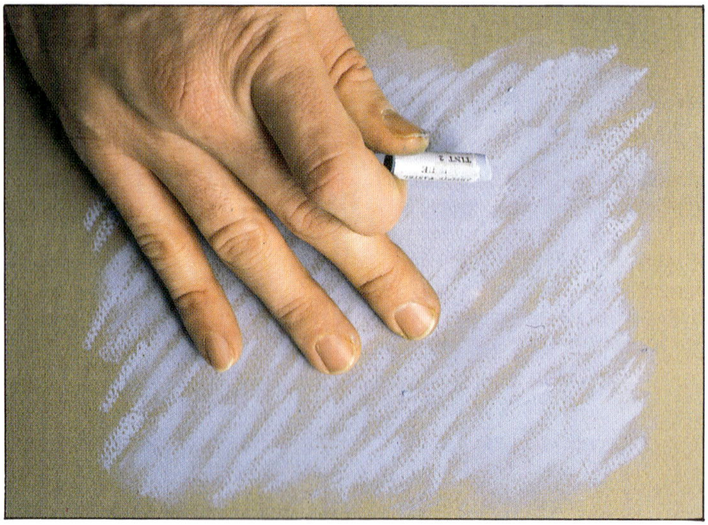

2. In Pastellschraffuren können verschwommene Farbtöne eingefügt werden, indem man mit den Fingerspitzen die Farben verreibt. Diese Technik wird oft in Porträtarbeiten verwendet. Die schraffierten Linien folgen dem Rhythmus und der Form der Figur und geben zugleich das feine Spiel des Lichts auf der Haut wieder.

Schwamm-Malerei

Der Schwamm kann sehr viele Effekte in jeder Farbgebung und Technik schaffen. Viele Künstler halten zwei Schwammsorten in ihrer Malausrüstung bereit: einen synthetischen Schwamm für die Anlage großer Farbflächen und einen Naturschwamm für Muster und Texturen. Naturschwämme sind teurer, haben aber den Vorteil, glatter zu sein und sind angenehmer zu handhaben. Ihre unregelmäßige Oberfläche ergibt Muster in der Farbe.
Ein geflecktes Muster wird durch Pressen eines befeuchteten Schwamms in dicke Farbe und Abdrücken auf Papier erzeugt. Sie können auch eine Farbe auf die andere tupfen oder einen abgestuften Farbton schaffen, indem sie eine Farbe kräftiger verreiben. Mit dieser Technik können Sie Baumlaub oder die Oberfläche verwitterter Steine wiedergeben.
Durch Drehen oder Streichen mit einem farbgetränkten Schwamm können Sie Abstufungen im Farbton erzielen, z. B. für die Malerei weicher, Formen wie Wolken, Früchte oder auch neblige Hügel.

Naturschwämme
Mit dem Schwamm zu malen, ergibt Textureffekte, die mit dem Pinsel nicht erreichbar sind. Die gefleckten Muster eines auf Papier gedrückten, mit Farbe getränkten Schwamms eignen sich um die Texturen verwitterter Felsen und abbröckelnden Gesteins, Kiesel oder Sand an einem Strand, Meeresgischt und Baumlaub nachzuempfinden. Außerdem können Sie lebhafte, gebrochene Farbeffekte schaffen, indem Sie verschiedene Farben übereinandertupfen.

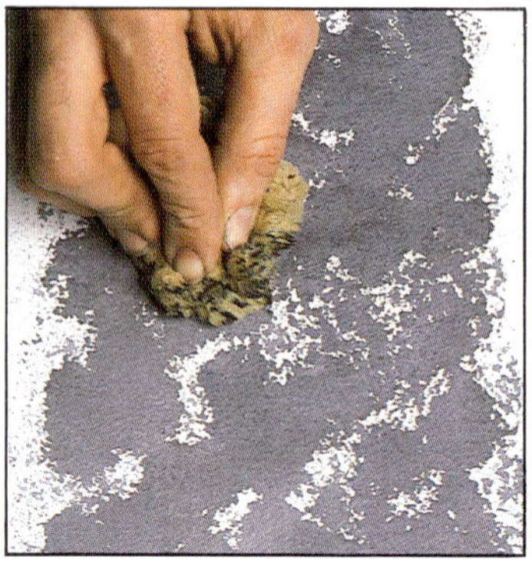

1. Ist die Farbe zu flüssig, verschwimmen die Schwammspuren. In der Acrylmalerei ergibt die Verdünnung der Farbe mit Malmittel statt mit Wasser stärkere Strukturen. Der Schwamm ist immer angefeuchtet. Tauchen Sie ihn in ein auf der Palette oder einem flachen Teller vorbereitetes Farbgemisch. Legen Sie die Farbe in einer tupfenden Bewegung an, ohne stark auf das Papier zu drücken.

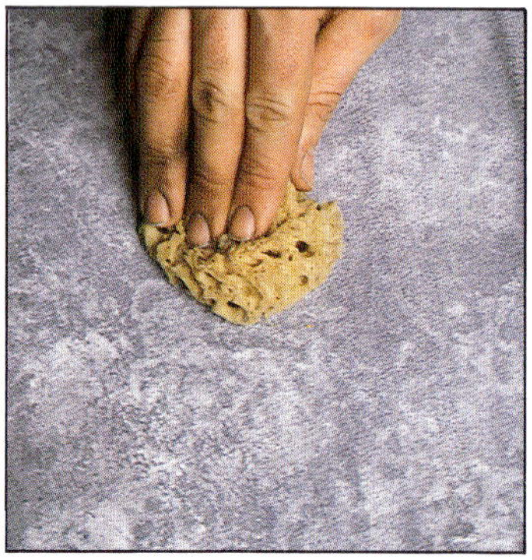

2. Sie können auch einen feuchten, sauberen Schwamm in eine nasse Lavierung drücken, um etwas Farbe auszuwaschen und somit eine subtile Struktur schaffen.

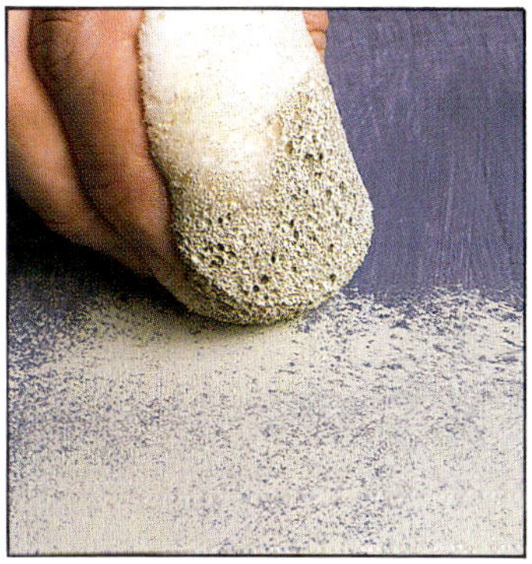

Synthetikschwämme
1. Die Schwammtechnik funktioniert besser, wenn man eine helle Farbe über einen dunklen Grund legt. Hier tupft der Künstler mit einer Eitemperamischung aus Titanweiß, Umbra gebrannt und Kadmiumgelb über einen dunkelfarbigen Grund. Ein Schwamm ergibt eine gleichmäßige, dichte Textur, mit der man in der Eitemperamalerei Farbtöne und Texturen gut aufbauen kann.

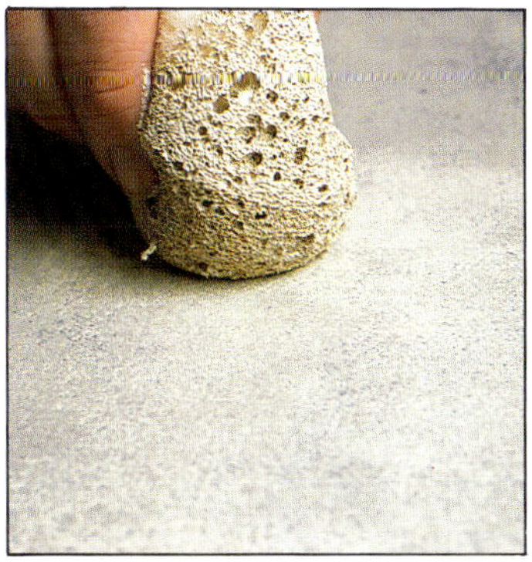

2. Wenn die erste Schicht trocken ist, wird darüber in einem Teil des Bildes eine mit Weiß aufgehellte Farbe angelegt.

3. Ein zarter, abgestufter Effekt wird durch Überlagerung verschiedener Farben erzielt. Diese Technik ist sehr gut geeignet, weiche, fließende Strukturen wie die von Wolken und Wassergischt wiederzugeben.

Sgraffito

Das Wort „Sgraffito" ist aus dem italienischen Begriff „graffiare" abgeleitet, was „kratzen, schaben" bedeutet. Es umfaßt die Methode, in eine frische Farbschicht hineinzukratzen oder zu schaben, um darunterliegende Farben freizulegen. Auf diese Weise können Lichthöhungen und Texturen in ein Bild eingetragen werden.
Für die Sgraffito-Technik kann jedes scharfe Instrument Verwendung finden, Messer, Rasierklingen, Kratzeisen, Bürstengriffe, die Kante einer Kreditkarte (wenn vorhanden) oder einfach Ihr Fingernagel. Auch mit Sandpapier kann man Farbflächen aufkratzen, um unterliegende Farben wieder zum Vorschein kommen zu lassen. Sgraffito kann in jeder Farbart eingesetzt werden, Pastellmalerei eingeschlossen, auf nasser oder trockener Farbe, ganz nach gewünschtem Effekt. Grasstrukturen oder Holzmaserungen können z. B. noch nachträglich mit einer scharfen Spitze in eine trockene Farbe eingeritzt werden. Solange eine Farbschicht noch naß ist, können Sie weiche Lichthöhungen durch Kratzen mit einem stumpfen Messer oder einem Holzspatel einbringen.

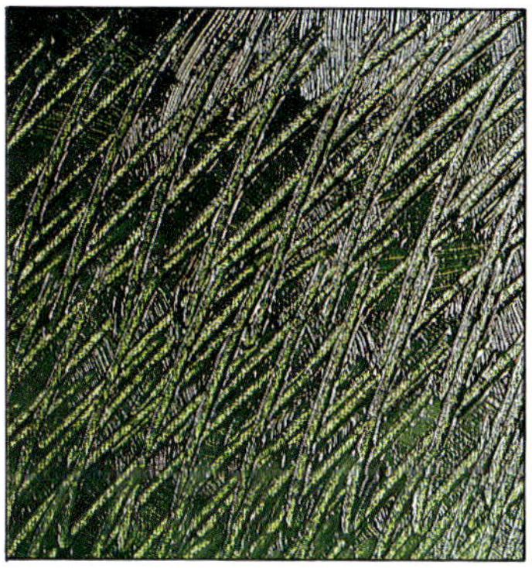

Eingekratzte Strukturen • Deckende Farben
1. Legen Sie direkt aus der Tube oder nur mit wenig Farbmittel verdünnt eine dicke Farbschicht an. In noch nassem Zustand ziehen Sie mit einem Bürstengriff oder einem Messergriff Linien in die Farbe.

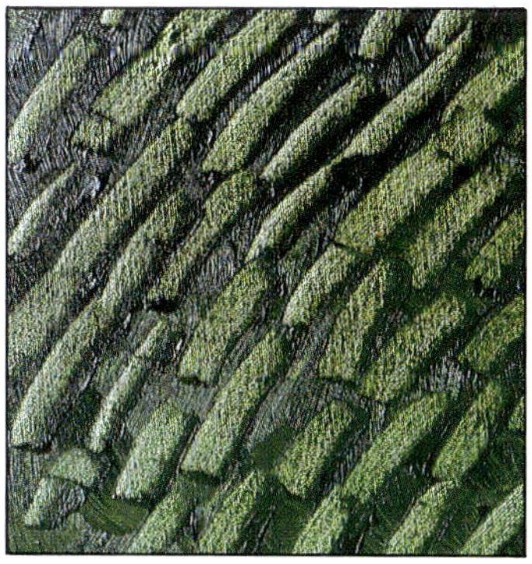

2. Experimentieren Sie mit verschiedenen Kratzwerkzeugen, um die Vielfalt von Mustern und Strukturen zu entdecken, die auf diese einfache Weise geschaffen werden können.

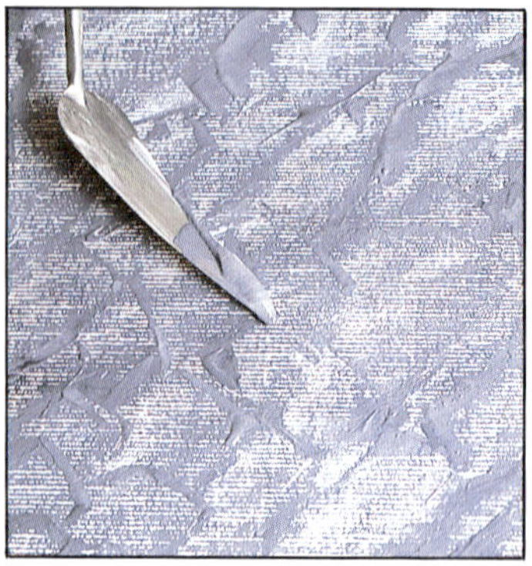

3. Eine feinere Struktur erhält man, indem man mit der Kante eines Palettmessers in eine dünne Farbschicht kratzt und von der Leinwand etwas Farbe abhebt.

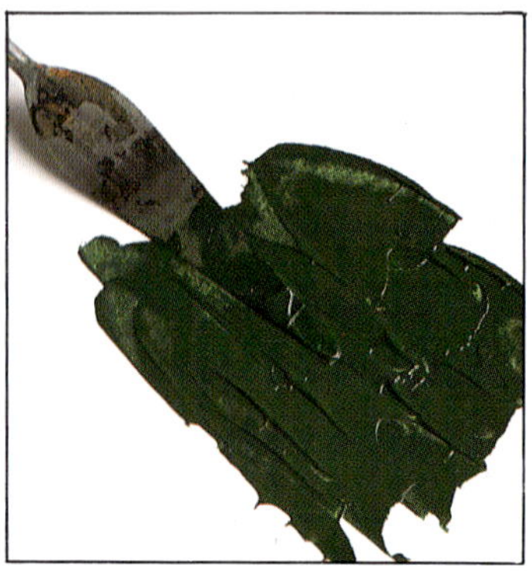

Sgraffito mit zwei Farben
1. Mit einem Palettmesser legen Sie eine dicke Farbuntermalung an und lassen sie trocknen.

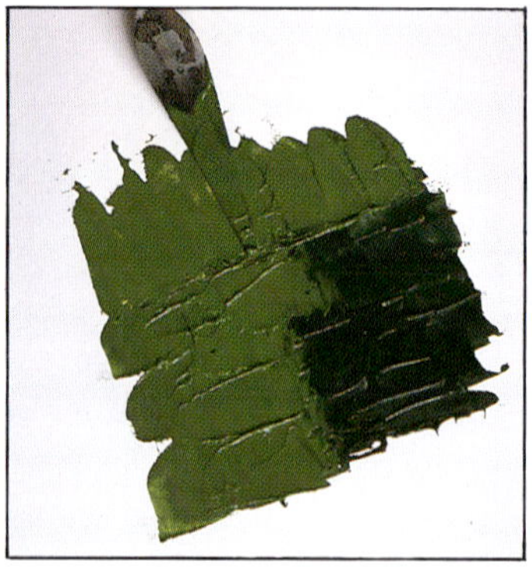

2. Legen Sie darauf eine zweite Farbschicht an und glätten Sie die Farbe.

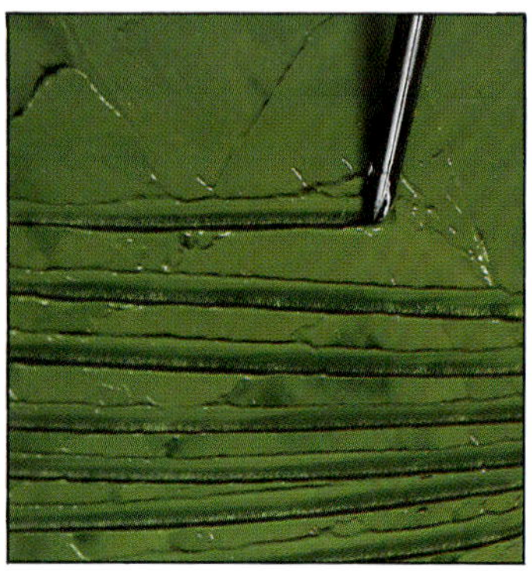

3. Solange die obere Schicht noch feucht ist, kratzen Sie mit einem Pinselgriff, einem Messer, einem Stock oder irgendeinem scharfen Instrument hinein und legen die untere Schicht frei, bis der gewünschte Effekt erreicht ist.

Eingekratzte Strukturen • Wasserfarben
Mit etwas Vorsicht können Sie auch in Aquarell- und andere Wasserfarbenbilder durch Einkratzen in die trockene Farbe schöne Effekte schaffen.

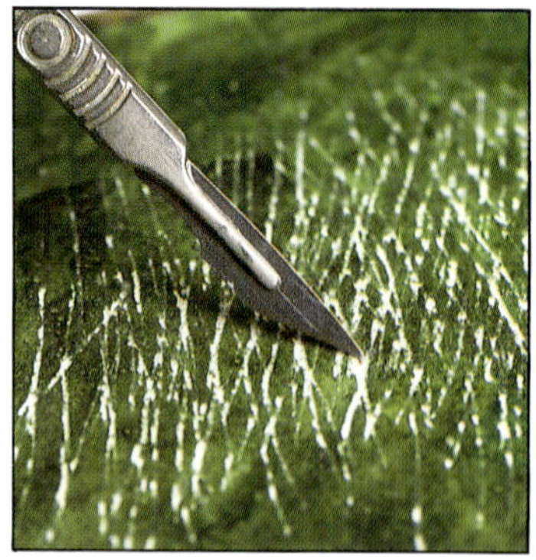

Kratzen mit einem Schneidemesser
Mit einer Rasierklinge, einem Teppich- oder Schneidemesser können Sie sehr feine, scharfe Linien herauskratzen. Führen Sie das Messer nur in eine Richtung. Hin- und herkratzen beschädigt das Papier. Ziehen Sie schnelle, leichte Striche und drücken Sie nicht zu hart auf.

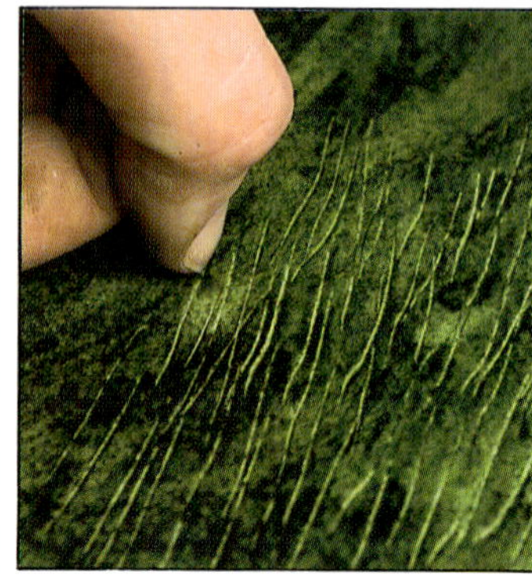

Kratzen mit dem Daumennagel
1. In eine feuchte Lavierung können Sie auch mit dem Daumennagel in schneller Bewegung Linien einritzen.

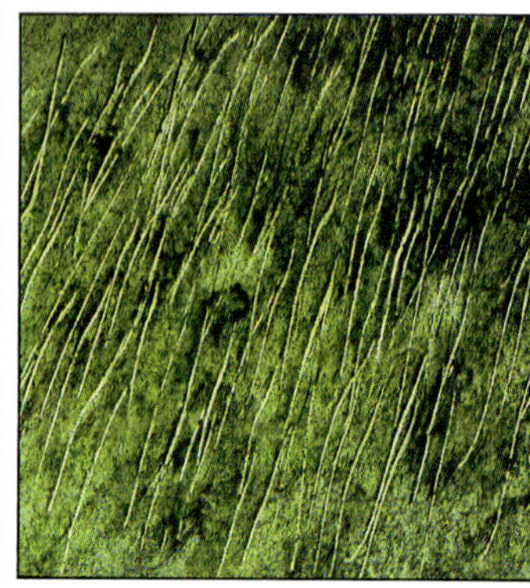

2. Damit können Sie die Struktur langer Gräser andeuten, die im Sonnenlicht glänzen.

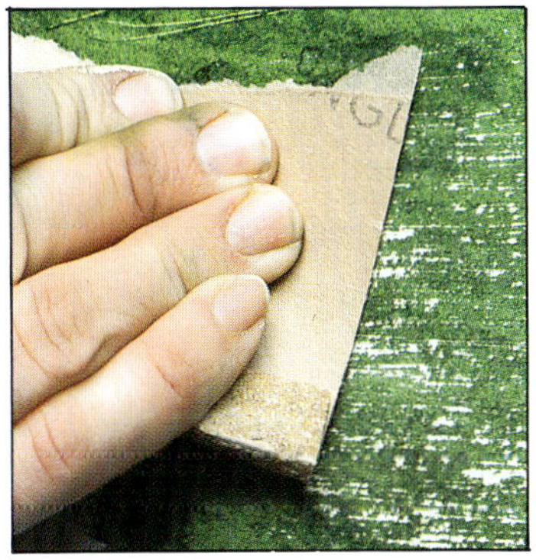

Sandpapier
Mit einem Stück feinem Sandpapier können Sie eine rauhe, wittrige Struktur oder Lichthöhungen schaffen.

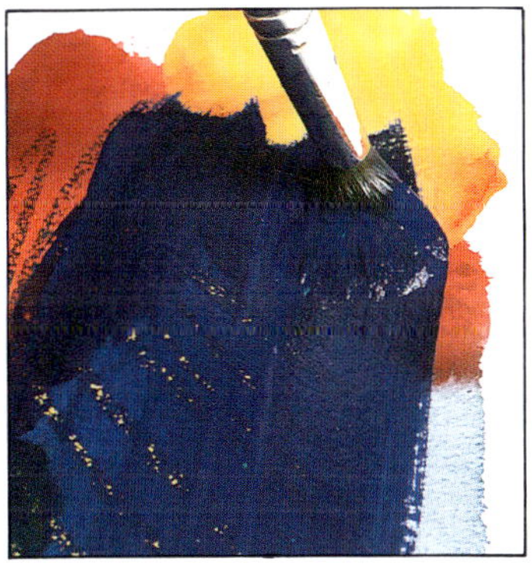

Sgraffito in Mixed-Media-Technik

1. Mit verschiedenen kontrastierenden Farben unterschiedlicher Malart bauen Sie ein abstraktes (oder ziemlich abstraktes) Muster auf und kratzen dann in die verschiedenen Schichten hinein. Der Künstler macht hier einen Entwurf in Ölpastell und Aquarell und schließt mit einer dicken Schicht Gouache ab.

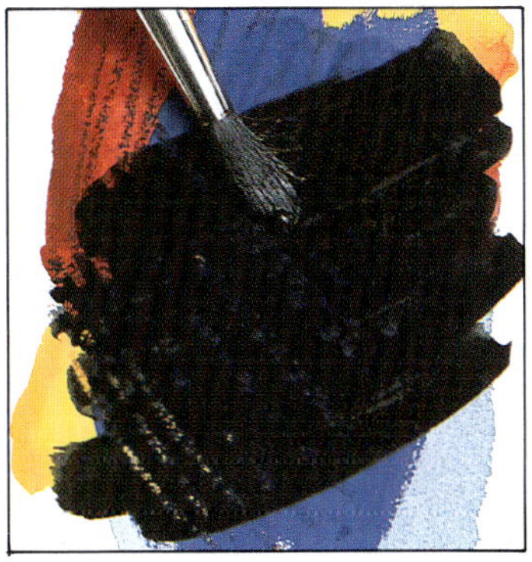

2. Wenn die Gouache trocken ist, wird der ganze Entwurf mit einer dichten Schicht wasserfester schwarzer Tusche überzogen.

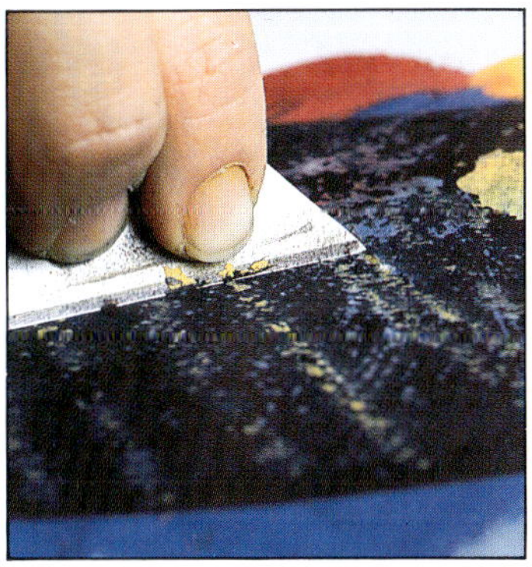

3. Wenn die Tusche vollkommen trocken ist, kratzen Sie mit einem Teppichmesser (oder der Klinge eines Bastelmessers) etwas von der Tusche weg, bis Teile von jeder Farbschicht sichtbar sind.

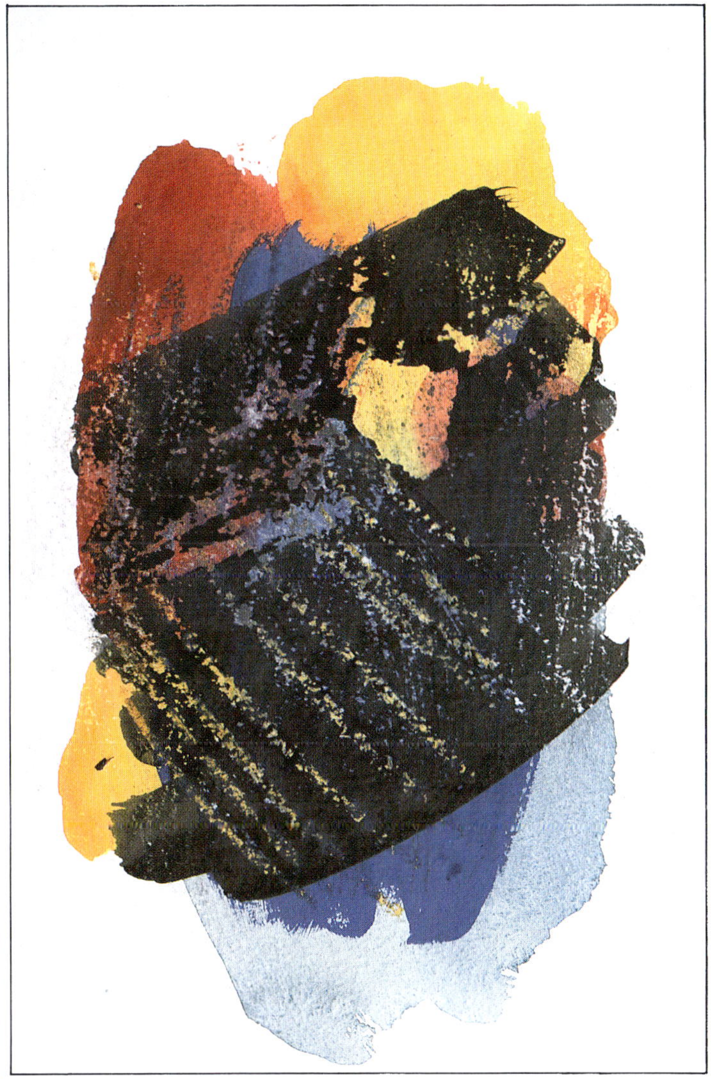

4. Das fertige Bild zeigt, wie die Spuren des Messers den Entwurf aus der Fläche herausgeholt und Struktur gegeben haben. Die herausblitzenden unteren Farben machen das Bild lebendig.

Spezialtechniken

Viele Künstler erproben mit großem Enthusiasmus die oft nur dünne Grenze zwischen kontrollierter Technik und Zufallswirkung. Die besten Bilder sind tatsächlich eine gelungene Mischung aus beiden Möglichkeiten, ein konsequenter Sinn für die bildnerische Ordnung, wie auch Natürlichkeit und Spontaneität. Von einem einfallsreichen Künstler können auch scheinbar spontane Effekte in einer Bildkomposition kontrolliert eingesetzt werden. Puristen mögen sich von den folgenden Beispielen abgeschreckt fühlen. Ein wirklicher Künstler sollte sich aber für kein Experiment, das sein Wissen um die verschiedenen Möglichkeiten von Technik und Material erweitert, zu schade sein. Denn es braucht schon einige Erfindungsgabe, um Farbe, Papier, Pinsel und andere Werkzeuge so zu handhaben, daß ein bestimmter Effekt entsteht, ohne daß er falsch oder bemüht aussieht. Die hier gezeigten Beispiele sollen Ihre Neugier auf eigene Versuche anregen. Ohne Zweifel werden Sie selbst auf noch viele andere Ideen kommen.
Natürlich läßt eine zu starke Anwendung technischer Tricks das Bild manieriert und künstlich aussehen. Aber als Ergänzung zu einem disziplinierten technischen Können lernen Sie dadurch viel über die Möglichkeiten Ihres Malmaterials und verleihen Ihrer Arbeit noch mehr Ausdruckskraft.

Plastikfolie
Einige Künstler gehen von abstrakten, zufällig entstandenen Mustern statt von gegenständlichen Motiven aus und bearbeiten dann diese zu bestimmten Bildern weiter. So modern diese Idee anmutet, so wenig neu ist sie: Schon Leonardo da Vinci riet seinen Studenten, nach Bildern in fleckigen, rissigen alten Mauern Ausschau zu halten. Der in Rußland geborene englische Maler Alexander Cozens (um 1717-86) beschrieb, wie man aus Abklatschbildern in Tusche gegenständliche Bilder entwickeln kann (vgl. Pusteflecken). Aquarellfarben und farbige Tuschen sind besonders flüssige und spontane Farben. In diesen Techniken kommen zufällig entstandene Formen und Strukturen besonders in Naß-in-Naß-Technik häufig vor. Solche Zufallswirkungen können dann der Anstoß zu einer Bildidee sein. Muster und Strukturen mittels einer dünnen Plastikfolie in eine nasse Aquarell- oder Tuschelavierung zu machen, ist eine gute Möglichkeit, diese zufälligen Wirkungen auszuprobieren.
Die Folie wird auf die Farbe gelegt und dann in Falten gedrückt. Dann wird die Malfläche über mehrere Stunden in horizontaler Lage getrocknet. Nach Entfernung der Folie sehen Sie ein geflecktes oder gestreiftes Muster in der Farbe, weil sie sich in den Falten der Folie festgesetzt hat. Solche Muster können Gebirge andeuten, eine Waldlandschaft oder sogar einen Schmetterlingsflügel. Wenn Sie die passende Bildidee gefunden haben, können Sie die abstrakten Muster mit anderen Mitteln weiterbearbeiten.

Tusche und Plastikfolie
Der Vorgang ist sehr einfach, gibt aber außergewöhnliche und unvorhersehbare Muster. Das sich zufällig ergebende Muster kann so gelassen werden oder mit anderen Farben und Techniken weiterbearbeitet werden.

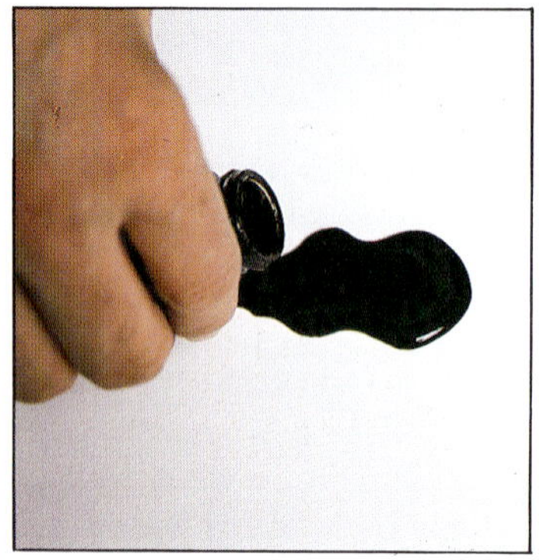

1. Schütten Sie zuerst einen großen Fleck Tinte auf ein trockenes Papier. Sie können entweder eine bestimmte Form anlegen oder das Malbrett hin und herdrehen, so daß ganz zufällige Fleckmuster entstehen.

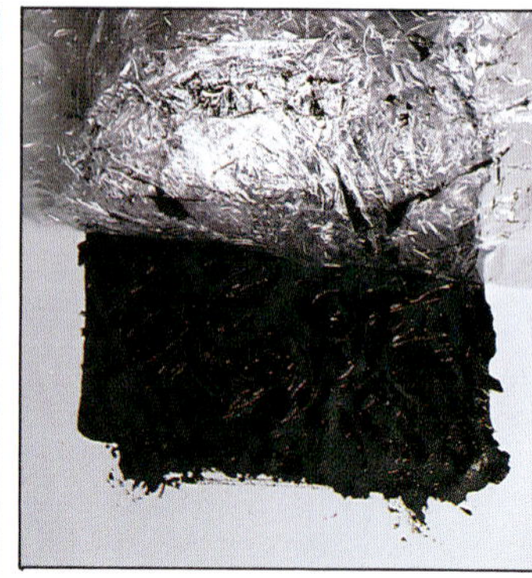

2. Während die Tusche noch relativ naß ist, legen Sie ein Stück Plastikfolie darüber. Mit den Fingerspitzen drücken und formen Sie die Folie, bis sie sich zusammenzieht und Falten wirft. Lassen Sie die Malfläche mit der Folie darauf in einer ruhigen Ecke trocknen. Das kann längere Zeit dauern. Wenn Sie merken, daß die Tusche trocken ist, ziehen Sie die Folie ab.

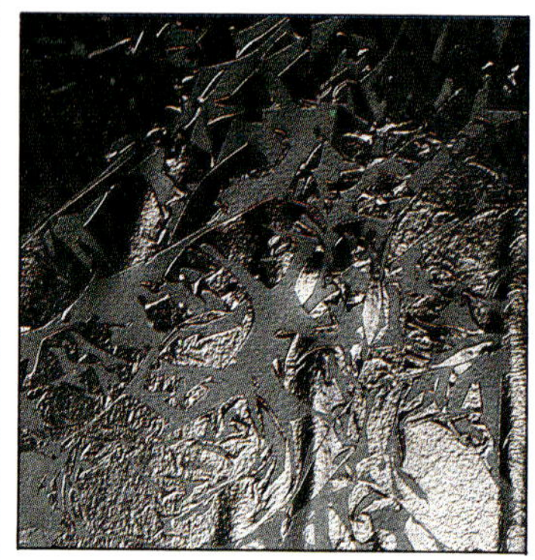

3. Der entstandene Effekt zeigt, wie die Tusche in den Falten der Folie hängen geblieben ist und dort mit hartem Glanz aufgetrocknet ist.

Salz

Aufregende Strukturen erhalten Sie, wenn Sie Salz in eine nasse Aquarell- oder Tuschelavierung hineinstreuen. Da, wo sie hinfallen, saugen die Salzkörner die Farbe auf und hinterlassen, wenn die Farbe trocken ist und die Salzkörner weggebürstet wurden, ein Muster heller, kristalliner Formen. Diese zarten Strukturen können sehr eindrucksvoll fallenden Schnee in einer Winterlandschaft oder Steinmauern und Feldformationen andeuten.
Die Technik hört sich einfach an, braucht aber doch einige Übung, um den richtigen Zeitpunkt des Salzeinstreuens zu erkennen. Der richtige Zeitpunkt ist dann gegeben, wenn die Lavierung noch naß, aber nicht zu saugend, feucht und auch zu trocken ist. Große weiche Formen entstehen durch Einstreuen von Salz in nasse Lavierungen. Kleinere, mehr körnige Formen werden in einer noch gerade feuchten Lavierung erzeugt. Wenn Sie ein feines, zartes Muster schaffen wollen, können Sie normales Tafelsalz verwenden. Ansonsten geht aber grobes Meersalz besser. Streuen Sie nicht zuviel Salz auf. Das verdirbt den Effekt. Nachdem das Salz aufgestreut ist, lassen Sie die Malfläche für 10 bis 15 Minuten in horizontaler Lage trocknen. Dann wischen Sie das Salz ab. Es muß noch daran erinnert werden, daß Salz nicht mit Farbe reagiert, die bereits trocken war und dann wieder angefeuchtet wurde. Auch auf schlechtem Papier oder mit minderwertigen Farben wird der Effekt nicht funktionieren.

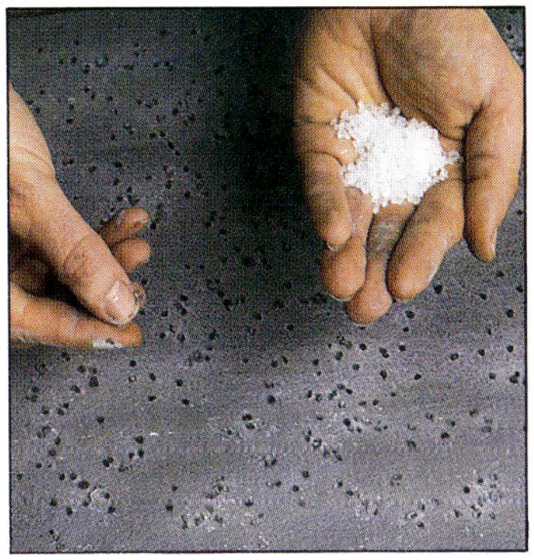

Farbe und Salz

1. Legen Sie eine gleichmäßige Lavierung an. Bevor das Papier den Wasserglanz verliert (Sie können das erkennen, indem Sie das Papier in horizontaler Lage gegen das Licht halten), streuen Sie einige Körner des groben Salzes auf. Lassen Sie das Bild flach trocknen.

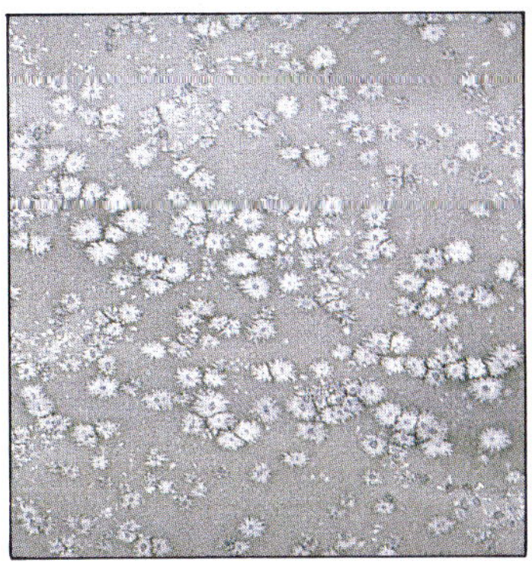

2. Nach der Trocknung wischen Sie das Salz weg. Helle, kristalline Formen bleiben dort zurück, wo die Salzkörner die Farbe ringsherum aufgesogen haben.

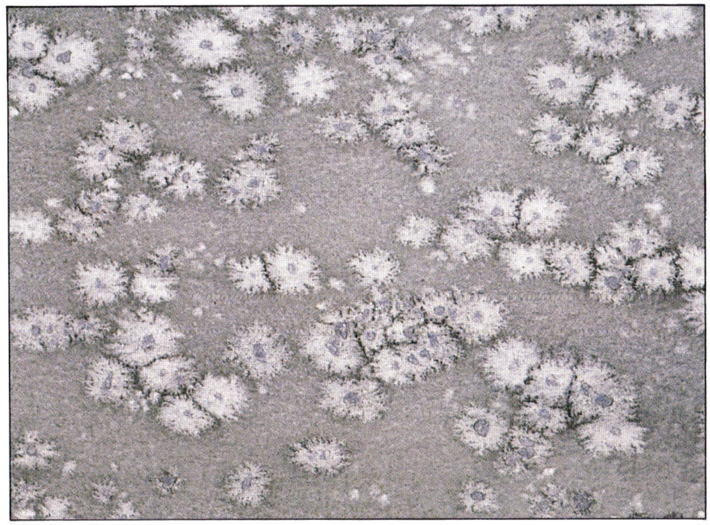

3. Die Strukturen der Salztechnik rufen manchmal andere Bilder wach, die Sie mit anderen Techniken verfolgen können. Diese blumenartigen Formen wurden durch Salzkristalle in einer nassen Lavierung erzeugt.

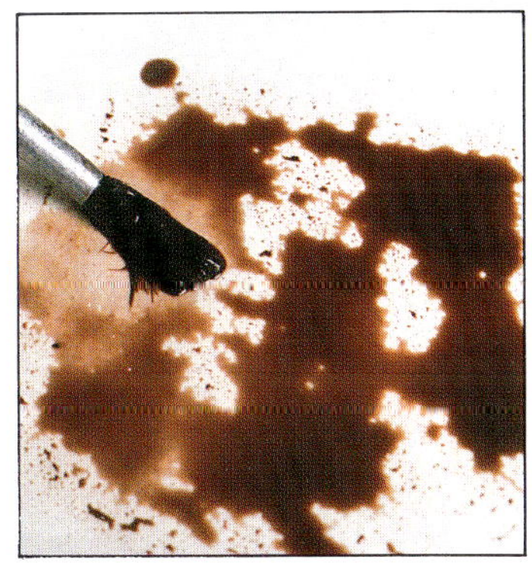

Aquarellfarbe auf Ölgrund

Malen Sie mit Terpentinöl auf Papier und versuchen Sie, darüber eine Aquarellavierung zu legen. Da die wassergelöste Farbe vom Terpentin abgestoßen wird, passieren interessante Dinge. Die Technik ist wenig steuerbar, kann aber wundervolle Marmoreffekte hervorbringen.

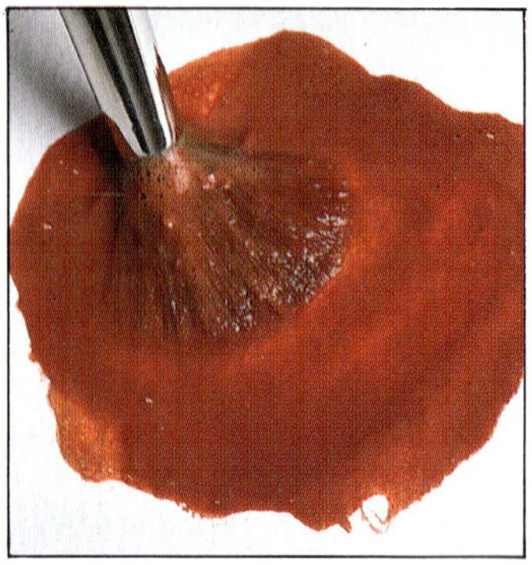

Gummiarabicum und Aquarellfarbe
Gummiarabicum ist das Bindemittel für Aquarellfarben. Es kann im Fachhandel gekauft werden, um Aquarellfarben dicker und klebriger zu machen. Versuchen Sie, auf dem Papier Farben mit Gummiarabicum zusammenzumischen, um Texturen z. B. für Tigerfelle oder stürmische Himmel zu erhalten.

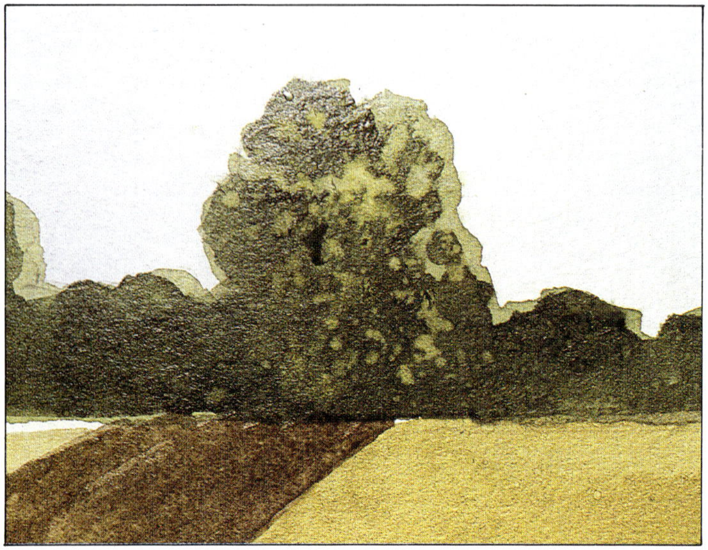

Leimwasser und Aquarellfarbe
Auf diesem Bild wurde die Hecke erst in Aquarellfarbe angelegt. Eine mit Wasser verdünnte Lösung von Gummiarabicum (Leimwasser) wurde dann aufgetragen, um das Grün mit einem Glanz zu verstärken und eine Vielfalt von Tonwerten zu schaffen.

Terpentin
Für einen weichen, malerischen Effekt in der Pastellmalerei probieren Sie doch einmal aus, die Farben mit Terpentin zu befeuchten. Der daraus resultierende Effekt ähnelt den Pastellen von Edgar Degas (1834–1917), der über einige Stellen seiner Bilder heißes Wasser sprühte und mit dem Pinsel vermalte.

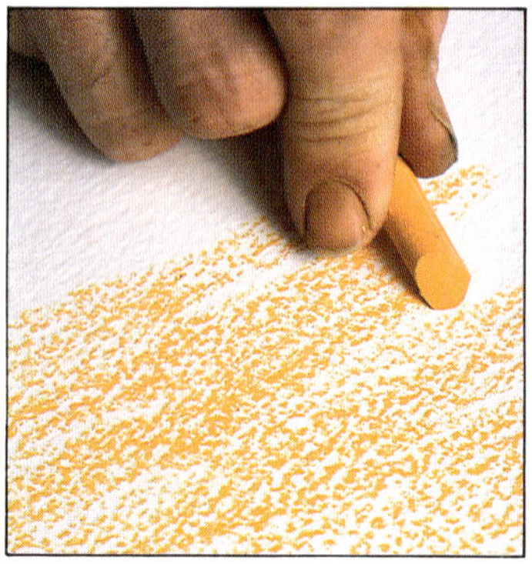

Ölpastell und Terpentinvermalung
1. Mit der Längsseite des Pastellstiftes legen Sie eine gleichmäßige Farbfläche an. Drücken Sie den Pastellstift nur leicht auf die Körnung des Papiers.

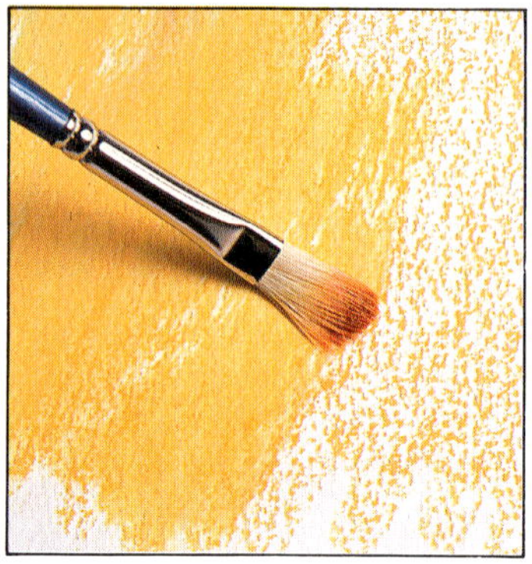

2. Mit einem sauberen Pinsel und Terpentin vermalen Sie die Farbe auf dem Papier. Die Pastellfarben lösen sich im Terpentin und ergeben durch die dunkler und tiefer erscheinende Farbe eine malerische Wirkung.

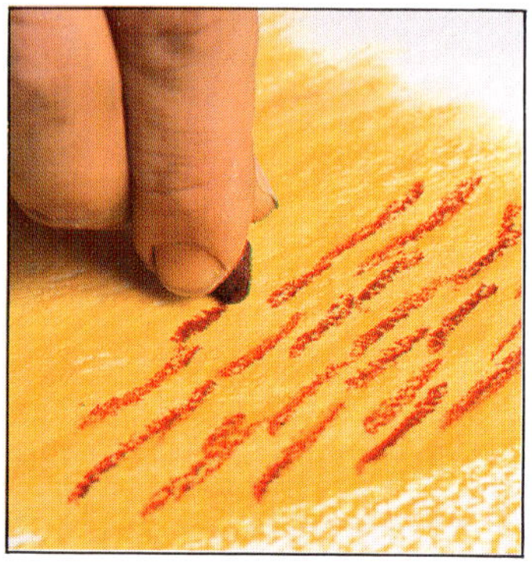

3. Sie können, wenn Sie wollen, noch weitere Pastellfarben auf der Terpentinvermalung anlegen. Diese Kombination von Lavierung und Strichlagen verstärkt die Farbbrillanz des Bildes. Verwenden Sie diese Technik, um Hintergründe anzulegen, für Untermalungen oder für ein anderes Motiv, das gesättigte Farben und Texturen erfordert.

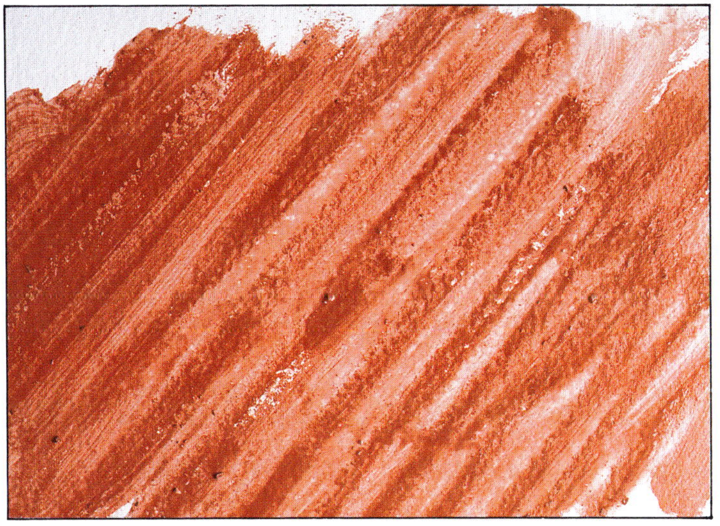

Pastellfarbe und Acryl-Malmittel
Ähnlich wie die Technik der Terpentinvermalung kann die Kombination von Pastellfarben und Acrylmalmittel ein Bild schaffen, das zwischen Malerei und Zeichnung einzuordnen ist. Hier sind diagonale Striche eines weichen Pastellstiftes auf rauhem Papier angelegt worden. Dann wurde mit Acrylmalmittel übermalt, um die Striche zu verbinden.

Spritztechniken

Die Technik des Spritzens ähnelt der pointillistischen Methode darin, daß Farben und Tonwerte durch kleine Farbpunkte aufgebaut werden. Beim Spritzen der Farbe entsteht aber meist eine zufällige, bewegtere Wirkung, da die Farbe von einem Pinsel auf das Papier gesprüht wird.
Das Aufspritzen von Farbe wird meist nur bei kleinen Stellen angewandt, da zu große gespritzte Flächen mechanisch und übertrieben aussehen. Die Technik ist aber ausgezeichnet geeignet, rauhe Strukturen wie Stein, Zement und Felsen wiederzugeben. Nach Trocknung der aufgespritzten Farbe können die Formen weiter ausgearbeitet werden. Legen Sie Lichthöhungen und Schatten an, um Plastizität zu suggerieren.
Künstler benutzen gerne eine Spur gespritzter Farbe, um einen leeren Vordergrund zu beleben. Die zufälligen Spritzer können Steine und Gehölz andeuten, ohne die Aufmerksamkeit vom Mittelpunkt der Bildkomposition abzulenken. Eine gespritzte Passage hat außerdem viel Bewegung, die für die Wiedergabe von Gischt oder Schneesturm eingesetzt werden kann.
Es gibt zwei Grundmethoden des Spritzens von Farbe: Das erste Verfahren besteht darin, eine alte Zahnbürste in dicke Farbe zu tauchen, sie einige Zentimeter über das Papier zu halten und schnell mit einer Rasierklinge oder dem Daumennagel darüberzufahren. Dadurch entsteht ein Strühregen feinster Farbtröpfchen auf dem Papier. Die zweite Methode ist, einen alten, steif gewordenen Pinsel in dicke Farbe zu tauchen und ihn kräftig gegen den Handballen Ihrer freien Hand oder einen Pinsel zu schlagen. Auch das gibt einen Farbregen, der sogar noch etwas dichter als der mit der Zahnbürste erzeugte ist.
Das Spritzen von Farbe kann in allen Techniken angewandt werden. Gespritzte Flächen mögen vielleicht etwas unkonventionell aussehen. Sie haben aber ihren festen Platz in der Maltechnik, solange sie nicht Selbstzweck werden. Probieren Sie doch einfach einmal auf Resten von Papier herum. Sie werden sehen, daß eine Vielfalt von Mustern z. B. durch verringerten oder vergrößerten Abstand vom Pinsel zum Papier erzielt werden kann, wie größere oder kleinere Dichte der Farbpartikeln. Versuchen Sie, auch auf feuchtem Papier zu spritzen, so daß die Farbspritzer naß verlaufen können. Spritzen Sie mit zwei oder mehr Farben. Das ergibt eine interessantere Struktur als ein gleichmäßiger Farbauftrag.
Ein Wort zur Warnung: Spritzende Farbe kann erstaunlich weit gelangen. Ziehen Sie deshalb alte Kleidung und Schuhe an (oder einen Malerkittel, Overall etc.) und decken Sie Wände, Fußboden und Möbel der Umgebung ab.
Um kleine Stellen zu spritzen, decken Sie die nicht zu spritzenden Stellen mit Zeitungspapier und Tesaband ab.

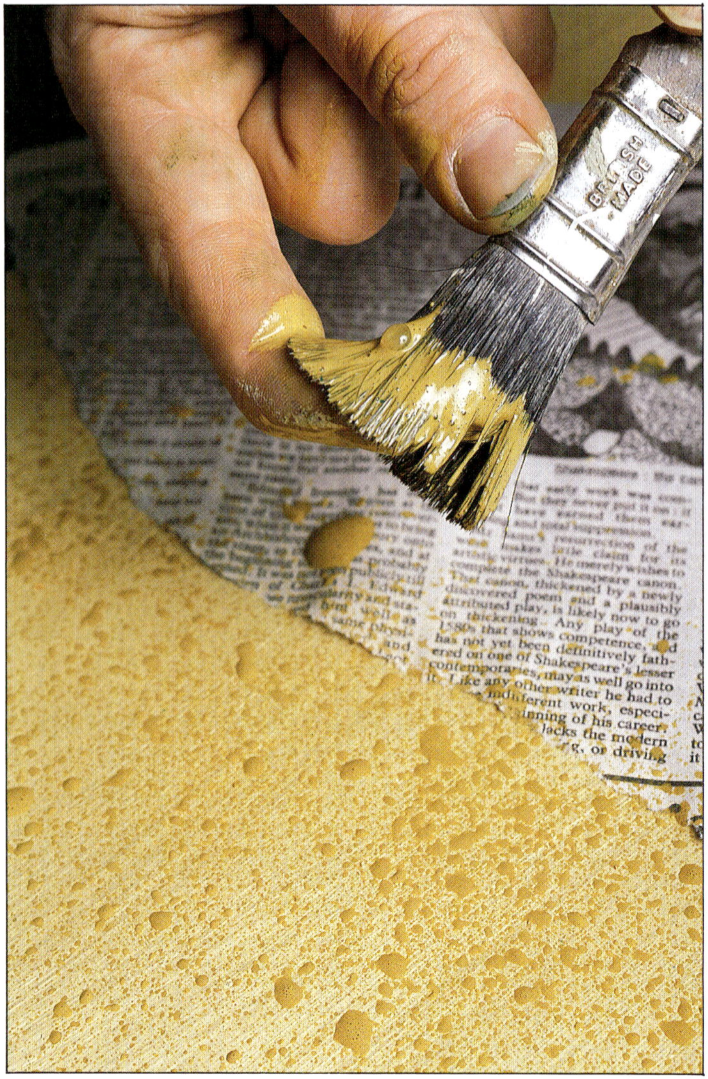

Spritztechnik • Eitempera

1. Gespritzte Farbaufträge sind in der Temperamalerei beliebt. Legen Sie dazu das Malbrett flach auf den Boden, da sonst die aufgespritzte Farbe herunterläuft. Mit Zeitungspapier decken Sie die Teile ab, die nicht bespritzt werden sollen. Dann können Sie in völliger Freiheit arbeiten. Die Farbe sollte nicht zu flüssig sein, etwa in der Konsistenz von Soft-Eiskrem. Tauchen Sie den Pinsel in die Farbe und ziehen dann den Finger durch die Borsten, um einen Regen winziger Farbpunkte auf die Malfläche zu sprühen. Der Künstler verwendet hier einen Malerpinsel in einigem Abstand und in leichtem Winkel zur Malfläche. Lassen Sie das Malbrett zum Trocknen auf dem Boden liegen.

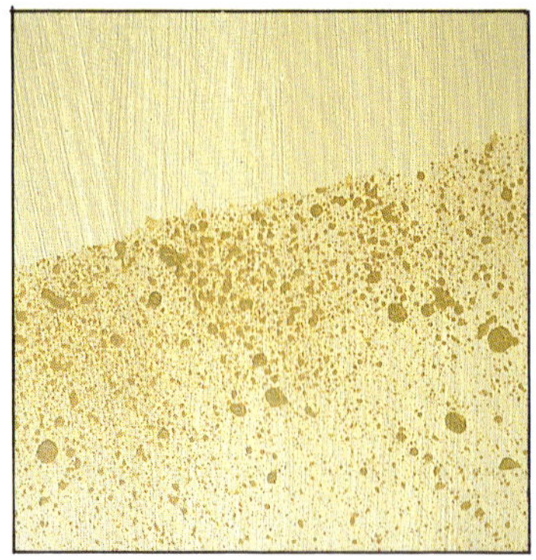

2. Nachdem die Farbe vollkommen durchgetrocknet ist, entfernen Sie die Abdeckung. Die Grenzlinie zwischen Lavierung und gespritzter Fläche ist deutlich zu erkennen.

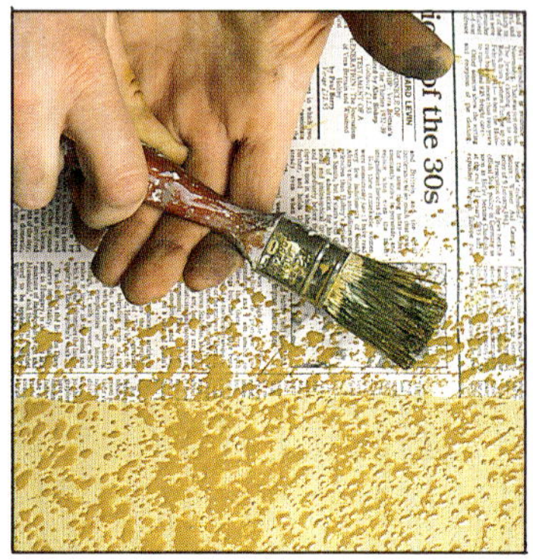

3. Eine Vielfalt von Texturen können Sie durch Spritzen aus verschiedenen Richtungen erzeugen. In diesem Beispiel hält der Künstler den Pinsel näher an das Papier und spritzt in mehr schräger Richtung, indem er den Pinsel kräftig gegen die Handfläche schlägt. Diese Methode ergibt deutliche Farbspritzer an Stelle von Punkten, da die Farbe seitlich auf die Malfläche spritzt.

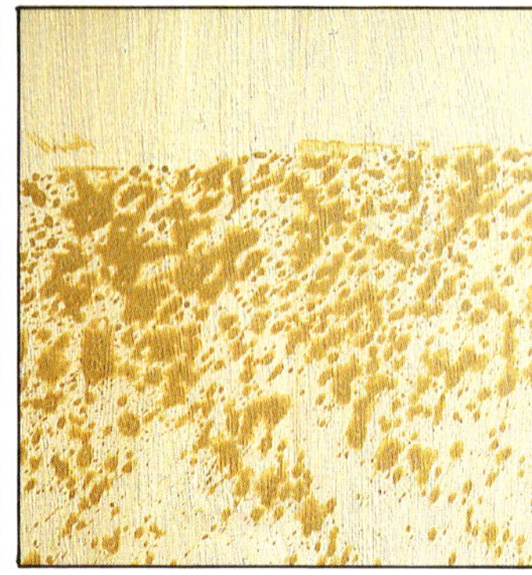

4. Da Temperafarben schnell trocknen, läßt sich mit ihnen schnell eine gespritzte Struktur aufbauen, ohne daß die Farbe zusammenläuft. Die Tropfen der aufgespritzten Farbe sollten nicht so dick sein, daß sie von der Malfläche abstehen, weil sie sonst abbröckeln könnten. Nehmen Sie deshalb nicht zuviel Farbe auf. Sie sollten zum Spritzen Farben meiden, die wesentlich heller oder dunkler als die untere Malschicht sind. Es sind die kleinen Farbtonverschiebungen, die der Temperamalerei ihre charakteristische Leuchtkraft verleiht.

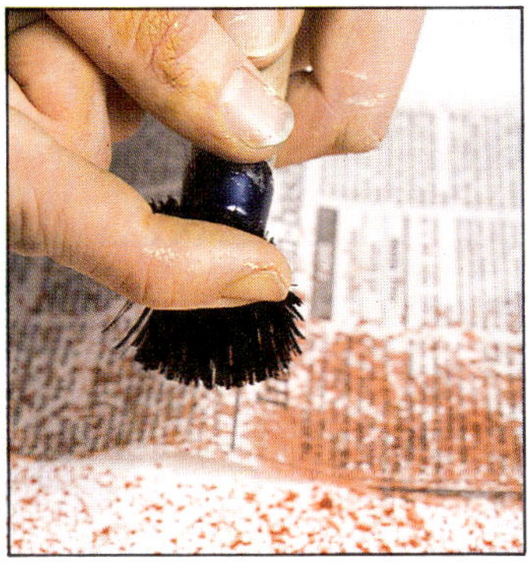

Spritztechnik auf trockenem Papier
Die feinen, flüssigen Eigenschaften der Aquarellfarbe eignen sich gut für die Spritztechnik. Nehmen Sie einen steifen Borstenpinsel oder eine alte Zahnbürste und streichen Sie mit dem Finger darüber. Ein Regen kleiner Farbpunkte sprüht auf das Papier. Die Farbe sollte von dicker Konsistenz, etwa wie Schlagsahne, sein. Prüfen Sie vorher immer die Dichte des Sprühregens auf einem Papierrest, bevor Sie damit auf die Malerei gehen. Im allgemeinen sollte der Pinsel nur wenige Zentimeter vom Papier entfernt sein. Aber Sie werden durch Ausprobieren schnell herausfinden, welcher der beste Abstand für Ihren besonderen Effekt ist.

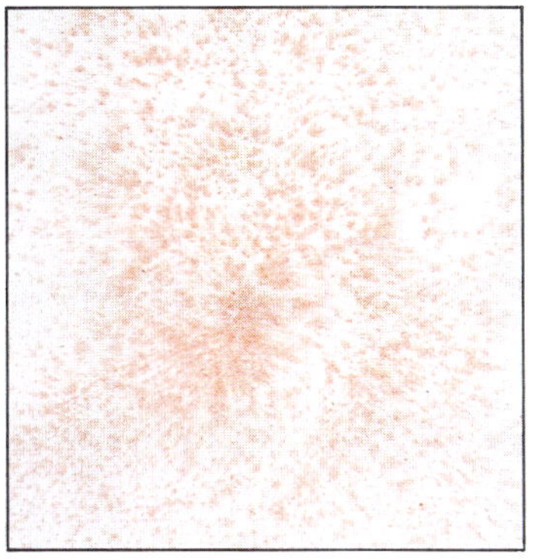

Spritztechnik auf feuchtem Papier
Auf feuchtem Papier Farbe zu verspritzen, schafft einen weichen, impressionistischen Effekt, da die Farbpunkte zusammenschwimmen. Diese spontane Maltechnik ergibt oft zufällige Effekte, die für bestimmte Bildthemen weiterbearbeitet werden können. Spritzen Sie mit zwei oder mehr Farben auf feuchtem Papier und lassen Sie die Spritzer verschwimmen.

Strukturen

Strukturieren des Farbauftrags (auch Pastell) heißt, in kleinen getrennten Strichen reine Farbe anzulegen, ohne sie zu vermalen (mosaikartiger Bildaufbau). Aus geeignetem Abstand scheinen die kleinen Striche zu verschmelzen. Die Farbstriche reflektieren mehr Licht und vermitteln mehr Bewegung, als es vermalte Farben tun.
Constable (1776–1837) benutzte als erster Tupfen abgesetzter Farbe. Seine grünen Wiesen und Bäume sehen so frisch und funkelnd aus, weil sie aus verschiedenen Grüntönen aufgebaut sind, die auf der Leinwand nebeneinander stehen, ohne vermalt worden zu sein.
Eugène Delacroix (1798–1863) entwickelte Constables Technik weiter. Indem er ungemischte Farben benutzte, nahm er die Malerei der Impressionisten voraus. Die Impressionisten, vor allem Bazille (1841–70), Monet (1840–1926), Pissarro (1831–1903) und Sisley (1839–99) schöpften diese Technik aus. Die Flecken und Striche der Pinseltechnik erlaubten ihnen zügige Arbeit und Umsetzung dieser Lichteffekte, bevor diese sich änderten. In den Pinselstrichen impressionistischer Bilder scheint das Licht zu vibrieren.
Technisch kann der Pinselstrich mit jeder Farbe ausgeführt werden. Es ist wichtig, daß Sie Ihre Farben frisch und ungetrübt halten. Reinigen Sie Ihre Pinsel und tauschen Sie oft das Wasser aus.
Diese faszinierende Technik ist sehr gut geeignet, um Ihre Beobachtungsfähigkeit zu schulen. Wie die Impressionisten müssen Sie sich von vorgefaßten Ideen über die Farben der Dingwelt befreien. Beobachten Sie ganz aus der Nähe und malen Sie, was Sie sehen, nicht das, was Sie zu sehen glauben.
Schließlich ist es ratsam, sich an eine begrenzte Palette von Farben zu halten, um eine Harmonie zu erzielen und kein Durcheinander von Farben.
Die impressionistische Palette bestand meistens aus einer Auswahl von Primärfarben (Rot, Blau und Gelb) und Sekundärfarben (Orange, Grün und Violett). Durch Gegenüberstellen der Komplementärfarben erzielte man brillante Farbwirkungen. Durch Mischen der Komplementärfarben erreichte man farbige und neutrale Grautöne ohne Verwendung von Schwarz, das bekanntlich dazu neigt, die Farben zu verschmutzen. Eine typische Palette könnte folgende Farben enthalten: Kadmiumgelb, Lichter Ocker, Chromoxidgrün feurig, Deckgrün, Kobaltblau, Ultramarinblau, Zinnoberrot, Alizarinkrapplack und Kobaltviolett. Hinzu kam früher Zink-Titanweiß wegen seiner lichtreflektierenden Eigenschaften und zur Aufhellung der Farben.

Acryl- und Ölfarbe
Acryl- und Ölfarben sollten beim abgesetzten Pinselstrich dick und trocken aufgetragen werden, so daß jeder Pinselstrich seine Form behält, ohne auf der Leinwand zu verfließen. Arbeiten Sie nicht zuviel an einer Stelle des Bildes, sondern bedecken Sie die gesamte Bildfläche mit farbigen Strichen, und legen Sie dann später weitere Farbschichten an. Jeder Strich sollte sicher gesetzt sein und so stehen bleiben. Überarbeiten würde nur die Unmittelbarkeit und Spontaneität, um die es hier geht, zerstören.

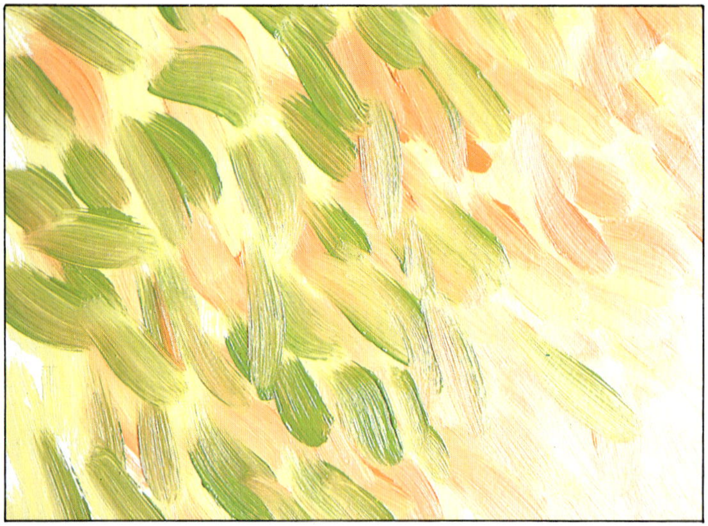

Strukturen • Kurze Pinselstriche

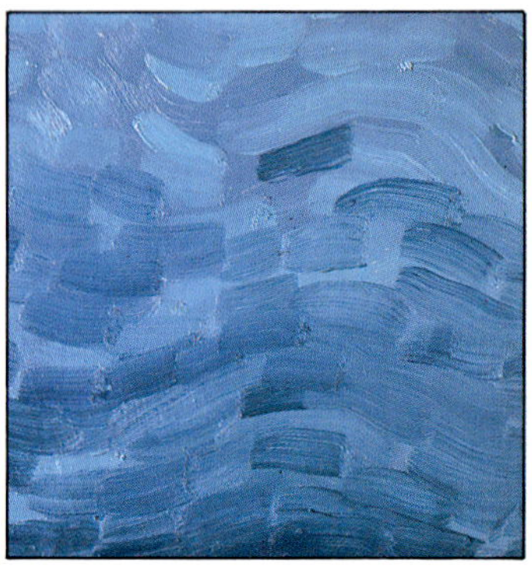

Strukturen • Flüssige Pinselstriche

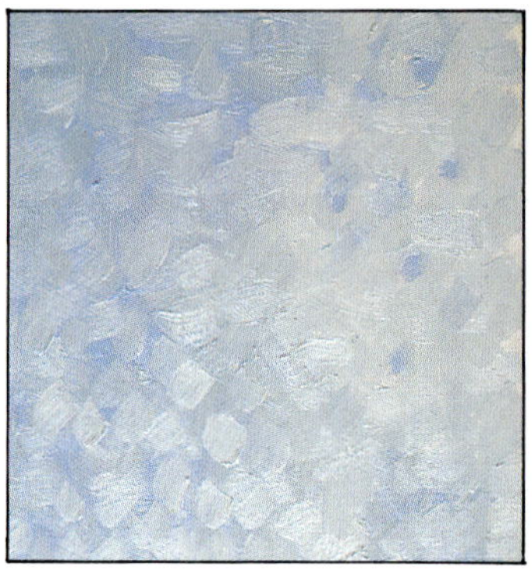

Strukturen • Farbtupfer

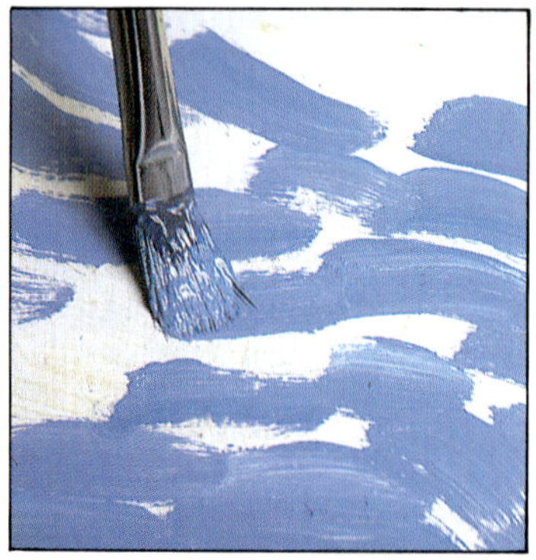

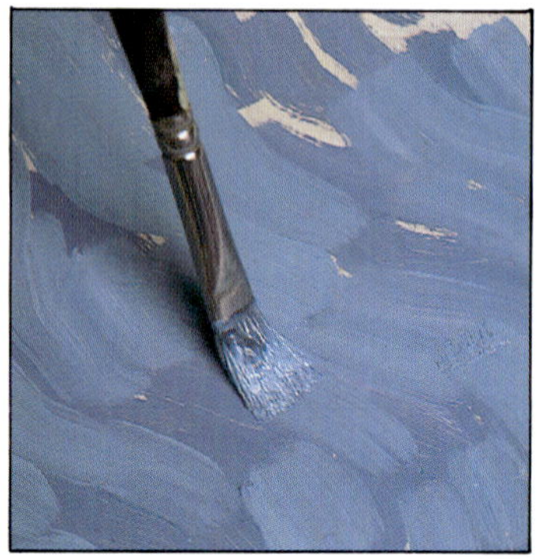

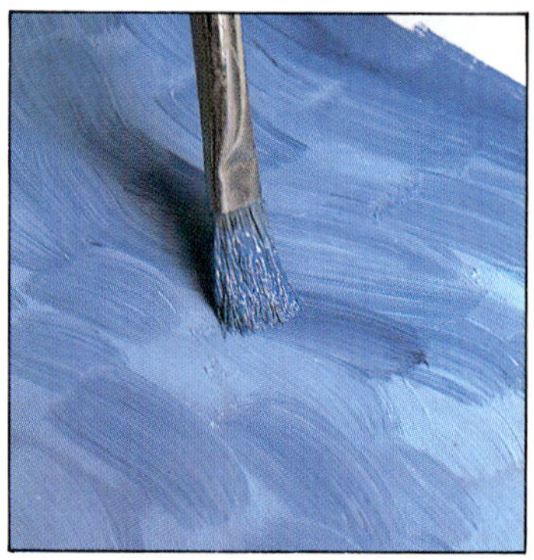

Flüssige Pinselstriche
Man benutzt einen flachen Pinsel Nr. 4 und trägt die Farbe in Strichen auf. Helle und dunkle Farbtöne werden ohne Vermischen gegenüber gesetzt. Die rhythmische Kraft dieser Striche erinnert an Gemälde von Vincent van Gogh.

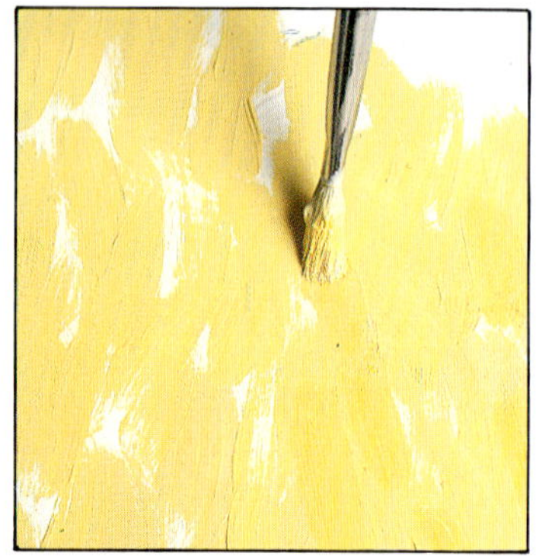

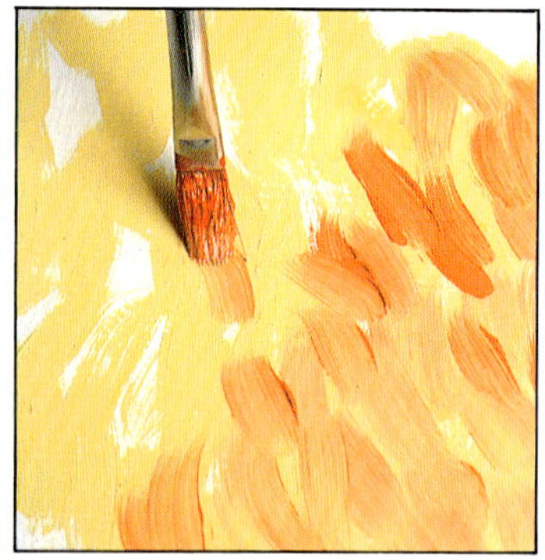

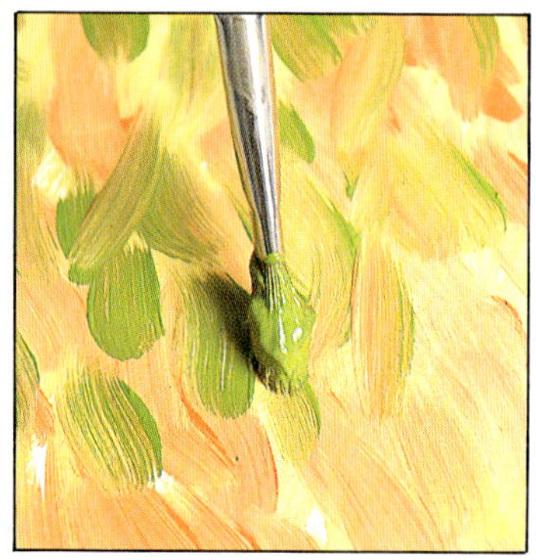

Kurze Pinselstriche
Claude Monet war vielleicht der größte Vertreter des Impressionismus: Er bedeckte seine Leinwand mit winzigen, unregelmäßigen Strichen, wie diesen hier, Farbe über Farbe.

Textur-Malerei

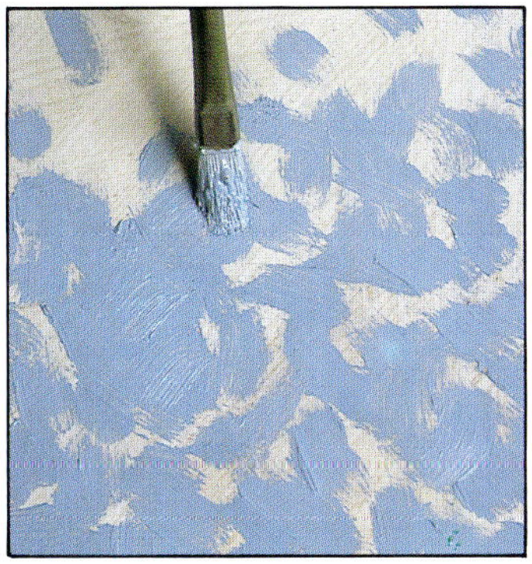

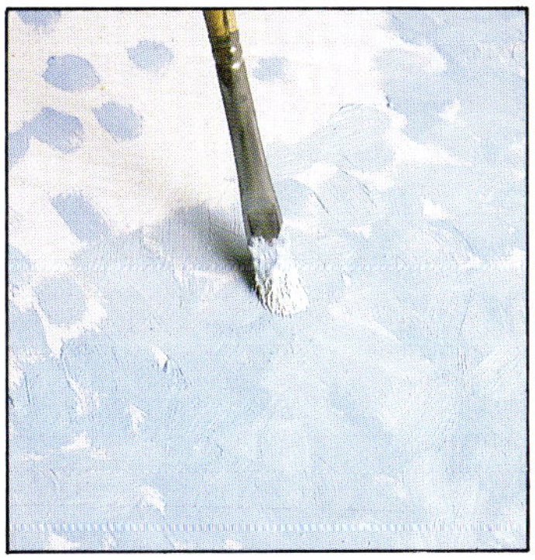

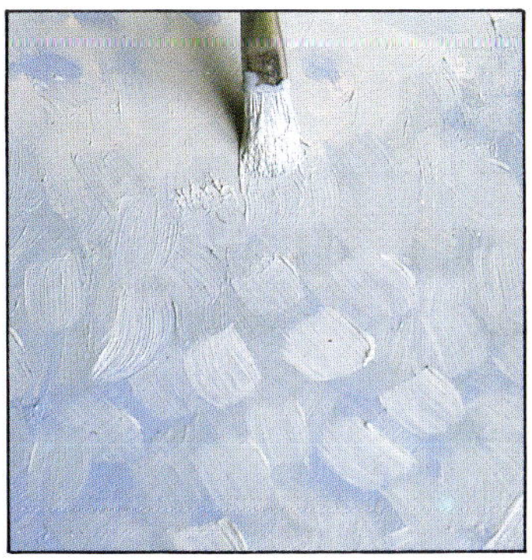

Farbtupfer
Die sanfte Erscheinung der Bilder von Alfred Sisley ergibt sich aus seiner Verwendung von hellen Farben, die er mit der Pinselspitze auftrug. Beachten Sie, wie der pastellfarbene Grund durchschimmert.

Aquarellfarbe und Tusche
Da Aquarellfarben und Tuschen durchsichtig sind, können Sie Striche kontrastierender Farben überlagern, um interessante optische Mischungen zu erreichen.

Pastellfarbe
Pastellfarbe ist für die Technik mit dem abgesetzten Pinselstrich sehr gut geeignet, da man die Farben direkt anlegt. Die Farbstriche bleiben getrennt stehen und ermöglichen so, die Farbe des Malgrundes, des Papiers, mit in das Bild einzubeziehen. Außerdem können Sie Farbstriche übereinanderlegen, um ein Gewebe funkelnder Farben zu schaffen.

Anfang des 20. Jahrhunderts führten die kubistischen Maler viele Neuerungen in die Malerei ein, die mittlerweile Allgemeingut geworden sind. Eine interessante Idee der Kubisten war, der Farbe durch Zugabe von Materialien Textur und Form zu geben. Einige Künstler begannen, mit groben Zuschlagstoffen versetzter Farbe zu experimentieren. Sie fügten der Farbe Sand, Marmorstaub, Sägemehl und Holzspäne bei, um ihr mehr Volumen zu geben, und erhielten so interessante, oft einem Flachrelief ähnelnde Texturen auf der Leinwand.
Diese Künstler strebten vor allem nach einer Betonung der physischen Realität des Bildes. Es sollte ein Objekt für sich sein (tableau-objet). Viele der so mit dicker Textur versehenen Bilder von Picasso, Braque und Hans Arp scheinen tatsächlich eine Brücke zwischen Malerei und Skulptur zu schlagen.
Um die textilen Qualitäten deckender Farben wie Öl, Acryl und Gouache zu erproben, versuchen Sie, auch einmal der Farbe Sand, Gips oder Sägemehl zuzugeben. Die angedickte Farbe sollte mit einem Messer oder Spachtel, nicht unbedingt mit einem Pinsel, aufgetragen werden. Außerdem können Sie dann noch alle möglichen Texturen in die dicke Farbschicht kratzen, schaben, ritzen oder drucken. Experimentieren Sie mit vielen improvisierten Werkzeugen, alten Gabeln, Löffeln oder Messern, Haarkämmen, Drahtbürsten, Eisstielen, mit allem, was eine interessante, unregelmäßige Textur gibt. Solche Experimente können als Sprungbrett zur Ideenfindung dienen, die Sie in Ihren Bildern weiterentwickeln können. Eine gekämmte Textur mag einen Baumstamm andeuten, eine getüpfelte Textur könnte bei richtigem Lichteinfall ein felsiges Gebiet anzeigen. Materialexperimente dieser Art dienen der Erweiterung der Phantasie und des Vertrauens in die Handhabung des Malmaterials. Trotzdem sollte die Textur-Malerei nicht zu reinen Spielereien oder oberflächlicher Effekthascherei herhalten. Die Texturen sollten eher den in der Natur beobachteten Oberflächenstrukturen ähneln, um sie dann gezielt in einem Bild mit gegenständlichem Motiv einsetzen zu können. Selbstverständlich können Sie sich auch einmal in abstrakter Malerei versuchen!

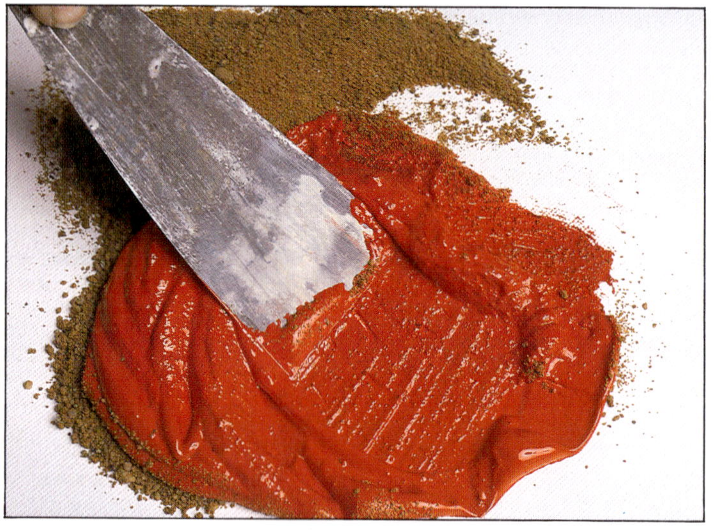

Texturen mit Sand
1. Fast jedes körnige Material kann mit Öl- und Acrylfarben angerührt werden, um eine texturierte Oberfläche zu ergeben. Der Künstler verrührt hier groben Bausand mit Acrylfarbe.

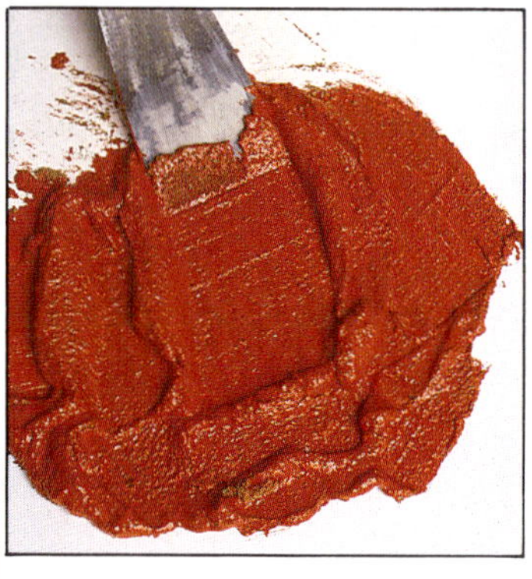

2. Die angedickte Farbe wird mit einem Spachtel auf der Leinwand verteilt und in das Gewebe gestrichen. Die Farbe sollte von dicker Konsistenz, aber nicht zu trocken sein.

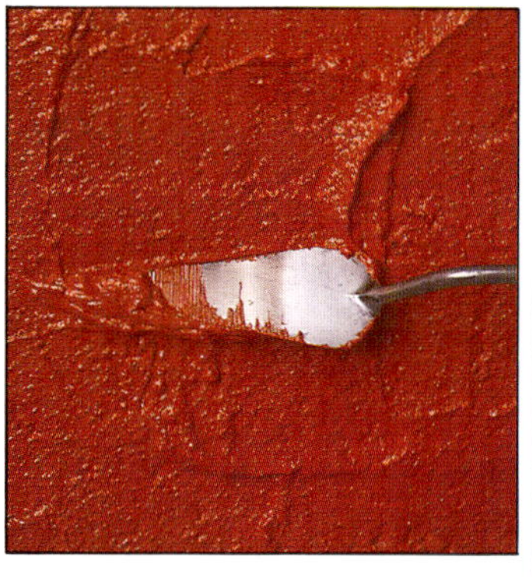

3. Nach der ersten Schicht wird mit dem Spachtel weitere Farbe aufgetragen. Allmählich baut sich die Oberfläche des Bildes zu einem dicken Impasto auf. Legen Sie die Farbe aber nicht zu dick auf, um ein Reißen zu vermeiden.

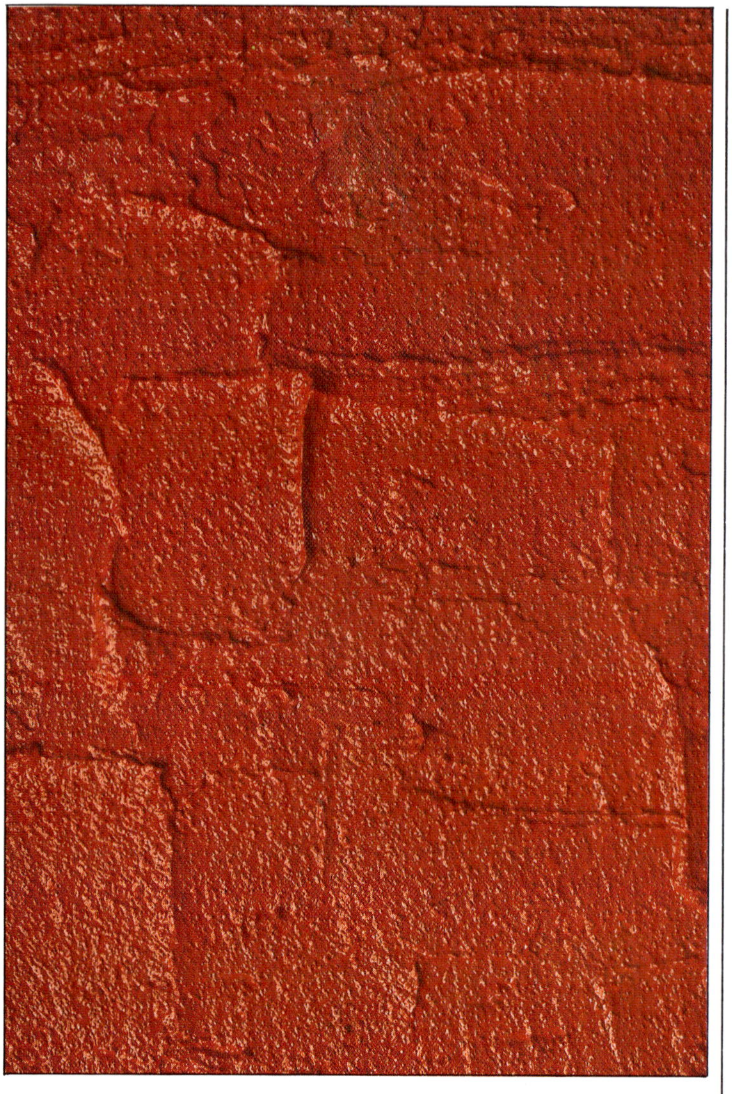

4. Diese Nahaufnahme zeigt die faszinierenden Ergebnisse. Die Spachtelzüge stehen fest im Farbauftrag, und die Rillen und Grate werfen interessante Schatten.

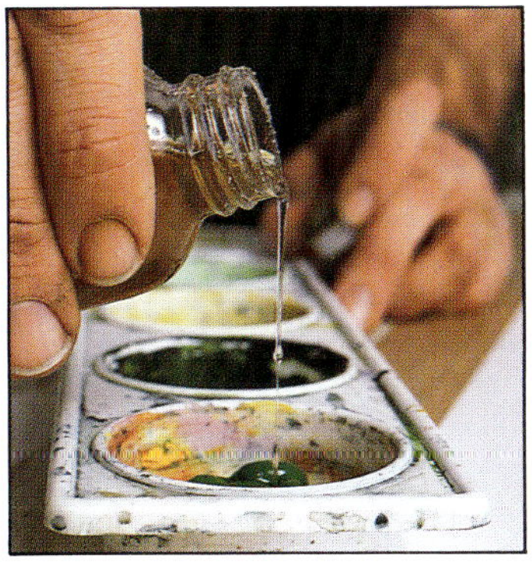

Texturen mit dem Kamm

1. Mit einem spitzen Werkzeug können Sie in einer dicken Gouacheschicht Spuren und Texturen erzeugen. Der Künstler mischt hier Gouache mit Gummiarabicum, das die Farbe verdickt und ihr Glanz gibt.

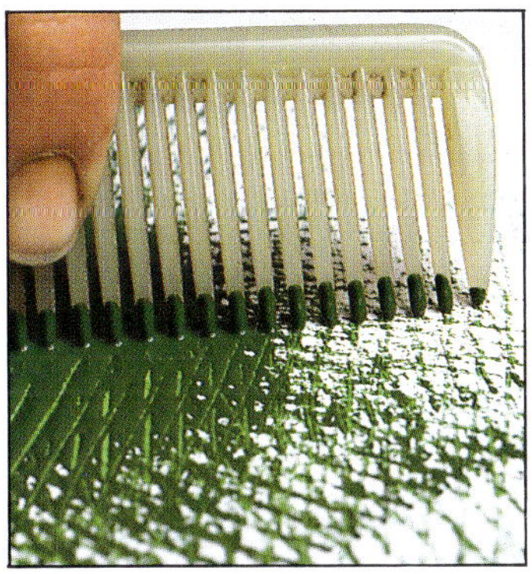

2. Die Farbe wird in dicker Schicht auf dem Papier verteilt, geglättet und mit einem Haarkamm bearbeitet, um einen dreidimensionalen Effekt zu schaffen.

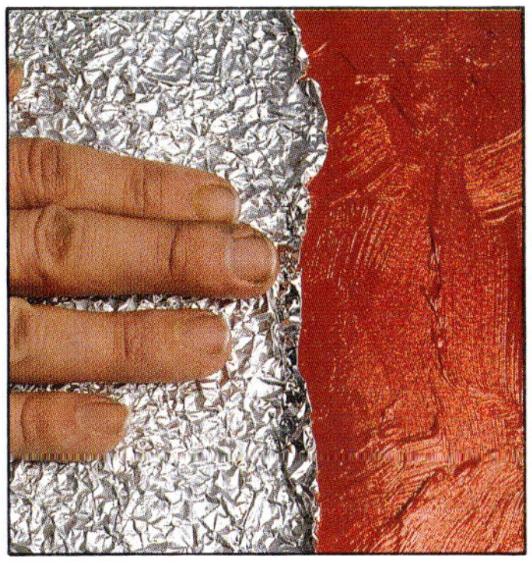

Texturen mit Alufolie

1. Mit dieser Übernahme der Frottage-Technik kann eine aufgerauhte Textur in einer dicken Schicht Öl-, Acryl- oder Gouachefarbe geschaffen werden. Die Farbe sollte von dicker, klebriger Konsistenz sein. Wenn sie zu sehr läuft, geht die Textur verloren.

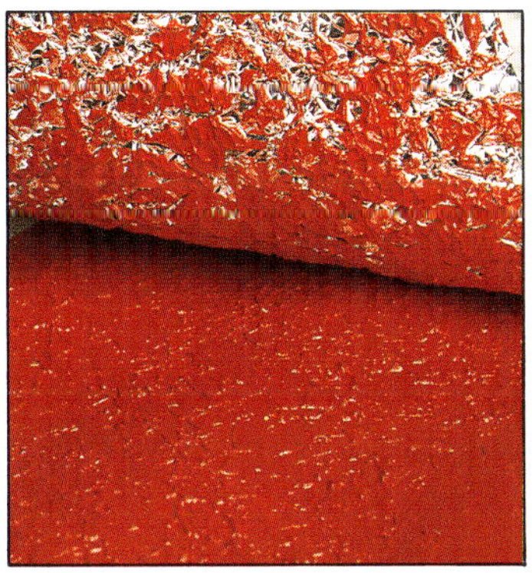

2. Nachdem die Folie abgezogen wurde, erhalten Sie eine aufgerauhte Textur, die mit Lasuren oder trockenen Farbübergängen weiterbearbeitet werden kann.

Trockener Pinselstrich

Mit trockenen Pinselstrichen wird wenig pastose Farbe mit einem Pinsel aufgenommen und über eine trockene Malfläche gestrichen. Die Farbe haftet an der erhöhten Körnung des Papiers und läßt kleine Partikeln des Grundes durchscheinen. Das ausgefranste, gebrochene Aussehen trockener Pinselstriche ist sehr ausdrucksstark. Die Technik kann z. B. verwendet werden, um die rauhe Textur wittriger Oberflächen von Fels, Stein und Holz wiederzugeben. Lockere Trockenstriche bringen Bewegung in Motive wie Gras, Haar oder Schaum brechender Wellen.
Der Trockenstrich ermöglicht, Detail und Textur mit minimaler Pinseltechnik anzudeuten. In Wasserlandschaften z. B. kann mit geringem Aufwand ein geschickt gesetzter Strich trockener Farbe, die den weißen Grund durchschimmern läßt, funkelndes Sonnenlicht auf Wasser dargestellt werden. Diese technische Eigenschaft des Trockenstriches ist besonders für die Aquarellmalerei nützlich, die ihre größte Wirkung durch die Frische und Einfachheit der Ausführung entfaltet. (Die Technik des Trockenstriches geht aber gleichermaßen in allen Maltechniken.) Sie sollten trokkene Pinselstriche nie überarbeiten. Verwenden Sie schnelle, sichere Bewegungen. Die Technik wenden Sie am besten auf einem rauhen Malgrund an, der mithilft, die Farben aufzubrechen.

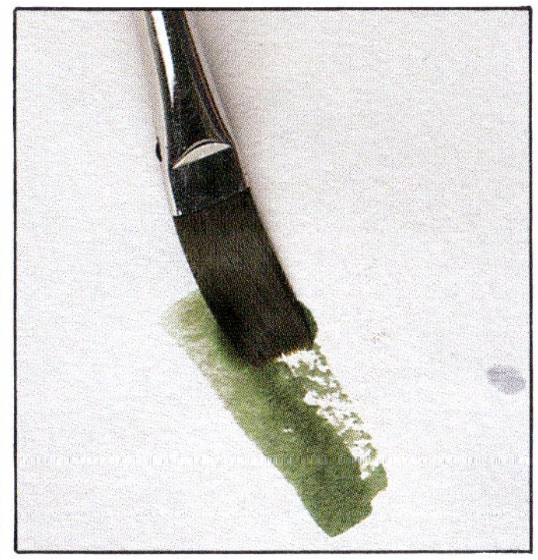

Trockener Pinselstrich • Aquarell

1. Um einen grockenen Strich zu geben, befeuchten Sie den Pinsel mit sehr wenig Wasser und nehmen die Farbe ziemlich dick auf. Streichen Sie leicht über ein Stück Löschpapier, um überschüssiges Wasser zu entfernen.

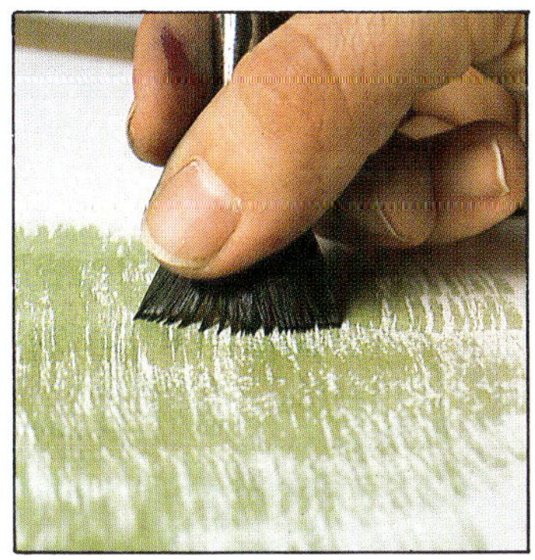

2. Nehmen Sie einen spachtelförmigen Pinsel oder fächern Sie einen Rundpinsel zwischen Daumen und Zeigefinger aus. Halten Sie den Pinsel in einem Winkel von 45° und ziehen Sie ihn leicht und schnell über das Papier. Diese Technik funktioniert am besten auf rauhem oder halbrauhem Papier. Die Farbe setzt sich auf der Körnung des Papiers ab und erzeugt rauhe, unregelmäßige Striche.

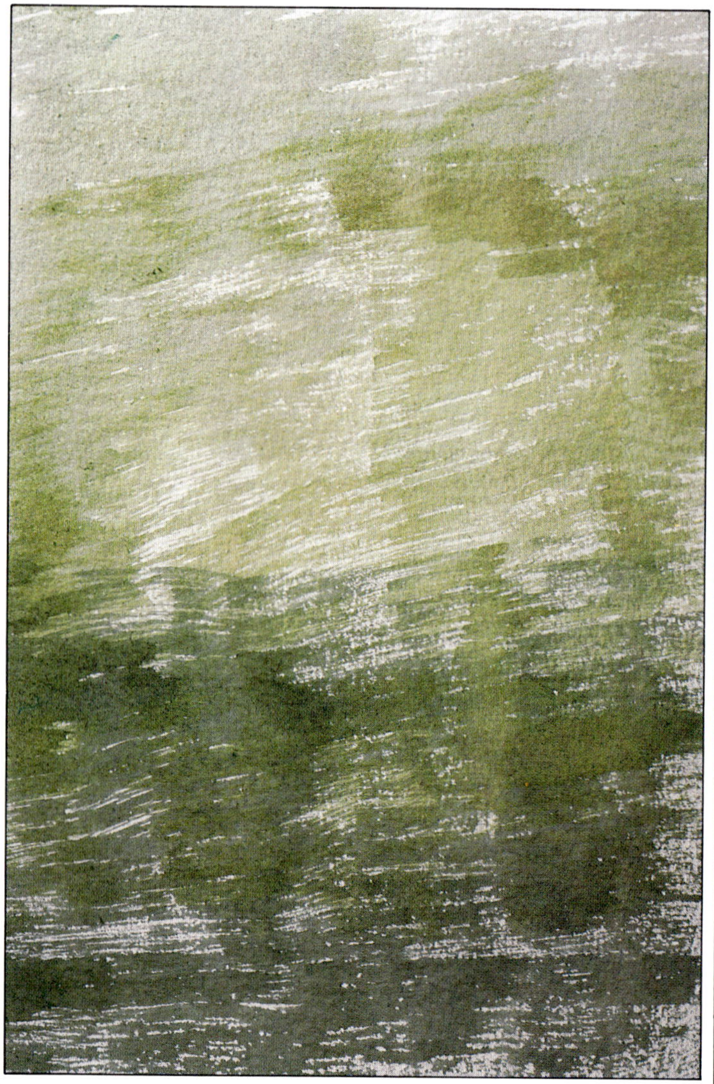

3. Trockene Striche mit mehr als einer Farbe können sehr ausdrucksstarke Wirkungen ergeben, besonders in Verbindung mit Lavierungen. Der zuunterst liegende Farbton wird durch die trockenen Strichlagen gebrochen und gibt eine faszinierende optische Mischung. Arbeiten Sie immer zügig! Die Technik des Trockenstrichs sieht am besten in freier und lockerer Manier aus.

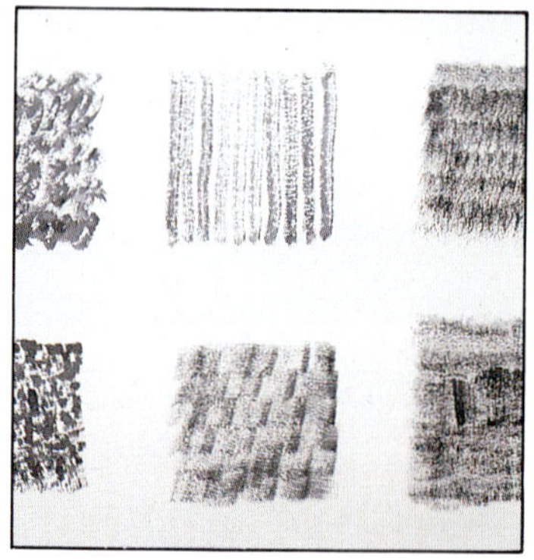

4. Durch Ziehen, Schrubben oder Schmieren mit dem Pinsel können Sie eine ganze Reihe von Mustern und Texturen erzeugen, angefangen mit feinen Linien bis zu kräftigen, breiten Passagen. Experimentieren Sie mit rauhem und glattem Papier und sehen Sie, wie sich der Charakter der Striche mit runden und flachen Pinseln verändert.

Trockener Pinselstrich • Acryl und Öl

Die rauhe Textur der Leinwand kommt der Technik des Trockenstrichs sehr entgegen. Hier hat der Künstler einen gefüllten Pinsel gebraucht und ihn mit schneller, schrubbender Bewegung von links nach rechts über die Leinwand gezogen.

Bei Abnehmen der Farbe wird der Strich immer schwächer und gibt rauhe, lebendige Abstufungen in Farbigkeit und Tonwert. Beobachten Sie, wie die Leinwandstruktur die Textur der trockenen Pinselstriche mitbestimmt.

Mischen Sie für die Acrylmalerei ein wenig mattes Malmittel in die Tubenfarbe. Mit Gel erhalten Sie noch betontere Pinselstriche. Halten Sie die Trocknungszeiten auf jeden Fall ein, um unerwünschte Rißbildung zu vermeiden.

Untermalung

Basis einer gelungenen Malerei ist die Farbgebung durch Untermalung, mit der die Hauptformen und Tonwerte angelegt werden. Mit ihr können Sie die Hauptkomposition skizzieren und die Beziehungen der Farbtöne anlegen, um das Bild weiterzuentwickeln.
Die Alten Meister trennten die Ausführung eines großen Bildes in handzuhabende Schritte. Erst wurde eine Imprimitur oder ein abgetönter Malgrund angelegt, gefolgt von der Untermalung. Erst wenn der Künstler mit der Organisation seines Bildes bis hierhin einverstanden war, begann er, dann mit deckender Farbe und/oder Lasuren weiterzuarbeiten. Einige Künstler ziehen es vor, direkt in Alla Prima zu malen.
Die Vorteile einer vorausgehenden Untermalung liegen aber auf der Hand. Zunächst einmal bricht eine Untermalung das grelle, irritierende Weiß der Leinwand oder des Malkartons, das durch eine Imprimitur oder einen abgetönten Grund noch durchscheinen kann. Dadurch lassen sich die relativen Farbtöne besser beurteilen (vgl. Malgründe abtönen/Imprimitur).
Zum anderen gibt die Kompositionsanlage auf diese Weise Auskunft, wie das fertige Bild aussehen könnte. In diesem Stadium können Sie auf einen Blick erkennen, ob die Bildteile „zusammenhängen" und ob notwendige Korrekturen vorgenommen werden müssen. Jetzt können Korrekturen noch leicht mit einem terpentingetränkten Tuch gemacht werden, da die Farbe in der Untermalung dünn aufgetragen wird. In späteren Phasen des Bildes sollten Korrekturen vermieden werden. Durch das Wegkratzen von Farbe laufen Sie Gefahr, daß die Farbe an der Stelle leicht schmutzig und „tot" aussieht. Eine Untermalung läßt dem Künstler außerdem freie Hand, sich auf Farbe und Textur in den späteren Stadien zu konzentrieren, da bereits alle Entscheidungen über Licht, Schatten und Modellierung gefällt worden sind. In der Untermalung sollten Sie ganz locker malen. Nehmen Sie einen ziemlich großen Pinsel und legen Sie zügig die wichtigsten Formen und Massen an. Verfallen Sie nicht in den Fehler, in diesem Stadium zu viele Details anzubringen. Das hindert Sie später an einer lockeren, freien Malweise. Die Malerei sollte in einem offenen Zustand gehalten werden. Eine Grundregel des Malens lautet, vom Allgemeinen ins Besondere zu gehen! Hinsichtlich der Farben für eine Untermalung gibt es mehrere Möglichkeiten. Sie können das Hell-Dunkel in Zuordnung zu den abschließenden Farben anordnen. Sie können neutrale Grau-, Blau- oder Erdtöne annehmen, um die nachfolgenden Farben zu einer Gesamtharmonie zusammenzufassen. Sie können auch eine Farbe auswählen, die mit der endgültigen Farbgebung des Motivs kontrastiert (z. B. ein warmes Rot unter einen grauen, stürmischen Himmel). Rembrandt (1607–69) untermalte seine Motive oft in Farbtönen von Grau, Grüner Erde oder einem Braun und legte dann dünne Lasuren darüber. Für die Malerei von Fleischtönen verwendete Rubens (1577–1640) eine Untermalung in Grüner Erde. Dieses gedämpfte Grün steht komplementär zu den rosa Farbtönen des Fleisches und gibt den Schatten eine zarte Kühle.

Ölfarben
Wenn Sie in Öl untermalen, sollten Sie immer eine magere, mit Terpentin verdünnte Farbe nehmen (vgl. Fett auf Mager). Lassen Sie die Malerei gründlich durchtrocknen, mindestens 48 Stunden, bevor Sie darübermalen.
Als Alternative können Sie mit Acrylfarbe untermalen. Acrylfarbe trocknet innerhalb weniger Minuten auf und ermöglicht eine Übermalung in der gleichen Sitzung.
Um helle Stellen anzugeben, nehmen Sie stark verdünnte Farbe oder wischen die Farbe mit einem Tuch weg. Eine Untermalung sollte nur aus einem Hauch von Farbe bestehen, der schnell trocknet und bei der Übermalung nicht verschmiert oder abhebt.

Acryl
Die Farbe für die Untermalung sollte mit mattem Malmittel vermischt sein, das ohne Glanz auftrocknet.
Der offensichtliche Vorteil der Acrylfarbe ist die schnelle Trocknung. Dadurch können Sie Unter- und Übermalung in einer Sitzung abschließen.

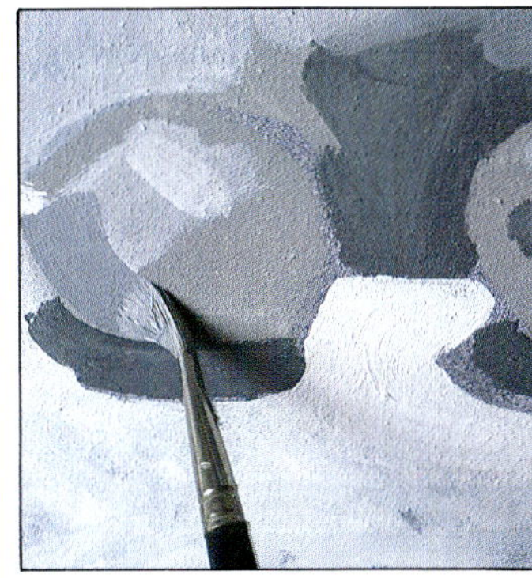

Untermalung
1. Viele Künstler untermalen in Farbtönen nur einer, meist neutraler Farbe. Das nennt man monochrome Untermalung. Der Künstler untermalt hier für ein Stilleben. Die Farbe ist gut mit Terpentin verdünnt und wird mit einem großen Flachpinsel in kurzen Strichen aufgetragen. Vorher kann noch eine Imprimitur oder ein abgetönter Malgrund angelegt werden. Wie Sie untermalen, ist eine Sache der persönlichen Entscheidung. Sie können von Hell nach Dunkel untermalen, oder von Dunkel nach Hell, mit den mittleren Farbtönen beginnen und dann die Helligkeiten und Dunkelheiten eintragen.

2. Hier sehen Sie, wie die Grundformen langsam Gestalt annehmen. Diese Untermalung ist in kühlen Grautönen aus Preußischblau und Umbra gebrannt angelegt. Weiß wird der Farbe für die hellen Teile zugefügt. Die Umrisse der Formen sollten Sie mit einem weichen Pinsel vermalen, um scharfe Grenzlinien abzumildern, die später stören könnten. Variieren Sie Farbtöne und Tonwerte nicht zu sehr. Halten Sie die Schatten heller, als sie abschließend erscheinen sollen und dämpfen Sie die Lichter zunächst. Je heller die Untermalung, desto vibrierender sieht das fertige Bild aus.

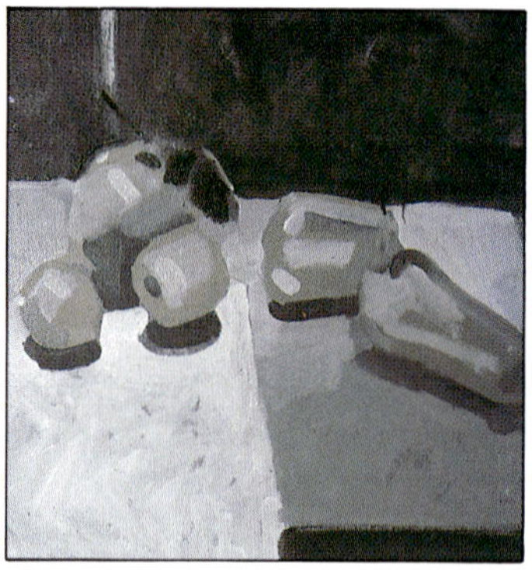

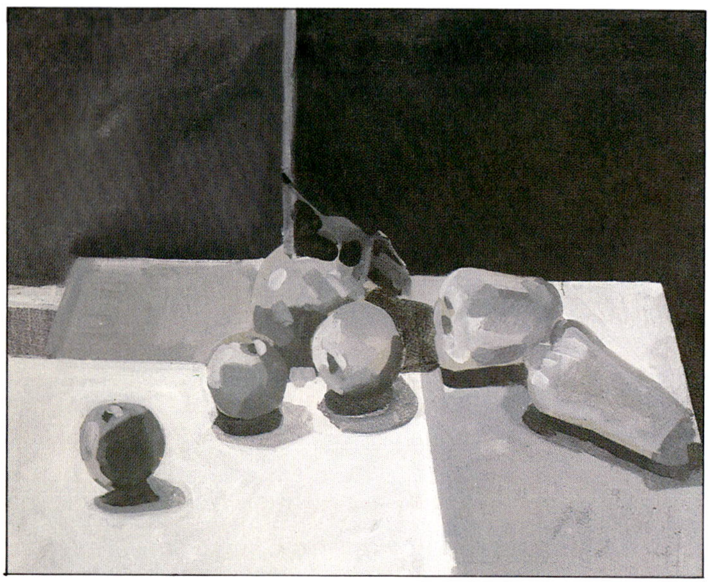

3. Sind die großen Massen angelegt, nehmen Sie kleinere Pinsel, um die Formen zu verfeinern. Bringen Sie aber noch nicht zu viele Details ein. Die Untermalung ist nur eine Richtlinie und sollte nicht zu perfekt ausgeführt werden, damit Ihre malerische Freiheit in späteren Malstadien nicht durch Detailarbeit gehemmt wird.
Nach Trocknung der Untermalung haben Sie eine Grundlage für die weitere Arbeit.

Verlaufstechniken

Verläufe sind weiche, verschmelzende Farbabstufungen, erzeugt durch Vermalen oder Verreiben zweier Farbflächen.
Die weichesten Verläufe kann man in Ölfarbe oder Pastellfarbe anlegen. Mit Acrylfarben sind diese Effekte schwerer zu erreichen. Man kann aber auch dort Übergänge durch Vermalen oder trockenes Überpinseln der zu verbindenden Farben erzeugen. In der Aquarelltechnik läßt sich ein Verlauf durch Verfließen Naß in Naß anlegen.
Rembrandt (1606–69), Rubens (1577–1640) und Velasquez (1599–1660) erreichten weiche Übergänge von Hell nach Dunkel durch die sorgfältige Anwendung dieser Technik.
Wenn Sie einen Gegenstand malen, ist es nicht nötig, die gesamte Form zu vermalen. Mit Abstand gesehen, wird die Form genügend homogen wirken, wenn die angrenzenden Flächen von hellen und dunklen Partien übermalt sind. Denken Sie an den alten Ratschlag: Flächig aufgetragene Farben mit gelegentlich stehengelassenen Pinselspuren sehen lebendiger aus als fein abgestufte Farben, die vollkommen glatt vermalt sind.

Acryl

Da Acrylfarben so schnell abtrocknen, haben Sie kaum Zeit, einen Verlauf immer wieder zu vermalen, um eine langsame Abstufung von Hell zu Dunkel oder von Farbe zu Farbe zu erreichen, wie das in der Ölmalerei möglich ist. Mit der Zugabe von speziellen Gel-Malmitteln oder Verzögerern geben Sie der Acrylfarbe jedoch eine ähnliche Konsistenz wie der Ölfarbe und erzielen eine glattere Abstufung. In nassem Zustand lassen sich zwei Farben am einfachsten vermalen. Während die Farben noch feucht sind, ziehen Sie schnell einen nassen Pinselstrich über den Bereich der angrenzenden Farbflächen.

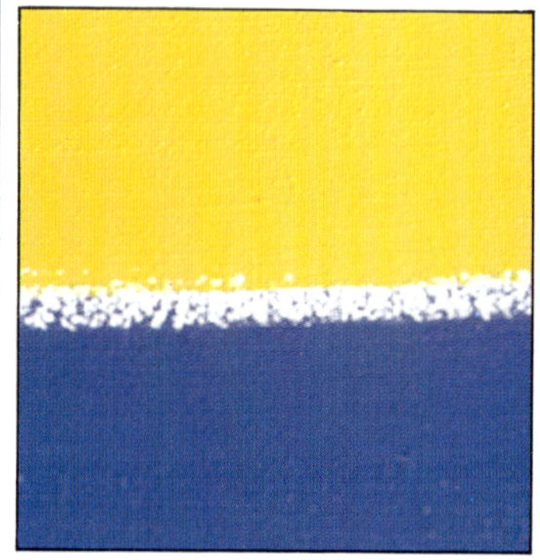

Verläufe • Acryl
1. Mit einem flachen Borstenpinsel Nr. 7 legt der Künstler je eine Fläche von Kadmiumgelb und Kobaltblau nebeneinander an, ohne daß sich die Farben berühren.

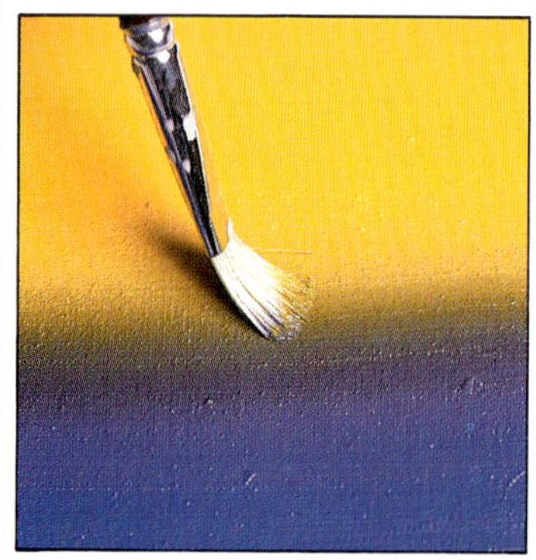

2. Mit einem sauberen, nassen Pinsel vermalt er die beiden Farben, bevor sie trocken sind. Wenden Sie keinen zu starken Druck an, da die Pinselspur sonst Furchen hinterläßt.

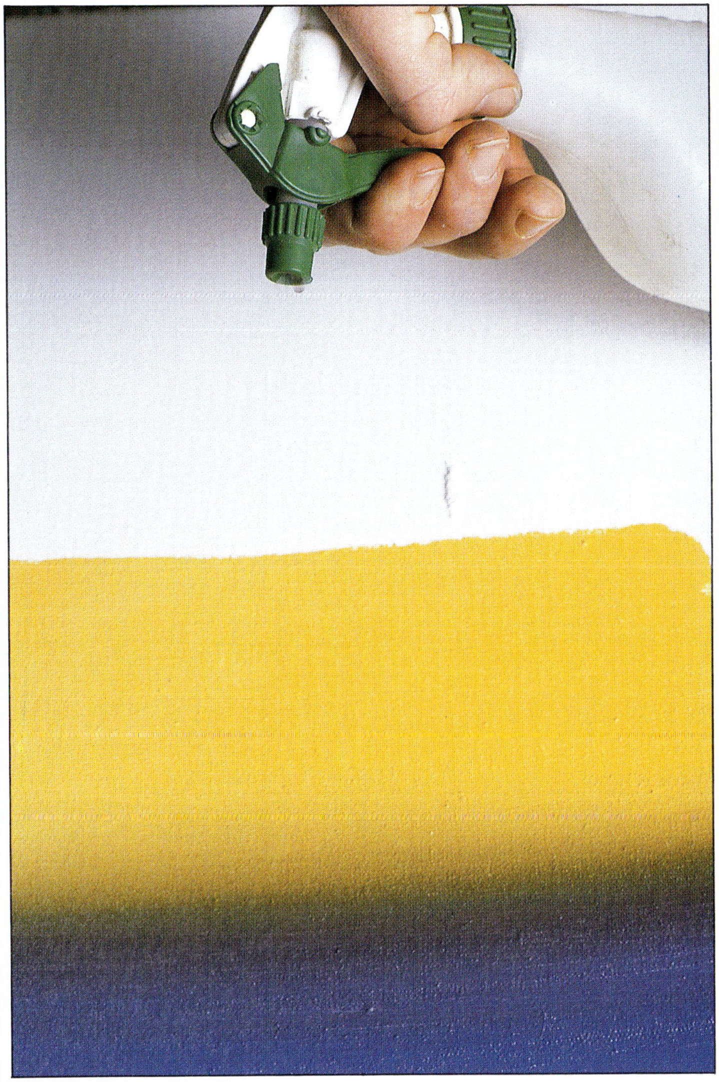

3. Wenn Sie an einer großen Fläche arbeiten wollen, sprühen Sie die Oberfläche leicht mit Wasser aus einer Sprühflasche ein. Das hilft, die Farbe feucht zu halten. Eine andere Möglichkeit ist es, den Farben auf der Palette etwas Gel-Malmittel oder verzögernde Malmittel beizufügen, um die Trockenzeiten zu verlängern.

4. Der endgültige Effekt zeigt einen glatten Verlauf von einem Farbton zum anderen.

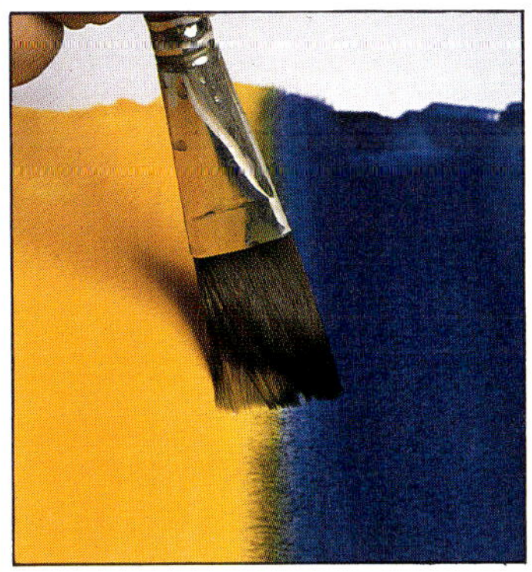

5. Farben können auch in schnellen Zügen mit vertikalen Strichen eines weichen, feuchten Pinsels vermalt werden.

Trockene Farben vermalen
Denken Sie daran, daß Verläufe auch dann gelingen, wenn schnell trocknende Malfarben, wie Temperafarben, Acrylfarben oder Gouache, bereits vollständig durchgetrocknet sind. Legen Sie einfach gebrochene Farbtöne in lockeren Tupfen über die Berührungslinie beider Farben. Hier hat der Künstler zwei getrocknete Temperafarben (lichter Ocker und Ultramarin hell) miteinander vermalt. Er hat die beiden Farben zusammengemischt und hat damit die Schnittflächen der bereits angelegten Farben überarbeitet. Die Übermalung läßt etwas von den unteren Farben durchscheinen. Das „verdeckt" die harte Grenze und schafft die Illusion eines weichen Verlaufs.

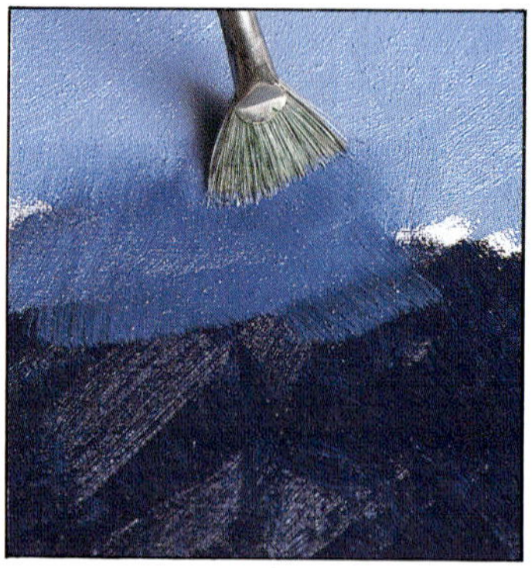

Vermalen mit dem Fächerpinsel
Fächerpinsel sind besonders gut für Verläufe geeignet. Solange die Farbe noch feucht ist, vermalen Sie mit einer leicht fegenden Bewegung die hellere Farbe in die dunkle. Dann arbeiten Sie mit leichtem Druck an den Schnittflächen beider Farben weiter, bis ein glatter, unwahrnehmbarer Übergang erreicht ist.

Verläufe • Ölfarben
Die buttrige, viskose Beschaffenheit der Ölfarbe eignet sich in hohem Maße für weich vermalte Verläufe. Die Ölfarbe sollte zu diesem Zweck nicht zu dünnflüssig sein.

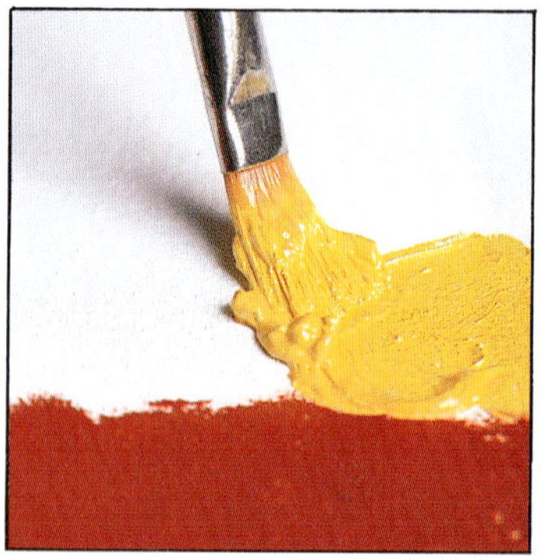

1. Der Künstler legt hier mit einem flachen Borstenpinsel Nr. 4 zwei breite Farbbänder nebeneinander (Kadmiumrot und Kadmiumgelb hell).

2. Mit einem weichen, langhaarigen Pinsel vermalt der Künstler in kurzen, weichen Strichen die beiden angrenzenden Farben.

3. Der endgültige Effekt. Die Farben gehen weich ineinander über. Die Lebendigkeit des Pinselduktus verhindert dabei eine zu glatte und langweilige Fläche.

Pastell
In der Pastelltechnik werden die Farben gewöhnlich durch Verreiben mit den Fingern, einem Stück Papier, einem Lumpen oder einem Pinsel vermalt. Am besten eignet sich ein nicht zu weiches Sandpapier. Legen Sie die erste Farbschicht mit einem harten Pastellstift an, damit die Körnung des Papiers nicht verschmiert.
Die weichen, malerischen Wirkungen von Pastellfarbenverläufen sind sehr gefällig. Lassen Sie sich aber nicht zu exzessivem Vermalen hinreißen! Verwenden Sie Verläufe sparsam, sonst verlieren die Farben ihre Vibration, und die Oberfläche wirkt stumpf und manieriert. Eine zu sehr vermalte Fläche kann durch einige Striche gebrochener Farbtöne wieder aufgefrischt werden (vgl. Fiedern und Vertreiben).

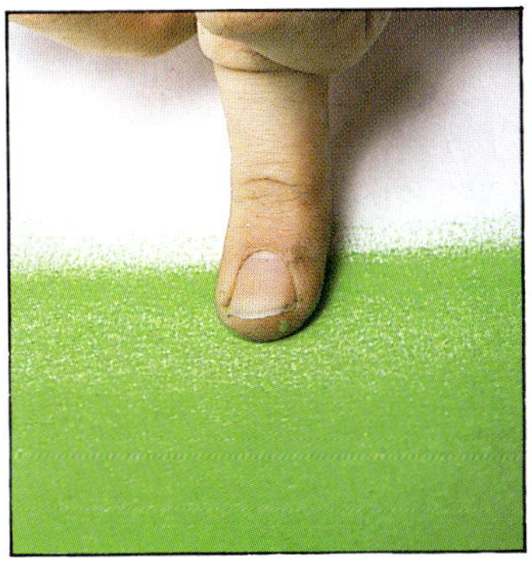

Verläufe • Pastell

1. Vermalte Farbflächen bieten eine schnelle Methode, um einen farbigen Landschafts- oder Porträthintergrund anzulegen. Der Künstler legt eine dichte Farbfläche mit einem weichen Pastellstift an. Dann vertreibt er die Farbe leicht mit seiner Fingerspitze vom Zentrum nach außen. (Ihre Finger sollten sauber und fettfrei sein.)

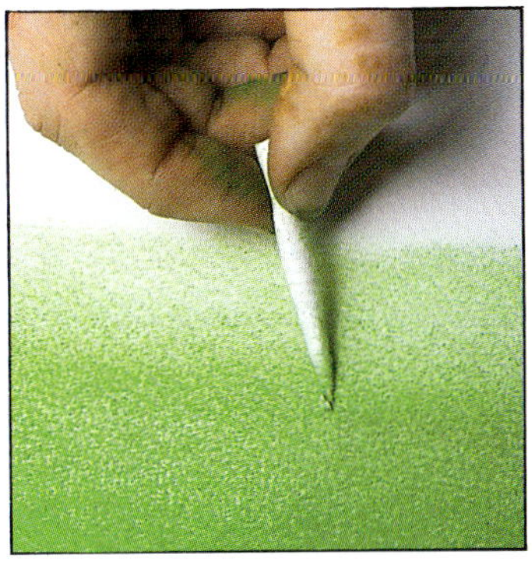

2. Mit einem Torchon verfeinern Sie die Übergänge. Sie sind ideal für Übergänge in kleinen, schwierigen Flächen. Die Längsseite des Papierwischers können Sie verwenden, um größere Flächen weicher zu vermalen.

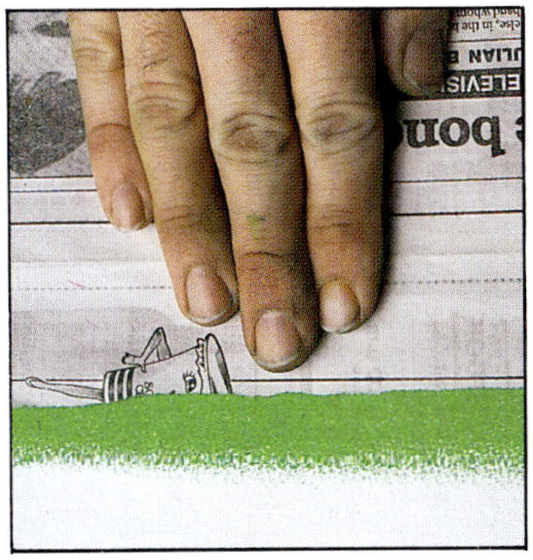

3. Um die Farbe abzusetzen und ein Verschmieren zu verhindern, legt der Künstler ein Stück Zeitungspapier auf die vermalte Fläche und reibt die Pastellfarbe leicht in die Papierkörnung.

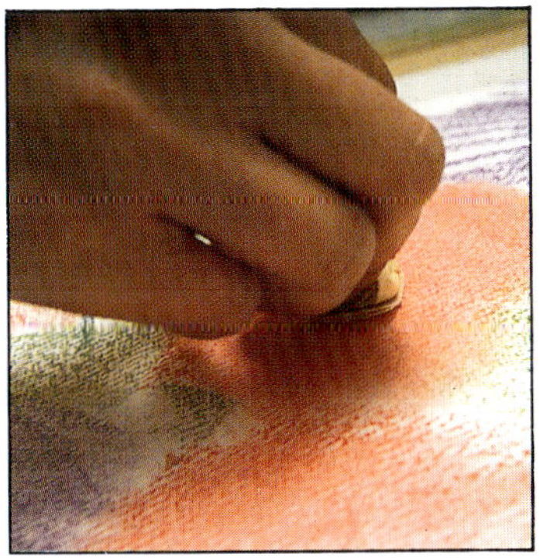

Verläufe großer Flächen • Pastell

Auf einem Papier mit guter weicher Oberfläche können Pastellfarben leicht vermalt werden. Mit einem Tuch oder einem Stück Papier können Sie große Flächen besser als mit Ihren Fingern bearbeiten.

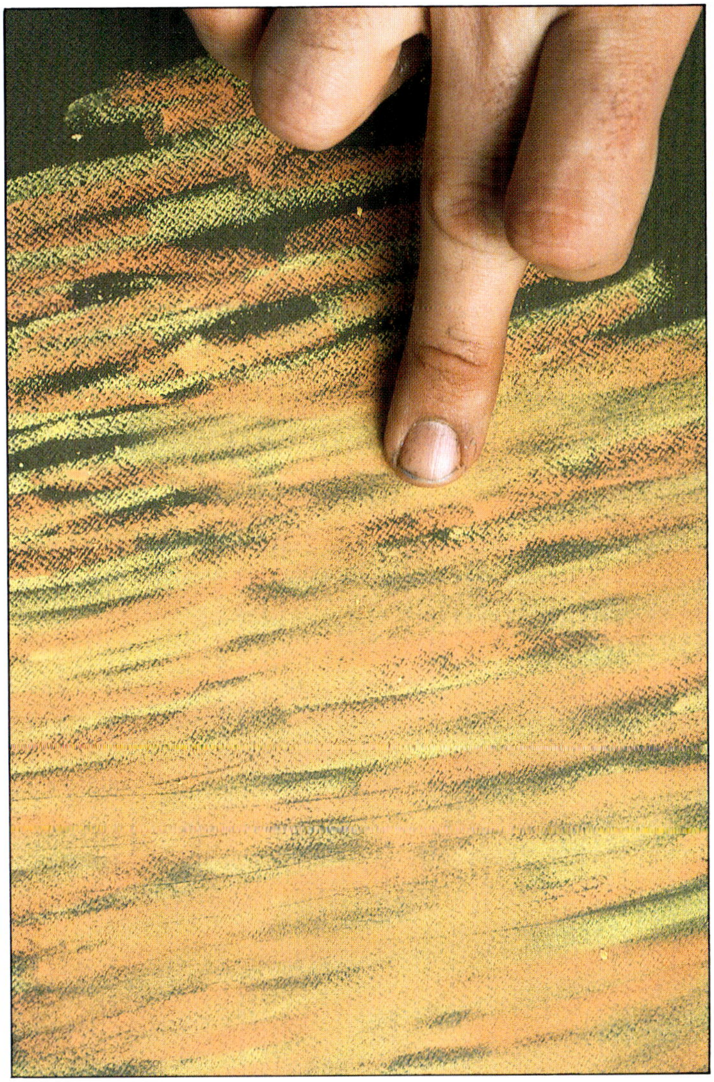

Verläufe wischen • Pastell

Ein glatter Farbverlauf ist einer Vermalung vorzuziehen. Ein zu sehr vermaltes Pastell verliert ganz sicher an Frische und Schmelz (dieser Schmelz wird vom Licht verursacht, das von den winzigen Farbpartikeln reflektiert wird). Hier hat der Künstler Schraffuren in Orange und Gelb über ein dunkel getöntes Papier gelegt. Mit seiner Fingerspitze verwischt er die Linien nur ein wenig, um den Eindruck eines flüchtig vermalten Verlaufs zu geben. So erhält er Licht und Frische der Farben. In den meisten Pastellbildern ergibt die Verbindung von weichen, glattvermalten Flächen und grobstrukturierten Passagen die besten Resultate.

Motive und Details

Für den zweiten Teil dieses Buches hat die Autorin zahlreiche Motive ausgesucht und zeigt detailliert, wie die vorher beschriebenen Techniken zur Wiedergabe dieser Motive verwendet werden können. An acht häufig vorkommenden Themenkreisen werden die dafür in Frage kommenden Techniken demonstriert: „Architektur", „Himmel und Wolken", „Landschaften", „Porträts", „Stilleben", „Wasser" und „Wetterphänomene". Die Motive sind breit gefächert dargestellt, beruhen aber alle auf allgemeinen Beobachtungen, die Sie selbst leicht machen können. Diese motivische Beobachtung ist sehr wichtig. Denn die Techniken sind vor allem dazu da, Ihre Wahrnehmung zu schulen. Die Autorin verweist darauf, daß die aufgezeigten Techniken nicht als Selbstzweck, sondern nur als Mittel zum Ziel gedacht sind, nämlich das zu malen, was Sie vor sich sehen.

Die meisten Bücher über Techniken legen sich auf Themen, wie z. B. „die Chemie der Farbe", fest und gehen wenig auf die Malprozesse selbst ein, wie sie hier beschrieben werden. Für Sie ist es wahrscheinlich am günstigsten, die Techniken zunächst einmal zu überfliegen und zur Wahl eines bestimmten Motivs zu gelangen. Sie können mit einem Thema beginnen, das Sie besonders interessiert, und dann zu Motiven übergehen, die Ihnen weniger liegen. In jedem Fall sind die Motive so verschiedenartig angelegt, daß sie ohne Schwierigkeit Ihre Interessensgebiete finden werden.

In den 40er und 50er Jahren lehrten Kunstschulen keine Maltechniken. Man war entweder Handwerker oder Künstler, beides zusammen ging nicht. Dahinter stand zum Teil die Meinung, daß man mit der Kunst der Vergangenheit rigoros brechen müßte, um neue Ideen zu finden. Jede Art von rein technischen Geschicklichkeitsübungen wurde nur milde belächelt. Der Geist, die künstlerische Vision, nur das zählte.

Mit der Einführung der Acrylfarben mußten die Künstler wieder etwas über die technischen Eigenschaften dieser Farben erlernen. Ein tieferes Verständnis für Maltechniken kam aber nur langsam auf. Es herrschte eine Haltung vor, die das genaue Gegenteil z. B. der chinesischen Mallehre war: Chinesische Maler müssen so lange ein Zeichen üben, bis sie es so perfekt beherrschen, daß sie während der Ausführung nicht mehr an das Zeichen denken. Heute, in den 80er Jahren, sind wir wieder dazugekommen, die Wichtigkeit der Maltechniken für den Künstler richtig einzuschätzen. Denn nur mittels der Maltechnik können künstlerische Ideen ausgedrückt werden.

Das erste Anliegen dieses Buches ist die Einführung in eine Reihe von Techniken und ihren Anwendungsmöglichkeiten. Die Autorin möchte aber auch Hilfestellungen zur Umsetzung bestimmter Motive anbieten.

In dem Kapitel über „Himmel und Wolken" werden, neben einer Menge Techniken und ihren Anwendungsbereichen, viele Informationen über die verschiedenen Wolkenarten gegeben. Im Kapitel zur „Porträtmalerei" gibt es eine allgemeine Einführung zum Thema sowie einzelne Abschnitte über verschiedene Aspekte: Vorschläge für die Zusammenstellung einer Ölfarbenpalette wie auch einer für Aquarell- und Pastellmalerei, Anregungen zur Anlage des Hintergrundes, zur besten Lichtverteilung, zur Plazierung eines Modells, zur Wiedergabe von Mund- und Augenpartien. Beim heiklen Thema „Haut" beharrt die Autorin in wohltuender Weise auf der Feststellung, daß es keine feststehende „Fleischfarbe" gibt. Hauttöne wechseln je nach Modell und unterschiedlichen Lichtverhältnissen, auch wenn Ihnen im Malgeschäft eine Tube „Fleischfarbe" angeboten wird. Es gibt übrigens Maler, die eine solche Farbe nie für ein

Porträt verwenden würden, sie aber gerne für Landschaften einsetzen.

Viele Künstler meinen, der beste Weg, etwas über Malerei zu erfahren, sei das Stilleben. Andere denken, man müsse erst viel zeichnen, bevor man anfängt zu malen. Und wieder andere glauben, man müsse erst eine Technik meisterhaft beherrschen, bevor man zu einer anderen überwechselt. Diese Meinungen mögen sich zunächst ganz vernünftig anhören, es sei denn, Sie haben die Möglichkeit, andere Erfahrungen in einem Kunstkurs machen zu können. Es erscheint aber wohl sinnvoller, über den Weg des Malens auch etwas über das Zeichnen zu lernen. Außerdem wird der Wert einer Farbe und einer Technik, die Sie beherrschen, erst dann offensichtlich, wenn Sie eine andere Farbart oder eine andere Technik benutzen und ihre Erfahrungen einsetzen.

Denken Sie immer daran: Jede Technik kann auf vielerlei Art und für viele Motive angewandt werden. Hier sind nur einige Möglichkeiten aufgezeigt, sie alle darzustellen, wäre unmöglich! Experimentieren Sie auf anderen Wegen und mit anderen Motiven weiter! Haben Sie die Eigenart einer Technik verstanden, versuchen Sie, sie in einem anderen Zusammenhang zu meistern. Denken Sie an die Vielseitigkeit der Techniken, und vor allem haben Sie Spaß am Ausprobieren!

Architektur

Häuser und Bauten ziehen die Aufmerksamkeit des Malers durch ihre faszinierenden Formen auf sich. In der Landschaft geben sie einen guten Hintergrund für die umliegenden Felder und Bäume. In städtischen Gebieten kann die Vielfalt der Architektur interessante Kontraste zeigen. Die Größe und Lage dieser Strukturen innerhalb einer Komposition gibt dem Bild eine interessante auf den Menschen ausgerichtete Atmosphäre.

Es versteht sich von selbst, daß Gebäude immer im richtigen Maßstab und in richtiger Perspektive und Stabilität vermittelnd wiedergegeben werden sollten. Wie sie angelegt werden, hängt aber von der Bildwirkung ab. Flächige Tonwerte und mit dem Lineal gezogene Linien einer Architekturzeichnung sind für eine Landschaftsmalerei ungeeignet, mögen aber unter Umständen für ein Städtebild passen. Malt man eine Landschaft, muß man an die von Menschenhand gebauten Dinge genauso herangehen wie an Wolken oder Bäume. Versuchen Sie es mit fließenden Linien und sensiblem Farbauftrag und lassen sie die Formen in andere umgebende Elemente des Bildes eingehen. Zur Wiedergabe der festen, dreidimensionalen Erscheinung von Gebäuden kann ein Sichtrahmen hilfreich sein, mit dem Sie die Ansicht eines Gebäudewinkels aufnehmen und starke diagonale Linien verfolgen können. Gebäude in der Draufsicht sehen viel weniger interessant und zweidimensional aus: wie ein Stück Bühnendekoration. Denken Sie daran, daß starke Licht- und Schattenkontraste die Form und das Volumen der Gebäude betonen – die langen Schatten am späten Nachmittag sind in dieser Hinsicht besonders nützlich. Um das Malen von Gebäuden zu vereinfachen, besonders von komplexen Bauten wie Kirchen und Burgen, sollten Sie immer damit beginnen, Gebäude auf ihre geometrischen Grundformen zu reduzieren und diese als flächige Töne anzulegen. Nachdem Sie sozusagen den Grundstock gelegt haben, können Sie langsam die besonderen Einzelheiten bearbeiten. Vermeiden Sie aber, Ihr Bild mit zuviel Details zu belasten! Das Schlüsselwort ist Vorstellung: Indem Sie hier und da Strukturen oder Texturen andeuten, lassen Sie den Betrachter an dem Bild teilhaben. Seine Vorstellungskraft ergänzt die fehlenden Details von selbst.

Ziegelsteine

Das ist der Effekt, den Sie in Ihrem Bild schaffen sollten. Indem Sie einige Ziegelsteine genau beschreiben, werden Sie die anderen mit andeuten, ohne den Betrachter mit zuviel Detailarbeit zu belasten.
Beginnen Sie immer mit dem allgemeinen Farbton der Mauer oder des Daches und der Verteilung von Licht und Schatten. Dann fügen Sie etwas Textur hinzu.
Hüten Sie sich davor, Ziegelsteine und Backsteine zu hell in der Farbe zu malen. Beobachten Sie, wie die Farbe von einem Backstein zum anderen variieren kann. Nehmen Sie dafür gedämpfte Rottöne und zusätzlich Grün-, Blau- sowie Erdfarben.

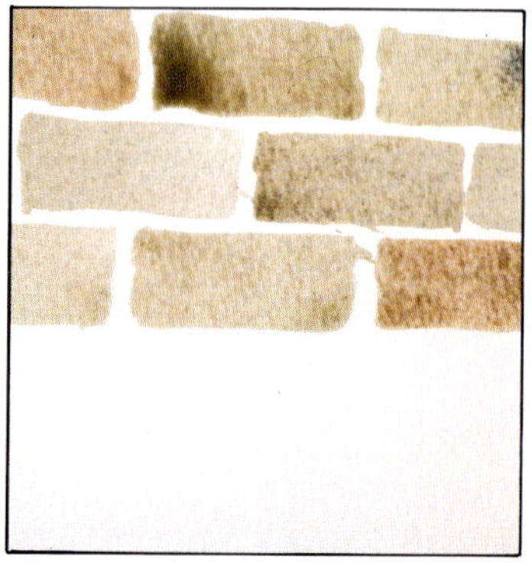

Malen einer Ziegelmauer
1. Man fängt mit einer Lavierung von Siena natur für den Hintergrund an. Trocken, werden die Ziegelsteine mit einem Flachpinsel Nr. 6 gemalt. Lassen Sie unregelmäßige, weiße Stellen zwischen den Ziegelsteinen, um den hellfarbigen Mörtel anzugeben.

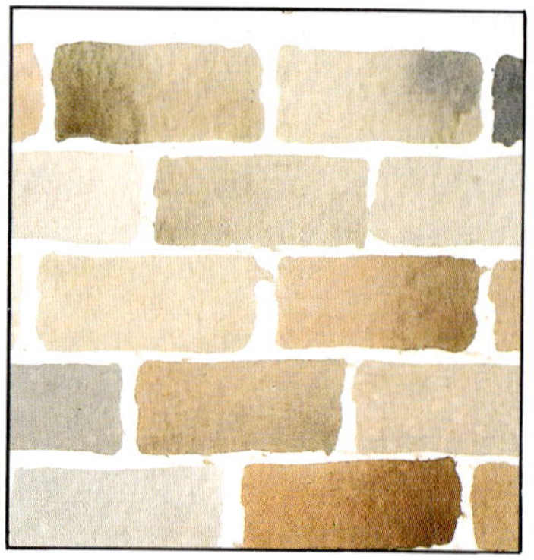

2. Beachten Sie die Formen der Ziegelsteine und die Farbtöne. Es ist von Vorteil, wenn Sie ihre Farbtöne bereits vorher ausgemischt haben, anstatt sie während des Malprozesses flüchtig anzumischen. Das erleichtert die schnelle Ausführung und hält die Farben frisch und sauber. Waschen Sie den Pinsel nach jedem Farbauftrag gründlich aus. Die hier verwendeten Farben waren Umbra natur, Siena natur, Siena gebrannt und Paynesgrau in verschiedenen Stärken.

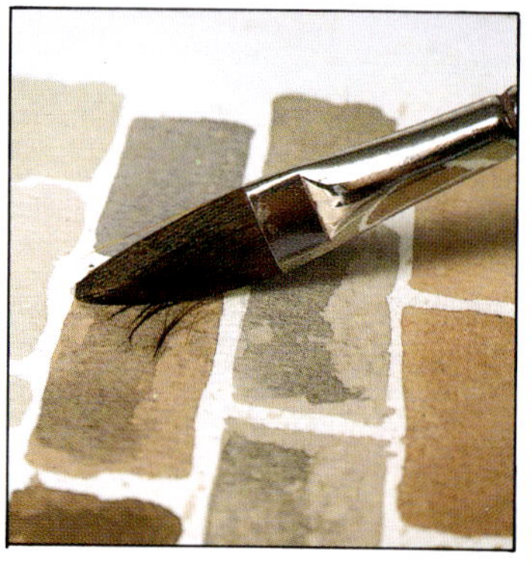

3. Wenn die Farben trocken sind, fügt der Künstler die Schatten naß auf trocken in einer verdünnten Lavierung von Paynesgrau ein. Das gibt den Ziegelsteinen Form und Textur.

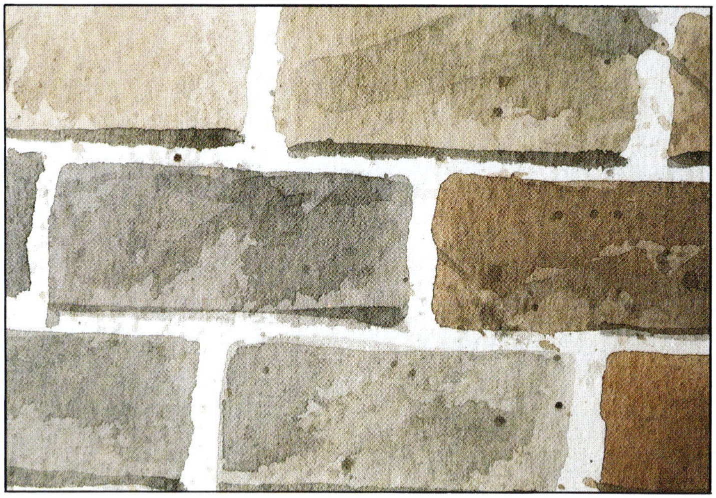

4. Die Schattenpartien werden mit Lavierungen und Lasuren weiter übermalt, um einen rauhen Anstrich zu erzeugen. Zum Abschluß wird eine starke Verdünnung von Paynesgrau und Umbra natur auf der Palette gemischt und leicht über die Bildflache gespritzt, um die löchrige, wittrige Oberfläche der Ziegelsteine zu betonen.

Natursteinmauern

Wände und Gebäude aus Stein sind immer ein attraktives Thema für den Maler. Ihre durch Witterungseinflüsse und den Bewuchs von Moos und Flechten erzeugten Farbtöne und interessanten Farbspiele reizen das Auge des Malers. Fangen Sie mit einer hellen Farblavierung an, um den Rundfarbton der Mauer anzulegen. Malen Sie dann die Textur und die Steinoberfläche mit trockenen Strichen und/oder Sgraffito-Techniken, wie sie vorher beschrieben wurden.
Aquarellmaler benutzen häufig Spritzverfahren, um die löchrige Oberfläche der Steine anzudeuten. Zudem kann etwas Salz auf die nasse Farbe gestreut werden, um ein verwittertes Aussehen der Steine zu erzeugen.
Wenn Sie Steinmauern malen wollen, wie man sie gelegentlich noch an Bauernhöfen findet, malen Sie am besten zuerst die Mauer als große Form, ohne auf Einzelheiten der Steine zu achten. Nachdem dann die Verteilung von Licht und Schattenpartien abgeschlossen ist, können Sie auch einzelne Steine ausarbeiten, ohne jedoch jeden einzelnen sich vorzunehmen. Verwenden Sie neutrale Farbtöne, niemals Schwarz, für die Risse und Zwischenräume der Steine oder die Schattenzonen, die einige Steine über darunter liegende Schichten werfen.

Steinmauern • Aquarell
Die alten, verwitterten Steinmauern, die man manchmal noch auf dem Land (besonders im Süden) sehen kann, haben einen besonderen Reiz. Die Steine liegen unregelmäßig übereinander. Einige Steine ragen über andere hinaus, andere liegen etwas zurück gesetzt. Ihre Oberfläche ist löchrig und rissig.

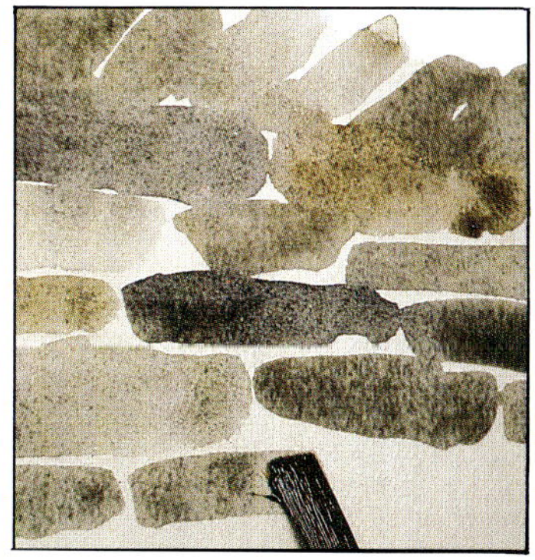

1. Das erste Stadium beim Malen der Mauer ist die Anlage einer flächendeckenden Lavierung in Umbra natur auf einem Blatt rauhem Papier. Nach der Trocknung setzt man mit einem Flachpinsel die unregelmäßigen Formen der Steine ein. Die hier benutzten Farben sind: Umbra natur, Paynesgrau und lichter Ocker. Sie wurden in verschiedenen Mengenverhältnissen ausgemischt, um eine Vielfalt von gedeckten Farbtönen zu erhalten.

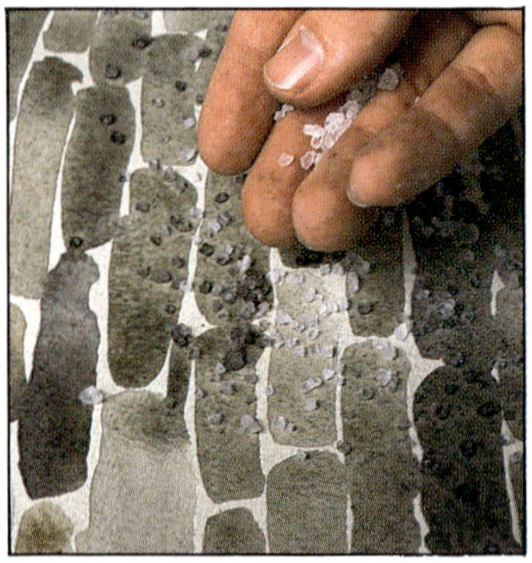

2. Kurz bevor die Farbe ganz trocken ist, werden einige grobe Salzkörner auf die Malerei gestreut und trocknen gelassen.

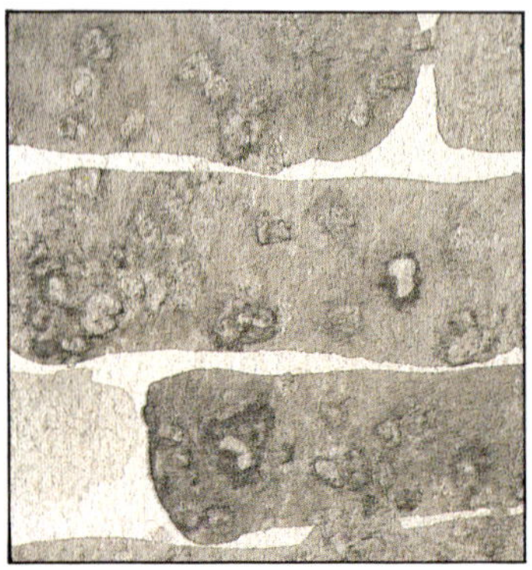

3. Nachdem das Bild ganz durchgetrocknet ist, wird das Salz weggewischt. Die Salzkörner haben da, wo sie hingefallen sind, die Farbe aufgesogen und winzige helle Spuren hinterlassen, die sehr wirkungsvoll die poröse Oberfläche der Steine nachahmen.

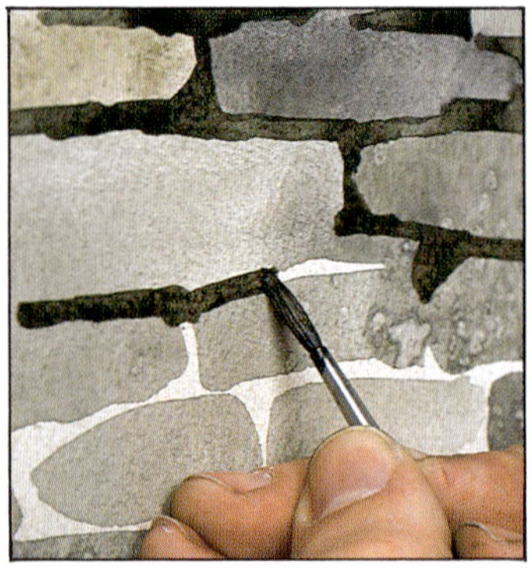

4. Eine kräftige Mischung von Paynesgrau und Saftgrün gibt die dunklen Zwischenräume zwischen den Steinen. Verändern Sie die Farbintensität an verschiedenen Stellen.

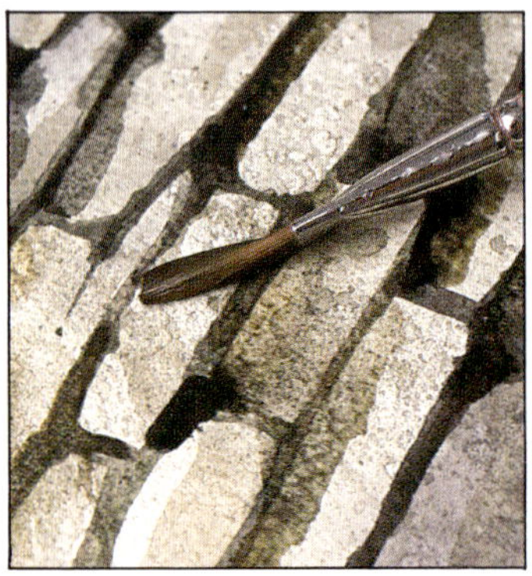

5. Nach der Trocknung werden helle Lavierungen in Siena natur und Paynesgrau, gemischt mit Saftgrün, verwendet, um die Mauer an einigen Stellen abzudunkeln.

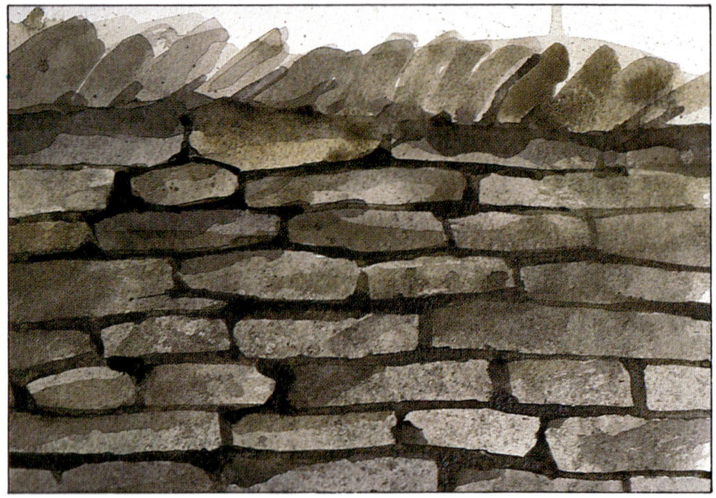

6. Die gleiche Farbmischung wie im fünften Schritt wird leicht über die Bildfläche gespritzt. Hier sehen Sie, wie Lavierungen, Lasuren, Spritztechniken und Salztexturen verbunden wurden, um der Mauer ein verwittertes Aussehen zu geben. Die Steine im Sonnenlicht sind scharf konturiert, während die im Schatten liegenden verschwommenen geblieben sind.

Steinmauern • Öl

1. Pastose Ölfarbe wurde auf eine bereits bemalte Fläche aufgetragen. Durch den rauhen, pastosen Farbauftrag hält die Farbe vor allem an den erhabenen Stellen der Untermalung und läßt die tieferliegenden Stellen durchscheinen, wodurch ein funkelnder Effekt entsteht.

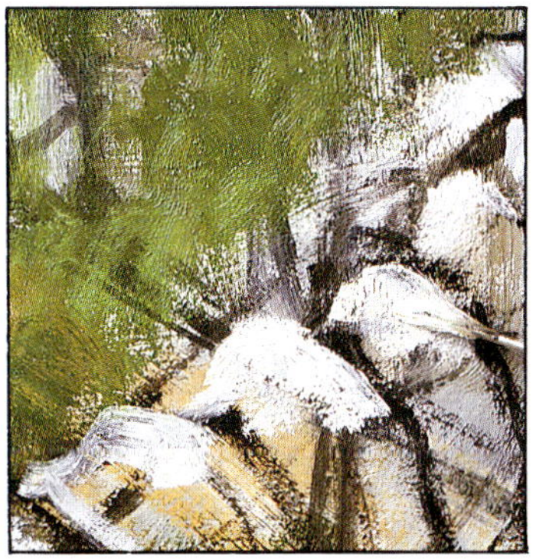

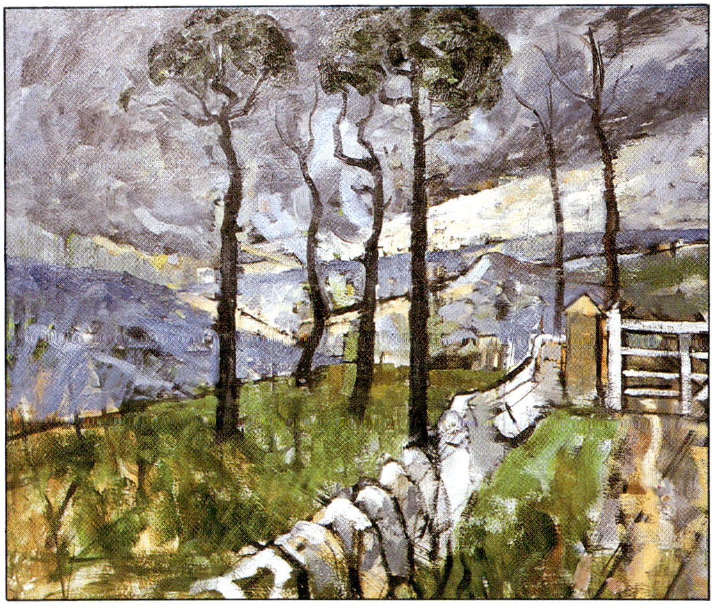

2. Dem Künstler ist es im fertigen Bild gelungen, die rauhe Witterung genau wiederzugeben. Das Bild hat eine Einheit, weil die künstlerische Vorstellung konsequent verfolgt wurde und jedes Teil des Bildes zugleich bearbeitet wurde.

Häuser

Die warmen Gelb- und Grautöne mancher Steinhäuser machen diese Gebäude zu einem anziehenden Motiv, besonders in Verbindung mit schöner Landschaft.

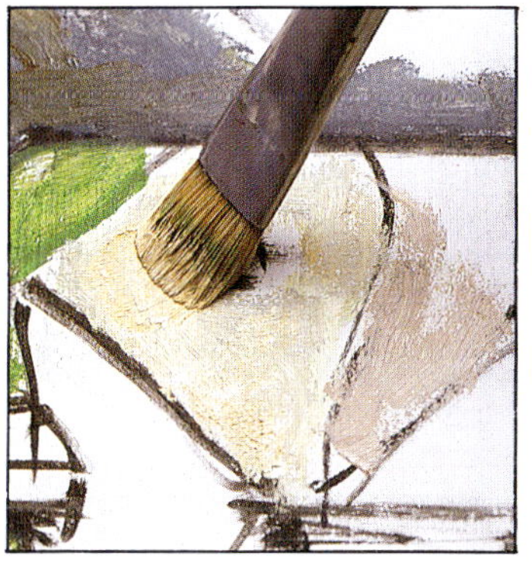

1. Zuerst werden die Umrisse der Komposition in Zeichenkohle angelegt. Dann werden die Linien mit schwarzer, terpentinverdunnter Farbe nachgezogen.

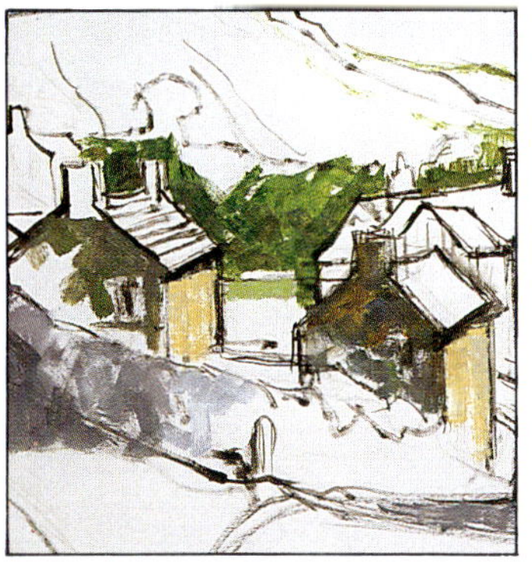

2. Daraufhin werden die großen Flächen so angelegt, daß man die Farbtöne in ihrem Zusammenspiel vergleichen kann.

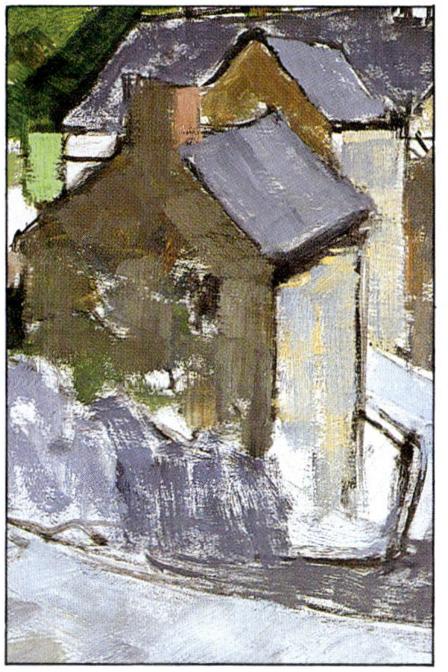

3. Kurze Pinselstriche haben den Wänden Textur verliehen. Sie lassen die Ockertöne auf der sonnenbeschienenen Wand wie auch die Grüntöne auf der beschatteten Wand durchschimmern und erzeugen so die feinen Farbtonvariationen auf dem Stein.

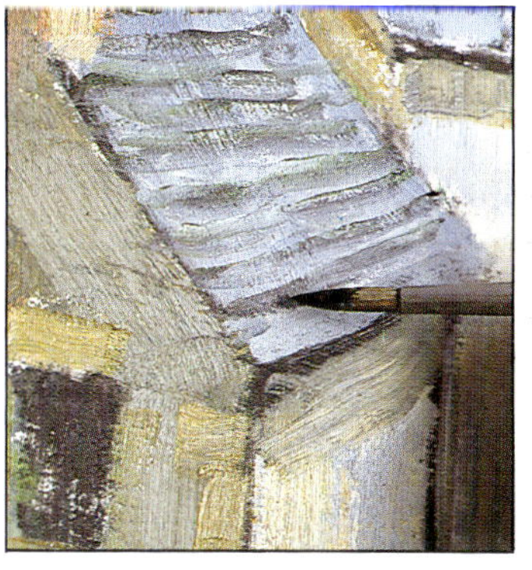

4. Mit Ultramarin, Grün und Schwarz wurden die dicken Steinplatten auf dem Dach gemalt, in die hier noch einige Feinheiten eingearbeitet wurden.

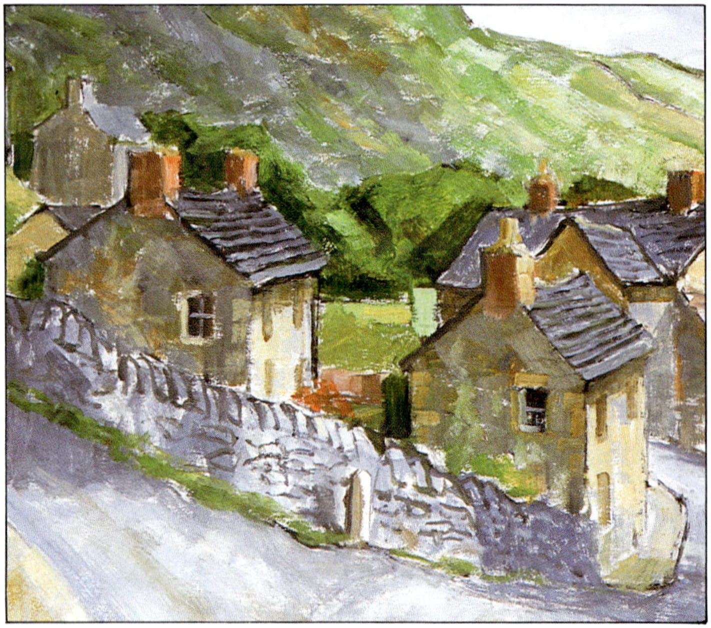

Das fertige Bild

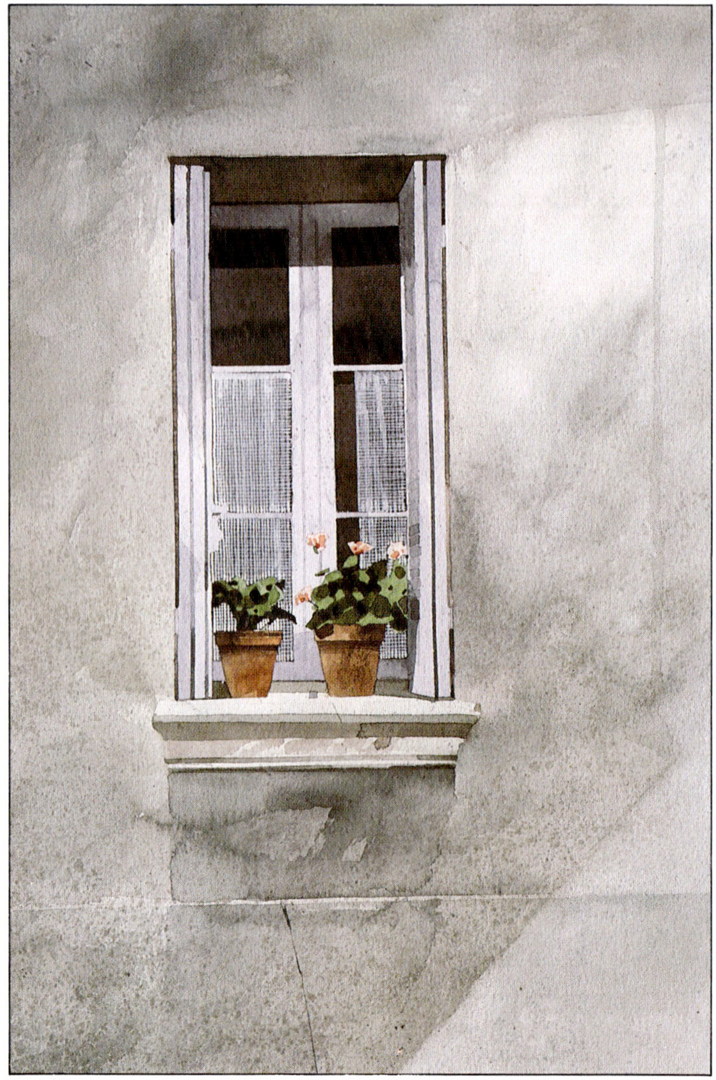

Häuser • Detail
In diesem Ausschnitt sehen wir, wie Schatten und Textur eingesetzt wurden, um einem so statischen Gegenstand wie einem Gebäude lebhafte Lichtwirkungen zu verleihen. Die langen Schrägschatten unterbrechen die Vertikalität des Fensters und geben dem Bild Atmosphäre. Die rauhe Struktur des Putzes wird durch Lavierungen und Lasuren wiedergegeben, überlagert mit einigen Spritzern Farbe im gleichen Ton.
Um zu vermeiden, daß die Schatten auf Gebäuden zu steif aussehen, sollte man die Grenzlinien zum Teil scharf abgrenzend und dann wieder weich und verschwommen malen.

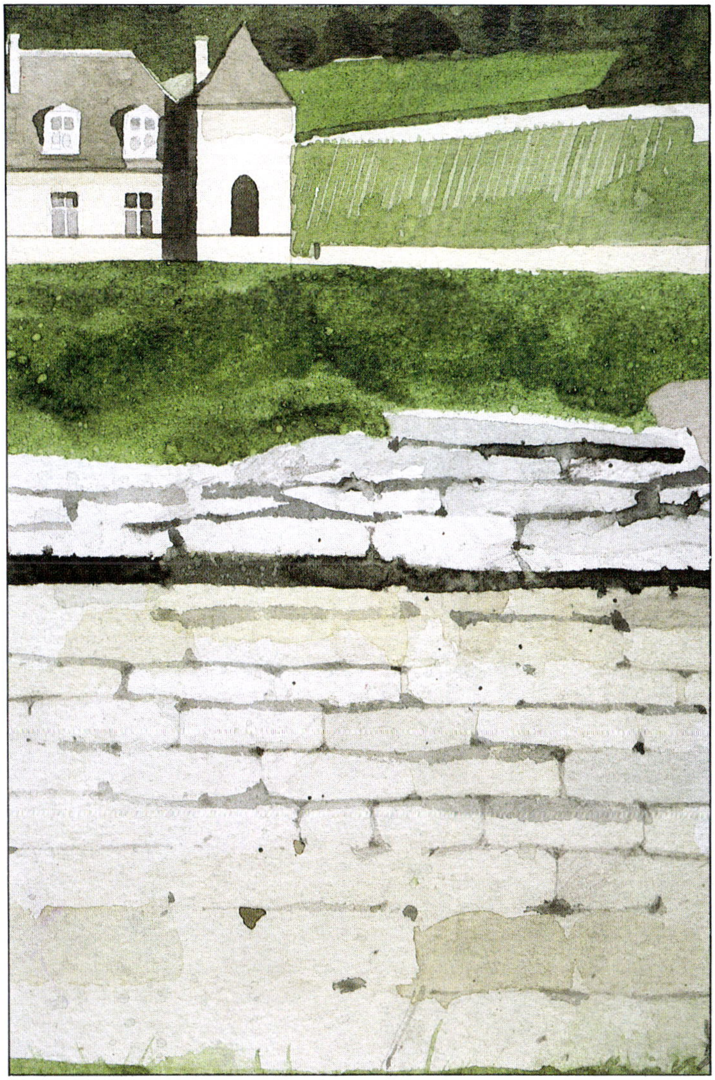

Häuser • Bildaufbau
Dieser Ausschnitt aus einem Landschaftsbild zeigt eine Mauer aus neuen, glatten Steinen. Beachten Sie, wie einige Steine genau wiedergegeben wurden. Eine Mauer im Vordergrund eines Bildes sollte nie zu genau gemalt werden, da sie sonst als „Barriere" wirkt, anstatt den Betrachter ins Bild zu führen. Der Künstler begann mit einem vereinheitlichendem Farbton in Siena natur und übermalte dann einige Steine mit Lasuren in einem Siena natur stärkerer Sättigung. Abschließende Farbtöne in Paynesgrau und Umbra gebrannt geben dem Stein Lebendigkeit und Wärme.

Häuser • Linie und Lavierung
Eine lavierte Tuschezeichnung kann die komplizierten Einkerbungen auf alten Gebäuden sehr gut wiedergeben. Das bedeutet aber nicht, daß jede Einzelheit haarklein dargestellt werden muß. In diesem Beispiel wurden Feder und Tusche verwendet, um die Schatten und Formen des „Steinschnitzwerks" wiederzugeben.

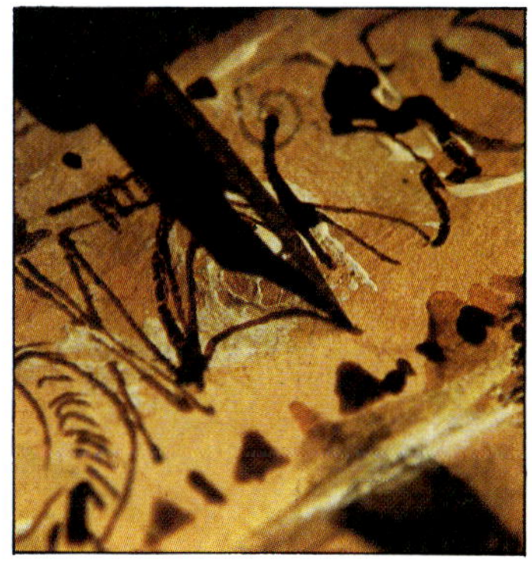

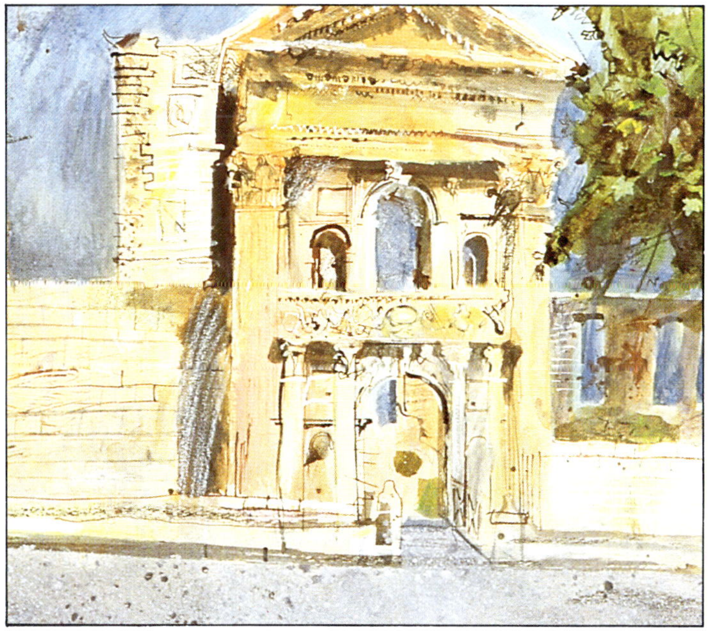

Das fertige Bild

Häuser • Verwittertes Holz
Hölzerne Türen, Zäune und Tore, die lange Zeit der Witterung ausgesetzt waren, geben ausdrucksstarke Motive ab. Feuchtigkeit, Hitze und Kälte lassen die Farbe springen, splittern und abfallen. Das Holz kann sich werfen und aufbrechen. Die Sonne bleicht die Farben aus, und rostige Nägel im Holz hinterlassen große, rotbraune Stellen.
Aber: Übertreiben Sie auch hier die Oberflächentextur nicht! Nachdem Sie den Lokalton und die Schatten festgelegt haben, können Sie mit der Trockenstrich- oder der Sgraffito-Technik Muster und Textur andeuten.

Häuser • Verwitterter Stein
Eine angestrichene Steinwand scheint kaum Unterschiede in den Farbtönen aufzuweisen. Die löchrige Oberfläche kann mit kühlen Schatten wiedergegeben werden, im Kontrast zu den helleren, warmen Farbtönen. Mit einer kombinierten Anwendung harter und weicher Kanten kann Textur erzeugt werden.

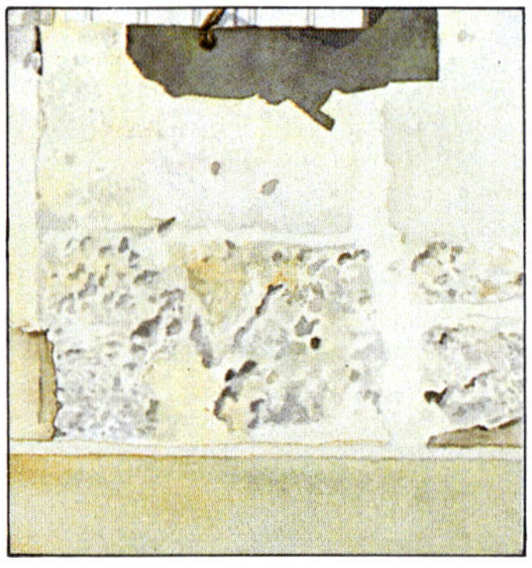

Häuser • Lichtwirkung
Weiße Häuser und Gebäude sehen im hellen Sonnenlicht oder auch wenn die untergehende Sonne lange Schatten wirft besonders eindrucksvoll aus. Will man die Lichtwirkung auf solchen Häusern einfangen, so ist das einfach eine Frage der genauen Beobachtung von feinen Nuancen der Farbe in Licht und Schatten.
Die Schatten auf weißen Gegenständen sind nicht immer neutral grau, wie man vielleicht oft denkt. An einem sonnigen Tag z. B. tendieren sie eher zu einem kühlen Blau, da Weiß das Blau des Himmels reflektiert. Außerdem kann die Farbe der Schatten wie auch der hellen Stellen durch die Farbreflexe der Umgebung beeinflußt werden. Beobachten Sie besonders genau das warme reflektierte Licht, das vom Boden auf überstehende Fensterbretter und Dachrinnen geworfen wird. Die Gegenüberstellung von warmen und kühlen Reflektionen ergibt ein transparentes „Glühen", das die Einwirkung des Sonnenlichts effektiv wiedergibt.

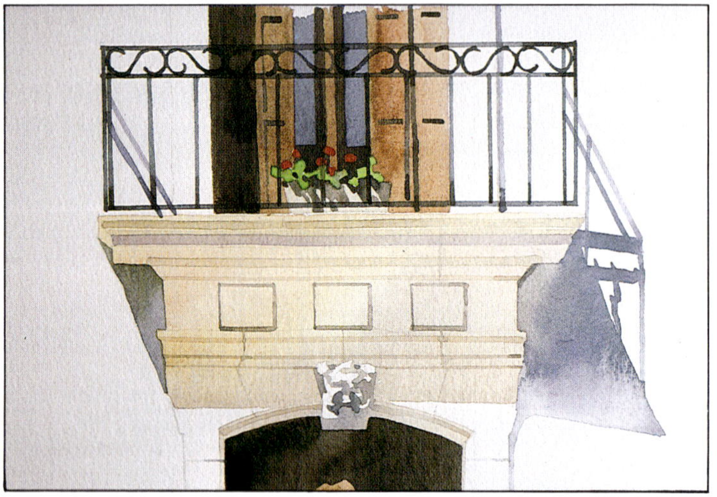

Um Ihren Bildern Atmosphäre und Leuchtkraft zu geben, müssen Sie in der Lage sein, die Wirkungen von Lichtreflexen wiederzugeben. Die Abbildung in Aquarelltechnik zeigt einen Ausschnitt eines alten Hauses in Spanien. Der kleine Balkon hier ist als Detail ist schon sehr attraktiv. Was diesen Ausschnitt lebendig macht, ist das Spiel kühler Schatten und des warmen, reflektierten Lichts auf dem Haus. Man fühlt förmlich die Atmosphäre intensiver Hitze und Lichteinwirkung, die so typisch für den frühen Nachmittag in einem heißen Land ist. In einer solchen sonnigen, helltonigen Situation ist es wichtig, die Farbmischungen sauber und einfach zu halten. Der Künstler hat hier das gleißende Licht auf der weißen Hauswand dadurch wiedergegeben, daß er einfach das Papier unbemalt ließ. Das weiße Papier reflektiert am meisten Licht und hebt sich darum am hellsten von allen anderen Farbtönen ab. Die warme, vom Boden auf die Steinbalustrade reflektierte Farbe wurde in hellen Farbtönen von Siena natur angelegt. Die kühlen Schatten auf der Wand wurden mit Paynesgrau gemalt, das in der Verdünnung einen blauen Farbton hat. In dem großen Schatten auf der rechten Seite hat der Künstler etwas Farbe ausgewaschen, um die Form weicher zu gestalten und den ausbleichenden Effekt des hellen Sonnenlichts darzustellen.

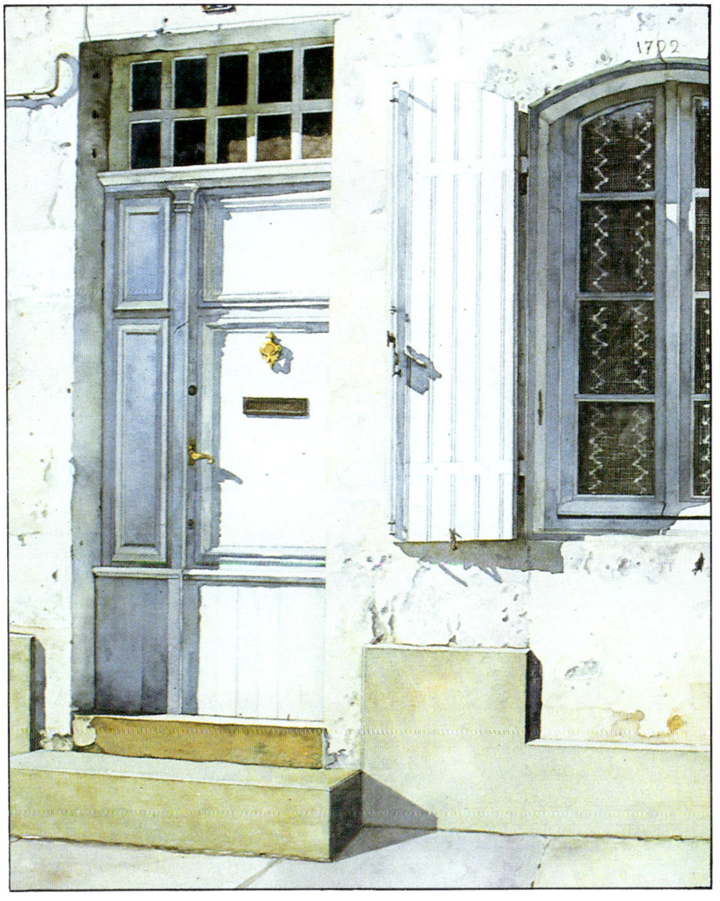

Häuser • Komposition
Verwitterte weiße Häuser sind ein anziehendes Motiv zum Malen, seien es die geweißten Häuser im Mittelmeerraum oder auch die typischen verschalten Häuser von der Ostküste Amerikas Sie sind jedoch ziemlich schwer wiederzugeben, denn Sie müssen sehr genau die Feinheiten der Farbe auf der weißen Oberfläche der Häuser beobachten und malerisch umsetzen können, um sie interessant aussehen zu lassen. Diese Farbtonunterschiede sind, besonders im starken Sonnenlicht, nicht einfach wahrzunehmen und mit einer begrenzten Farbauswahl auch nur schwer wiederzugeben.
Indem Sie die Kontraste zwischen den kühlen und warmen Stellen betonen, können Sie den Eindruck von hellem Licht wiedergeben. Außerdem müssen Sie die wenigen für das Motiv geeigneten Farbtöne in viele verschiedene Farbtöne aufbrechen.
Wie in dem Aquarell oben gezeigt wird, können Sie das Bild noch interessanter und vielseitiger durch die Betonung von Strukturen und Texturen gestalten.

Fenster

Das Glas in Fenstern zu malen ist ähnlich dem Malen von Wasserspiegelungen. Glas ist farblos, aber reflektiert seine Umgebung. Da Fenster am häufigsten ein vertikales Rechteck einnehmen, reflektieren sie eine große Menge an Gegenständen. Oft sehen Sie nur schwarz aus, wenn sie nicht etwas vom Himmel reflektieren. Wenn Sie Glas malen wollen, verwenden Sie einfach gleichmäßig angelegte Flächen von kühlen Licht- und Schattentönen.

Fenster • Aquarell
1. Auf einem Blatt aufgezogenem schwerem Aquarellpapier hat der Künstler leicht die Hauptformen der Fenster und Fensterläden einskizziert. Die umgebende Wand ist dann mit einer hellen Lavierung von Siena natur gemalt worden, leicht trocken vermalt und dann überspritzt mit Paynesgrau, um etwas Textur zu geben.

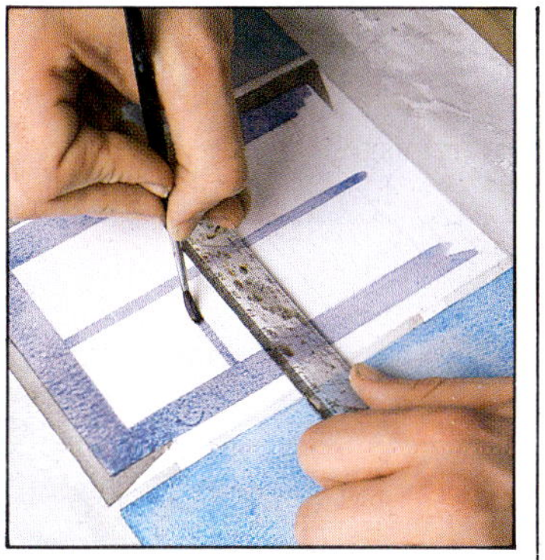

2. Der Fensterrahmen wird mit Ultramarinblau gemalt. Um sicherzugehen, daß die Linien des Rahmens gerade sind, verwendet der Künstler hier die Linealtechnik (vgl. Linieren). Indem er das Lineal vom Papier abgewinkelt hält, zieht er den Pinsel über das Papier. Die Pinselzwinge muß an die Kante gedrückt werden.

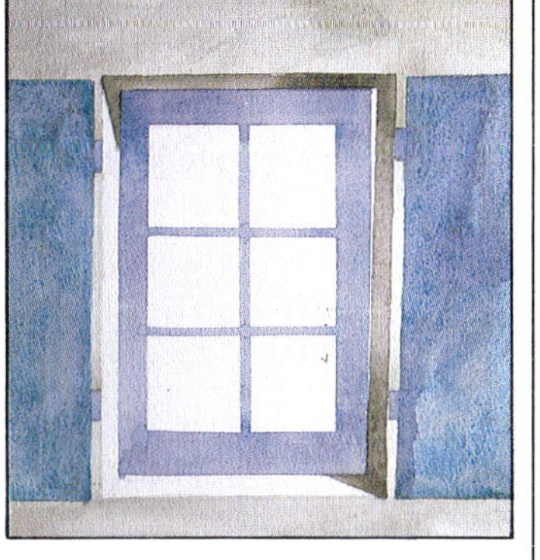

3. Der Schlagschatten des Fensterrahmens wird mit Paynesgrau gemalt. Die hölzernen Fensterläden sind mit Lasuren und dämpfenden Strichen von Kobaltblau hell und Ultramarin wiedergegeben. Die Farben trocknen auf dem Papier körnig auf. Diese Textur ist die Grundlage für die Wiedergabe der alten, wettergegerbten Fensterläden.

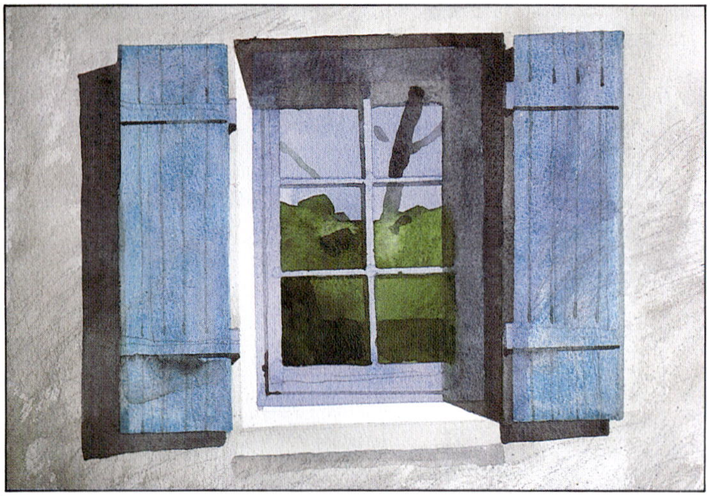

4. Nun malt der Künstler die Aussicht im Fenster. Für den Himmel werden eine helle Lavierung von Kobaltblau und anschließend Lavierungen mit Saftgrün und Paynesgrau für die Landschaft angelegt. Die Landschaftsformen sind sehr einfach gehalten und deuten damit ihre Entfernung zum Fenster an. Nach der Trocknung wird eine Schattenlavierung in Paynesgrau um das Fenster und hinter die Fensterläden gemalt. Zum Abschluß wird mit einem kleinen, gut geformten Pinsel und Paynesgrau Detail in den Fensterläden eingefügt.

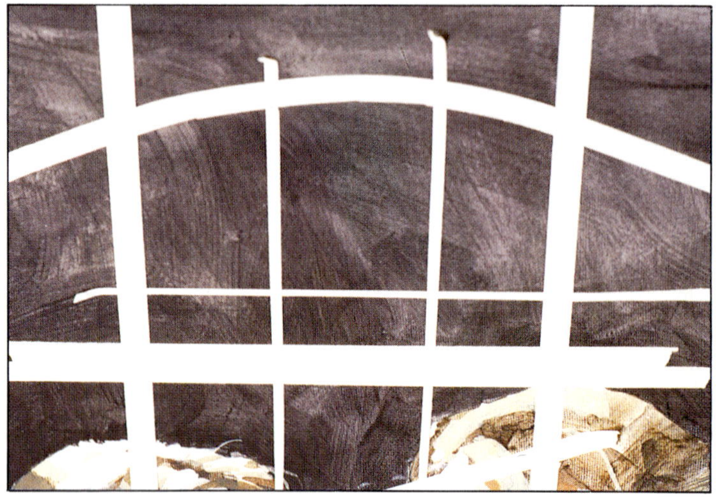

Fenster • Acryl

1. Ohne Abdeckband ist das Malen ganz gerader Linien sehr schwierig. Der Künstler hat in diesem Bild Streifen von Abdeckband benutzt, um die Fensterscheiben anzulegen.

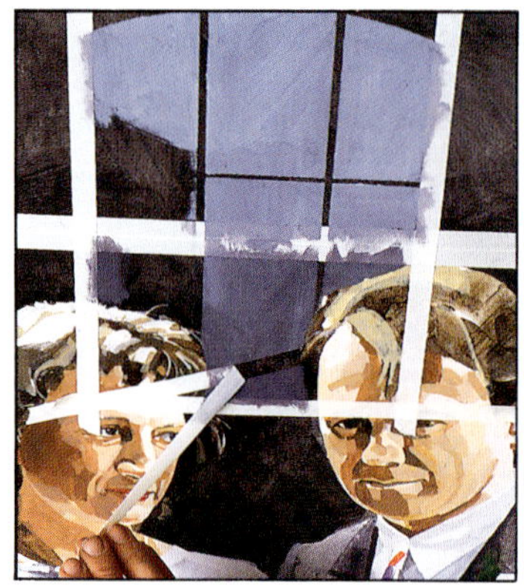

2. Wenn das Band fest angedrückt wird und die Farbe sehr dick aufgetragen wird, bekommt man saubere Kanten. Nach Trocknung der Farbe ziehen Sie das Band vorsichtig ab.

Himmel und Wolken

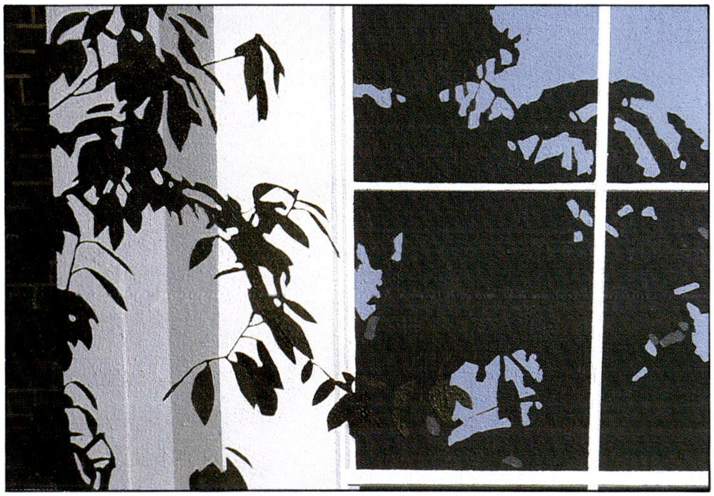

Fensterbild • Ausblick
Fenster sind interessante Kompositionsstudien, da sie erstaunliche „Bilder im Bild“ schaffen. Dieser Ausschnitt eines Interieurs ergibt wie von selbst eine interessante Bildfindung. Die geometrischen Linien des weißen Fensterrahmens geben einen Hintergrund für die organischen Formen von Pflanze und Baum. Faszinierende Entsprechungen gibt es auch zwischen den Blättern der Pflanze im Haus und dem sich dunkel abzeichnenden Laub draußen. Dieses Bild wurde in Acrylfarben ausgeführt, das perfekte Mittel, um eine scharf umrissene Wirkung zu erzielen.

Himmel zu malen macht Spaß, bedeutet aber auch eine Herausforderung. Viele Künstler haben sich mit dem Studium des Himmels und seiner Erscheinungen auseinandergesetzt, darunter zwei der größten englischen Landschaftsmaler, John Constable (1776–1851) und J. M. W. Turner (1775–1851). Ihr ganzes Leben lang machten diese Maler Studien in Öl und Aquarell, die den Himmel in allen Stimmungen wiedergeben.

Der Himmel bestimmt in den meisten Landschaften und Seebildern die Stimmung. Nach Constables eigenen Worten ist der Himmel „die Quelle des Lichts und beherrscht alles“. Der Himmel ist nicht einfach nur ein beliebiger Hintergrund, sondern ein wesentlicher Bestandteil der Landschaft. Sie sollten nicht Himmel und Land getrennt malen, sondern an allen Teilen des Bildes gleichzeitig malen. Das macht Ihnen klar, wie Himmel und Land zusammenhängen.

An einem sonnigen Tag z. B. werfen die Wolken Schatten auf das unter ihnen liegende Land. Wo sich aber Lücken zwischen den Wolken bilden, fällt ein heller Lichtstrahl auf den Boden. Wenn man solche Dinge übersieht, mangelt es dem Bild später an naturalistischer Glaubwürdigkeit.

Durch die Übereinstimmung der Farben in Himmel und Land läßt sich auch eine gute Bildeinheit erreichen. Führen Sie Spuren und Tupfen von Blau aus der Himmelsfarbe in die Schattenfarben ein und z. B. Flecken der Rot-, Gelb- und Ockerfarbtöne aus der Landschaft in die Farbgebung der dunkleren Wolken. Hilfreich kann auch ein abgetönter Malgrund oder eine Imprimitur von sehr hellem Grau oder einer Erdfarbe sein. Lassen Sie kleine Flecken dieser Untergrundfarben durch die darüberliegenden Farbschichten „blitzen“, und Sie verstärken die Einheit der Farbharmonie.

Um Himmelsszenen wirklich überzeugend darzustellen, brauchen Sie einige Arbeitserfahrung mit den verschiedenen Wolkentypen und ihren charakteristischen Eigenschaften. Nehmen Sie jede Gelegenheit wahr, Wolkenmuster zu beobachten, und füllen Sie Ihr Skizzenbuch mit schnellen Skizzen vor Ort. Diese Skizzen werden Ihnen das schnelle und sichere Malen von Himmelsszenen erleichtern. Sie sind wichtige Vorlagen für Ihre Malerei, da sich Himmel und Wolken fortwährend verändern. Mit diesem wertvollen Quellenmaterial haben Sie genug „Stoff“ für Ihre zukünftigen Bilder.

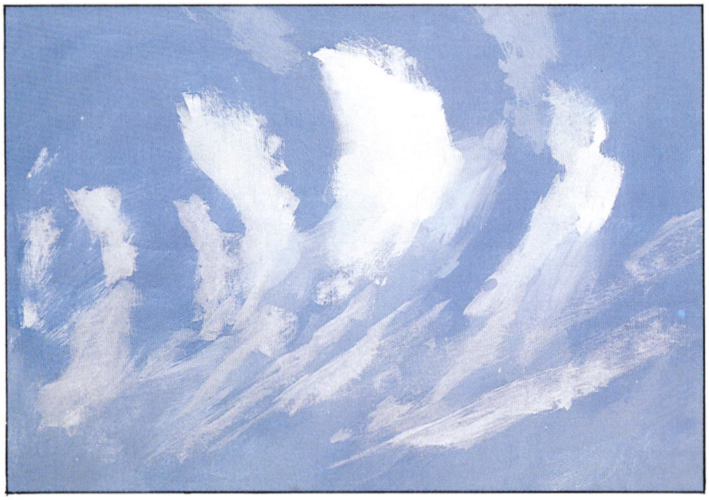

Zirruswolken

Fiederige Streifen von weißen Wolken hoch oben am Himmel werden mit heißen Sommertagen in Verbindung gebracht. Behandeln Sie diese Wolkenformation zurückhaltend. Vermalen Sie die weißen Streifen leicht mit der Himmelsfarbe, so daß sie nicht wie „angeklebt" aussehen. Dämpfende Farbaufträge und trocken vermalte Pinselstriche sind die passenden Techniken, um diese Wolkenart wiederzugeben.

Zirruswolken

1. Mit Ölfarbe lassen sich Himmel und atmosphärische Phänomene sehr schön wiedergeben. Der Künstler arbeitet naß in naß mit dünnen Wolkenschleiern, um die dampfähnliche Beschaffenheit der Zirruswolken wiederzugeben.
Wenn Sie draußen arbeiten wollen, so können Sie die Trockenzeit der Ölfarben durch Zugabe von Gel-Malmittel verlängern. Zuerst wird die Himmelsfarbe in einer Mischung aus Coelinblau und Titanweiß angelegt. Nach der Trocknung werden die Wolkenformen grob in einer helleren Variante der Himmelsfarbe skizziert. Der Künstler legt mit einem flachen Borstenpinsel schnelle, trocken vermalte Striche auf, die der Aufwärtsbewegung der Wolken folgen. Um diese halbdeckenden Farbschleier zu bekommen, nimmt der Künstler nur wenig Farbe mit dem Pinsel auf und legt sie mit einem sehr leichten Druck auf. Die größeren, sonnenbeschienenen Teile der Wolken werden dann mit Titanweiß etwas dicker aufgetragen.

2. Nun verfeinert der Künstler noch die Wolkenformen. Mit einem terpentingetränkten Pinsel vermalt er die Wolken weich, so daß sie mit der Himmelsfarbe zu einem dunstigen Aussehen verschmelzen. Die dickeren, helleren Teile der Wolken werden dann mit deckenden Schichten von Titanweiß aufgetragen.

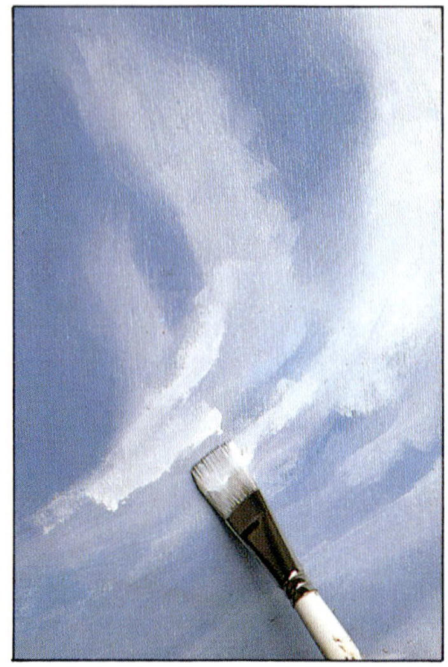

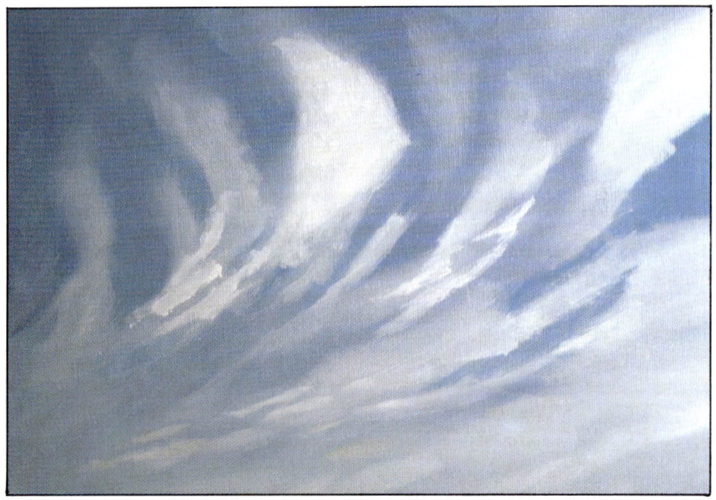

3. Die fertige Studie zeigt, wie die weich vermalten Passagen den Eindruck von dünnen, dampfartigen Wolken schaffen, während dickere Farbstreifen nach vorne ziehende Wolken andeuten. Zirruswolken haben oft eine starke Diagonalbewegung, die in einem Bild mit großer Wirkung ausgenutzt werden kann.

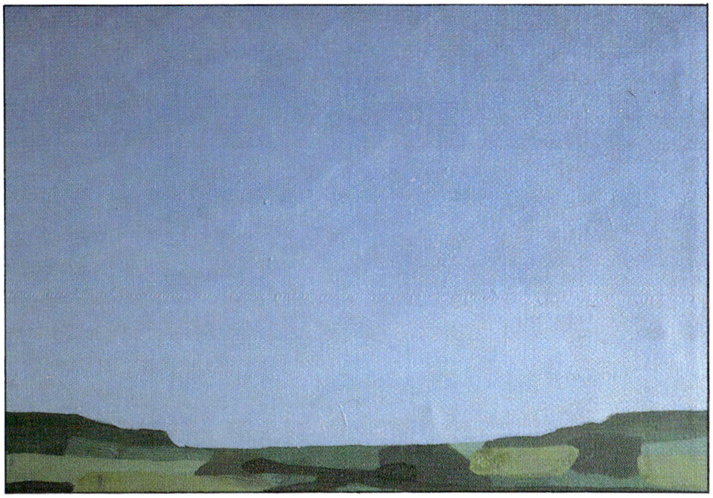

Wolkenloser Himmel

Der Himmel sieht weiter oben immer klarer aus als direkt über dem Horizont. Je näher der Horizont ist, desto dicker wird dieser Schleier und beeinflußt die Farbe von Himmel wie Landschaft. Daraus folgt, daß man den Himmel nicht nur in einem einzigen Farbton malen kann. Um eine Art Luftatmosphäre zu schaffen, müssen Sie in die oberen Teile des Himmels warme Farbe einführen und nach unten zu kühleren Farbtönen übergehen, bis zu einem Perlgrau oder hellen Gelb am Horizont.
Auch ein Wechsel im Pinselduktus ist wichtig. Vermalt man die Farbe zu stark zu einem glatten, flächigen Farbton, führt das zu einer monotonen Darstellungsweise. Lebhafte, abgesetzte Pinselstriche geben hingegen den Eindruck von vibrierendem Licht wieder. Vermeiden Sie horizontale Pinselstriche. Sie lenken den Betrachter aus dem Bild heraus. Verwenden Sie lieber Striche in verschiedenen Richtungen, die dem Bild Bewegung und eine interessante Textur geben.
Wenn Sie einen klaren, blauen Himmel malen, müssen Sie Tonwerte und Farben richtig anordnen, um Tiefenwirkung zu bekommen. Denken Sie den Himmel als einen Dom, der sich über die Landschaft erstreckt, und nicht als eine flache Farbwand. In diesem Ölbild begann der Künstler oben mit einer Mischung aus Coelinblau, Titanweiß und einer Spur von Krapplack, um diesen Teil des Himmels warm zu tönen. Zum Horizont hin wird das Blau immer kühler und erhält direkt über den Hügeln etwas lichter Ocker.

Wolkenloser Himmel • Pastell

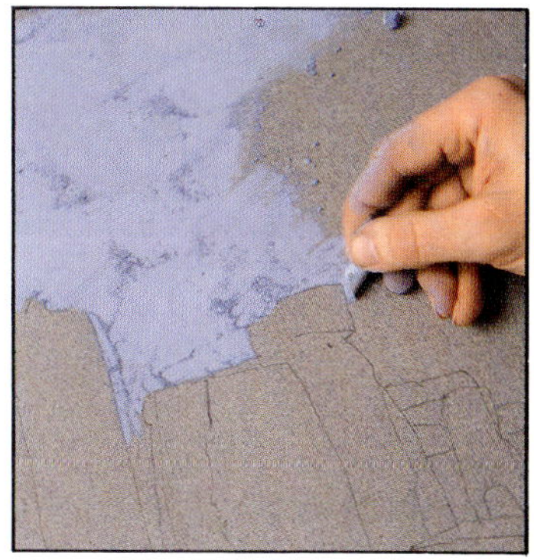

1. Nachdem der Umriß in Bleistift gezogen wurde, legt der Künstler die Himmelsfarbe an. Er trägt mit der Längsseite eines hellblauen Pastellstiftes die Farbe dick auf.

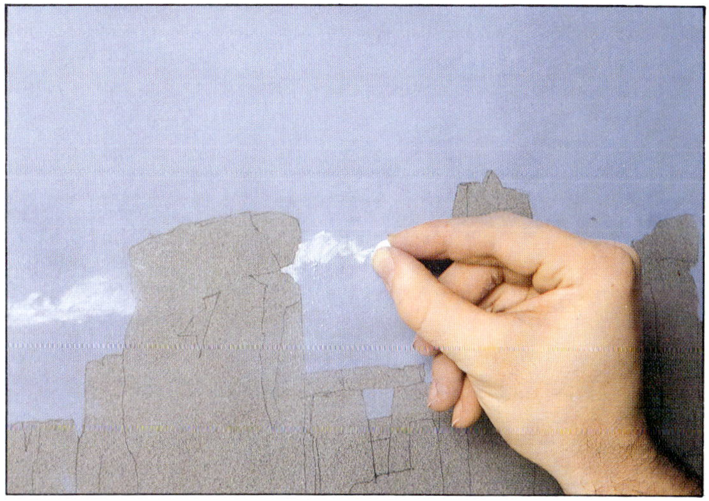

2. Dann zeichnet der Künstler die flauschigen, weißen Wolken mit weißem Pastell über den Horizont ein.

3. Das Weiß der Wolken wird mit dem Finger leicht verrieben, damit es nicht so stark heraussticht. Im zweiten Ausschnitt sehen Sie, wie der Künstler die Steine mit feinen Linien betont hat und sie dann mit einem Tuch wieder etwas gedämpft hat.

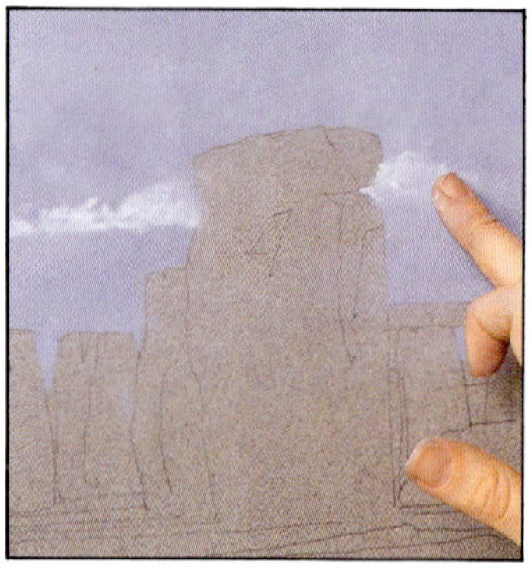

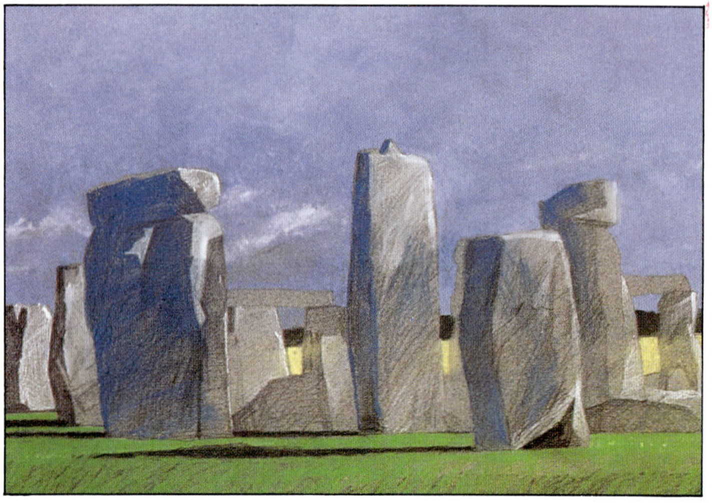

4. Das fertige Bild zeigt die weiche Vermalung des blauen Pastellstiftes. Der Himmel kontrastiert mit der Textur des Grases und den scharf modellierten Formen der aufrecht stehenden Steine.

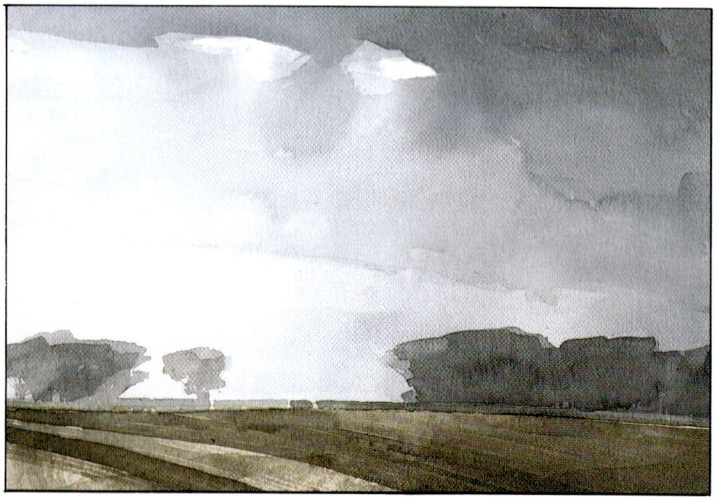

Wolkenkomposition

In einer Landschaft, in der der Himmel eine beherrschende Rolle spielen soll, muß man einen Bildmittelpunkt schaffen, etwas, worauf sich das Auge einstellen kann. In diesem Aquarell wird der Mittelpunkt von den aufbrechenden Stellen der Wolken am oberen Bildrand gebildet, wodurch heller Sonnenschein auf die Erde fällt. Das Auge wird zu diesem Punkt gezogen, weil sich hier die hellsten und die dunkelsten Farbtöne im Himmel dramatisch gegenüberstehen.
Um die Wirkung der hellen, nebligen Sonnenstrahlen zu schaffen, hat der Künstler mit einem weichen, feuchten Pinsel etwas von der Farbe der Himmelszone aufgeweicht und sanft mit einem Zellstoffpapier abgetupft.

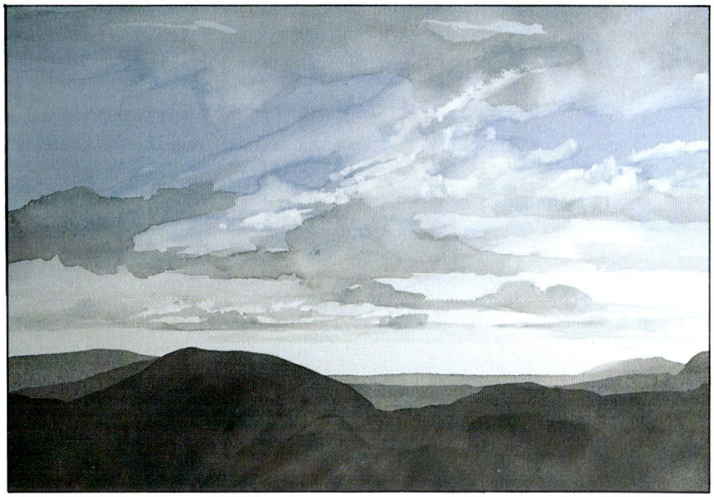

Wolkenperspektive

Die Regeln der Perspektive gelten für das Malen von Himmelsszenen genauso wie für das Landschaftsbild. An einem wolkigen Tag werden Sie bemerken, daß die Wolken zum Horizont hin kleiner zu werden und näher zusammenzukommen scheinen. Wegen der Anhäufung der Staubpartikel in der Luft werden sie auch kühler und grauer im Farbton. Wenn Sie auf diese Dinge achten, werden Sie eine aufregende Stimmung der Weite des Himmels wiedergeben. Beachten Sie, wie in diesem Bild die Abstufung von Hell nach Dunkel in der Landschaft eine Entsprechung im Himmel findet. Das warme Blau des Himmels in der oberen Bildhälfte wird zu einem hellen kühlen Farbton nahe am Horizont. Dort erscheinen auch die Wolkenstreifen dünner, heller und dichter aufeinander zu folgen. Um den Eindruck von Tiefe noch zu verstärken, hat der Künstler im oberen Bildteil noch einige Wolken in eine diagonale Fluchtbewegung gebracht.

Kumuluswolken

Kumuluswolkenformationen sind gewöhnlich in ihrer Form genau umrissen und haben klar unterscheidbare Licht- und Schattenflächen. Tagsüber ist der obere Teil der Wolke hell und leuchtend, mit deutlich ausgebogenen Umrißformen. Die Unterseite ist hingegen flacher und dunkler.
Das dreidimensionale Aussehen der Wolken kann durch eine Modellierung mit warmen und kühlen Farben betont werden. Die beleuchteten Wolkenflächen sind kaum von reinem Weiß. Sie können feine Spuren von Gelb, Rosa und Blau enthalten, je nach Wetter und Tageszeit. Ebensowenig sind die Schatten auf den Wolken tiefgrau, sondern enthalten viele Blau-, Rot-, Braun- und Violettöne. Achten Sie deutlich auf die Umrißlinien der Wolken. Sie sollten sorgfältig mit der umliegenden Atmosphäre vermalt werden, entweder durch Naß-in-Naß-Technik oder durch dämpfenden Auftrag der Wolkenfarben über der Himmelsfarbe, damit sie weich zusammengehen. Einige hart abgegrenzte Linien sind allerdings zur Formgebung notwendig. Andernfalls würden die Wolken wie weiche Wattebälle aussehen.
Denken Sie auch an den anderen wichtigen Punkt: Die Regeln der Perspektive gelten auch für Wolkenszenen. Wolken erscheinen kleiner und enger zusammenliegend, wenn sie zum Horizont hin ziehen. Ihre Farben werden kühler und neutraler und ihre Formen weicher.

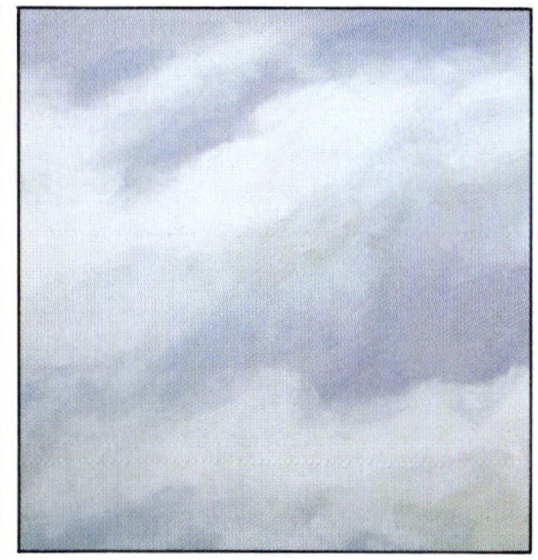

Kumuluswolken • Öl
Diese Nahaufnahme zeigt die feinabgestufte Palette von Farbtönen, die in „weißen“ Wolken gefunden werden kann. Der Himmel enthält feine Spuren von Violettrot, während die Wolken aus hellen Grautönen aus Blau, Rot und Gelb ermischt sind.

Kumuluswolken • Pastell
Weiche Pastellstifte sind geeignet, um schnelle Skizzen von Wolkeneffekten zu machen, da sie schnell griffbereit sind. Pastellfarben gibt es in großer Auswahl, so daß ein Mischen gar nicht nötig ist wie bei anderen Farben. Abgetöntes Pastellpapier dient als brauchbarer Mittelton, so daß nur die Lichthöhungen und die Schatten für eine volle Tonwertskala gebraucht werden.

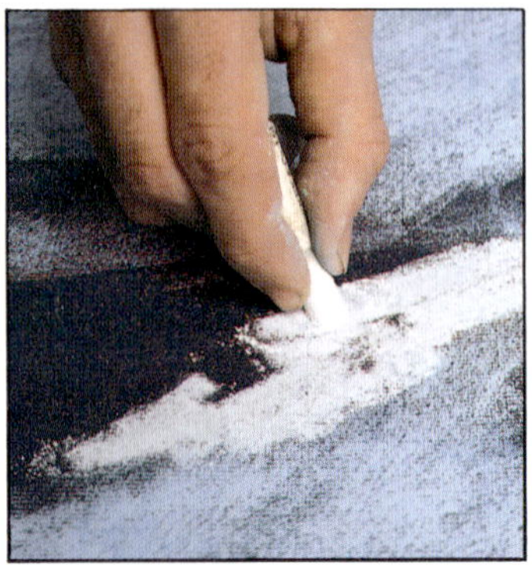

1. Der Künstler benutzt für diese schnelle Studie von Regenwolken dunkel getöntes Papier, das eine passende, farbige Grundlage abgibt. Die Farbe für den Himmel wird mit Kobaltblau angelegt. Dann folgen die Wolken in Weiß, wobei einige Stellen dunklen Papiers offen gelassen werden.

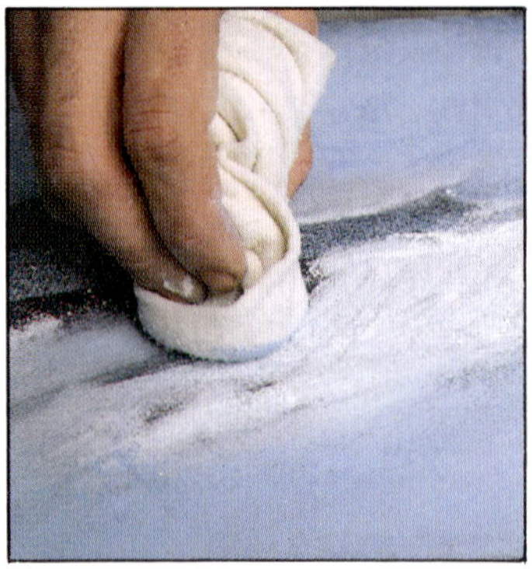

2. Die Himmelsfläche wird mit einem weichen Tuch verrieben, damit sich die Farbe im Papier absetzen kann. Dann wird etwas von der Himmelsfarbe flüchtig in die Wolken skizziert.

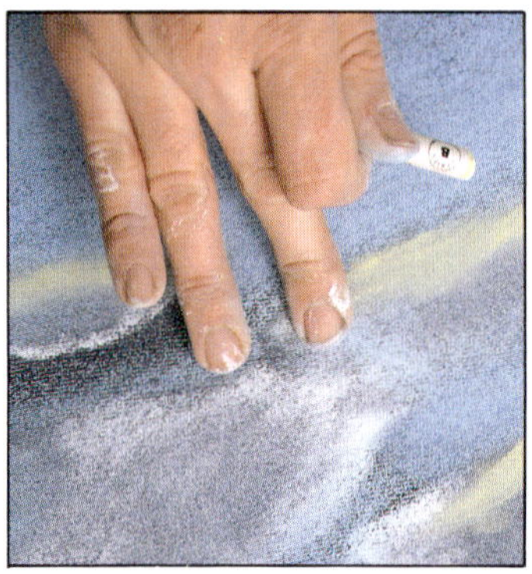

3. Die Unterseiten der Wolken werden mit Strichen von Echtgelb versehen und mit den Fingerspitzen zu einem dunstigen Effekt verrieben.

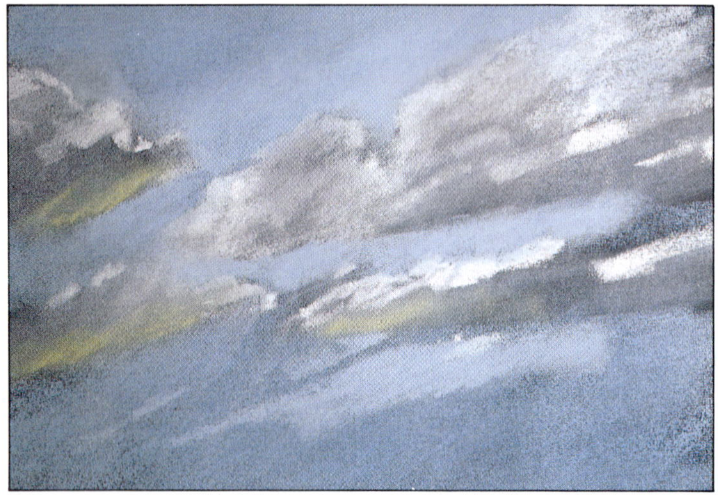

4. Nun werden die sonnenbeschienenen Wolkenteile mit dicken Strichen in Weiß gehöht. Damit ist die Skizze fertig. Kräftige Striche kontrastieren mit weicheren Passagen, um diesem Bild einen Eindruck von Bewegung und Licht zu geben.

Kumuluswolken • Aquarell
Wolkenformen können sich sehr schnell verändern. Daher ist die flüssige Beschaffenheit der Aquarellfarbe gerade richtig, um mit großer Spontaneität arbeiten zu können und schöne, schnelle Effekte zu erreichen.

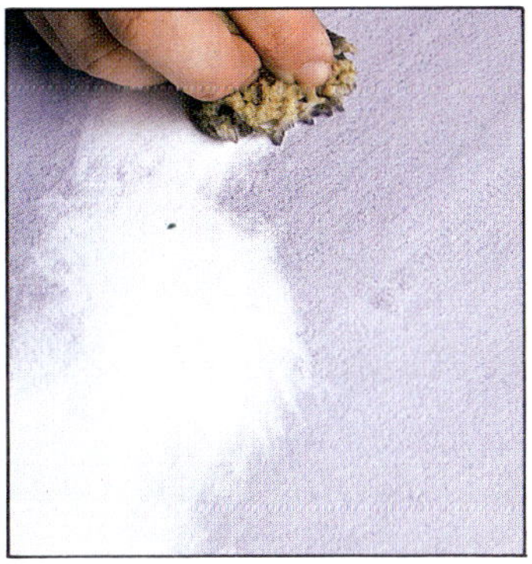

1. Der Künstler arbeitet auf einem Aquarellpapier, das mit Wasser angefeuchtet wird. Für den Himmel eine Lavierung in Kobaltblau mit einem Dalon-Pinsel Nr. 8. Ist die Lavierung noch feucht, werden die Wolkenformen mit einem Naturschwamm ausgewaschen.

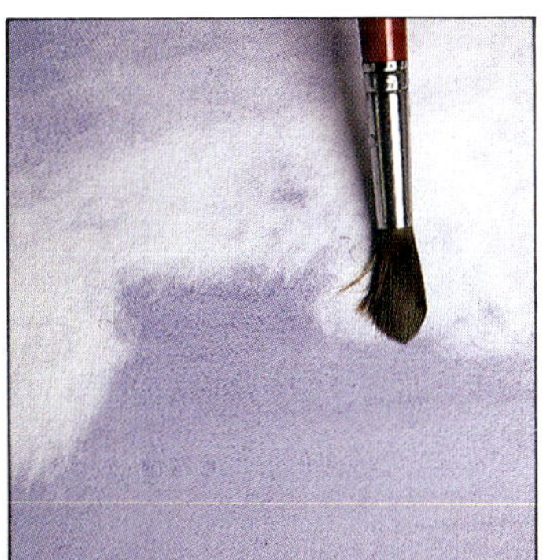

2. Mit einem, runden Pinsel werden die Wolkenumrisse mit dämpfenden Strichen vermalt.

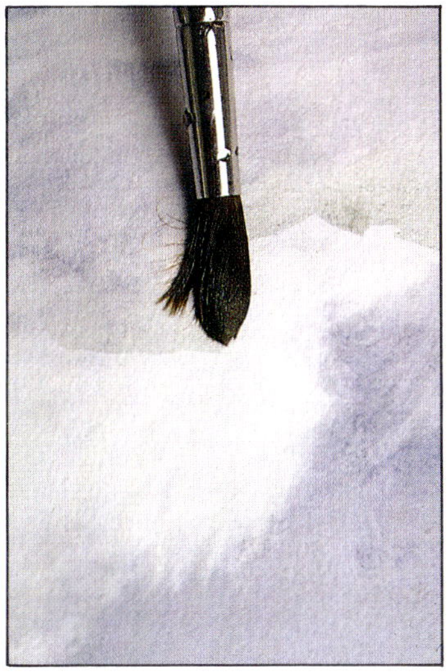

3. Während das Papier noch feucht ist, wird eine helle Lavierung von Paynesgrau und Kadmiumgelb in den unteren, beschatteten Teil der Wolke gemalt und dann mit klarem Wasser aufgelöst und vermalt. Der Pinsel wird auf dem Papier abgerollt, um dem Rhythmus der Wolken und ihrer hügeligen Form nachzugehen. Denken Sie beim Mischen der Schattenfarbe daran, daß sie viel heller auftrocknen wird, als sie in nassem Zustand aussieht. Nur die hellsten, sonnenbeschienenen oberen Teile der Wolken werden als weißes Papier stehen gelassen.

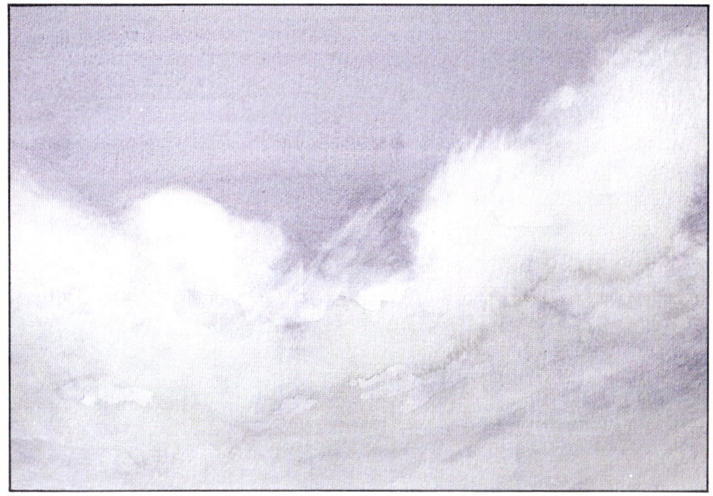

4. Das fertige Wolkenbild zeigt, wie der obere Teil der Wolken heller und genauer wiedergegeben ist als der untere, dunklere und zerzaustere Teil. Die Verbindung von warmen und kühlen Farben gibt den Wolkenformen ein rundliches, plastisches Erscheinungsbild. Beachten Sie, wie die kleineren Wolken unten Tiefe und Perspektive andeuten und wie die leicht vertriebenen Striche den Eindruck von Bewegung wiedergeben.

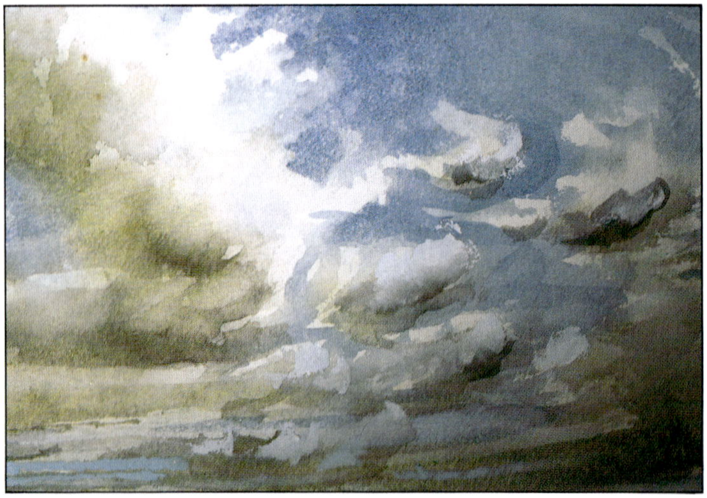

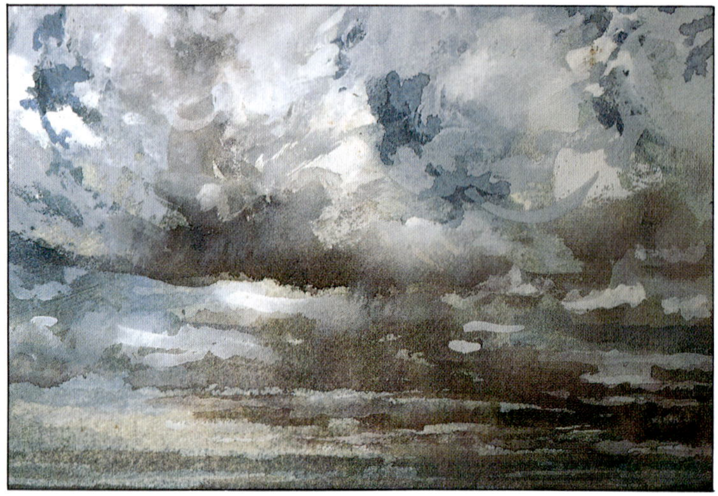

Bewegter Wolkenhimmel

Ein flüssiges, ausdrucksstarkes Malmittel, wie die Aquarellfarbe, ist unschätzbar für Wolkenstudien vor Ort, besonders an einem windigen Tag, wenn die Wolken schnell ziehen. Es ist unmöglich, schnell ziehende Wolken genau festzuhalten. Das macht aber nichts. Wichtig ist nämlich nur, ihren Bewegungen und Gesten mit ausdrucksstarken Pinselstrichen zu folgen. Zuerst studierte der Künstler die klaren Formen und Tonwerte dieser aufgelösten Kumuluswolken und skizzierte sie dann so schnell wie möglich mit lockeren, gebogenen Strichen. Das Schöne an der Aquarellfarbe ist ja, daß man sie in nassem Zustand hin- und hertreiben kann, neue Farbe einschwemmen kann, sie auswaschen kann, so lange, bis man den gewünschten Effekt erreicht hat.

Sturm

Um einen starken dramatischen Effekt zu erzielen, sollte ein stürmischer Himmel ungefähr zwei Drittel der Bildfläche einnehmen, die Landschaft darunter nur ein Drittel. Das läßt die wirbelnden Wolkenformen voll zum Zug kommen. Zur Erhöhung der Spannung sollten Sie die Wolken zum Horizont hin immer kleiner werden lassen. Stürmische Wolken lassen dem Künstler viel Platz für eine eigene kreative Umsetzung. Nehmen Sie einen großen Pinsel und arbeiten Sie naß in naß. Folgen Sie der Richtung der vom Wind weggefegten Wolken. Die Wolkenformen sollten Sie mit warmen und kühlen Grautönen modellieren. Mischen Sie aber feine Grautöne nicht aus Schwarz und Weiß, sondern lieber aus den Primärfarben unter Zugabe von Erdfarben.
In diesem Bild verwendete der Künstler kräftige diagonale und horizontale Striche, um die heftige, vom Wind getriebene Bewegung der Wolken wiederzugeben. Durch die starke, Tiefe gebende Perspektive wird der Eindruck von nach vorne treibenden Wolken verstärkt. Im oberen Bildteil kommt die Wolkenformation nach vorne, während weiter unten die sich entfernenden Wolken kleiner, dunkler und weniger genau werden.

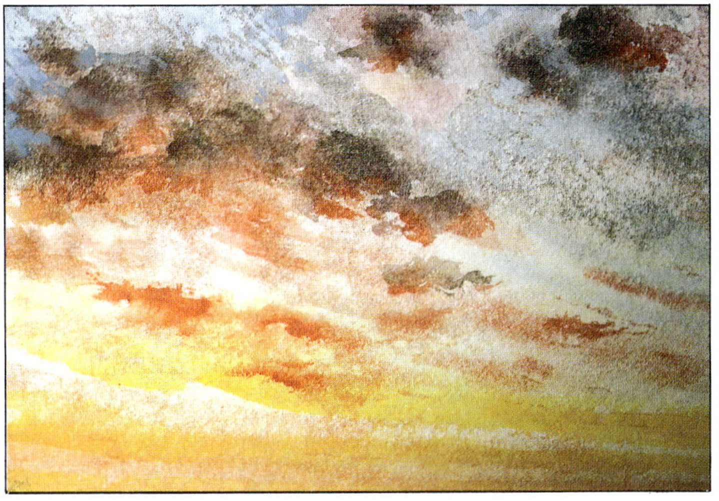

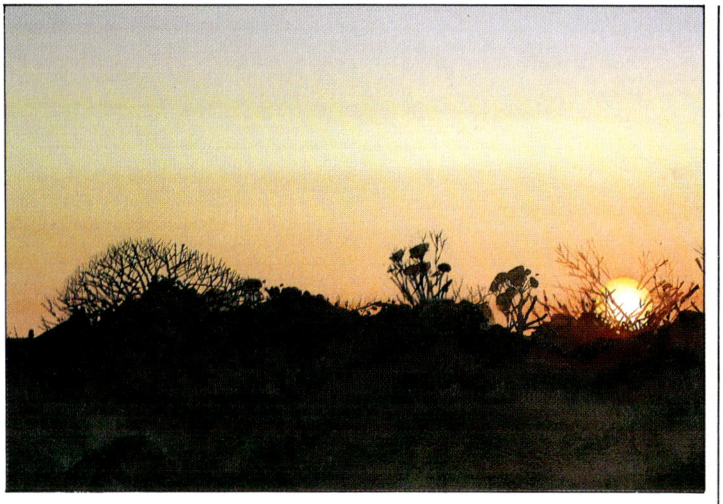

Sonnenuntergang

Auf Bildern von Sonnenuntergängen und Sonnenaufgängen findet man häufig den Fehler, daß zu viele Rosa-, Orange- und Rottöne vorkommen. Das gibt nur das Klischee einer bunten Postkarte wieder. Die glutvollen Farben nur sparsam einzusetzen, ist der Geheimtip. Die warmen Farben nehmen ein feines, transparentes Glühen an, wenn sie mit den kühlen Blau-, Grau- und Violettönen der übrigen Himmelsszene in Einklang gebracht werden.
Üben Sie mit der Pinselarbeit Zurückhaltung und seien Sie mit den Farben wählerisch. Man ist leicht versucht, jede kleinste Farbnuance einzubringen, aber das Ergebnis sieht nur verwirrend und amateurhaft aus. Viel besser ist es, wenn man die Strukturen am Himmel untertreibt und dadurch einen Anflug von Geheimnis und Ruhe schafft.

Sonnenuntergang • Mischtechnik
Da die Sonne tief am Himmel steht, erscheinen die Unterseiten der Wolken brillant beleuchtet, während die oberen Teile im Schatten liegen. Aus dem gleichen Grund liegen die hellsten Wolken tief am Himmel. In zunehmender Entfernung zur Sonne werden die Wolken dunkler. Der Künstler hat für diese Wolkenstudie Aquarell und Gouache verwendet, die erste Farbenart wegen ihrer Transparenz, die andere wegen ihrer Farbenleuchtkraft.
Die Farben wurden für den Himmel im oberen Teil (Vordergrund) mit Aquarellfarben naß in naß angelegt. Dann wurden kleine Striche und Tupfen in deckender Gouache für die Wolken in die noch feuchten Farben hineingetupft und mit ihnen leicht verschmolzen. Die Erscheinung leuchtender Farbe wird durch Überlagerung warmer Gelb-, Orange- und Rosatöne mit kühlen Blau- und Grautönen erreicht, welche durch den Kontrast die warmen Farben betonen.

Sonnenuntergang • Aquarell
In diesem Bild beschreibt der Künstler mit feinen Lavierungen von Aquarellfarben das glühende, transparente Aussehen des Himmels zum Zeitpunkt des Sonnenuntergangs. Die dunkle Silhouette der Landschaft und der Bäume erhöht noch das warme Leuchten der Farben des Himmels. Zuerst legte der Künstler mit ganz feinen Bleistiftstrichen die Lage des Horizontes und der untergehenden Sonne fest. Mit Abdeckflüssigkeit sparte er die runde Form der Sonne aus, bevor er mit der Farbgebung des Himmels anfing. Sobald die Abdeckflüssigkeit getrocknet war, konnte der Künstler frei darübermalen, ohne vorsichtig um die Form herumgehen zu müssen und ohne die Klarheit des Himmels zu verderben.
Nach der Trocknung der Abdeckflüssigkeit hat der Künstler das Papier wieder befeuchtet und die ganze Fläche mit einer abgestuften Lavierung für den Himmel bedeckt. Warmes Ultramarinblau wurde am oberen Rand des Blattes angelegt, darunter helles Echtgelb und abschließend eine Mischung aus Krapplack und Echtgelb nahe am Horizont. Jeder Farbstreifen wurde getrennt, mit einem kleinen Abstand untereinander, angelegt. Die Farben sind dann auseinandergeflossen und weich ineinandergelaufen, wo sie sich auf dem feuchten Papier getroffen haben, ohne jedoch völlig aus der Kontrolle zu geraten. Nachdem die Lavierung für den Himmel vollständig getrocknet war, hat der Künstler dann eine lockere Lavierung von Elfenbeinschwarz für den Vordergrund eingesetzt, wobei hier und da etwas Farbe abgehoben wurde, um Textur und Tonwertunterschiede zu schaffen.
Mit der Spitze eines Marderhaarpinsels Nr. 2 malte er dann die zarten Silhouetten der Bäume gegen den Himmel.

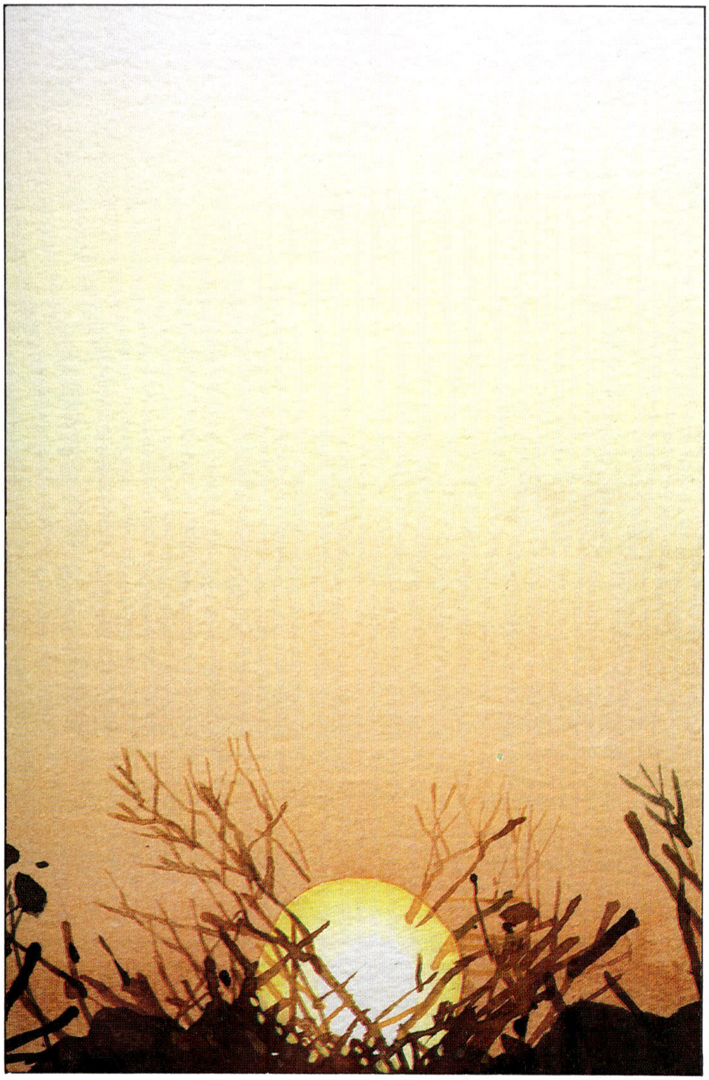

Dieser Ausschnitt zeigt, wie der Künstler den leuchtenden Effekt der hinter den Bäumen untergehenden Sonne erreicht hat. Nachdem das Bild ganz trocken war, hat er die Abdeckflüssigkeit von der ausgesparten Form der Sonne abgerubbelt und einen Kreis weißen Papiers freigelegt. Dann malte er zuerst den äußeren Rand der Sonne in Kadmiumgelb, das zur Mitte hin heller wird, und ließ ein Zentrum als weißes Papier stehen. Das wurde erst einmal so trocknen gelassen. Mit feinen Pinselstrichen in Kadmiumrot und Kadmiumorange wurde das Muster der Zweige vor der Sonne eingezeichnet.

Landschaften

Es ist überraschend, daß die Landschaft als eigenständiges Genre bis in das 17. Jahrhundert hinein nicht ernst genommen wurde. Seitdem hat das Thema der Landschaft jedoch auf den Künstler wie auf den Betrachter einen größeren Anreiz ausgeübt als alle anderen Themen der Malerei.

Als Quelle visueller Anregung ist die Landschaft unerschöpflich. Ironischerweise konfrontiert das den Landschaftsmaler mit dem ersten Problem: Gegenüber der enormen Vielfalt von Formen, Farben und Texturen, die in der Natur gegenwärtig sind, fällt es dem Anfänger schwer, eine Auswahl zu treffen. Sehr oft löst man das Problem dadurch, daß man sich fragt, was einen denn am meisten in der Natur anregt: Vielleicht der Himmel? Oder die rauhen Formationen einer Felsenküste oder eines Gebirgszuges, die den einen faszinieren mögen? Den anderen dagegen fasziniert das Spiel des Lichts auf der Landschaft. Wenn Sie erst ein Motiv gefunden haben, das Sie emotionell anregt, wird es auch einfacher sein, dies dem Betrachter zu vermitteln.

Landschaften sollte man vor Ort und nicht im Atelier oder gar nach Photos malen. Die Vorteile des Vor-Ort-Malens sind offensichtlich: Inmitten eines Feldes oder am Ufer eines Flusses können Sie die Formen, Farben und Texturen um Sie herum ganz nahe und genau erleben und wahrnehmen. Sie nehmen die Dinge unmittelbar wahr und spüren die wechselnden, oft dramatischen Lichteffekte, die wetterbedingten Stimmungen der Landschaft am eigenen Leib. Diese Sinnesreize sind wichtig, um Ihnen zu helfen, ein frisches und lebendiges Bild zu malen.

Nachdem Sie sich für das Motiv, das Sie malen wollen, entschieden haben, ist der nächste Schritt, sich erst einmal ruhig hinzusetzen und die vor Ihnen liegende Szenerie unter bildnerischen Gesichtspunkten zu analysieren. Die Natur ist reich und groß. Eine in der Natur atemberaubend wirkende Szene muß aber noch nicht unbedingt auch ein gutes Bild abgeben. Bäume, Felsen oder Häuser könnten zu weit verstreut liegen oder vielleicht zu gleichförmig aussehen. Der Himmel könnte voller kleiner Wolken sein, die mit den komplizierten Formen auf dem Boden, Ihrem eigentlichen Motiv, in Konkurrenz treten. Erfahrene Künstler wissen, wie sie das Potential eines solchen Motivs zusammenfassen und die einzelnen Elemente der Szene in einen kompositorischen Zusammenhang bringen. Fühlen Sie sich niemals gezwungen, eine landschaftliche Szene so wiederzugeben, wie sie sich Ihnen darbietet. Das kann ein Photoapparat viel besser. Ihr Ziel ist es, eine Stimmung einzufangen und ein ausbalanciertes, harmonisches Bild zu malen.

Um das zu erreichen, müssen Sie vielleicht die Realität etwas abwandeln, Bäume zu einem starken Blickpunkt zusammenrücken oder Wolken auslassen, die Ihre Komposition zu überladen drohen. Die Anordnung von hellen, mittleren und dunklen Tonwerten innerhalb der Szene ist ebenfalls von großer Bedeutung. Versuchen Sie die Landschaft so zu sehen, als wäre sie schwarz-weiß photographiert. Enthält sie ein starkes und zusammenhängendes Muster von Licht- und Dunkelteilen? Oder liegen die Tonwerte überall verstreut? Noch einmal: Sie sind frei, die Tonwerte zu „komponieren", um ein stärkeres Bild zu schaffen. Wenn das Zentrum Ihres Interesses z. B. ein Bauernhof in mittlerer Entfernung ist, sollte es dort einen starken Hell-Dunkel-Kontrast geben. Falls der Hof hell ist, dunkeln Sie die umliegenden Bäume oder den Himmel ab und umgekehrt.

Wie Sie sehen, hängt der Erfolg Ihrer Landschaftsmalerei von der sorgfältigen Vorbereitung vor dem eigentlichen Malen ab. Sie müssen wissen, worauf Sie hinauswollen und sich der bildnerischen Aspekte von Farbe, Komposition, Licht und Tonwerten bewußt sein. Was die Komposition angeht, so sollte es immer einen Mittelpunkt geben – einen Bildteil, zu dem das Auge hingezogen wird und welches das Bildthema ist. Wenn es in Ihrem Motiv zwei große Bäume gibt, können Sie beide entweder zusammenziehen oder einen von ihnen verkleinern. Nehmen Sie nie zwei Gegenstände gleicher Bedeutung in Ihr Bild auf.

Versuchen Sie außerdem auch die sekundären Elemente des Motivs, Zäune, Hecken, Wege, Flüsse, auch die Wolken im Himmel, so zu komponieren, daß sie das Auge des Betrachters auf angenehme Weise auf den Mittelpunkt zu führen.

Halten Sie auch Ausschau nach interessanten Kontrasten. Eine ausschließlich horizontal angelegte Landschaft wird von vertikalen Akzenten, wie einem Baum, einem Haus, oder einer Figur, nur profitieren und der Monotonie entgehen. Formen, die sich entsprechen, geben eine angenehme Harmonie ab, die noch durch kontrastierende Formen betont werden kann. Die geometrische Form eines Hauses z. B. gibt einen Hintergrund für die gebogenen Formen von Hügeln, Bäumen und Wolken.

Versuchen Sie ruhige und bewegte Teile im Bild zusammenzubringen. Falls der Himmel wegen schöner Wolkenformationen zum Thema Ihres Bildes werden soll, halten Sie dann den Vordergrund ganz einfach und offen. Nutzen Sie die kontrastierenden Texturen der Wolken, des Laubs, der Felsen und des Wassers aus.

Die wichtigste Überlegung in jedem Landschaftsbild betrifft Tiefe und Raum im Bild. Der Betrachter sollte meinen, „ins Bild hineingehen zu können". Dieses Gefühl wird im allgemeinen dadurch erreicht, daß man die Landschaftsszene zum Horizont hin zurückweichen läßt. Dafür gibt es mehrere Methoden. Die gebräuchlichste ist die Linearperspektive, die Gegenstände von vorne nach hinten kleiner werden läßt. Aber die Linearperspektive alleine genügt noch nicht. Das wichtigste Mittel, Raum und Atmosphäre in einem Bild zu erzeugen, ist die Luftperspektive. Wenn Ihr Auge vom Vordergrund zum Horizont schweift, werden Sie gewisse Veränderungen in der Erscheinung der Landschaftselemente wahrnehmen: Die Gegenstände, die dem Auge am nächsten sind, sehen im Tonwert dunkel aus, die in mittlerer Entfernung erscheinen etwas heller, und die am Horizont scheinen am hellsten zu sein. Auch die Farben ändern sich von warm und leuchtend im Vordergrund zu kühl und gedämpft im Hintergrund. Schließlich nehmen Kontraste und Details an Schärfe im Hintergrund ab. Alle diese Veränderungen erklären sich dadurch, daß der in der Luft enthaltene Wasserdampf und die kleinen Partikel in ihm die Farben und Formen in wachsender Entfernung teilweise verdecken (dieser Effekt ist in Ländern nahe dem Äquator nicht so auffällig, weil das Licht dort viel heller ist).

Neben der Linear- und Luftperspektive gibt es noch andere subtile Wege, Tiefe im Bild zu schaffen: zum Beispiel das Überlagern der Formen von Hügeln und Bäumen; oder S-förmige Straßenkurven oder Flußläufe, die in die Tiefe des Bildes ziehen. Falls es einen Zaun oder eine Hecke im Vordergrund gibt, lassen Sie ihn ganz weg oder „erfinden" ein Tor darin. Laden Sie den Betrachter immer ins Bild ein – stellen Sie nie eine Barriere in den Vordergrund.

Alle die oben genannten Punkte klingen nach ziemlich festen Regeln. Mit zunehmender Praxis werden Sie jedoch instinktiv wissen, wonach Sie schauen müssen. Das Malen von Landschaften ist vor allem eine Sache der Beobachtung und Analyse. Es ist daher sehr hilfreich, verschiedene Vorstudien zu machen, bevor Sie anfangen. Auf diese Weise werden Sie mit Ihrem Motiv vertraut, und Sie haben eine „Blaupause" der Komposition und der Anordnung der Tonwerte, auf die Sie sich während des Malens beziehen können.

Nachdem Sie die Komposition festgelegt haben, können Sie endlich ans Malen gehen. Die beste Vorgehensweise ist, wie noch erklärt wird, die Arbeit vom Allgemeinen ins Besondere. Mit den größten Pinseln legen Sie die großen Massen des Motivs an und ignorieren dabei alle Einzelheiten völlig. Beginnen Sie mit dem Lokalton des Himmels und fügen Sie dann die Formen der Bäume und anderer Gegenstände ein. Jetzt haben Sie schon das grelle Weiß des Papiers oder der Leinwand überwunden - Sie haben Ordnung aus scheinbarem Chaos geschaffen.

Mit frischem Selbstvertrauen können Sie jetzt darangehen, die ungefähre Verteilung von Licht und Schatten vorzunehmen, die den Gegenständen in der Komposition Form und Halt gibt. Nur in den letzten Phasen des Bildes sollten Texturen und Details angelegt werden. Und selbst dann muß man wissen, wann es genug ist. Eine subtile Komposition von scharfen Details und weicheren, weniger betonten Formen schafft Atmosphäre. Der geschickte Künstler weiß, wie man mehr Details andeutet, als wirklich im Bild vorhanden sind.

Während der Arbeit ist es wichtig, die Bildelemente gleichzeitig weiterzuentwickeln. Stecken Sie nicht Ihre ganze Energie in die Fertigstellung eines Bildteils, bevor Sie zu einem anderen übergehen. Arbeiten Sie naß in naß und wechseln Sie zwischen Himmel und Land, Bäumen und Hügeln, um einen flächendeckenden Farbauftrag, eine „Farbhaut", zu erreichen. Auf diese Weise wird das Bild ein zusammenhängendes Ganzes, in dem alles natürlich miteinander verbunden ist.

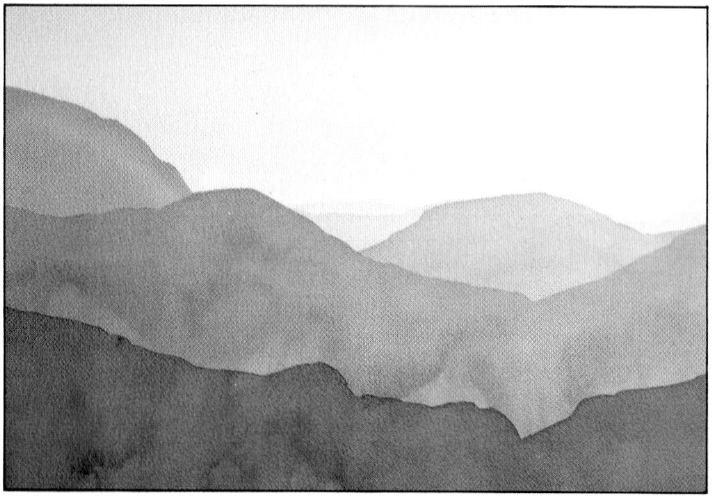

Luftperspektive
Eine der Grundregeln der Landschaftsmalerei ist, daß kühle, helle Farbtöne in der Entfernung zurückzuweichen scheinen, während dunklere oder wärmere Farbtöne nach vorne zu kommen scheinen. Denken Sie immer an dieses Prinzip, wenn Sie ferne Landschaften malen wollen. Das ist der beste Weg, auf einem flachen Stück Papier oder Leinwand die Illusion von Raum zu erzeugen. Im allgemeinen ist es ratsam, das Bild auf den Vordergrund zu verstärken. Das eignet sich sehr gut für die Aquarelltechnik, da man mit diesen Farben immer von Hell nach Dunkel malen muß.

Felder

Wenn Sie offene Felder und Wiesen malen wollen, sollten Sie eine Vielfalt von Farben, Formen und Konturen berücksichtigen, um einen langweiligen „Billardtischeffekt“ zu vermeiden. Es ist besser (und interessanter), das Feld in vielen verschiedenen Grüntönen auf dem Papier oder der Leinwand anzulegen, die dann in lockerer Manier miteinander vermischt werden, anstatt einen Farbton glatt und gleichmäßig zu vermalen. Die verschiedenen Farbtöne und Schattierungen können viel besser die wogenden Linien der Felder andeuten. Nehmen Sie auch die Gelegenheit wahr, Wolkenschatten und Schatten von umstehenden Bäumen mit einzufügen. Verändern Sie hin und wieder den Stil und die Richtung der Pinselstriche, um vom Wind zerzaustes Gras anzuzeigen, so wie auch der Wind das Wasser kräuselt. Es gibt so viele Möglichkeiten, Abwechslung in ein anscheinend flaches Stück Land zu bringen.

Im Winter können die linearen Muster der gepflügten Felder als starkes, zeichnerisches Element in Ihrem Bild dienen. Ihre zusammenlaufenden Linien geben der Komposition Raum und Perspektive.

Eine andere Methode, einem Landschaftsbild Tiefe und Raum zu verleihen, besteht darin, in den Feldern im Vordergrund viele Einzelheiten darzustellen, den Hintergrund dagegen nur flüchtig zu behandeln.

Kornfelder

In diesem erfrischend einfachen Ölbild hat der Künstler die Atmosphäre von Licht und Wärme eingefangen, die eine Sommerlandschaft mit Weizenfeldern, so weit das Auge reicht, auszeichnet.

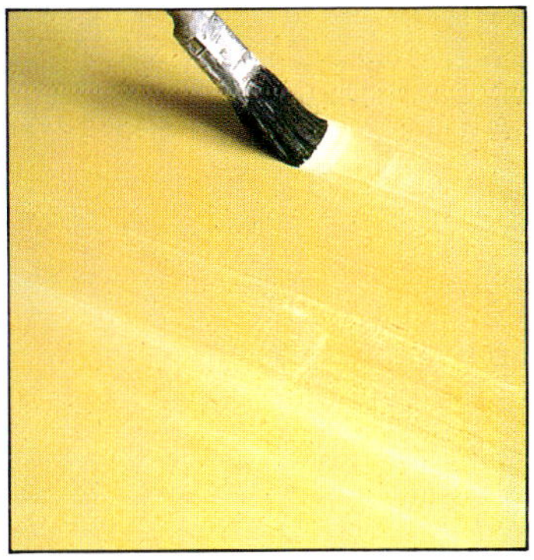

1. Der Künstler legt zuerst eine transparente Imprimitur über die gesamte Bildfläche. Dazu nimmt er lichter Ocker, der mit Terpentin zu einer ganz dünnen, lasurartigen Konsistenz verdünnt wurde, damit die weiße Leinwand noch durchschimmern kann. Die Farbe der Imprimitur wird wiederum durch die nachfolgenden Farbschichten durchscheinen und damit die ganze Komposition zusammenbinden und dem Motiv Wärme und Licht geben.

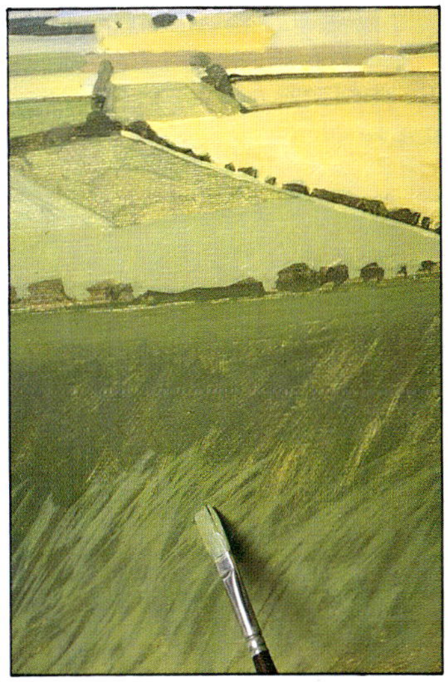

2. Ein „Patchwork“ von entfernt liegenden Feldern wird langsam mit Lavierungen in lichter Ocker, Kadmiumgelb und Kadmiumgrün, das teilweise mit Titanweiß aufgehellt wurde, aufgebaut. Die Farbe wird dünn aufgelegt, damit die Imprimitur durchscheinen kann. Das Feld im Vordergrund ist mit einer Mischung aus Kadmiumgrün und Titanweiß in diagonalen, dämpfenden Strichen, die nicht ganz den gelben Untergrund bedecken, gemalt worden. Mit einem Flachpinsel Nr. 4 und einer hellen Mischung aus Chromoxidgrün stumpf und Titanweiß deutet der Maler in verwischten, diagonalen Strichen lange Grashalme im unmittelbaren Vordergrund an.

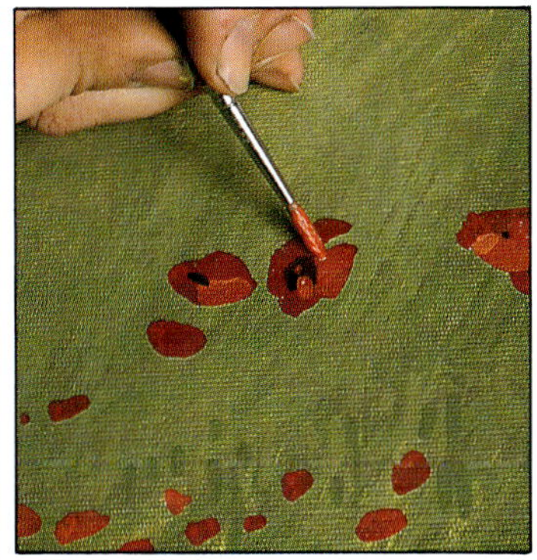

3. Zum Abschluß werden die leuchtend roten Blüten der Mohnblumen in verschiedenen Farbtönen von Kadmiumrot hell pastos aufgetupft. Die roten Blumen kommen besonders leuchtend heraus, weil sie von ihrer Komplementärfarbe, Grün, umgeben sind.

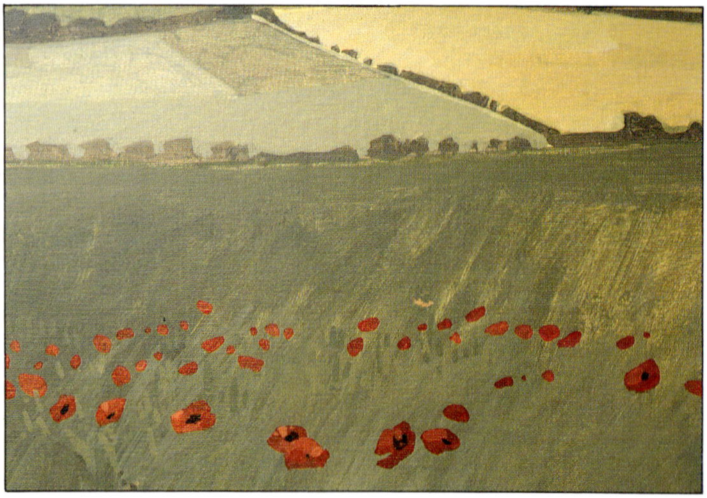

4. Im fertigen Bild wird der Eindruck von Ferne durch die wärmeren Farben im Vordergrund, wie auch die lebhaften Pinselstriche, im Kontrast zu den gleichmäßigen Farbflächen im Hintergrund gegeben.

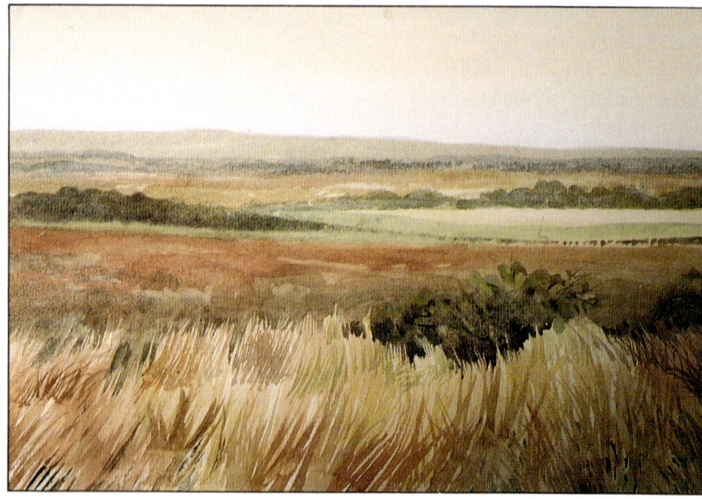

Sommerfelder
Unerfahrene Maler machen oft den Fehler, Landschaftsmotive in Farben zu malen, die zu kräftig und unnatürlich aussehen. In gemäßigten Regionen sind die Grüntöne der Landschaft eher im kühlen Farbbereich. Selbst in heißen, sonnigen Klimazonen sind die Farben nicht immer so leuchtend, wie angenommen wird. Beim Malen einer Landschaft mit Bäumen und Wiesen sollten Sie auch nach anderen Farben, außer dem Grün, Ausschau halten. In diesem Ölbild wurde eine große Palette von Gelb-, Braun-, Rosa-, Grau- und Graugrüntönen verwendet, um eine harmonische aber doch vielseitige und interessante Komposition zu schaffen.

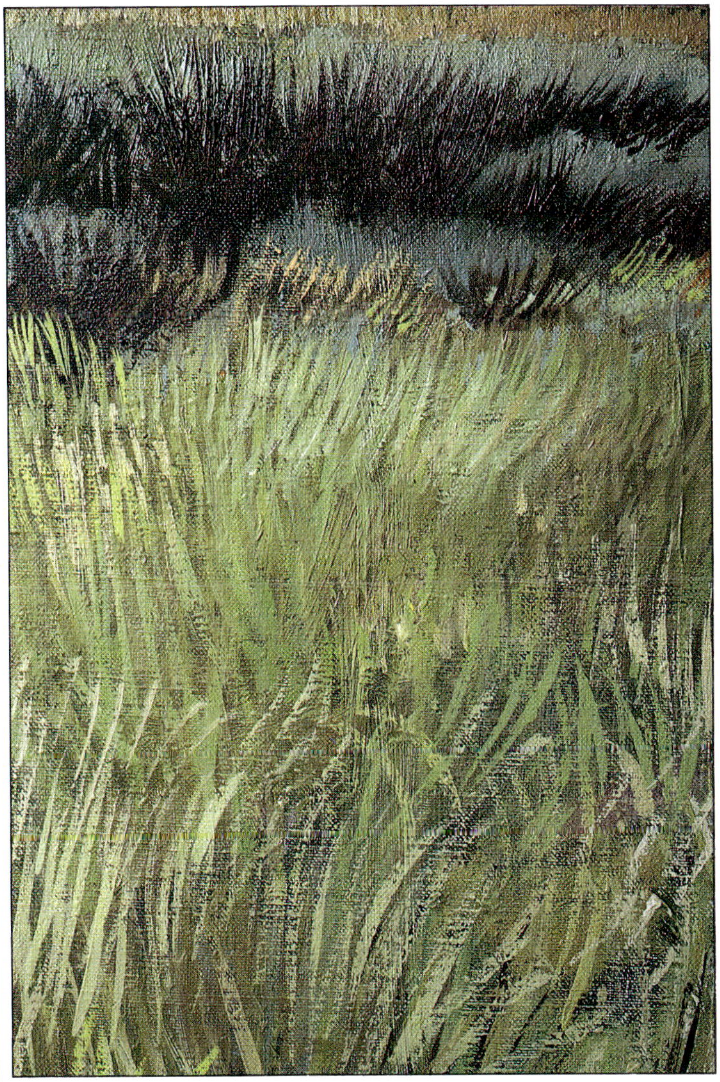

Grünflächen

Vielfältige Grüntöne, Gelb-, Grau- und Erdfarben zeigen zusammen das „Grün" der Wiese. Der Künstler bedeckte die Leinwand zuerst mit Umbra- und Ockerfarben, die naß in naß vertrieben wurden, um Hell und Dunkel anzudeuten. Mit einem kleinen Pinsel und helleren Farben hat sie dann in die nasse Farbe Grashalme eingearbeitet. Das ergibt einen weichen Hintergrund für die Grashalme im Vordergrund und verleiht dem Bild Tiefe und Volumen. Achten Sie auch darauf, wie die gebogenen Striche des Grases das Auge ins Bild führen, wo die Farbtöne blauer und kühler werden. Dies erzeugt einen Eindruck von Räumlichkeit.

Dichter Pflanzenwuchs

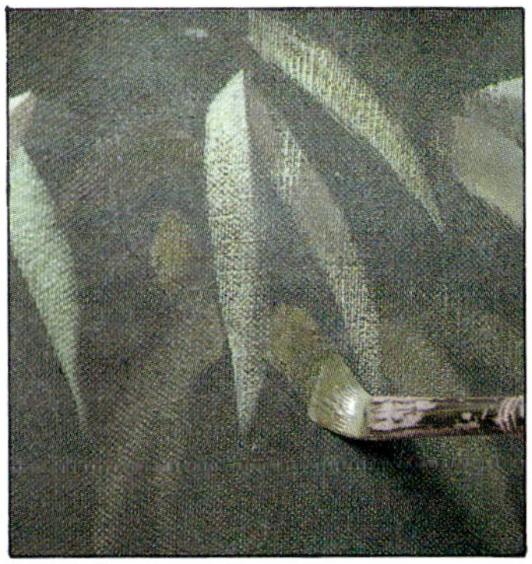

1. Mit einem Flachpinsel Nr. 4 malt der Künstler die Blätter in Farbtönen von Kadmiumgelb, Grünlack, und Titanweiß.

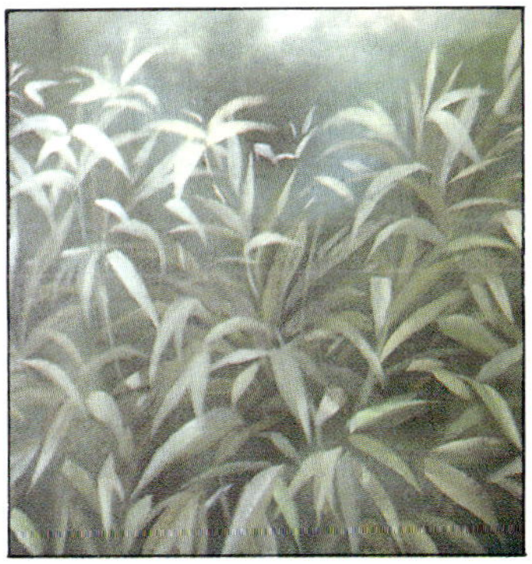

2. Der Maler hat das Muster der spitzen Blätter fast im ganzen Bild verwendet, aber nicht genau abgemalt, was er gesehen hat, sondern die Motive leicht übertrieben, um einen dekorativen Effekt zu erzielen.

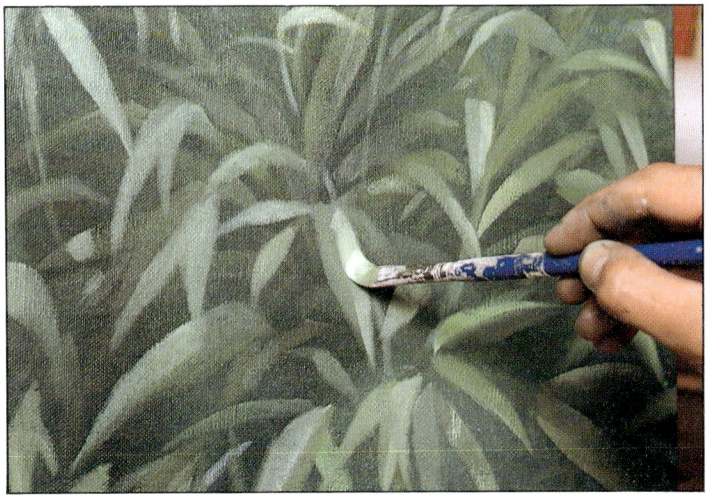

3. Der Eindruck von reflektiertem Sonnenlicht wird durch Auflegen von weißen Streifen auf einige der Blätter wiedergegeben.

Hügel

Die Verteilung von Licht- und Dunkelmassen, die Plastizität ergeben, ist bei den sanften, welligen Konturen von Hügeln nicht so leicht vorzunehmen. Wenn Sie mit halbgeschlossenen Augen auf das Motiv schauen, reduzieren Sie die Farbintensität und machen die Hell-Dunkelanlage deutlicher.
Im Gegensatz zu den scharfkantigen Winkeln von Gebirgen haben die meisten Hügel weiche, leicht verschwommene Kanten, da sie mit Bäumen und anderer Vegetation bewachsen sind. Verwenden Sie schnelle, flüssige Pinselstriche, die den Wellen der Hügel nachgehen, und lassen Sie viele verschiedene Grüntöne und Erdfarben naß in naß ineinanderfließen. Wenn die Hügel mit Bäumen bewachsen sind, reicht es aus, die Textur des Laubes mit kurzen, schrubbenden Pinselstrichen anzudeuten. Versuchen Sie nicht, jeden einzelnen Baum zu malen.

Hügel • Acryl
Der Künstler wurde von der wilden Atmosphäre der alten Waliser Hügel inspiriert. Um ihr rauhes Aussehen wiederzugeben, malte er mit der Acrylfarbe in direkter Alla-Prima-Technik.

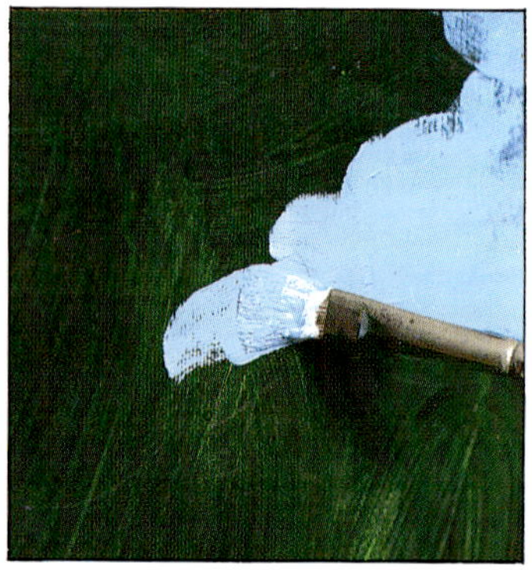

1. Ein abgetönter Grund wird in Hookersgrün aufgetragen. Dieser Farbton wird mit einem flachen Malerpinsel von drei bis vier Zentimetern aufgetragen. Die Pinselspuren werden mit deckender Farbe übermalt. Nach Trocknung des Grundes trägt der Maler den Himmel in kobaltblauer Farbe ein.

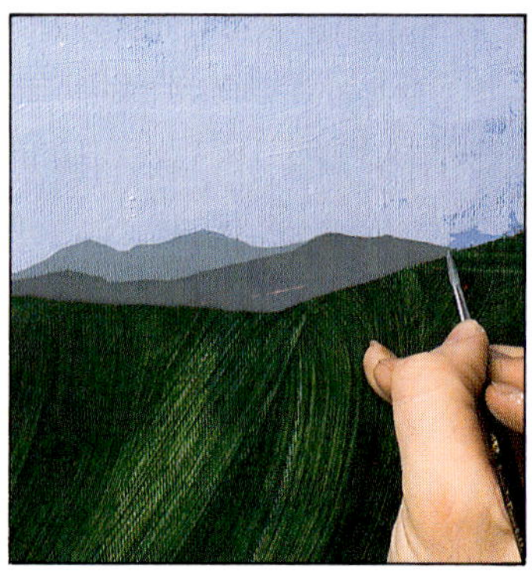

2. Titanweiß mit Kobaltblau wird vermalt. Rechts bleibt ein kleiner Fleck frei. Die entfernten Hügel werden mit einem Marderhaarpinsel Nr. 2 angelegt. Der entfernteste Hügel wird in Hookersgrün, Kobaltblau und Titanweiß aufgetragen. Dies läßt sich mit etwas mehr Platogrün mit Kobaltblau abdunkeln und als zweite Hügelreihe vor der ersten anlegen.

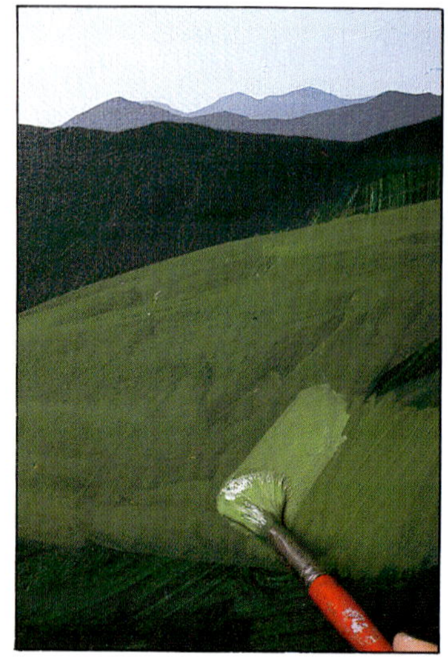

3. Die Spitze des Hügels im Mittelgrund wird jetzt in einem dunklen Grün unter Zugabe von etwas Elfenbeinschwarz gemalt. Die verschiedenen Tonwerte, die nach hinten zu aufhellen, geben dem Bild den Eindruck von Atmosphäre und Tiefenraum. Jetzt beginnt der Künstler, direkt am Vordergrund zu arbeiten. Er legt einen hellen Farbton aus Platogrün und lichter Ocker an, um damit Sonnenflecken auf dem Gras anzudeuten.

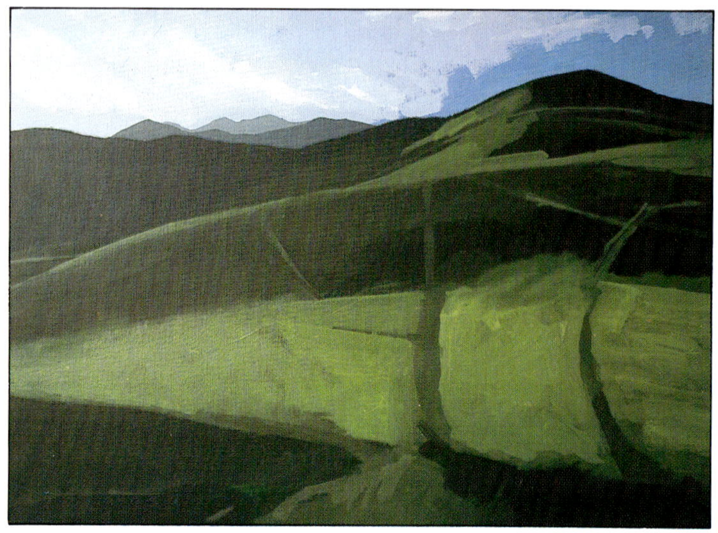

4. Die Erhebungen und Täler der Hügelansicht sind mit warmen und kühlen Grüntönen in kräftigen, nach allen Richtungen gehenden Strichen breit modelliert. Die kreuz und quer über die Hügel laufenden Fußwege sind mit pastoser Farbe angedeutet worden. Diese Fußwege betonen die Konturen der Hügel und helfen, das Auge des Betrachters ins Bild zu führen.

In dem fertigen Bild steht die rauhe Ausführung der Maltechnik in ausgewogener Balance zu der Art des Motivs. Die Gegenüberstellung von warmen und kühlen Grüntönen gibt den Eindruck von ziehenden Wolkenschatten über der Landschaft, die vom Winde getrieben werden, gut wieder.

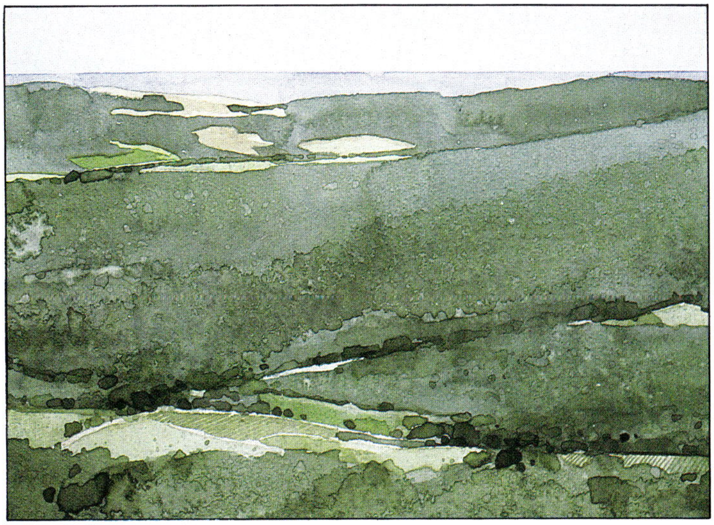

Hügel • Aquarell
Aufgrund ihrer Flexibilität und Anpassungsfähigkeit ist die Aquarellfarbe ein ausgezeichnet geeignetes Medium für die Landschaftsmalerei. Sie können mit ihr alle möglichen ungewöhnlichen Techniken anwenden, und die Farbe antwortet mit wundervoll schildernden Texturen.
In dem Ausschnitt einer hügeligen Landschaft Italiens hat der Künstler z. B. eine subtile Vielfalt von Texturen für die Wiedergabe von Laub und Vegetation geschaffen. Er hat der Farbe Gummiarabicum beigemischt, um sie fester zu machen und ihr einen leichten Schimmer zu geben. Dann hat er klares Wasser auf die trockenen Teile der Malerei gespritzt und etwas Farbe abgehoben, um mit den hellen Flecken das Spiel des Lichts auf den Blättern anzudeuten.

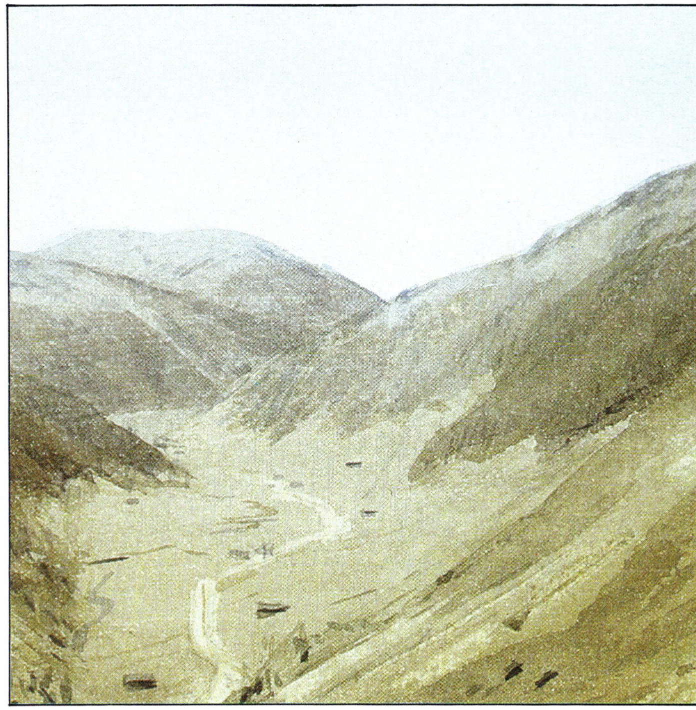

Hügel • Aquarell
Der Künstler hat mit Hilfe der Luftperspektive einen natürlichen Eindruck von der Ferne dieser Landschaft erzeugt. Die sich überdeckenden Ebenen der Hügel weichen bis zu dem dunstigen, blauen Horizont zurück. Der Farbenbereich ist begrenzt auf wenige Farbtöne, die aber als Lavierung übereinandergelegt worden sind. Da, wo die Lavierungen ganz dünn sind, gibt das durchschimmernde weiße Papier der Farbe mehr Leuchtkraft.

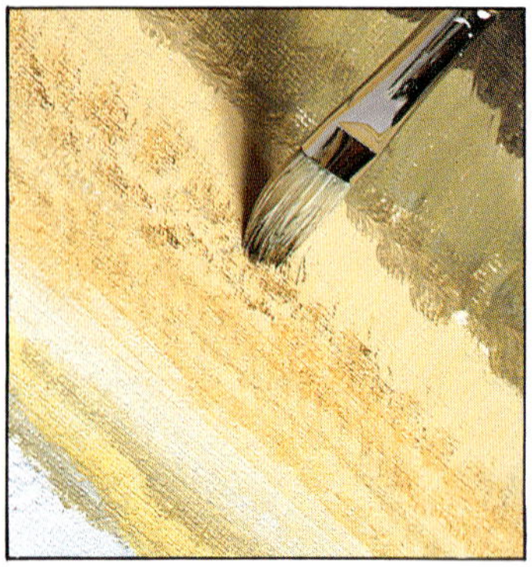

Marschland

1. Diese Landschaft in Gouache zeigt, wie die Struktur der Malfläche und die Farbe wirkungsvoll eingesetzt werden können. Die Hintergrundsfarbe wurde mit einem Borstenpinsel in breiten Strichen angelegt. Die Farbe bricht sich durch den rauhen, nicht vermalten Auftrag an der Leinwandstruktur.

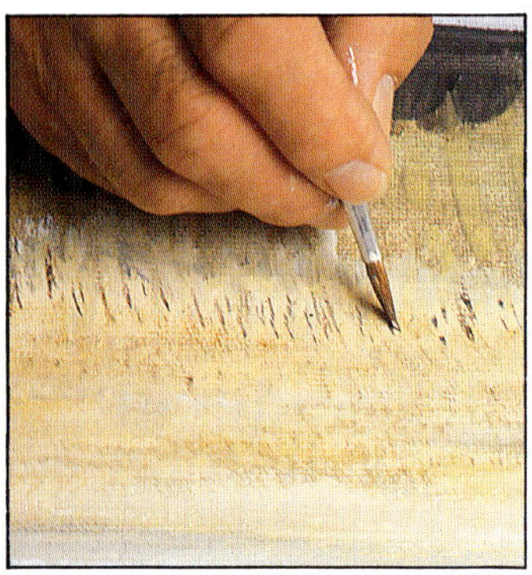

2. Auf dem Hintergrund trägt der Künstler die Schilfrohre mit einem feinen Pinsel und deckender, unverdünnter Farbe ein.

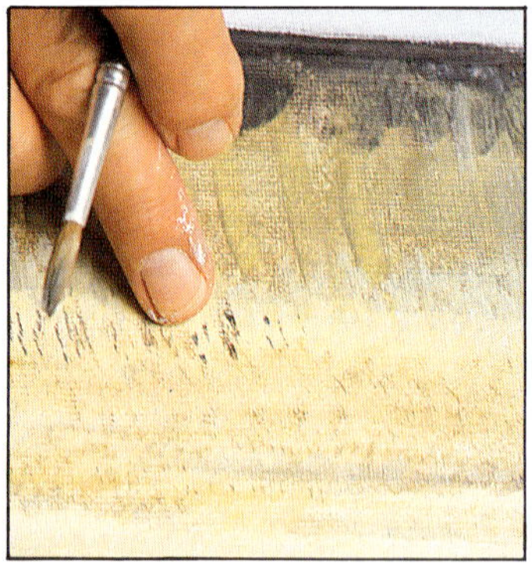

3. An manchen Stellen verreibt der Künstler die Farbe mit dem Finger, um Bewegung anzudeuten.

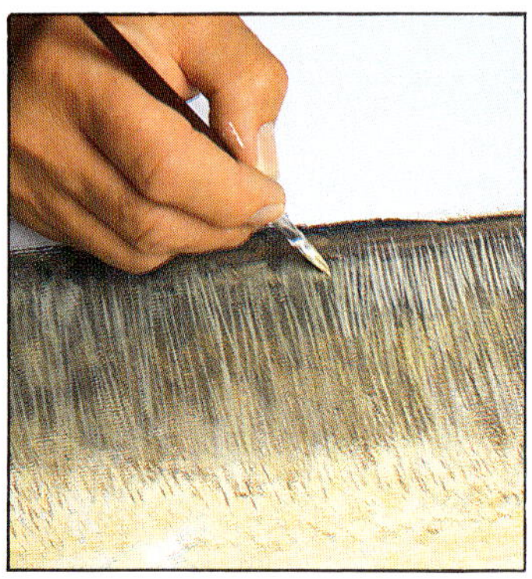

4. Mit dünnen weißen Strichen werden die Halme der Schilfrohre gekennzeichnet.

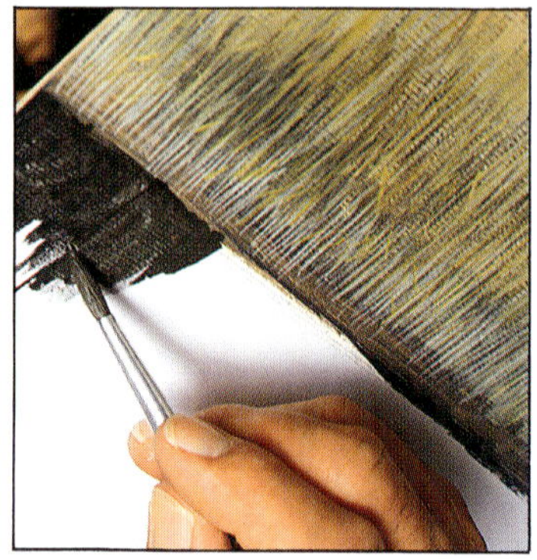

5. Das Wasser wird mit langen, dünnen Strichen in einer Mischung aus Schwarz, Chromoxidgrün und Umbra gebrannt gemalt, um auch die Spiegelung des Schilfs mitzugestalten.

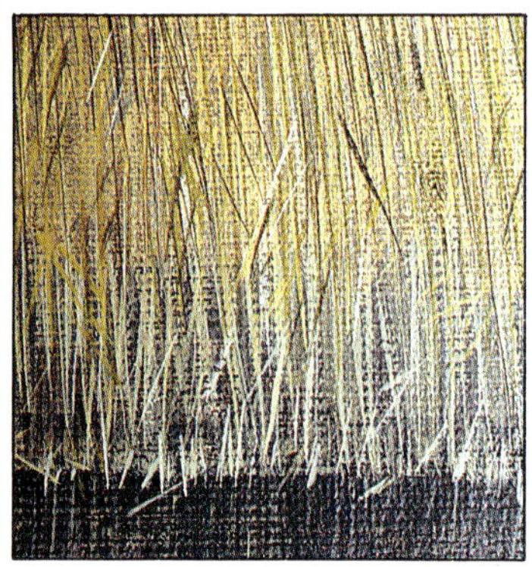

6. Mit fiederigen Pinselstrichen wird die Wasserfläche bis zu den Schilfrohren hochgezogen. Die Grenze zwischen Schilf und Wasser wird mit heller Farbe gebrochen.

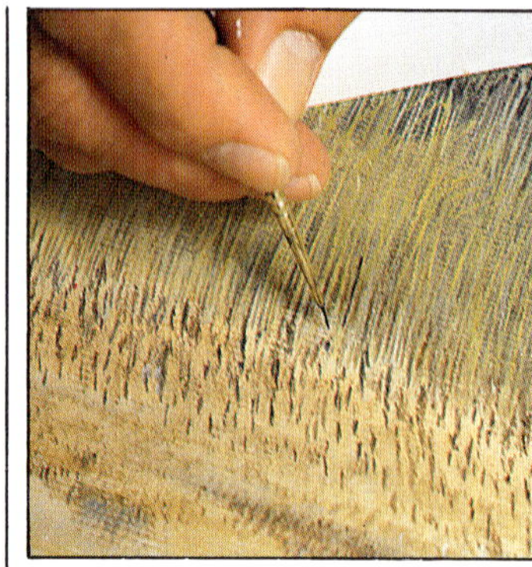

7. Im Vordergrund werden noch weitere dunkle Striche aufgelegt, um dem Bild mehr Tiefe zu geben.

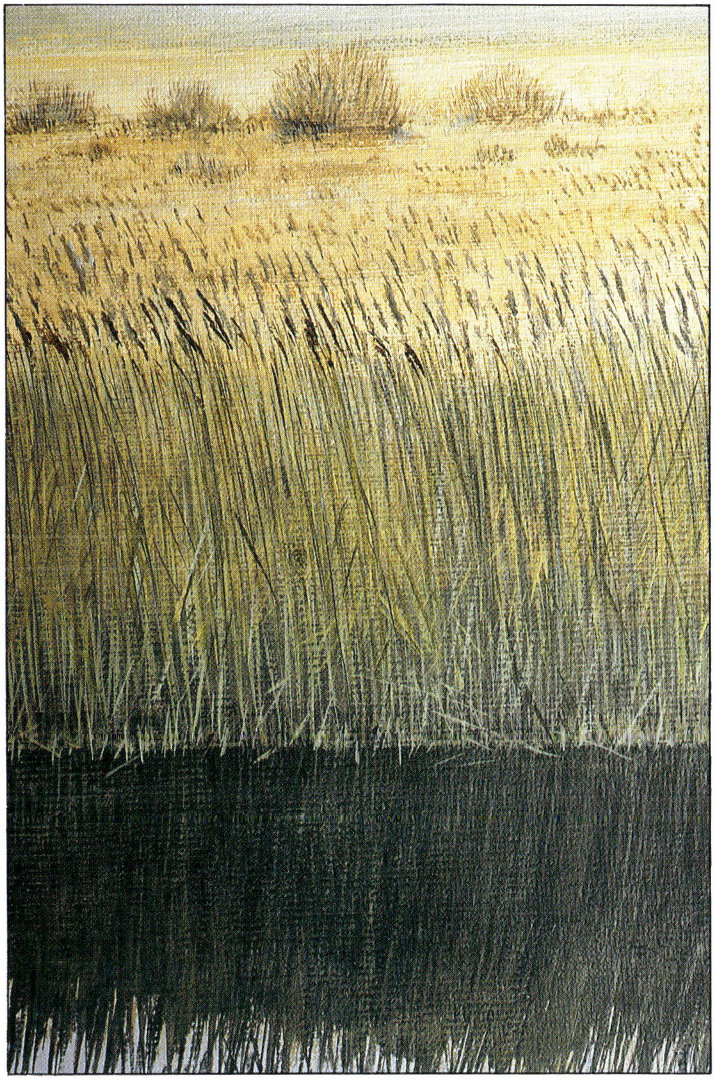

8. An diesem Ausschnitt wird deutlich, daß sich der Künstler auf den Vordergrund konzentriert hat und den Hintergrund nur flüchtig angedeutet hat. Trotzdem gewinnt der Hintergrund Textur und Ausdruck durch den Pinselduktus und die Leinwandstruktur.

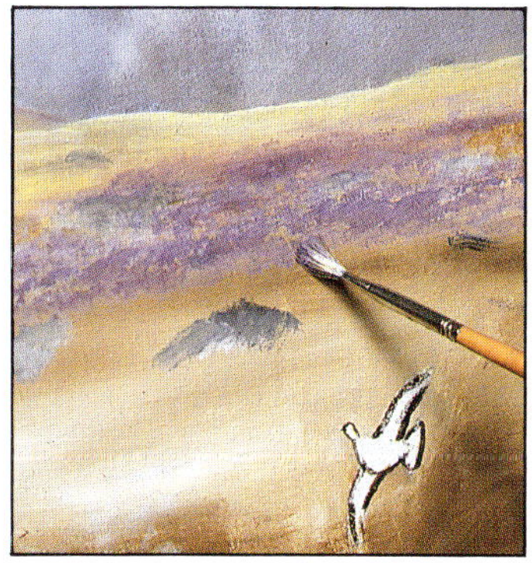

Moor

1. Man malt über eine Bleistiftskizze den Himmel in Ultramarinblau und Weiß und den Boden in verdünntem Umbra gebrannt. Mit einer Mischung aus Permanentviolett und Weiß wird die Farbigkeit und Textur des Heidekrauts zugefügt. Man trägt die Farbe locker mit einem Borstenpinsel Nr. 4 auf.

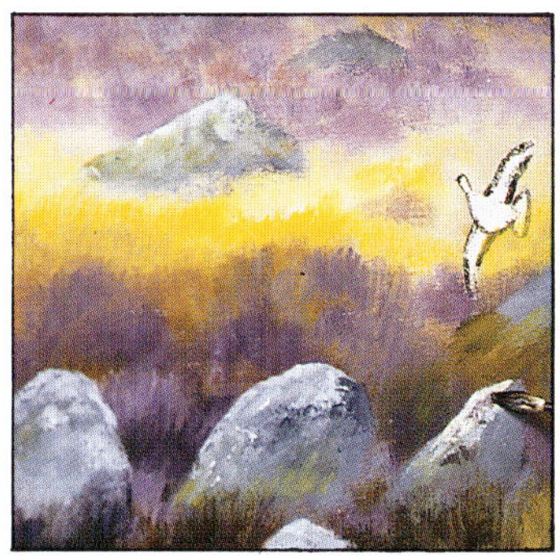

2. Die Felsen werden mit Grau, aus Weiß und Schwarz gemischt, tupfend eingefügt, um ihnen Textur zu geben.

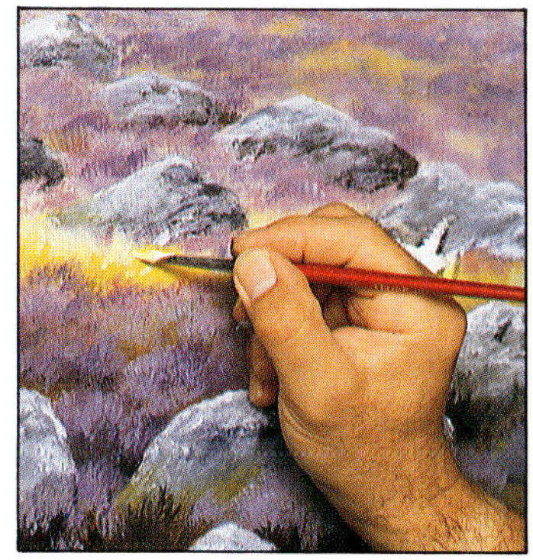

3. Im Mittelgrund wird noch ein kräftiges Band in Kadmiumgelb angelegt. Violett und Gelb werden vorne zusammengemischt und in lockerer Verteilung um die Felsen gelegt.

Gebirge

Wieder gilt der Rat, auf die Grundformen zu achten und Hell und Dunkel zu verteilen. Achten Sie darauf, wie der Sonnenstand am Nachmittag die Plastizität des Gebirges steigert. Das Licht fällt auf einige Felsvorsprünge und läßt andere in tiefem Schatten liegen. Ihrer Gebirgsszene können Sie Volumen und Festigkeit verleihen, indem Sie helle gegen dunkle Flächen absetzen und warme Farben für die im Licht liegenden Teile sowie kalte Farben für die beschatteten Teile nehmen. Wenn Sie draußen arbeiten, tun Sie gut daran, schnell die Licht- und Schattenverhältnisse mit einer neutralen Untermalung einzutragen, bevor Sie mit der Farbe arbeiten. So haben Sie als Grundlage eine konstante Lichtsituation festgelegt.
Die Menge an detaillierten Texturen für Ihre Gebirgsszene hängt ganz von der Entfernung zum Gebirge ab. Die blockartigen Formen der Felsen im Vordergrund können mit horizontalen und vertikalen Strichen gemalt werden. Nehmen Sie dafür ein Palettmesser oder einen Flachborstenpinsel. Die Felsformationen in weit entfernten Gebirgszügen wirken weniger ausgeprägt. Nehmen Sie dafür weiche, reibende Pinselstriche.
Die Effekte der Luftperspektive sind im Gebirge oft sehr deutlich wahrzunehmen. Malen Sie zuerst die am weitesten entfernten Berge in weich vermalten Strichen kühler Blautöne. Arbeiten Sie sich dann weiter an den Vordergrund heran, indem Sie mehr Einzelheiten, kräftigere Farben und dunklere Tonwerte nehmen.

Gebirge • Acryl
Wenn Acrylfarbe direkt aus der Tube oder mit Malmittel zu einer cremeartigen Konsistenz verrührt angewandt wird, hat sie eine sehr große Deckkraft und eine Stärke und Direktheit, die für eine solche Szene sehr gut geeignet ist.
Acrylfarbe trocknet schnell. Der Künstler nutzt diese Eigenschaft, um kräftige Hell-Dunkel-Muster aufzubauen, die dem Motiv Form und Volumen geben.

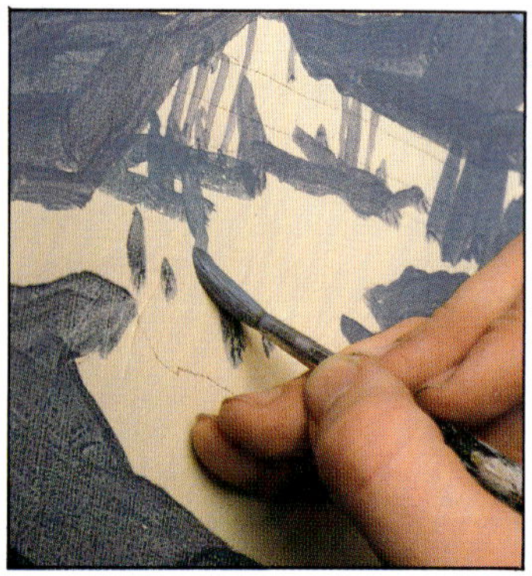

1. Auf einem Zeichenkarton legt der Künstler zunächst die Hauptformen mit einfachen Bleistiftstrichen an. Schattenpartien werden dann in Coelinblau und Titanweiß, mit Wasser stark verdünnt, eingetragen. Beachten Sie, wie die Richtung der Pinselstriche hilft, die Form herauszuarbeiten. Zwischen den Flächen werden Stellen des Kartons freigelassen, um die lichten Teile vorzubereiten. Mit einem Marderhaarpinsel Nr. 7 trägt man dann noch kleinere Schattenflächen innerhalb dieser hellen Teile ein.

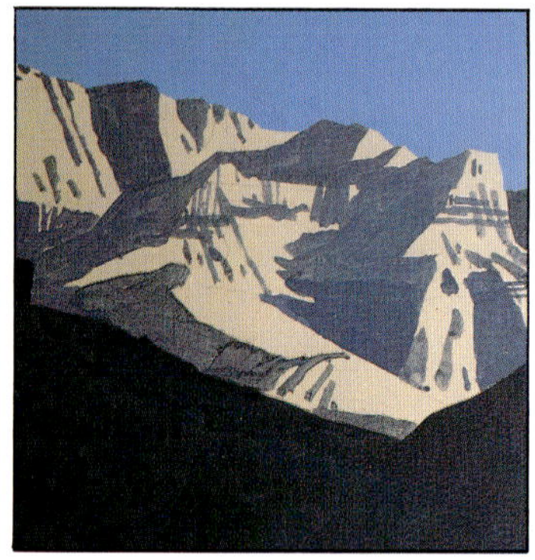

2. Der Künstler baut die Schattenflächen weiter mit breiten Strichen auf, welche den Konturen der Berge folgen. Im Vordergrund wird die dunkle Form eines Gebirgszuges in einer Mischung aus Phtalablau mit Schwarz, Coelinblau und Titanweiß gemalt.

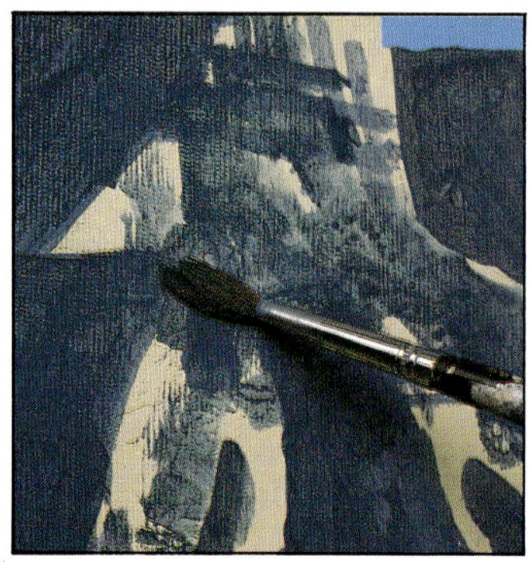

3. Sobald die Formen festgelegt sind, festigt man sie mit dikker Farbe. Sie wird verdünnt, mit Malmittel zu cremiger Konsistenz angerührt und mit einem Flachpinsel aufgetragen. Der Ausschnitt zeigt, wie die Farbe „abgerollt" wird, was eine Textur erzeugt und dem Gebirge ein schroffes Aussehen verleiht.

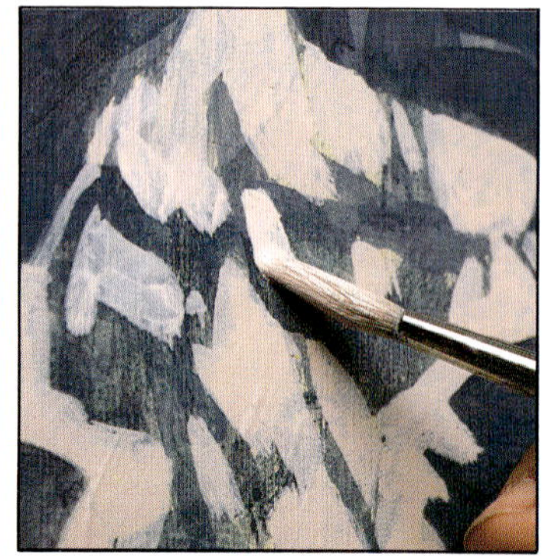

4. Zum Abschluß werden die sonnenbestrahlten Schneeflecken mit einem runden Marderhaarpinsel und Titanweiß eingemalt.

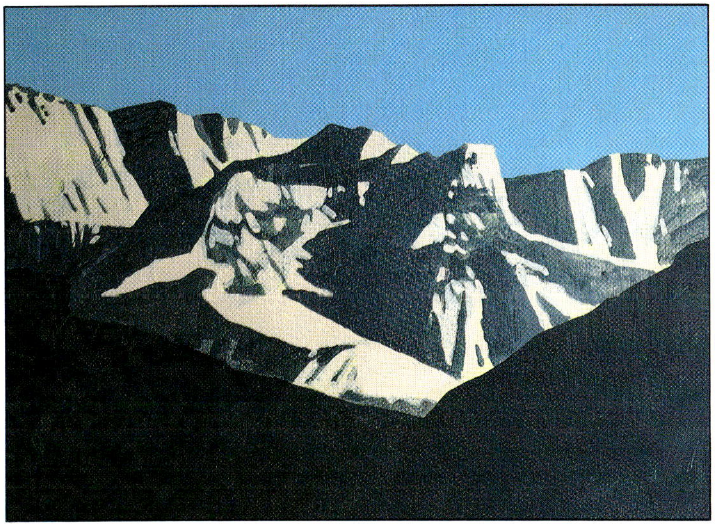

5. Das fertige Bild zeigt, wie der schattige Vordergrund den Eindruck der dramatischen Licht- und Schattenverhältnisse auf den fern liegenden Bergen steigert, ähnlich wie ein Spotlight auf der Bühne.

Felsen

Felsen sind festes Gestein, dreidimensional und schwer. Um dies wiederzugeben, muß man die Licht- und Schattenkontraste betonen.
Zuerst die wichtigsten Strukturen berücksichtigen. Einige Felsen sind abgerundet, einige schroff und spitz. Greifen Sie zunächst die großen Flächen in Tonwert und Farbigkeit auf und legen Sie sie an. Dann schauen Sie nach Unterschieden in Tonwert und Farbigkeit innerhalb großer Flächen und deuten sie mit kurzen, wischenden Strichen an. Lassen Sie bei scharfwinkligen Felspartien die Grenzlinien der Flächen scharf und betont stehen. Bei abgerundeten Formen können Sie die Linien der verschiedenen Flächen weich übergehen.
Zeichnen Sie die wichtigsten Risse und Spalten der Felsoberfläche ein. Diese dienen als Konturlinien, die um und über die Felspartien laufen und deren Plastizität verstärken. Sie bieten Ihnen eine ideale Gelegenheit, verschiedene Pinseltechniken auszuprobieren. In der Öl- oder Acryltechnik beschreiben kurze Striche mit pastoser Farbe, mit einem Malmesser aufgetragen, die scharfen Kanten der Felsen. Auch in der Aquarelltechnik kann ein Malmesser (oder eine Bastelklinge, ein Schneidemesser usw.) verwendet werden, um schroffe, harte Lichter aus der Farbe zu kratzen. In der Eitemperatechnik werden sehr realistische Effekte erzielt, indem man mit kleinen Schraffuren und Kreuzschraffuren jede kleinste Veränderung von Farbe und Tonwert verfolgt.
In den meisten Maltechniken können rauhe Oberflächen durch Ziehen und Dämpfen mit ziemlich deckender Farbe oder auch durch Verspritzen nasser Farbe erreicht werden.
Gefleckte, durch Moos- und Flechtenbewuchs hervorgerufene Muster können sehr wirkungsvoll durch Abtupfen von Farbe mit dem Schwamm geschaffen werden. Die Möglichkeiten der Maltechnik sind endlos. Aber lassen Sie sich nicht von der Technik mitreißen, was dem Motiv schaden kann, das Sie eigentlich umsetzen wollten.

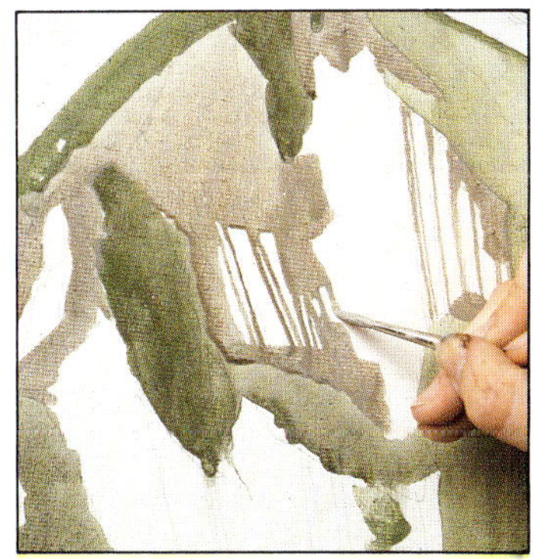

Felsen • Öl

1. Für ein Bild eines felsigen Landstrichs mit schroffen Abhängen und aufgebrochener, gespaltener Oberfläche verwendet der Künstler eine Vielfalt von Techniken, um die unterschiedlichen Texturen wiederzugeben.
Zuerst zeichnete er mit einem Bleistift auf einem feinen Malkarton vor und legte dann verschiedene Lavierungen mit verdünnter Ölfarbe an. Jede neue Schicht wurde erst angelegt, als die vorherige völlig trocken war (es wurde ein Trocknungsbeschleuniger, Terpentinöl, verwendet). Die Felsschrammen und -spalten wurden mit vertikalen Strichen eingezeichnet.

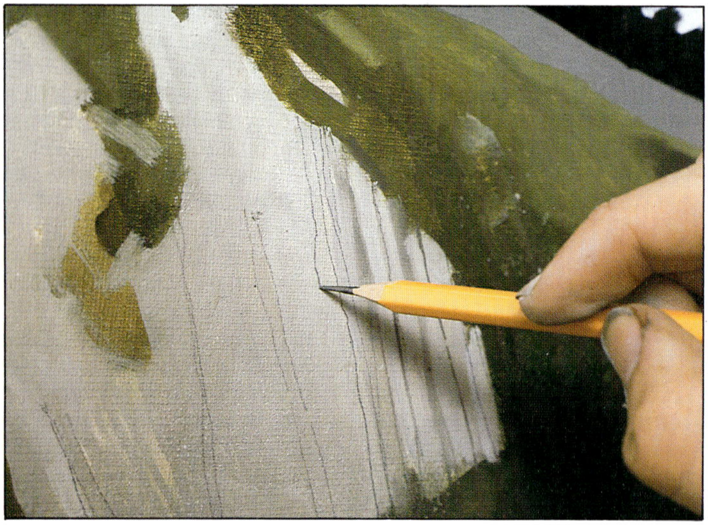

2. Mit einem scharf zugespitzten, weichen Bleistift (3B) zeichnete der Künstler die senkrechten Spalten und Risse des Felsens in die Farbe ein.

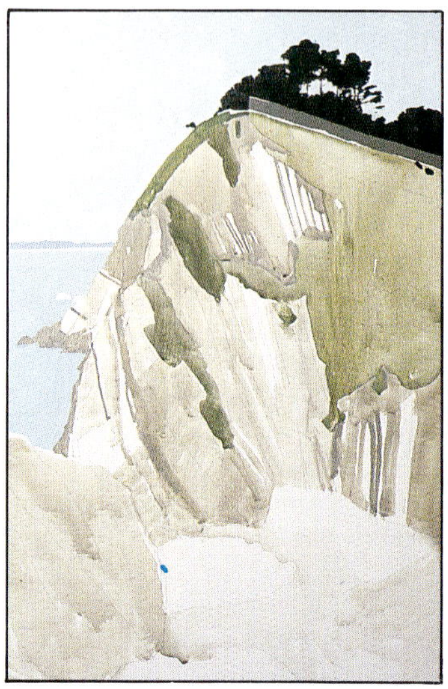

3. Erst nach gründlicher Trocknung wurde die nächste Farbschicht aufgetragen. Der helle, wässrige Charakter des Felsens und des Grases wirkt gegen die dunkle Silhouette der Bäume auf dem Rücken der Landspitze ausgewogen.

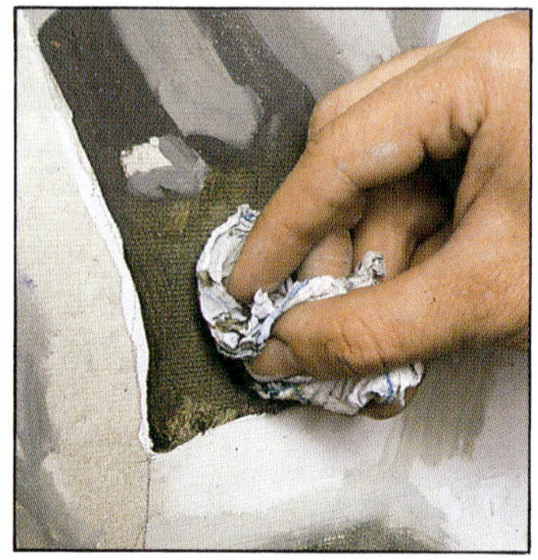

4. Mit einem zerknüllten Zellstofftuch wurde nasse Farbe auf die Fläche, die grasbewachsen aussehen soll, aufgetragen. Das schafft Textur und vertieft die Farbwirkung.

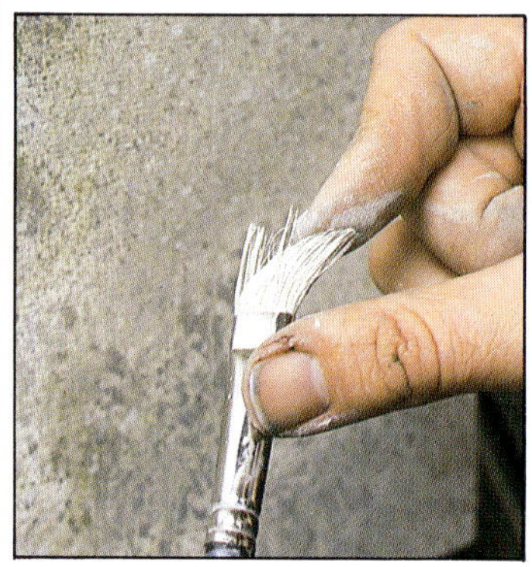

5. Mit einem steifen Pinsel spritzt der Künstler dann verdünnte Farbe auf die Felsflächen, um die Oberflächenbeschaffenheit zu unterstützen.

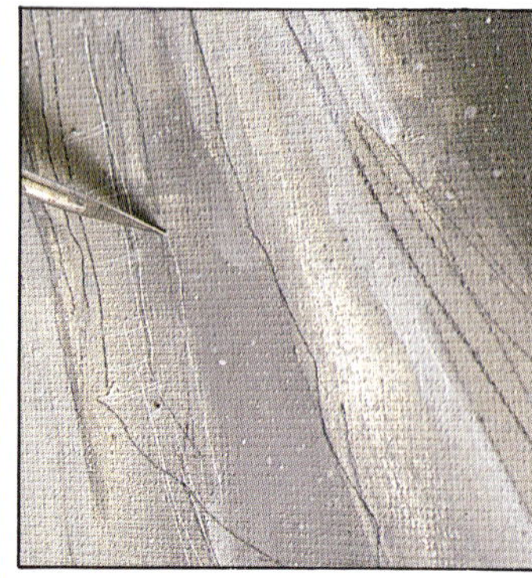

6. Mit einem Schneidemesser wurde die Maloberfläche leicht aufgekratzt, um die darunterliegende weiße Leinwand durchscheinen zu lassen.

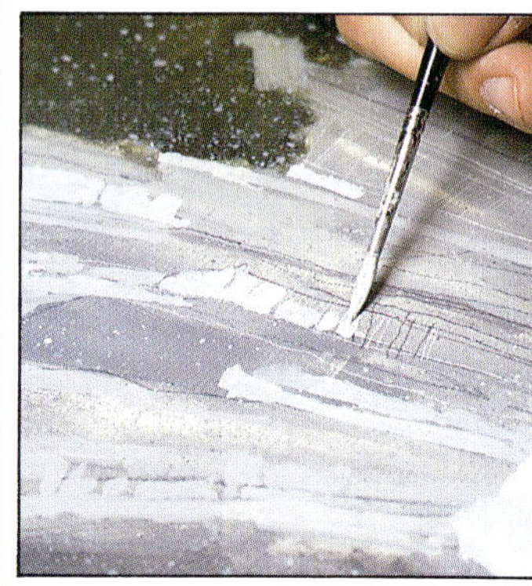

7. Lichter wurden mit einer Mischung von Paynesgrau und Weiß aufgesetzt.

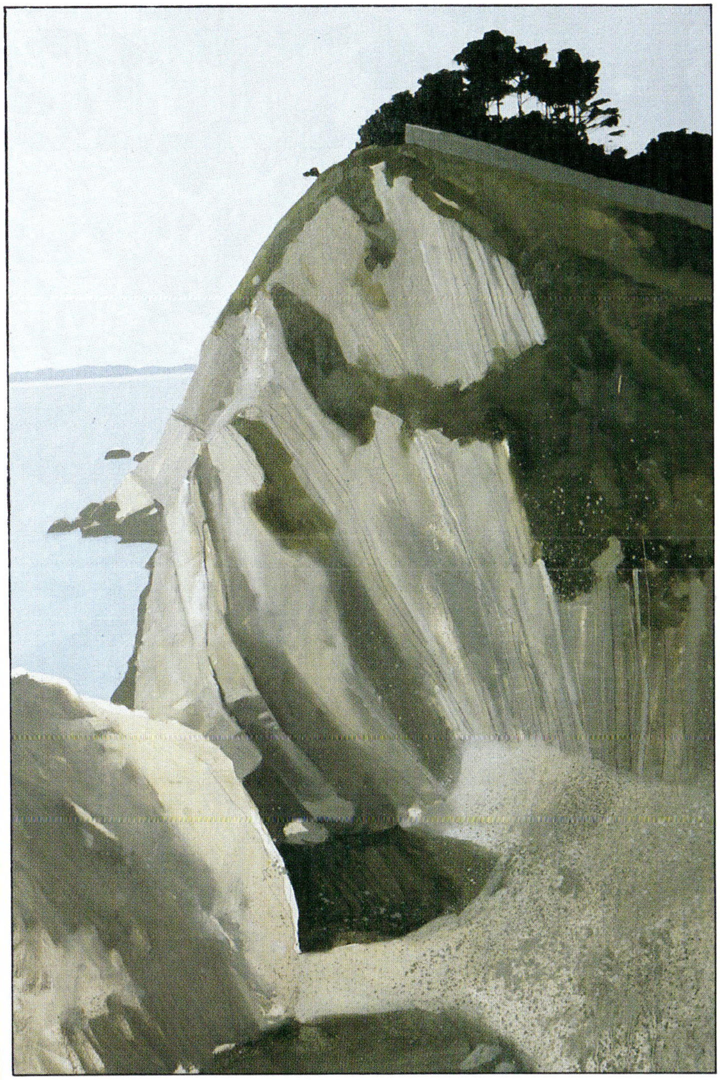

8. Im Endstadium des Bildes verschmierte der Künstler die Lichter mit dem Finger, um die Farben zu vertreiben.

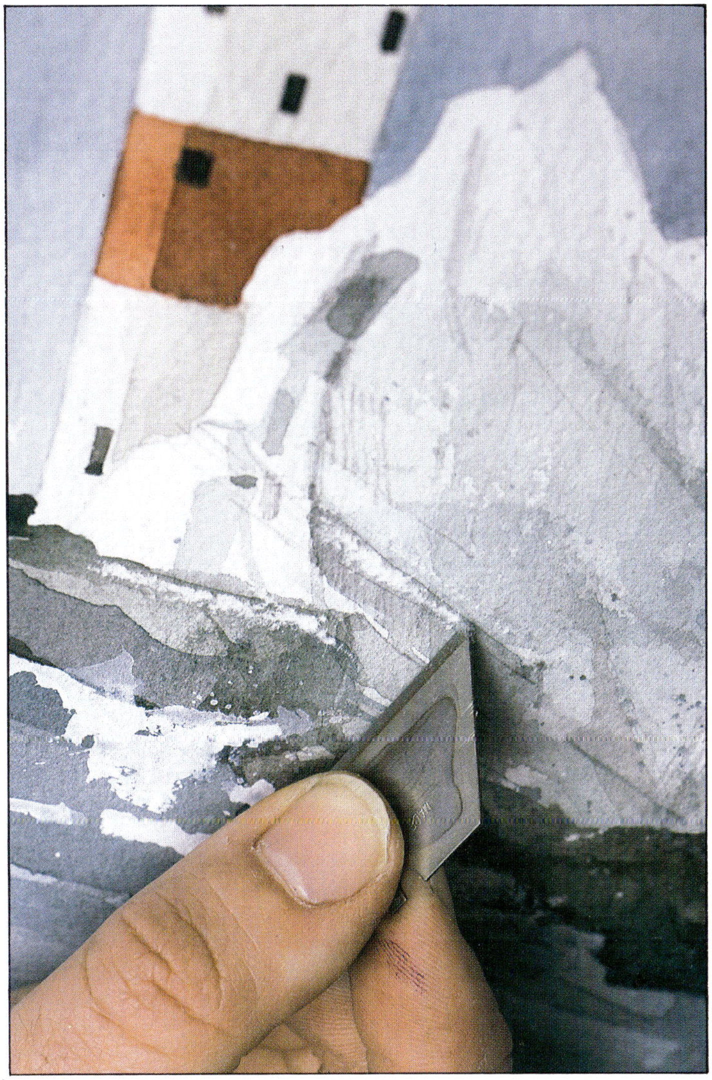

Felsen • Aquarell
In diesem Ausschnitt einer Küstenlandschaft in Aquarelltechnik kratzt der Künstler etwas Farbe mit einer scharfen Messerklinge aus, um den Eindruck von Rissen und Spalten auf dem sonnenbeschienenen Felsen wiederzugeben.
Diese Technik finden Sie unter Sgraffito.

Sand

Die Textur von Sand, ob an Stränden oder in der Wüste, sollte bildnerisch so einfach wie möglich umgesetzt werden. Legen Sie zuerst die Licht- und Schattenverteilung auf dem Sand fest. Verwenden Sie dafür warme und kühle Farben in dünnen Lavierungen. Für den Vordergrund können Sie die Trockene-Pinselstriche- oder die Spritztechnik verwenden, um die körnige Textur des Sandes und der kleinen Kieselsteine anzudeuten. Diese Textur kann in der Aquarelltechnik am besten mit Farben erzeugt werden, die auf dem Papier körnig auftrocknen. Nehmen Sie dafür Coelinblau mit ein wenig Siena gebrannt in den Schattenpartien.
Die Farben des Sandes unterscheiden sich von einem Landstrich zum anderen ungeheuer. Deshalb gibt es für die Farbmischungen von Sandfarben keine festen Regeln. Sand ist im allgemeinen nicht grellgelb, wie Anfänger meinen. Meistens kommt ein heller, graugelber Ton am besten hin, besonders in den schattigen Teilen von Sanddünen.

Sanddünen • Aquarell
Beim Malen von Sanddünen ist das, was Sie auslassen, genauso wichtig, wie das, was Sie hineinmalen. Nehmen Sie wenig Farbtöne und arbeiten Sie mit einem Minimum an Pinselstruktur, um die hellen, silbrigen Farbtöne und die weich geschwungenen Kurven der Sanddünen darzustellen. In diesem Aquarellbild leistet das Weiß des Papiers die Darstellung des ausbleichenden, weißen Lichts auf dem Sand.

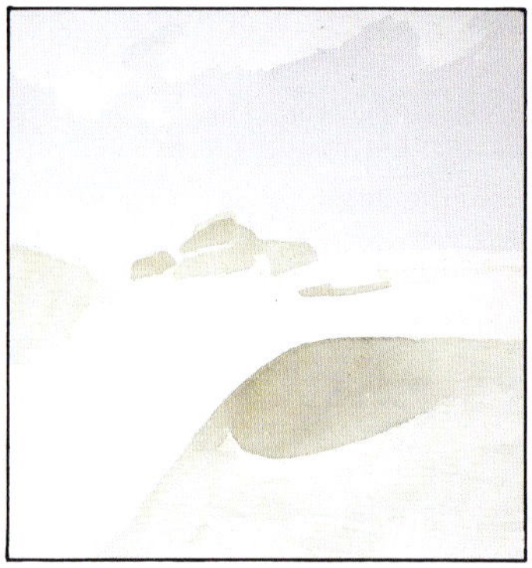

1. Nach einer Vorzeichnung des Motivs legt der Künstler das Meer und den Himmel mit einer hellen Lavierung in Kobaltblau an. Am oberen Bildrand läßt er etwas Weiß stehen, um Wolken anzudeuten. Dann werden die hellsten Töne (nach Weiß) in einer Mischung von lichter Ocker und Echtgelb eingetragen. Die mittleren Töne erhalten die gleiche Farbanlage, nur mit etwas Paynesgrau gemischt. Schließlich werden die Kurven der Dünen mit stärkeren Schattenpartien in einer noch mehr mit Siena gebrannt getrübten Mischung verstärkt. Für die Pinseltechnik wird immer ein runder Marderhaarpinsel verwendet.

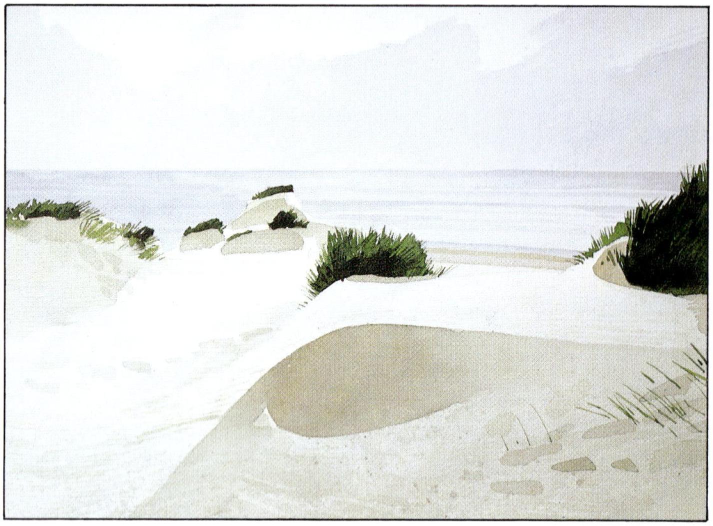

2. Nach Trocknung des Bildes wird ein leichter Sprühregen von Farbe verwendet, um dem Vordergrund die körnige Textur von Sand zu verleihen. Als nächstes wird der Strandhafer in einer dunklen Mischung von Echtgrünoliv und Siena gebrannt in kurzen Pinselstrichen angelegt. Diese lebhaften, grünen Akzente bilden einen idealen Kontrast zu den hellen, feinen Farbtönen des Sandes. Zum Abschluß werden einige, durch den Sand stoßende Grashalme mit dünnen, trockenen Pinselstrichen angedeutet.
Achten Sie beim fertigen Bild darauf, wie die scharfen Grenzlinien der Aushöhlungen in den Sanddünen zum Licht hin allmählich heller und weicher werden. Das gibt dem Sand sein weiches, plastisches Aussehen.

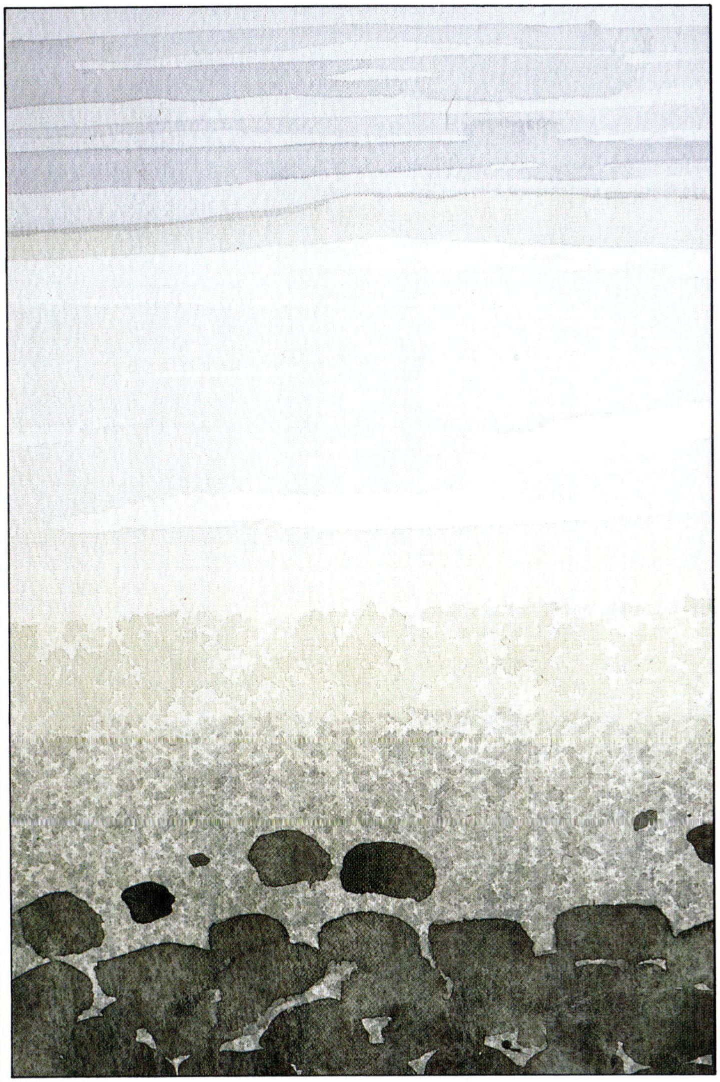

An diesem Bild sehen Sie, wie durch den schlichten Wechsel von Techniken (Lavierung/Spritztechnik) der überzeugende Eindruck eines Sandstrandes wiedergegeben wird.
Beachten Sie, wie die Textur der Kiesel im Vordergrund auf eine scheinbar zufällige Weise gestaltet wurde.

Wegen der Transparenz der für die Kieselsteine benutzten Farbe schimmert der gespritzte Untergrund durch und schafft eine passende, gefleckte Textur. Darin liegt der Reiz der Aquarelltechnik – Texturen scheinen sich von selbst einzustellen!

Bäume

Beobachtungsgabe ist wichtig, um Bäume malen zu können. Jeder Baum hat seine Form. Wenn Sie sich nicht scheuen, draußen zu jeder Jahreszeit Bäume zu skizzieren, wird das Ihrer Malerei sehr helfen.
Da Laubbäume ihre Blätter im Winter verlieren, ist das eine gute Möglichkeit, ihre charakteristische Struktur zu studieren, ohne von dem Laub abgelenkt zu werden. Vergleichen Sie die Höhe des Baumes mit der Größe der Äste. Beachten Sie, daß einige Äste fast horizontal, andere wiederum mehr vertikal wachsen. Versuchen Sie, die Silhouette verschiedener Baumarten festzuhalten und vergleichen Sie die Unterschiede. Eine Eiche hat z. B. eine geduckte Silhouette mit einem kräftigen Stamm und knorrigen Ästen. Die Ulme wiederum hat eine hohe Gestalt. Wenn Sie dann wirklich ans Bäume-Malen gehen, lassen Sie sich nicht von der Fülle der Äste, Zweige und Blätter verwirren. Es ist nicht nur langweilig, jedes einzelne Blatt darstellen zu wollen, sondern es läßt den Baum auch steif, wie ausgeschnitten wirken. Genauso unbefriedigend ist es, nur eine flüchtige, standardisierte Baumform zu malen, eine formlose grüne Masse mit einigen dunklen Zweigen darin. Am besten ist es, wenn Sie zunächst einmal auf die großen Formen und Massen achten, die Ihren besonderen Baum kennzeichnen und ihm Volumen geben, und diese dann so einfach und direkt wie möglich zu malen. Reduzieren Sie zuerst den Umriß oder die Silhouette des Baumes auf seine einfachste Form und füllen Sie dann die Form in einer zusammenhängenden Farbe aus, aber denken Sie daran, besonders nach außen hin zwischen den Ästen etwas Spielraum zu lassen.
Als nächstes tragen Sie in diese allgemeine Formgebung die Hauptmassen des Laubs ein. Beachten Sie, wie jede einzelne Laubmasse von Licht und Schatten geformt wird und wie sie ihren eigenen Schatten auf die benachbarten Laubmassen wirft. Mit einem kleinen Pinsel zeichnen Sie die wichtigsten Äste und Zweige sowie die Andeutung von Laub ein.
Diese Vorgehensweise ist hier natürlich vereinfacht dargestellt worden, um Ihnen zu zeigen, wie man vom Allgemeinen zum Besonderen arbeitet. Sie müssen aber zugleich auf einige wichtige andere Punkte beim Malen achten. Ein schlecht gemalter Baum sieht aus, als ob er auf den Boden geklebt worden ist, anstatt aus der Erde herauszuwachsen. Das können Sie vermeiden, indem Sie die Wurzeln am Fuß des Baumes angeben und verstärken. Durch Abdunkeln des Baumstammes nahe am Boden und weicher Vermalung seiner Grenzlinien geben Sie ebenso den Eindruck wieder, als ob der Baum ganz natürlich im Boden verankert sei.
Richten Sie Ihre Aufmerksamkeit auch auf die einzelnen Äste des Baumes. Ein weit verbreiteter Fehler besteht darin, alle Zweige seitwärts wachsen zu lassen und dabei zu vergessen, daß einige Zweige sich auf den Betrachter zu und von ihm weg erstrecken. Achten Sie auch darauf, wie die Äste langsam dünner werden, wenn sie nach außen dringen, und daß sie im Gipfel des Baumes durch den stärkeren Lichteinfall heller wer-

den. Ein sehr wichtiger, oft übersehener Faktor ist der ausreichende Spielraum zwischen den Ästen. Selbst wenn ein Baum in vollem Laub steht, gibt es viele „Himmelslöcher“ in ihm, vor allem im äußeren Bereich der Zweige. Wenn Sie diese „Löcher“ mitberücksichtigen, wird der Baum natürlicher aussehen.

Bäume und Laubdarstellung geben Ihnen eine ideale Gelegenheit, verschiedene Pinseltechniken auszuprobieren. Die knorrigen Äste eines alten Apfelbaums können in der Öl- und Acryltechnik am besten in dickem Impasto dargestellt werden. In der Aquarelltechnik werden einige zarte, trockene Pinselstriche die papierene Rinde einer Birke gut wiedergeben. Eine zusammenhängende Laubmasse kann mit kurzen Tupfen gebrochener Farbe wiedergegeben werden, während lange, feine Striche das büschelige Wachstum einer Weide darstellen können.

Der wichtigste Punkt ist jedoch, den Baum als lebendes Wesen auszudrücken. Um Atmosphäre und den Eindruck von Bewegung des Baumes im Wind anzudeuten, sollten Sie die Grenzlinien des Laubs weich und fiedrig halten und sie mit der Farbe des Himmels naß in naß vermalen.

Bäume mit dem Malmesser gemalt

Für dieses Bild einer Ulme im Hochsommer verwendet der Künstler ein Malmesser, um die Farbe in dickem Impasto aufzutragen, das den Eindruck von üppigem, schwerem Laub wiedergibt.

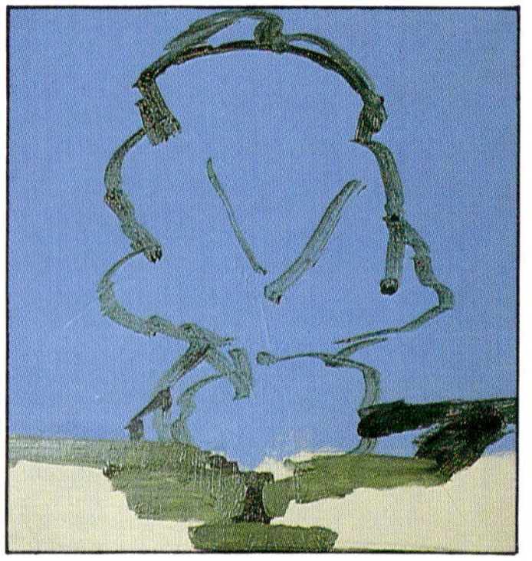

1. Auf einem mit Umbra natur abgetönten Grund legt der Künstler den Himmel mit einer Mischung aus Coelinblau, Titanweiß und Saftgrün an. Nach der Trocknung umreißt er mit einem Borstenpinsel Nr. 4 die Silhouette des Baumes in Saftgrün.

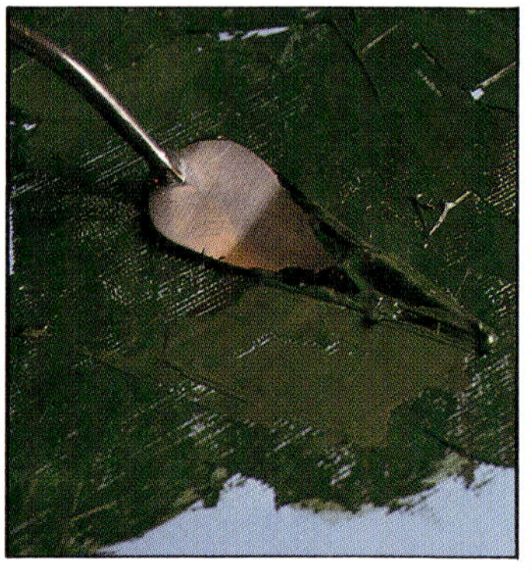

2. Aus Saftgrün, Elfenbeinschwarz und lichter Ocker mischt der Künstler einige Grüntöne heller und dunkler Schattierung und verdünnt sie gerade so mit Malmittel, daß sie gut verstreichbar werden. Diese Farben werden dann mit der flachen Klinge des Malmessers dick auf der Malfläche aufgetragen.

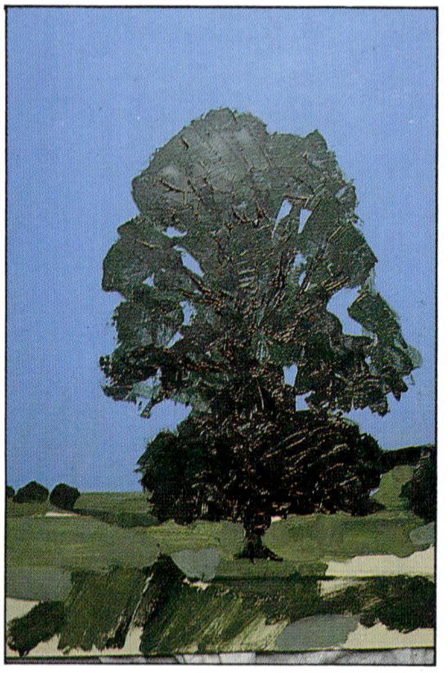

3. Hier sehen Sie, wie die Grate der gespachtelten Striche das Licht einfangen und Licht und Schatten bilden, die einen dreidimensionalen Eindruck von dichtem Laub schaffen. Im Gipfel, der am meisten Licht bekommt, werden die Grüntöne heller und gehen dann bis zum Fuß des Baumes in ein dunkles Blaugrün über, aus lichter Ocker und Elfenbeinschwarz gemischt.

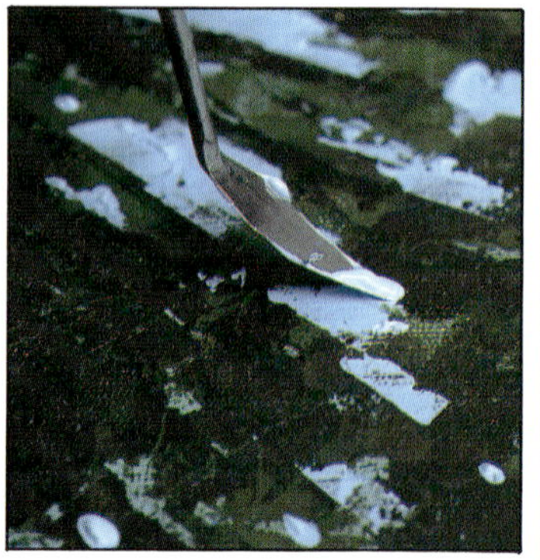

4. Nachdem die wichtigsten Formen und Farbflächen angelegt worden sind, verfeinert der Künstler noch einige Details. Hier legt er mit der Spitze des Malmesser kleine Striche in der Farbe des Himmels an, um die großen Zwischenräume zwischen den Zweigen zu verdeutlichen, wo der Himmel durchscheint.

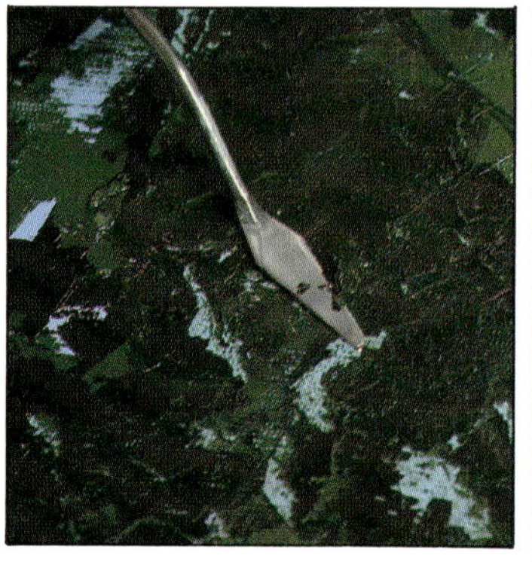

5. Mit der scharfen Kante eines kleineren Messers kratzt der Künstler kleine Flecken noch nasser, grüner Farbe weg, um zugleich Lichter im Laub und kleine offene Stellen zwischen den Zweigen anzudeuten.

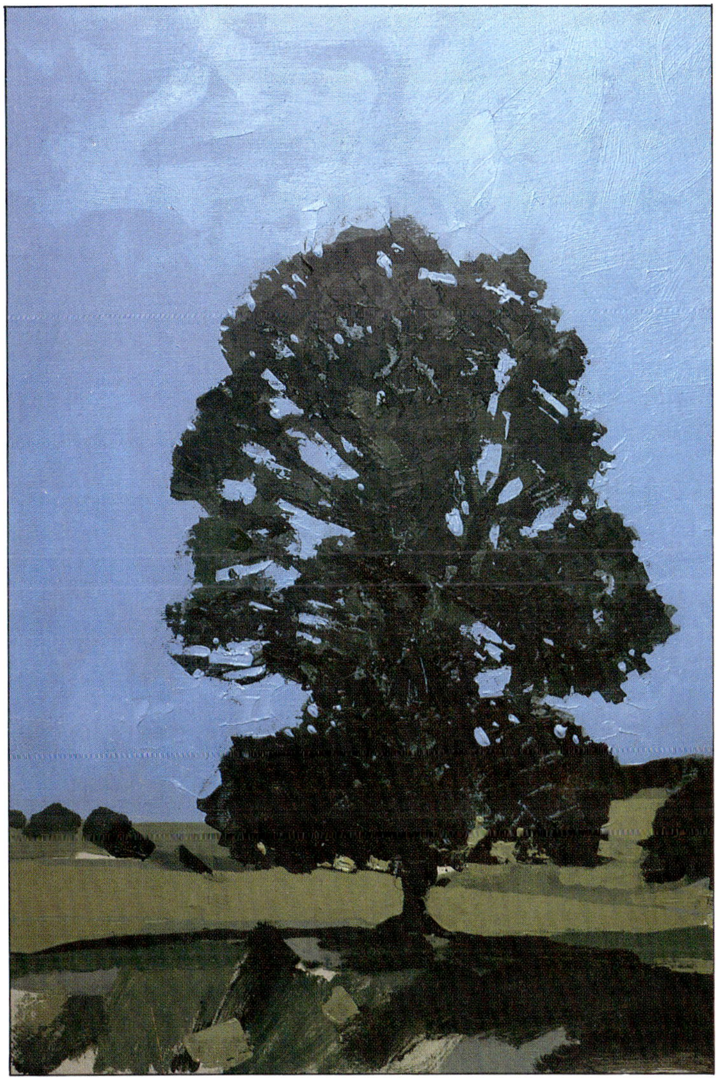

6. Im fertigen Bild können Sie sehen, wie die pastose, frei aufgetragene Farbe einen natürlichen Eindruck von Bewegung im Laub schafft. Wichtig ist zu sehen, daß selbst im Hochsommer Bäume selten ein helles Grün tragen. Die Grüntöne der umgebenden Landschaft sind viel heller, weil sie mehr Licht vom Himmel reflektieren.

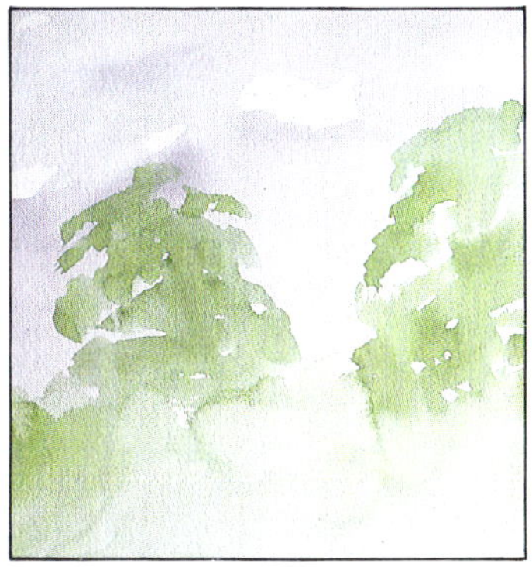

Bäume • Schwamm-Technik

1. Durch seine weiche, unregelmäßige Textur wird der Schwamm zu einem vielseitigen Malinstrument. In diesem ersten Stadium laviert der Künstler die Formen der Bäume locker in hellen Farbtönen von Saftgrün ein.

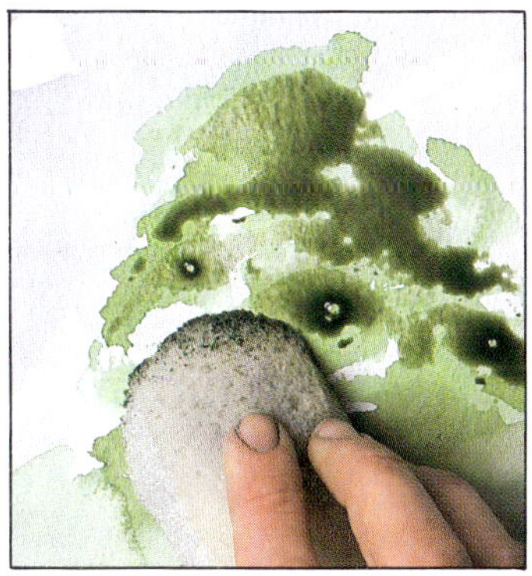

2. Für die mittleren Tonwerte des Laubes mischt man eine intensivere Lavierung von Saftgrün und Paynesgrau. Mit einem runden Schwamm wird die Farbe von der Palette aufgenommen und dann auf die Malfläche aufgedrückt, um ein flekkiges Muster dunkler Farbtöne auf der trockenen Untermalung zu schaffen.

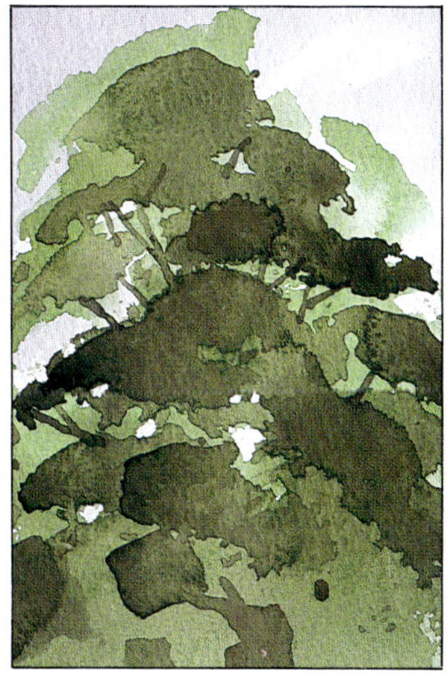

3. Nach der Trocknung werden wieder etwas dunklere Farbtöne in Paynesgrau und Saftgrün auf die Baumformen getupft. Einige dünne Zweige werden mit dem Pinsel eingezeichnet.

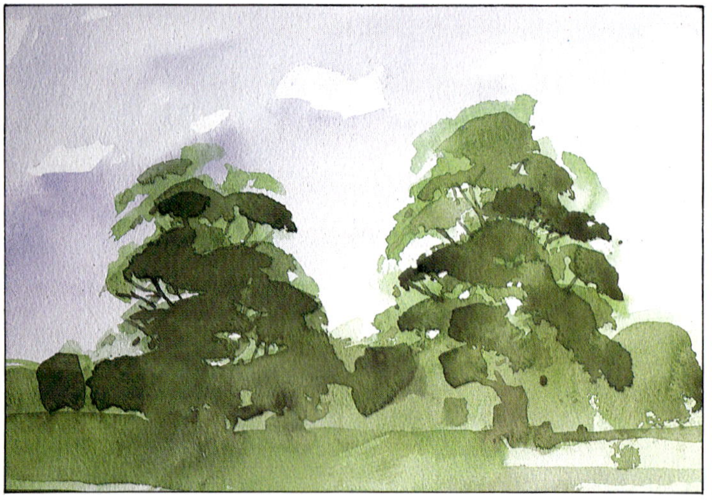

4. Das fertige Bild hat eine erfrischende Spontaneität und Leuchtkraft. Die mit dem Schwamm geschaffene Textur gibt das üppige Sommerlaub überzeugend wieder.

Bäume • Aquarell

Wenn Sie Bäume malen, sollten Sie nicht in den Fehler verfallen, jeden Zweig und Ast wiedergeben zu wollen. Das sieht nur steif und künstlich aus. Es ist viel besser, den Eindruck von vielen, miteinander verbundenen Zweigen wiederzugeben, vor allem bei Baumgruppen. In dieser Winterlandschaft stellt der Künstler die entfernten Bäume mit einem weichen, verschwommenen Farbton vor dem Himmel dar und betont sie mit einer kurzen Andeutung von Zweigen.

1. Der Künstler verzichtet auf eine Vorzeichnung, um der Spontaneität der Aquarellfarbe freien Lauf zu lassen. Für den Himmel wird eine helle Lavierung in Coelinblau angelegt und darauf eine lockere Lavierung in verdünntem Saftgrün für den Vordergrund. Während die Farbe noch feucht ist, erzeugt der Künstler mit klarem Wasser und weichem Pinsel auf der rechten Seite des Bildes einen Rändereffekt. Die gelöste Farbe fließt in den Vordergrund ein. Die sich daraus entwickelnden Formen sollen später in eine von Nebel eingehüllte Baumgruppe umgesetzt werden.

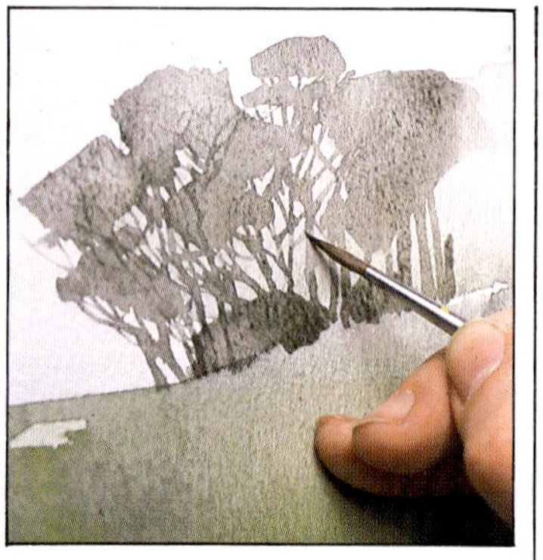

2. Mit einer Mischung von Paynesgrau und Umbra natur wurden die zarten Formen der Bäume auf der rechten Seite eingezeichnet. Mit einem kleinen, weichen Pinsel wird hier und da etwas Farbe abgehoben, um Nebelschwaden anzudeuten.

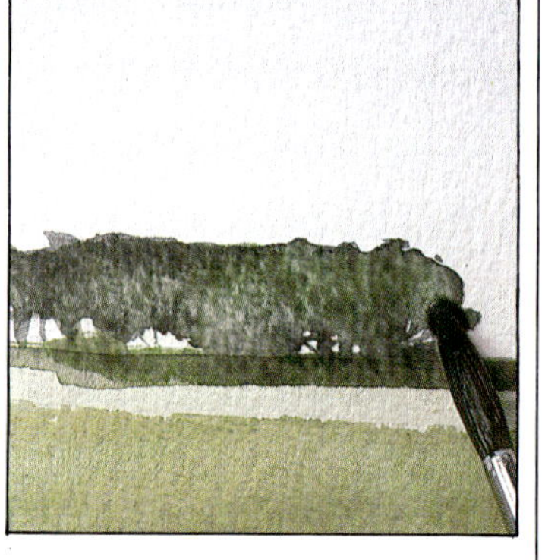

3. Die weiter entfernten Bäume in der linken Bildhälfte werden locker mit einer Lavierung von Saftgrün und etwas Paynesgrau eingetragen.

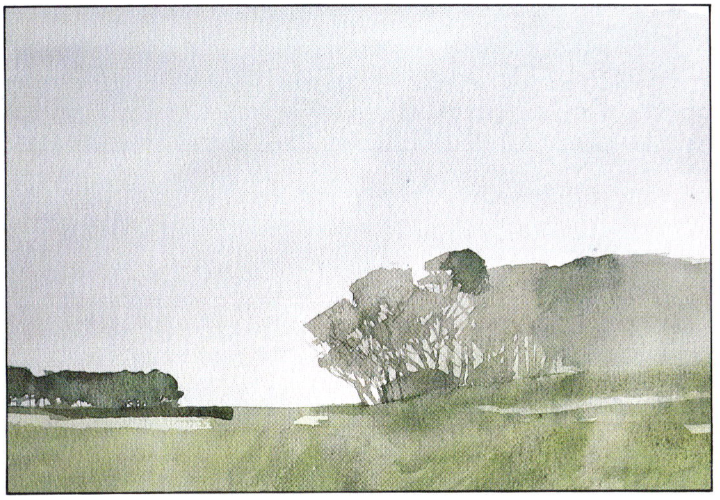

4. Das fertige Bild zeigt sehr gut die kalte Stille eines frostigen Morgens auf dem Land. Was im ersten Schritt als Rücklauf angelegt worden ist, entpuppt sich nun als ein kleines noch halb im Nebel verborgenes Gestrüpp. Die ruhige Stimmung des Bildes wird auch durch die Komposition unterstrichen: Der tiefe Horizont betont den ruhigen, offenen Himmel.

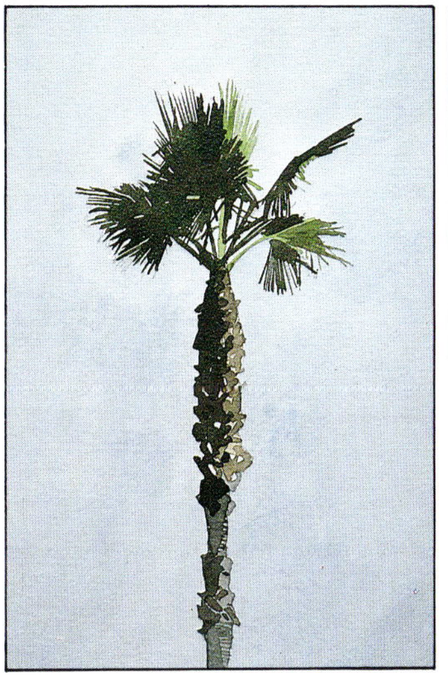

Bäume • Palmen

Der Künstler hat Aquarellfarbe verwendet, ein geeignetes Medium, um die klaren Umrisse einer Palme wiederzugeben. Den Stamm malte er mit einem Marderhaarpinsel Nr. 4 in einer hellen Unterlavierung von Umbra natur, um dann am Fuß der Palme zu Paynesgrau abzuschattieren. Nach der Trocknung wurde die beschattete Hälfte der Palme mit Elfenbeinschwarz und Paynesgrau verstärkt. Interessant ist die Verwendung lebhaft hingesetzter Kürzel, welche die von abbrechenden Palmwedeln erzeugte aufgerissene Oberfläche des Palmstammes nachahmt.

Die herrlichen Formen der Palmwedel werden mit der Spitze eines schmalen Marderhaarpinsels und einer Mischung aus Saftgrün und Paynesgrau eingetragen. Der Eindruck von hellem Sonnenlicht wird durch die Verwendung von nur drei deutlich unterschiedenen, Licht und Schatten anzeigenden Tonwerten wiedergegeben.

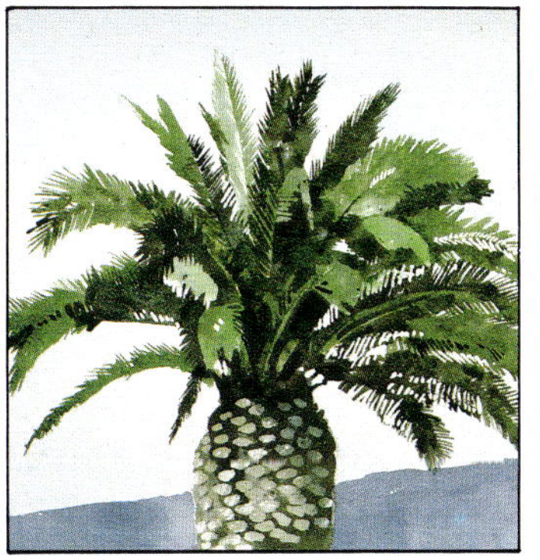

Dieses Bild zeigt eine andere Palmenart mit weicheren, mehr federartigen Blättern. Die Formen sind viel komplexer, besonders da, wo die vorderen Palmwedel uns zugeneigt erscheinen und daher verkürzt dargestellt werden müssen.

Das ganze Geheimnis ist, die wichtigen Eigenschaften der Blätter festzuhalten, ohne zu sehr und zu lange daran zu arbeiten. Mit Saftgrün und Paynesgrau werden einige einfache Farbtöne in sich überlagernden Lavierungen angelegt, die mit einem Zellstofftuch abgetupft wurden, um Textur zu erzeugen.

Form und Volumen werden im Kern der Palmwedel mit konzentrierten dunklen Lavierungen gegeben, während die helleren Töne mit fiederigen, trockenen Strichen in den äußeren Teilen der Palmwedel eingesetzt sind.

Porträts

Das Thema des menschlichen Gesichts ist ganz sicher die größte Herausforderung des Künstlers. Selbst erfahrene Künstler kann bei jedem neuen Porträt ein Gefühl der Unsicherheit beschleichen. Jedes Porträt, wirft immer wieder neue Probleme auf. Die Hauptschwierigkeit liegt darin, daß ein Porträt nicht nur lebensecht aussehen soll, sondern auch der dargestellten Person möglichst ähneln sollte. Sie müssen also die wichtigsten Merkmale und Züge der Person erkennen und bildnerisch umsetzen und zur gleichen Zeit diesen Elementen im Bild Ausdruck verleihen, so daß eine lebendige Person erkennbar wird.

Bevor Sie mit Ihrem ersten Porträt anfangen, sollten Sie bei jeder nur denkbaren Gelegenheit Skizzen von Gesichtern machen. Wenn Sie mit dem Zug oder dem Bus fahren, können Sie Gesichter und einzelne Details, wie Augen und Münder, skizzieren. Eine gute Übung ist auch, sich selbst im Spiegel zu studieren. So haben Sie die Chance, Gesichtszüge genau ansehen zu können und in Ruhe verschiedene Gesichtsausdrücke auszuprobieren, ohne dem Erwartungsdruck von Freunden und Verwandten nachgeben zu müssen, die sicher mehr die schmeichelnden Seiten eines Porträts sehen wollen.

Eine andere Möglichkeit, Ihr Vertrauen zu stärken, ist das Malen nach Photos, was weniger Umstände macht, als nach einer lebenden Person zu malen, die eventuell Ihre Bemühungen kritisiert. Sobald Sie jedoch etwas mehr Erfahrung gesammelt haben, sollten Sie auf Photos ganz verzichten. Es ist nämlich nicht einfach, aus einem zweidimensionalen Vorbild ein möglichst lebensechtes, plastisches Bild zu entwickeln. Am Ende sieht Ihr Gemälde recht steif und leblos aus. Außerdem gehen alle feinen Nuancen von Haut- und Haarfarben in einer Photographie unweigerlich verloren.

Bitten Sie Freunde und Verwandte, für Sie Modell zu sitzen. Das ist wohl der beste Weg, mit der Porträtmalerei anzufangen. Da Sie mit diesen Menschen vertraut sind, wird es Ihnen nicht schwerfallen, diese bekannten Gesichter wiederzugeben. Nehmen wir also an, Sie haben ein Modell gefunden und sind nun bereit, sein oder ihr Porträt zu malen. Doch zuvor gibt es noch einige zu bedenkende Vorbereitungen, ehe sie den Pinsel zur Leinwand führen. Ganz wichtig ist die entspannte Haltung Ihres Modells. Selbst Leute, die Sie gut kennen, können in einer solchen Sitzung plötzlich von Nervosität befallen werden und sich verkrampfen. Gehen Sie darum ganz entspannt und locker an die Sache. Verwickeln Sie Ihr Gegenüber in ein Gespräch, während Sie malen, und sorgen Sie, wenn sie mögen, für Hintergrundmusik. Plazieren Sie ihr Modell bequem, mit ausreichender Rückenstütze, falls es sitzen muß. Machen Sie ab und zu eine Pause, in der sich das Modell strecken und dehnen kann.

Die Haltung

Denken Sie immer daran: Das Modell sollte entspannt und bequem sitzen, damit seine Haltung ganz natürlich wirkt. Wenn er oder sie sich nicht gut fühlt, wird diese Spannung sich auf das Bild übertragen. Die einfachsten Haltungen sind die besten. Mäkeln Sie deshalb nicht an Ihrem Modell herum, es soll einen Arm nach links legen oder den Kopf so oder so neigen. Bitten Sie Ihr Modell nur darum, sich zu entspannen, und es wird ganz von selbst eine lockere und vielleicht sogar für seinen Charakter bzw. seine Persönlichkeit typische Haltung einnehmen. Eine sitzende Haltung ist meist besser als eine stehende, da das Modell sich so besser entspannen kann und länger durchhält. Eine stehende Haltung sieht oft sehr formal aus und erfordert vom Modell ein gutes Stehvermögen. Ob das Modell steht oder sitzt, wichtig ist, genügend Pausen einzulegen.

Hintergrund

Bei den meisten Porträts spielt der Hintergrund eine untergeordnete Rolle. Trotzdem sollten Sie sich darüber einige Gedanken machen. Vielleicht wählen Sie das Interieur, in dem das Modell sitzt, oder behandeln den Hintergrund als einfache Farbfläche ohne Detail. In beiden Fällen sollten Sie Farben mit angenehmen Kontrasten zum Gesicht oder zum Körper des Modells aussuchen. Der kühle Farbton einer grünen Wand oder eines grünen Stoffes unterstützt die warme Hautfarbe des Modells. Ein dunkler Farbton im Hintergrund verstärkt das auf das Modell fallende Licht, während ein heller Hintergrund einen guten Kontrast für ein Modell mit dunkler Kleidung abgibt.

Halten Sie den Hintergrund gegenüber der Figur in der Farbgebung und der maltechnischen Behandlung gedämpft und ruhig. Kühle, neutrale Farben betonen die Wärme und Leuchtkraft der Haut des Modells, während helle, leuchtende

Farben davon ablenken. Vermeiden Sie genauso alle verwirrenden Einzelheiten oder Muster, welche die Aufmerksamkeit vom Modell ablenken könnten. Falls der Hintergrund in der Form unruhig wirkt, müssen Sie ihn vereinfachen und ganz skizzenhaft malen.

Nachdem Sie nun alle Vorbereitungen getroffen haben und einige Skizzen gemacht haben, können Sie nun mit der Malerei beginnen.

Die Vorgehensweise sollte dieselbe wie in der Landschafts- oder Stillebenmalerei sein: Vereinfachen Sie zunächst alles auf einige Grundformen und -farben und bauen Sie von daher Ihr Bild langsam auf. Machen Sie nicht den Fehler, einen detaillierten Umriß des Gesichts zu zeichnen und diesen dann mit Farbe auszufüllen. Deuten Sie unter allen Umständen erst die große Form des Gesichts mit lockeren Strichen als eine ungefähre Vorlage an. Eine harte, rigide Umrißlinie behindert und lähmt den Malprozeß nur. In jeder Phase des Malprozesses sollten Sie aber frei bleiben, Ihr Bild noch einmal abzuändern.

Beginnen Sie also mit großen Pinselstrichen und tragen Sie die wichtigsten Massen, Lichter und Schatten ein. Nachdem Sie das Volumen der Form angelegt haben, fahren Sie in logischer Folge fort, von großen, wischenden Pinselstrichen zu kleinen, genaueren, welche die Winkel, Konturen und Kurven des Gesichts anzeigen. Auch in dieser Phase sollten Sie noch nicht zu sehr auf Einzelheiten, wie Augen und Mund, eingehen. Bis jetzt ist erst einmal nur die Gesamtform des Gesichts interessant.

Ähnlichkeit ist nicht einfach eine Sache des genauen Abmalens von Augen, Mund und Nase. Die Formen, Größen und Proportionen des Gesichts ändern sich bei jedem Menschen, den Sie malen wollen. Diese Formen sollten Sie genau beobachten, da sie dem Modell seine besondere Identität geben.

In dieser Phase sollten Sie nun eine Malpause von etwa 20 Minuten einlegen. Wenn Sie ans Bild zurückgehen, fallen Ihnen dann eventuelle Fehler eher auf und lassen sich leichter korrigieren.

Wenn Sie die Gesichtszüge malen, sollten Sie von innen nach außen vorgehen. Einige Maler fangen gerne mit den Augen an, andere mit der Nase und arbeiten sich dann zu den Augen und herunter zum Mund vor. Arbeiten Sie immer von einem Gesichtszug zum anderen mit frischer Farbe, anstatt jedes Detail als Einheit zu behandeln. Wenn dann das Bild fast fertig ist, machen Sie wieder eine Pause. Nach nötigen Ergänzungen können Sie mit den Lichthöhungen Ihr Porträt abschließen.

Beleuchtung

Sie können natürliches oder künstliches Licht aussuchen. Natürliches Tageslicht ist vorzuziehen, besonders aus einer Lichtquelle, wie von einem Fenster einfallendes Sonnenlicht. Wenn Sie mit künstlicher Beleuchtung arbeiten, sollten Sie Leuchtstoffröhren nehmen, die Tageslicht am besten ersetzen können.

Ob Sie nun mit natürlichem oder künstlichem Licht arbeiten, so sollten Sie das Modell nur von einer Lichtquelle beleuchten. Weiches Licht, das von einer Seite auf den Kopf des Modells fällt, schmeichelt seinen Gesichtszügen und betont die Form des Gesichts. Am leichtesten zu malen ist ein Gesicht, wo das Licht von vorne und von einer Seite auf das Modell fällt, die sogenannte „Dreiviertel-Beleuchtung". Das Licht beleuchtet eine Seite des Gesichts und einen Teil von vorne. Das macht die Lichter, Halbtöne und Schatten gut unterscheidbar und hilft, die Form zu festigen. Wenn Sie bemerken, daß die Schatten zu dicht aussehen, plazieren Sie einen reflektierenden weißen Karton auf die Schattenseite neben das Gesicht des Modells. So bekommen Sie zusätzliches Licht im Schattenbereich. Wenn Sie draußen ein Porträt malen, müssen Sie einige Richtlinien im Kopf haben. Setzen Sie Ihr Modell so, daß die Sonne ihn oder sie von der Seite und leicht von vorne trifft. Die besten Ergebnisse erzielen Sie am frühen Morgen oder am Nachmittag.

Kleidung

Die Kleidung, die Ihr Modell trägt, muß mit Sorgfalt ausgewählt werden. Sie sollte die Persönlichkeit betonen und in Übereinstimmung mit der Stimmung des Bildes sein. Im allgemeinen sind ruhige Farben und zurückhaltende Muster am besten geeignet. Wenn die Kleidung dunkler als das Gesicht ist, so läßt sich um so besser malen. Denken Sie daran: Das Thema Ihres Bildes ist das Gesicht. Helle, leuchtende Farben und Muster lenken die Aufmerksamkeit vom Gesicht ab und verringern die Ausdruckskraft des Porträts.

Augen

Die Augen sind wichtige Elemente jedes Porträts und müssen richtig gestaltet werden. Augen unterscheiden sich in Form, Größe und Charakter bei jedem Menschen. Aber die anatomische Struktur bleibt dieselbe. Ober- und Unterlid haben nie die gleiche Form, das Unterlid ist flacher. Das Oberlid bedeckt ca. ein Drittel der Iris. Die Iris „sitzt" unter dem Unterlid und nicht darauf.
Um die sphärische Form des Auges wiederzugeben, muß man, wie bei allen runden Gegenständen, mit Hell-Dunkel-Abstufungen arbeiten, wie schon gezeigt worden ist. Achten Sie darauf, wie Lichter und Schatten die Form des Auges betonen. Auch das Weiß des Auges kann auf der einen Seite heller sein und auf der anderen in Schatten übergehen. Das Schattenband unter dem Augenlid verstärkt ebenso die Wirkung des über dem Augapfel sich wölbenden Lids. Wenn Licht von einer Seite auf die glasige, feuchte Oberfläche der Hornhaut fällt, wird ein helles Licht erzeugt, das den Augen Licht und Lebendigkeit verleiht (denken Sie daran, wenn Sie Ihr Modell ins Licht setzen).
Die Transparenz des Auges läßt etwas Licht in den Augapfel eindringen und schafft auf der anderen Seite eine leichte Reflektion, die dem Auge einen wunderbaren Glanz verleiht. Malen Sie also das Hauptlicht sehr klar und das zweite weich. Achten Sie auf die leichte Färbung! Lichter sind nicht immer hartweiß. Die Augenreflexe lassen sich mit der Lasurtechnik gut wiedergeben.
Augen sollten im allgemeinen ein weiches, „schmelzendes" Aussehen haben. Das erreichen Sie mit der Naß-in-Naß-Technik unter Vermeidung harter Grenzlinien. Selbst die Schwärze der Pupille sollte da abgemildert werden, wo sie die Iris trifft, damit Ihr Porträt nicht einen unnatürlich starrenden Blick erhält. Malen Sie schließlich auch niemals die einzelnen Augenwimpern, die individuell aussehen sollen. Das sieht sehr dilettantisch aus. Mit einer leicht geschwungenen, unregelmäßigen Linie geben Sie Augenwimpern ausreichend wieder.

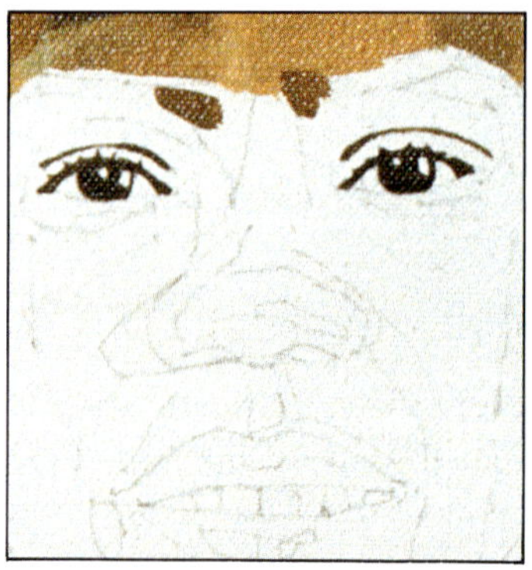

Augen • Öl
1. Nach einer Vorzeichnung legt der Maler zunächst die Farbe vom Haaransatz angefangen an. Bei der Iris der Augen und den Augenlidern unterbricht er den Malprozeß, um erst einmal diese Details zu malen und mit der bereits angelegten Hautfarbe in Übereinstimmung zu bringen. Dann arbeitet er von den Augen ausgehend weiter zu den größeren Flächen der Hautfarbe.

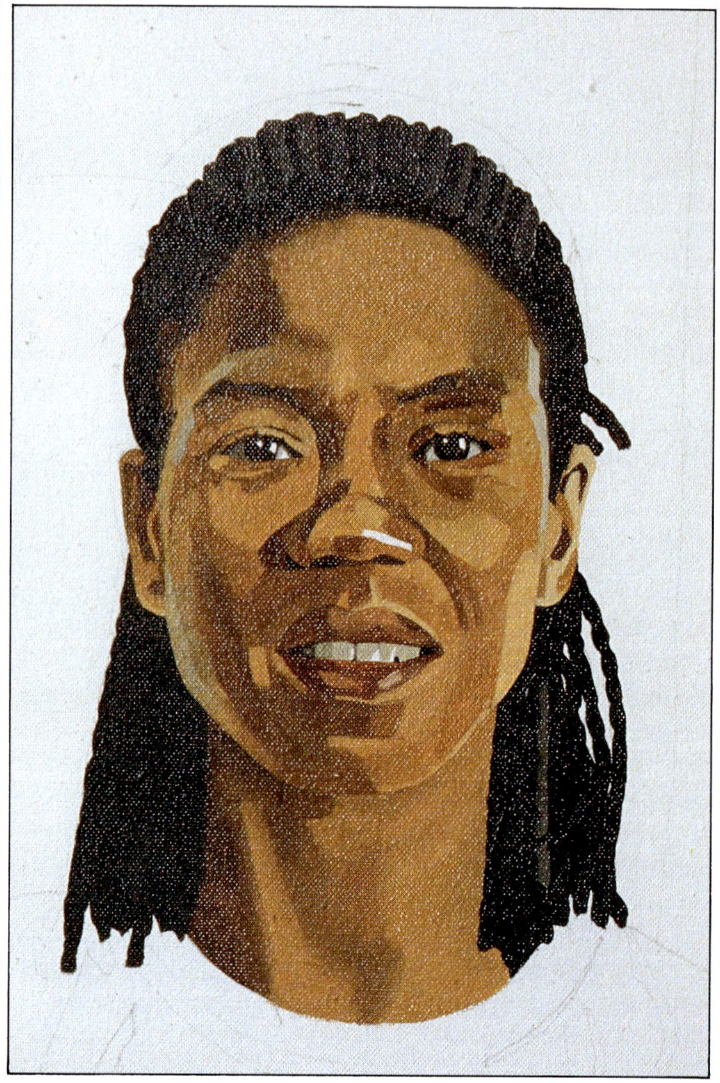

2. Mit einem weichen Farbverlauf um die Augenlider sind die Augen in das vollständig gemalte Gesicht integriert worden. Sie reflektieren auch die Richtung des Lichtes, indem das Weiß des linken Auges heller als das des rechten gehalten ist.

Augen • Aquarell

Von allen Details im Gesicht sind die Augen am schwierigsten zu malen. In der Aquarelltechnik fällt das schwer, da die flüssige Beschaffenheit der Farbe nicht leicht zu kontrollieren ist. Das wird jedoch mehr als aufgewogen durch die einmalige Transparenz der Farben. In diesen Beispielen zeigt der Künstler, wie man mit einer Folge von feinen Lavierungen und Lasuren die Form und Plastizität des Auges sowie ihre „glasige" Oberfläche wiedergeben kann.

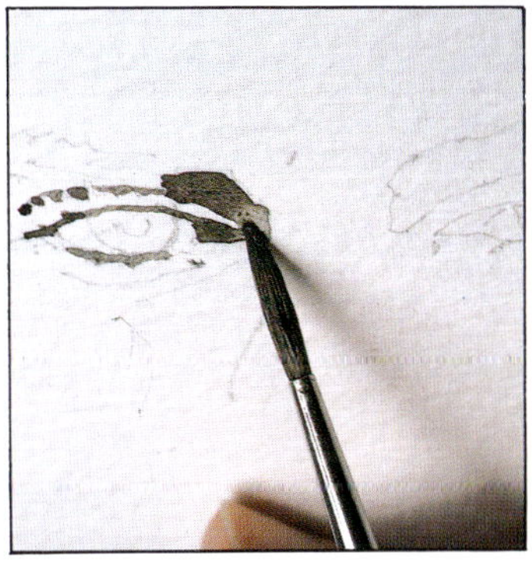

1. Nach einer Bleistiftskizze der Augen zeichnet der Künstler den Augenrand und den Schatten im Augenwinkel mit einer Mischung aus Elfenbeinschwarz und Madderbraun und einem Marderhaarpinsel Nr. 2.

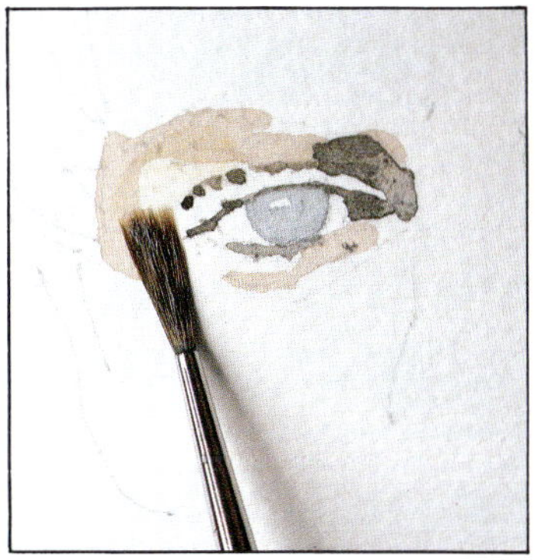

2. Trocken, werden mit einer dünnen, transparenten Lavierung von Siena gebrannt die mittleren Tonwerte um das Auge angelegt. Mit einer zarten Lavierung in Kobaltblau und Paynesgrau malt man dann die Iris. Ein winziger Fleck wird für das Licht freigelassen.

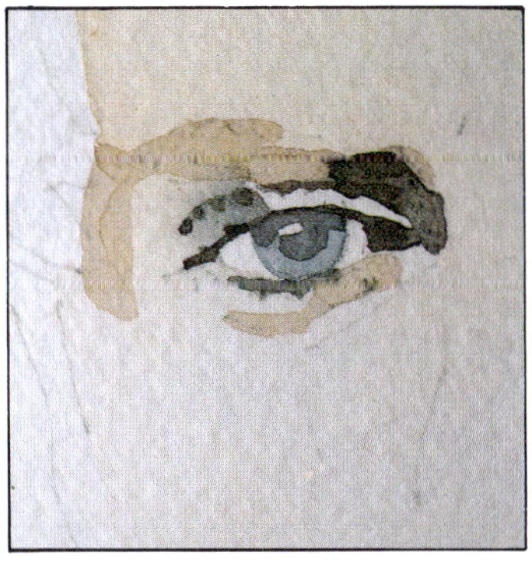

3. Nun legt der Maler eine dünne Lavierung von Paynesgrau an: Mit einem Strich zeichnet er die Pupille und den vom Oberlid geworfenen Schatten. Mit einem sauberen Pinsel bringt er dann etwas Farbe in das obere Augenlid. Nach dem Trocknen der Fleischtöne um das Auge werden nun die hellsten Farbtöne des Gesichts mit einer sehr verdünnten Lavierung von Siena gebrannt gemalt.

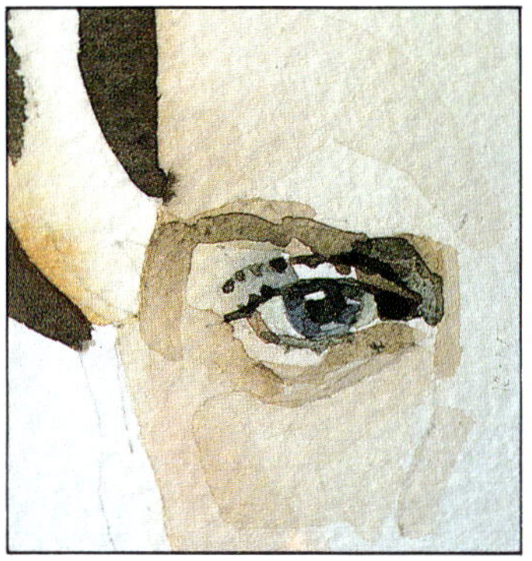

4. Nach der Trocknung werden die Fleischtöne mit weiteren Lavierungen aus Kadmiumorange, Madderbraun und Siena gebrannt verstärkt. Dann malt der Künstler die verschiedenen Farbtöne des Haares in Umbra gebrannt und Kadmiumorange. Die Form der Augenbrauen wird mit einer Mischung aus Siena gebrannt und Kobaltblau nachgezogen. Sobald diese Lavierungen trocken sind, wird die Farbe der Iris mit Strichen von Kobaltblau weiter entwickelt, wobei einige feine Lichter von hellem Blau stehen gelassen werden.
Mit einer Lavierung von Elfenbeinschwarz wird die Pupille abgedunkelt. Beachten Sie, wie beide Farben leicht ineinander verfließen.
Danach wird das harte Weiß des Augapfels mit einer sehr hellen Lavierung von lichter Ocker und Paynesgrau abgetönt. In den Augenwinkeln müssen die Schatten durch eine etwas dunklere Abtönung kommen.
Wichtig ist es, zwischen den Augen und den anderen Gesichtszügen hin- und herzuwechseln, damit die Augen ein fester Bestandteil des Gesichts werden.

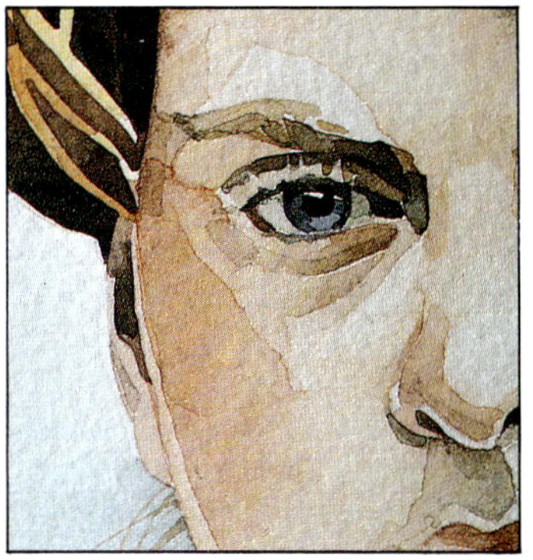

5. Nachdem nun die grundlegenden Farbtöne und Formen festgelegt worden sind, bleibt nur noch übrig, die Details im Auge zu einem „glasigen" Aussehen zu verstärken. Kleine, aufwärts gerichtete Striche werden zum Schluß direkt über das Augenlid gemalt. Aus der Entfernung geben diese hellen Formen den Eindruck blonder Augenwimpern wieder.

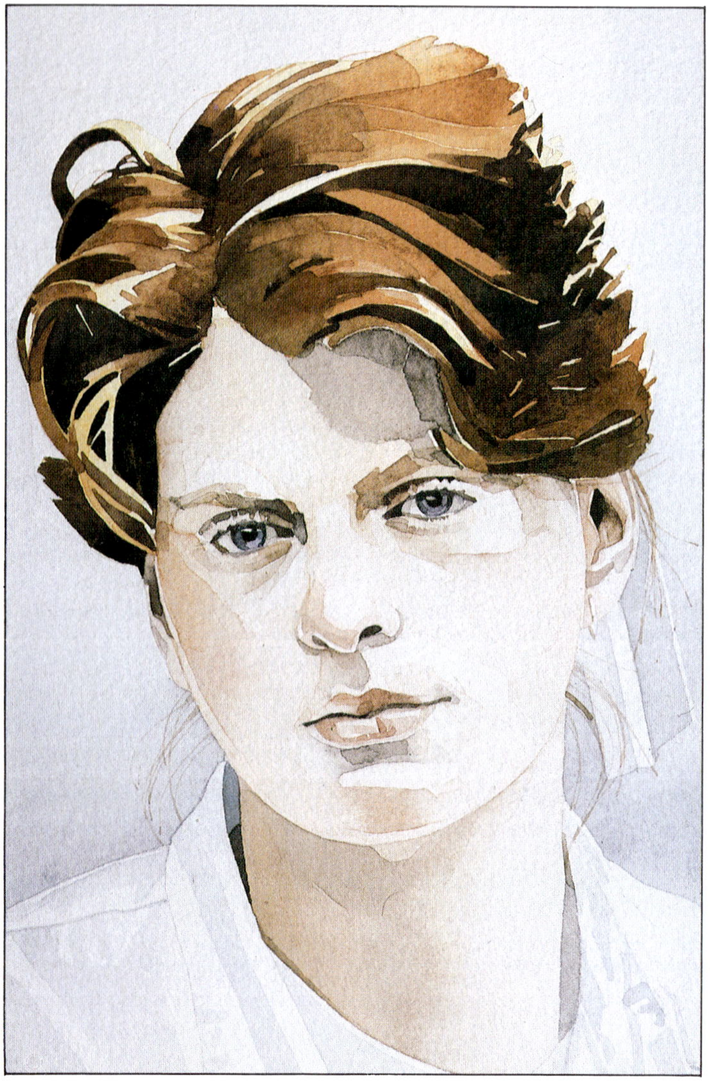

6. Das fertige Bild zeigt, wie überall feine Lavierungen und Lasuren verwendet wurden, um so das feinfühlige und lebensnahe Porträt eines jungen Mädchens zu schaffen.

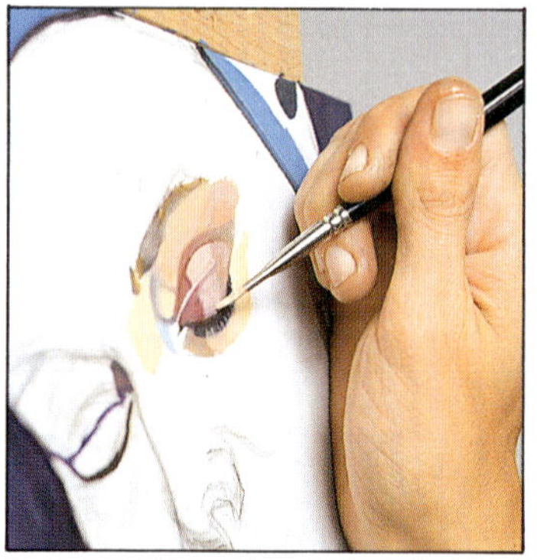

Geschlossene Augen
1. Nach der Skizzierung des Kopfes und der Gesichtszüge arbeitet der Künstler an den Augen.

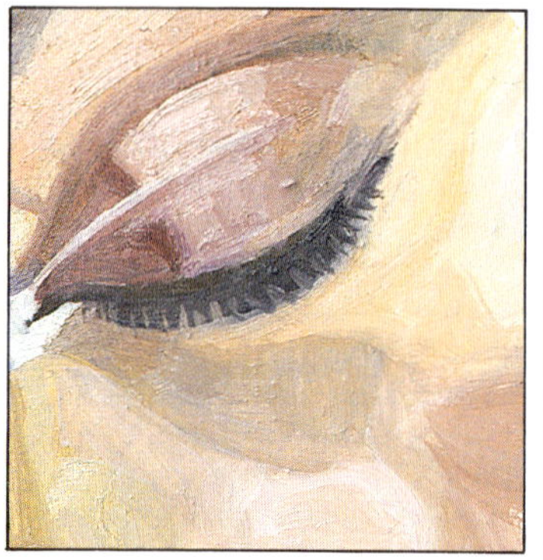

2. In diesem Ausschnitt sehen Sie die verschiedenen Hauttöne. Die hellsten Stellen bestehen aus Gelb-, Rosa- und Orangetönen. Die Schatten enthalten dagegen blaue, grüne und purpurrote Farbtöne.

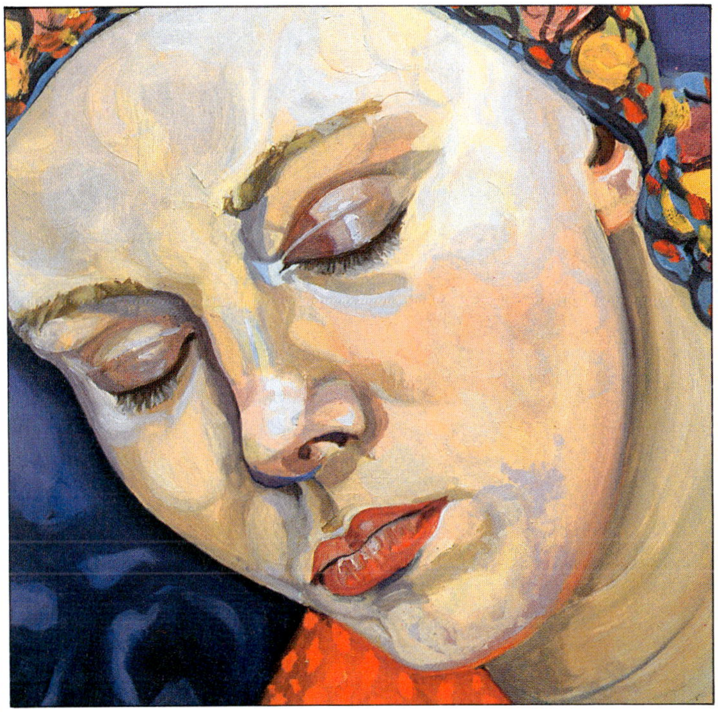

3. Im fertigen Bild verschmelzen alle Farbtöne zu einer Gesamtharmonie. Die Farbtöne der Augenlider sind purpurrot im Vergleich zu den Farben auf den Wangen.

Mund

Der Fehler beim Malen des Mundes besteht darin, daß man die Umrisse zeichnet und mit Farbe ausfüllt. Diese Methode eignet sich nicht für ein gemaltes Bild und gibt dem Mund ein flaches Aussehen. Die richtige Technik bedeutet, den Mund auf bildhauerische Weise zu modellieren.

Wir schauen auf einen ruhigen Mund. Dabei müssen wir verschiedene Dinge beachten. Der Mund ist nicht flach, sondern wird zur Mitte des Gesichts hin breiter und verengt sich wieder zu den Seiten. Die Ober- und Unterlippen haben verschiedene Formen: Die Oberlippe kann, deutlich gezeichnet und dunkel im Farbton sein. Die Unterlippe ist im Vergleich dazu voller und im Farbton heller.

Beginnen Sie mit den Mundwinkeln und arbeiten Sie nach innen, um den Schwung der Lippen zu betonen. Legen Sie zuerst die dunkelsten Farbtöne fest, die Unterseite der Oberlippe und den Schatten unter der Unterlippe. Dann legen Sie die mittleren Tonwerte an und vermalen Sie weich in die dunklen Farbtöne. Zum Schluß kommen die Lichter.

Damit der Mund mit der umgebenden Hautpartie verbunden erscheint, sollten Sie für ihn harte und weiche Flächen verwenden. Die obere Linie der Oberlippe kann schärfer betont sein als die Unterlippe.

Machen Sie nicht den Fehler, die Lippen zu rot zu malen. Nehmen Sie die gleichen Farbmischungen, die Sie auch für die Haut verwendet haben und geben nur etwas mehr Rot zu.

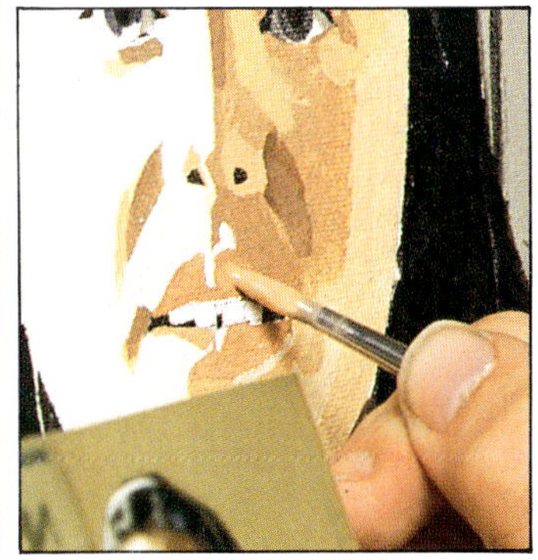

Mund • Acryl

1. Ein Mund ist keine flache Form, sondern leicht gewölbt, und verlangt daher verschiedene Schattierungen zu seiner Darstellung. Fangen Sie mit den mittleren Tönen mit einem Pinsel Nr. 2 an. Die Grundmischung der Farben besteht aus Weiß, Kadmiumrot, Kadmiumorange und Kobaltblau.

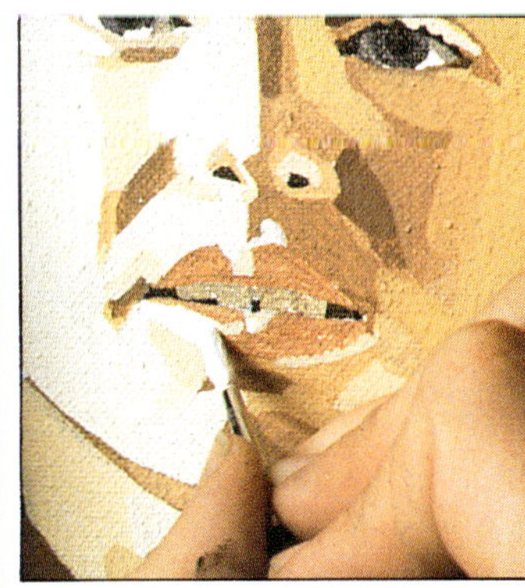

2. Fügen Sie dort Helligkeiten ein, wo sich das Licht in der Lippenfeuchte und den erhabenen Lippenmuskeln fängt. Zum Schluß malen Sie die Schatten auf die Lippen und die umliegenden Hautpartien.

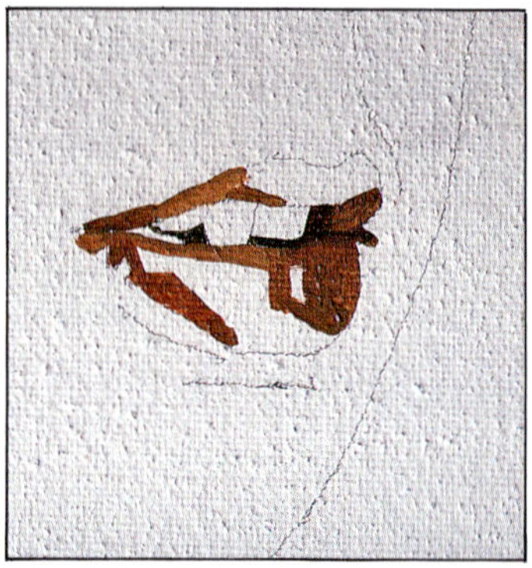

Mund • Öl

1. Der Künstler beginnt mit einer kurzen Skizze der Mundform und legt dann die dunkelsten Farbtöne, Siena gebrannt und natur, mit einem Marderhaarpinsel Nr. 4 an.

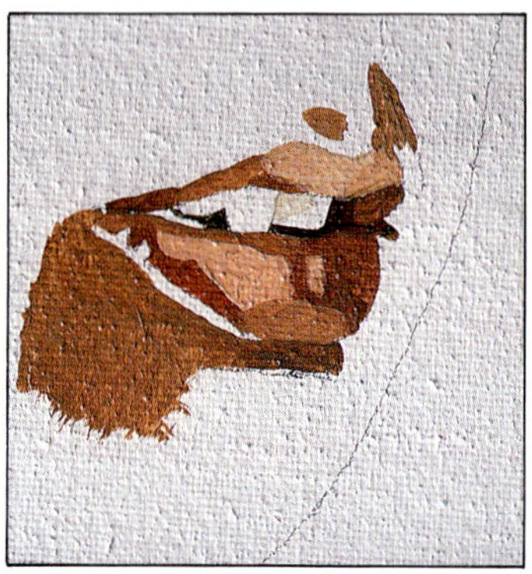

2. Hier sind die helleren Töne in Kadmiumrot, Siena gebrannt und Titanweiß gemalt worden. Mit einer Mischung aus Umbra natur und Weiß sind die dunkelsten Schatten um den Mund gekennzeichnet worden.

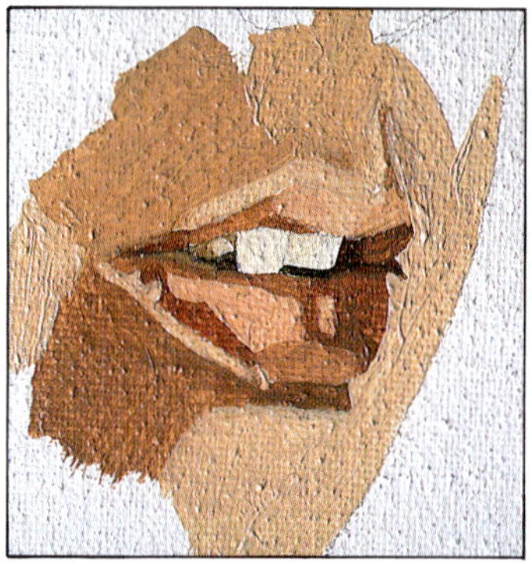

3. Der Künstler legt nun die Helligkeiten und mittleren Farbtöne um den Mund herum an und vermalt sie weich miteinander. Mit ein wenig Kadmiumgelb und Elfenbeinschwarz werden die Zähne leicht abgetönt.

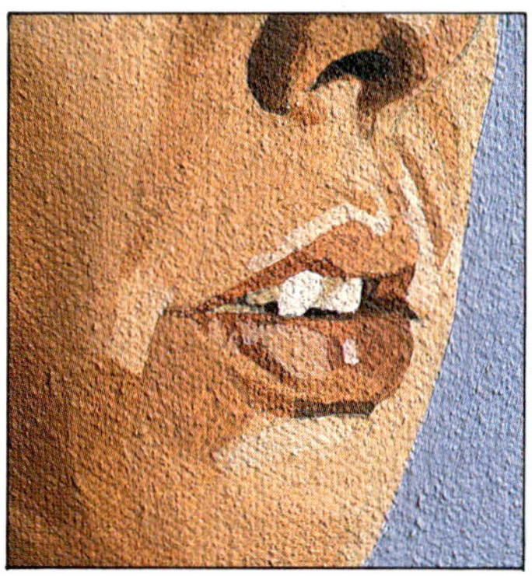

4. Mit einer sehr begrenzten Farbpalette ist es dem Künstler gelungen, einen Mund klar und direkt wiederzugeben.

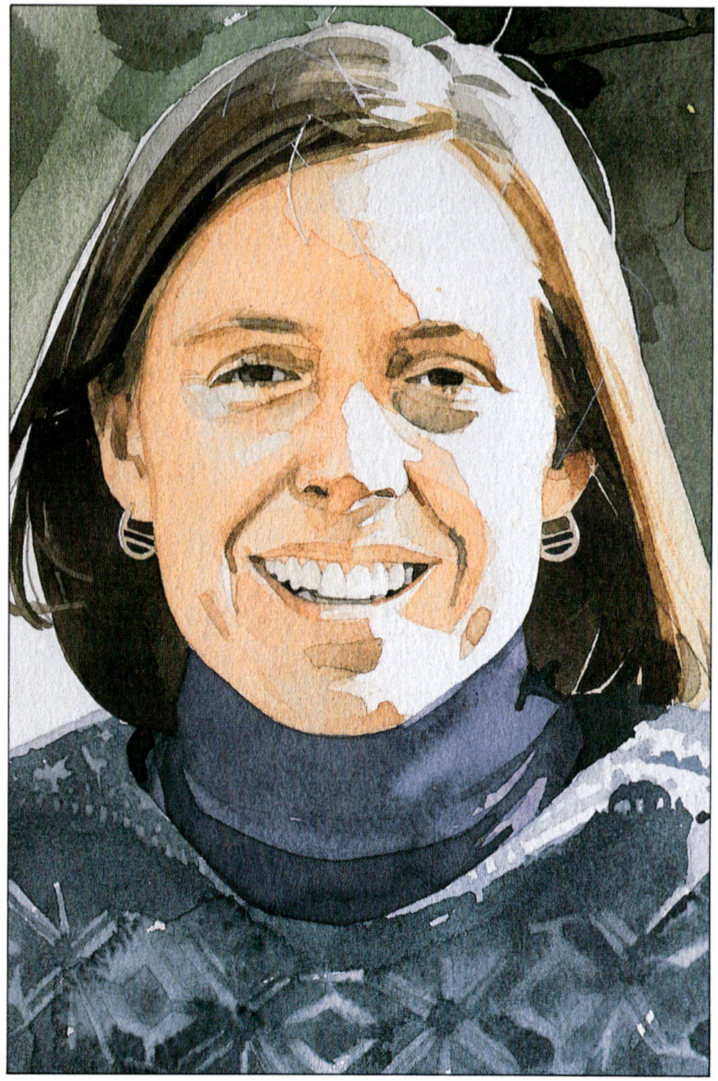

Mund • Aquarell

Ein lächelnder Mund ist schwieriger zu malen als ein ruhender Mund, weil jede unangemessene Übertreibung des Lächelns eher zu einer Karikatur als zu einem Porträt führt. Der springende Punkt ist der, daß wir nicht nur mit dem Mund, sondern mit dem ganzen Gesicht lächeln. Decken Sie den Mund in diesem Porträt ab und Sie werden feststellen, daß das Mädchen immer noch lächelt. Dies zeigt, daß alle Gesichtszüge verbunden sind und sich gegenseitig im Ausdruck unterstützen.

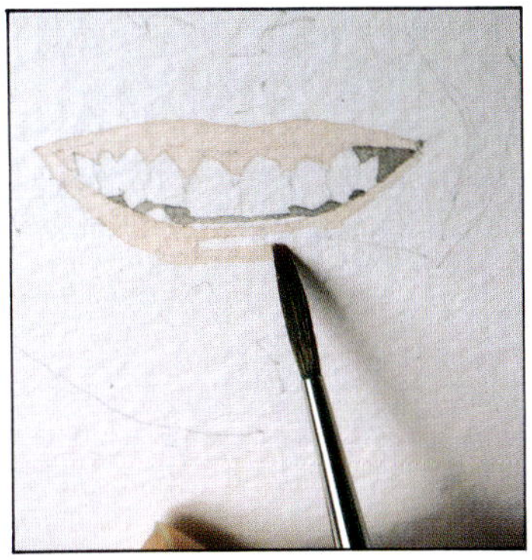

1. In dieser Phase zeigt der Künstler, wie er mit einfachen Aquarellavierungen die wichtigen Schattenpartien in den Falten und Winkeln des lächelnden Mundes festhält. Nach einer Bleistiftvorzeichnung, welche die Gesichtszüge und wichtigen Schattenpartien vorgibt, beginnt der Künstler mit dem Malen des Mundes. Die dunkle Linie zwischen den oberen und unteren Zähnen wird mit einer hellen Lavierung von Elfenbeinschwarz und der Spitze eines Marderhaarpinsels Nr. 2 gezogen. Dann wird das obere Zahnfleisch mit einem zarten Farbton von Madderbraun und Kadmiumorange gemalt. Die gleichen Farben werden für die Lippen verwendet, außer einer schmalen Stelle weißen Papiers auf der Unterlippe, die als Lichthöhung dienen soll.

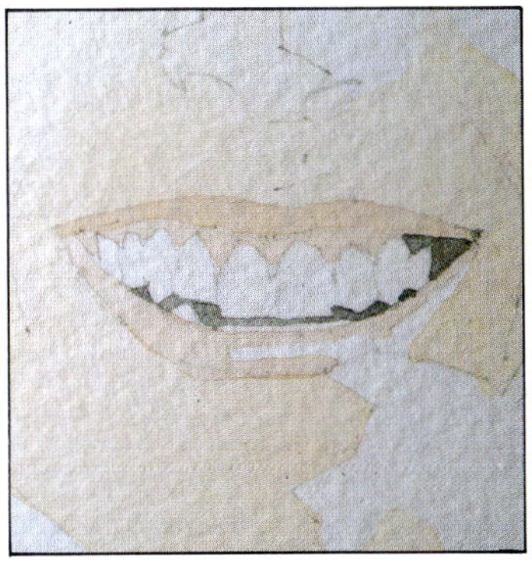

2. Nachdem die Lavierungen trocken sind, legt man die hellsten Farbtöne um den Mund mit einer Lavierung von Kadmiumorange an. Eine Stelle weißen Papiers wird frei gelassen, um die vom Licht getroffene Fläche auf der linken Seite des Kinns zu kennzeichnen.

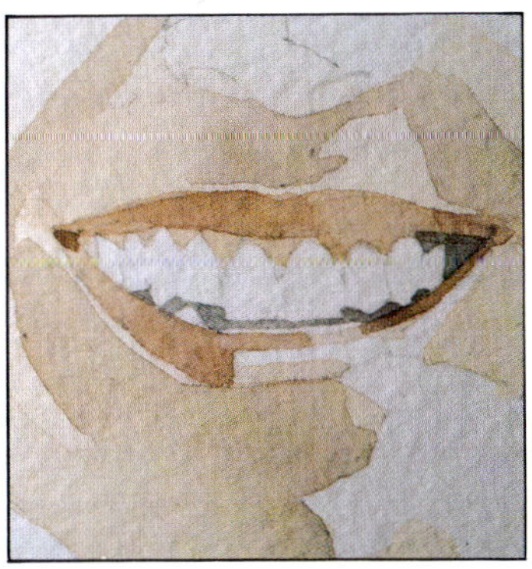

3. Als nächstes werden die dunkleren Farbtöne der Oberlippe und der rechten Seite der Unterlippe mit Madderbraun gemalt. Nachdem der helle Hautfarbton um den Mund getrocknet ist, malt der Künstler die mittleren Farbtöne der Schattenformen in Kadmiumorange und einer Spur von Siena gebrannt. Wir sehen bereits, wie sich das Lächeln auszubilden beginnt.

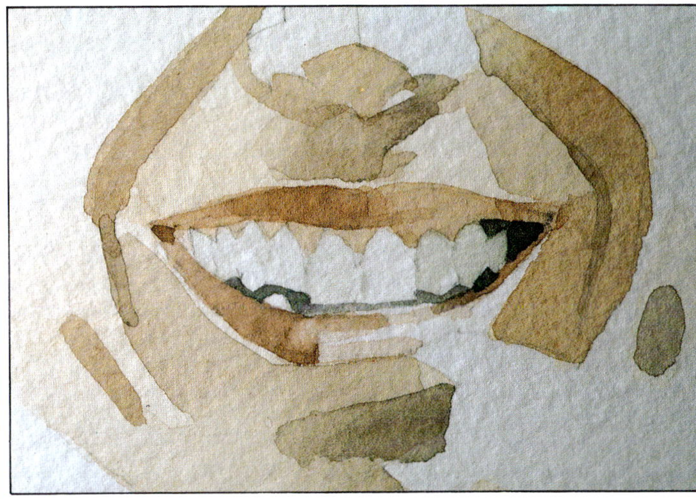

4. Wenn die Mitteltöne trokken sind, baut der Künstler die Schattenpartien mit Lasuren aus Kadmiumorange und Siena gebrannt auf. Die dunkelsten Schatten, unter der Nase und in der Kinngrube, werden mit einer Mischung aus Siena gebrannt und Paynesgrau gemalt. Damit die Schatten klar und leuchtend bleiben, ist es wichtig, daß jede Farbschicht vollkommen trocken ist, bevor die nächste angelegt wird.

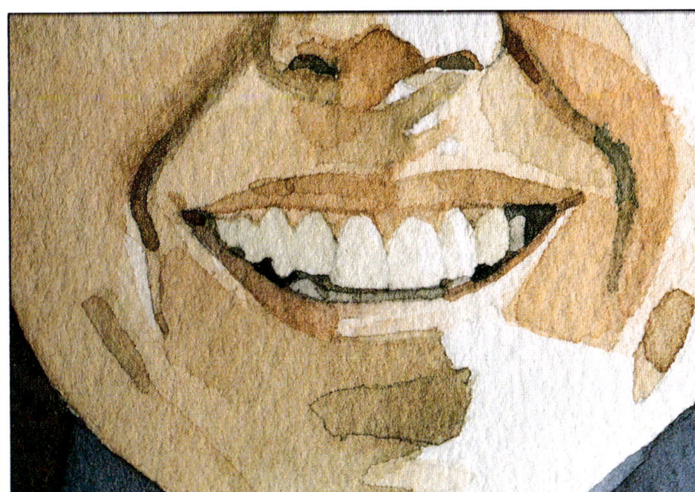

5. Die Farbe auf der Schattenseite des Gesichts wird mit weiteren Lavierungen abgedunkelt, um die vom Licht getroffenen Flächen auf der linken Seite des Gesichts zu betonen. Zum Schluß wird eine Mischung von Elfenbeinschwarz und lichtem Ocker auf fast alle oberen Zähne aufgetragen. Halten Sie die Zähne immer etwas dunkler im Farbton.

Haut

Wahrscheinlich können Sie in Ihrem Fachgeschäft auch eine Tube Farbe mit der Bezeichnung „Fleischfarbe" kaufen (wohl für kaukasische Haut gedacht). In der Natur gibt es allerdings einen solchen Hautton kaum. Außerdem ist Haut eine reflektierende Fläche und wird daher vom auffallenden Licht und den umgebenden Farben beeinflußt. Und doch sieht man so oft Porträts, in denen die Haut des Modells eher einer Porzellanpuppe als einem menschlichen Wesen gleicht. Die Künstlerin hat sich da entschieden, daß Fleisch immer „rosarot" zu sein hat und bemerkte dabei nicht die feinen Farbnuancen, die der Haut ihr wunderbares Aussehen geben.
Üben Sie zuerst einmal das Malen von Fleischtönen unter wechselnden Lichtverhältnissen. Zuerst sehen Sie vielleicht nur rosa und rote Farbtöne. Bei näherer Beobachtung werden Sie aber bald Spuren von Gelb, Grau, Blau, Braun und sogar Grün entdecken.
Um Fleischtöne wirklich gut wiedergeben zu können, müssen Sie alle vorgefaßten Meinungen über die Farbe von Fleisch über Bord werfen und nur das malen, was Sie wirklich vor sich sehen. Sie werden z. B. feststellen, daß Haut auf vorstehenden, vom Licht getroffenen Körperteilen wärmer und heller wirkt als in schattigen Teilen. In einem Bild scheinen warme Farben in den Vordergrund zu treten, während kühle Farben zurückweichen. Durch Gegenüberstellung von warmen und kühlen Farben ist der Künstler in der Lage, Form und Ausdruck des Gesichts genau zu kennzeichnen.
So werden Sie Blau- und Gelbgrautöne in den Teilen des Gesichts finden: beim Auge, unter dem Kinn, hinter dem Ohr und in den Mundwinkeln. Vortretende Teile wie die Stirn, die Nase, das Kinn und die Wangen enthalten mehr warme Rot- und Gelbtöne.
Die Grundfarbe weißen Fleisches enthält verschiedene Ausmischungen der drei Primärfarben – Rot, Gelb und Blau.
Deshalb sollte Ihre Palette im Kern aus sechs Farben bestehen: eine warme und eine kühle Variante jedes Primärfarbtons. Wenn man bedenkt, daß warme Fleischtöne nach Gelb tendieren und kühle nach Blau, könnte eine Palette folgende Farben aufnehmen: Zinnober (warm), Krapplack (kühl), Zitrongelb (kühl), Kobaltblau (warm).
Das ist nur ein Ausgangspunkt. Sie werden auch Weiß brauchen, vielleicht etwas Schwarz und Spuren anderer Farben, je nach dem Hauttyp Ihres Modells. Andere Farben sind auch Siena und Umbra gebrannt, die sich gut für Schattenpartien eignen, lichter Ocker, Englischrot für Mundpartien und Chromoxidgrün für die Schattenpartien.
Für den Pastellmaler mögen noch Farben wie Umbra gebrannt, Siena gebrannt, lichter Ocker, Blauviolett, Blaugrau und Olivengrün dazukommen.
Für das Malen von Hauttönen gibt es keine Formel. Jeder Künstler hat sein Rezept. Die angeführten Farbkombinationen sind nur Vorschläge.
Einige Künstler ziehen eine begrenzte Palette vor. Falls Sie aber mehr Farben verwenden wollen, können Sie das tun. Hauptsache ist, daß Sie nicht mehr als vier Farben in einer Mischung verwenden. Mehr Farben löschen sich aus und machen die Mischung schmutzig. Die Klarheit der Farbe ist wichtig, damit Sie Hauttöne erhalten. Nehmen Sie eine Palette mit großer Mischfläche, damit sie nicht zu schnell mit Farben verschmiert ist und ordnen Sie Ihre Farben darauf. Wenn Ihre Ausrüstung organisiert ist, werden Sie auch klarer über das Bild nachdenken können.

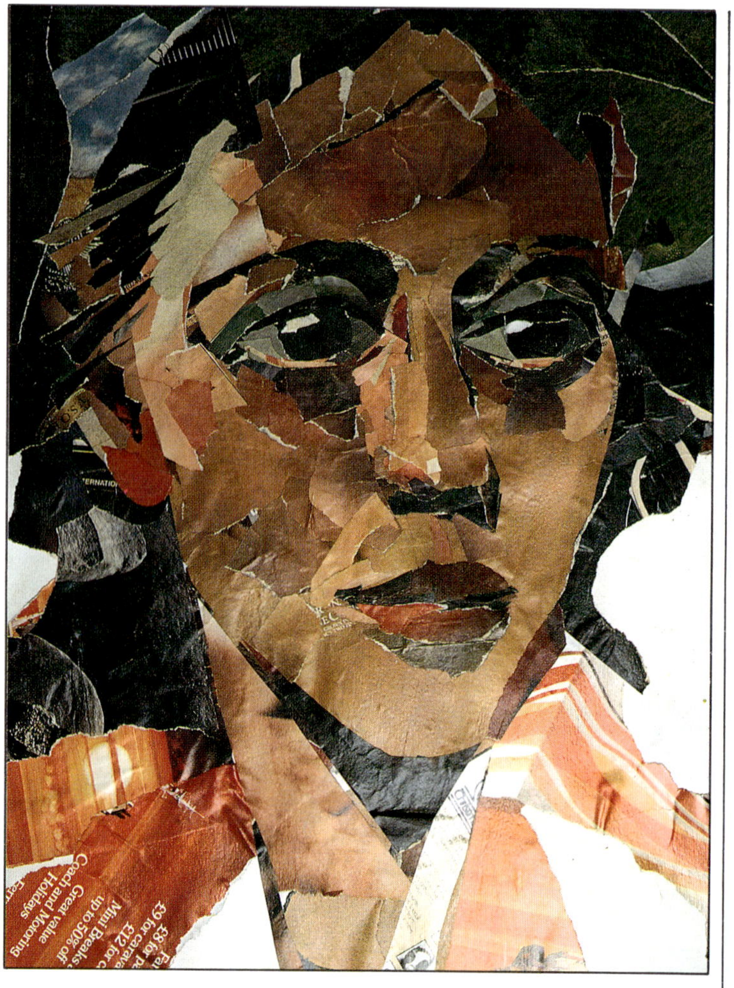

Haut • Collage
Aus Zeitschriften können Sie jede Menge Farben und Muster für Ihre Collage ausschneiden. Dieses Porträt wurde z. B. aus kleinen Papierschnipseln gemacht und fast wie ein Puzzle zusammengesetzt. Solch eine Übung macht nicht nur großen Spaß, sondern bringt Ihnen auch viel über die Beurteilung von Hautfarben bei und kann nebenbei, wie das Bild zeigt, zu sehr reizvollen Ergebnissen führen.

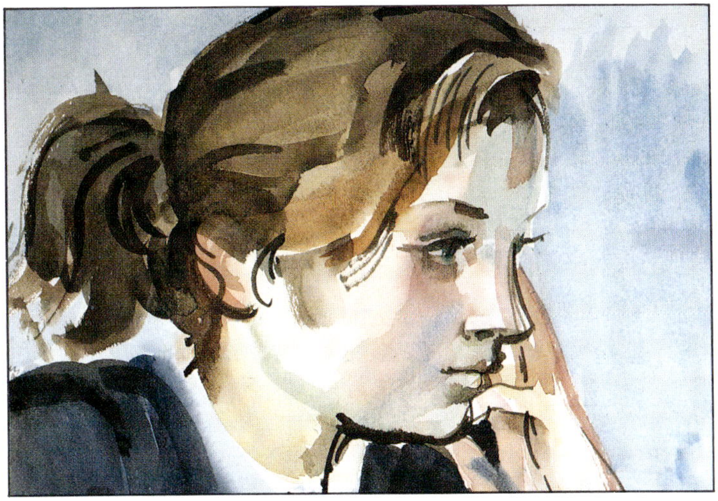

Haut • Linie und Lavierung
Diese Porträtstudie in Aquarell und Tusche zeigt, wie sich Lavierungen und Tuschelinien wunderbar ergänzen, um ein ausdrucksstarkes und doch feines Bildnis zu schaffen. Der Künstler hat mit Tusche und Pinsel feste, kalligraphische Linien gezogen, die das Profil betonen und dem Haar Rhythmus geben.
Die Haut ist dagegen mit sanften Lavierungen naß in naß vermalt. Das daraus hervorgegangene Porträt zeigt eine Direktheit und eine Lebendigkeit, die für die Aquarelltechnik bezeichnend ist.

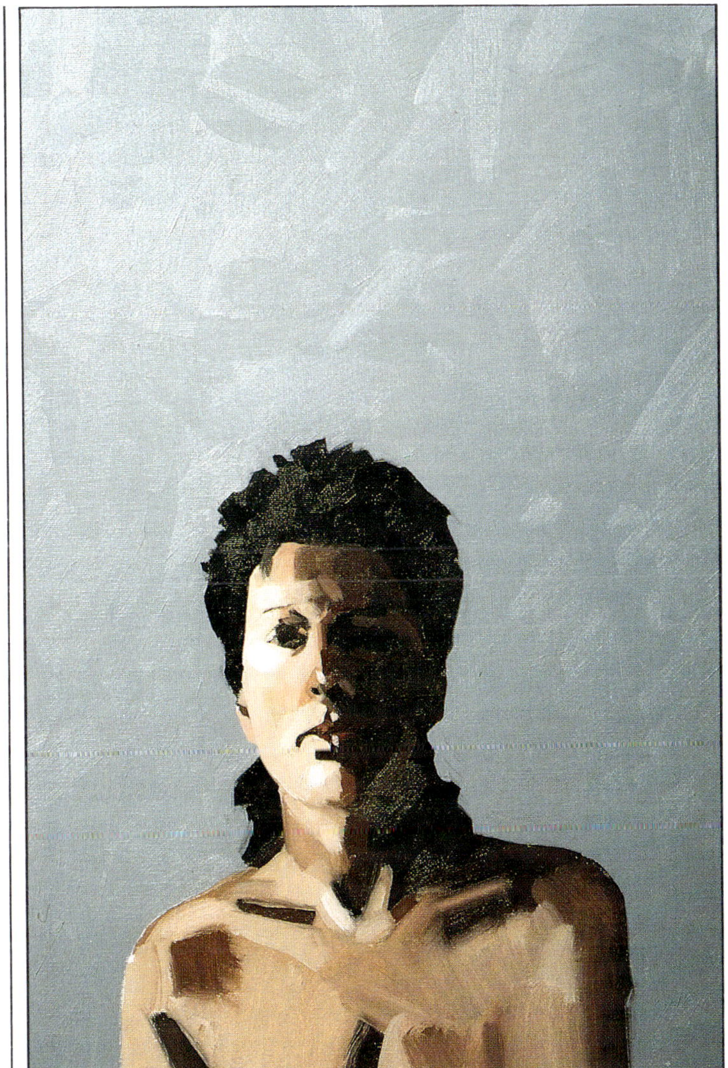

Haut • Öl
Im vollständigen Gegensatz zu der zarten Transparenz von Aquarellfarben kann Ölfarbe in dickem Impasto angelegt werden, um eine kräftige Textur zu erzeugen. Der Künstler hat dieses verblüffende Porträt in Alla Prima gemalt, indem er sämtliche Farben in einer Sitzung naß in naß über einem beigefarbenen Grund aufgetragen hat. Die Farbe wurde schnell in großen Blöcken aufgelegt, welche die Modellierung der Figur in einer unmißverständlichen direkten Weise wiedergeben. Das Bild hat eine fast bildhauerische Wirkung, da das starke Seitenlicht betont ist, das die Figur in kontrastreiche Licht- und Schattenseiten aufteilt.

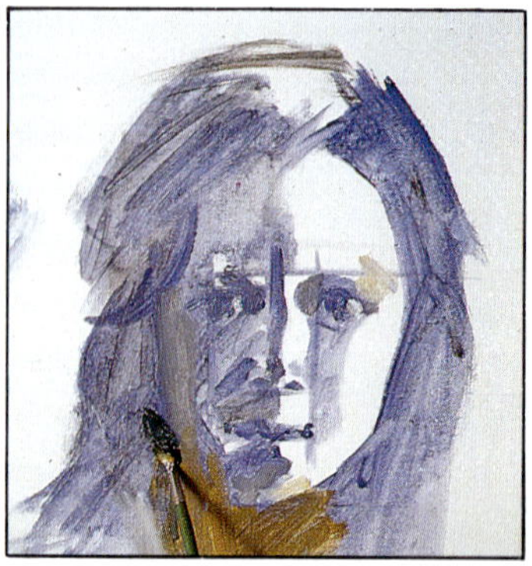

1. Der Künstler beginnt das Porträt mit einer Untermalung von Ultramarin, mit Terpentin verdünnt. Die starken Lichter und Schatten auf dem Gesicht des Modells werden von dem seitlichen Lichteinfall geschaffen und können leicht farbig umgesetzt werden.

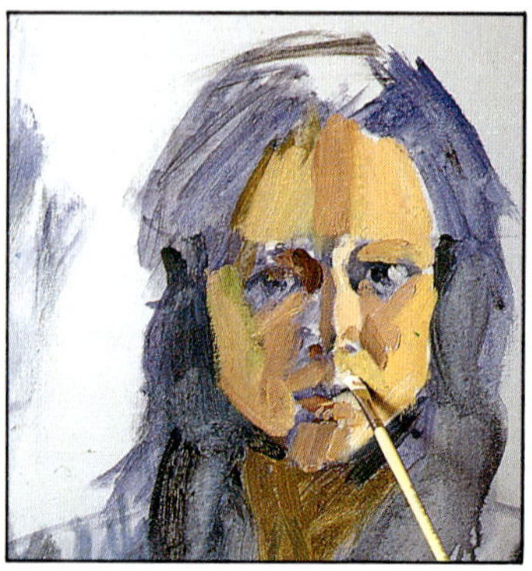

2. Die warmen Hautfarben werden in dickem Impasto angelegt. Durch den Kontrast mit der kühlen Farbe der Untermalung wird die Wärme der Haut noch betont.

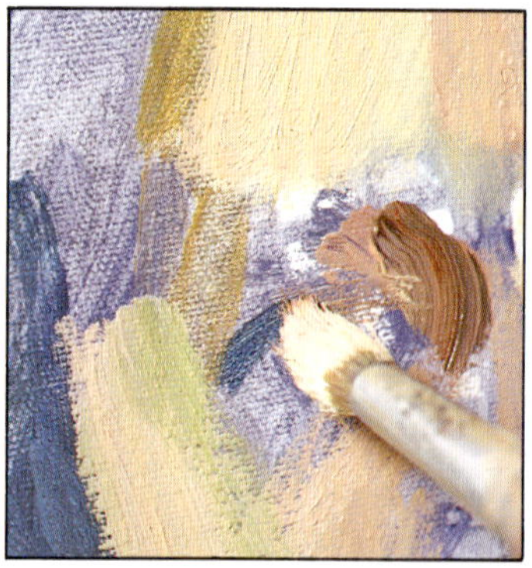

3. Eine dünne Farbschicht wird über das Impasto vertrieben und verändert durch die Übermalung die darunterliegende Farbe zu einem aufregenden Effekt.

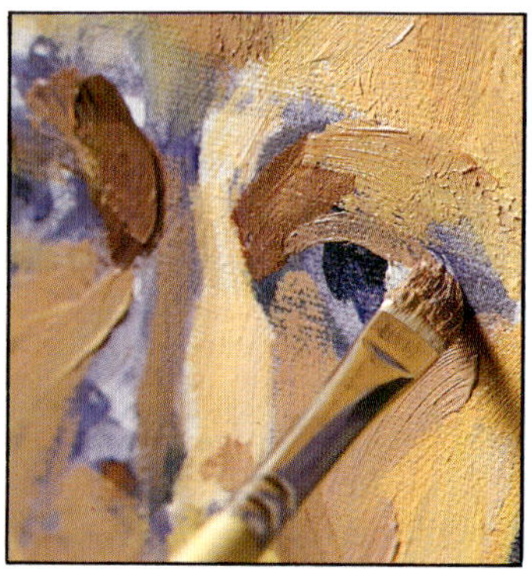

4. Beim Malen des Auges legt der Maler nur Tonwert und Farbe an, eher das reflektierende Licht im Auge als die Form des Auges selbst.

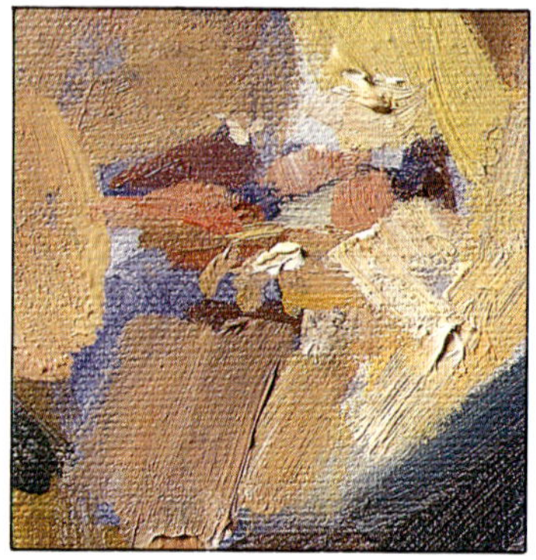

5. Mit neuer Farbe malt er den Mund, indem er helle Töne da einsetzt, wo Licht auf die Unterlippe trifft und dunkle Farbtöne, wo die Lippen im Schatten liegen.

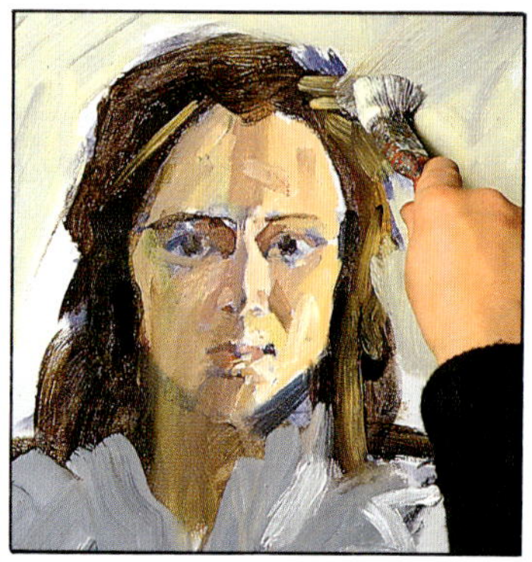

6. Mit einem Malerpinsel verteilt der Künstler nun Weiß mit Spuren anderer Farben im Hintergrund und für die Bluse des Mädchens. Die geschrubbten Pinselstriche sollen die Falten und Kniffe der Bluse nachahmen.

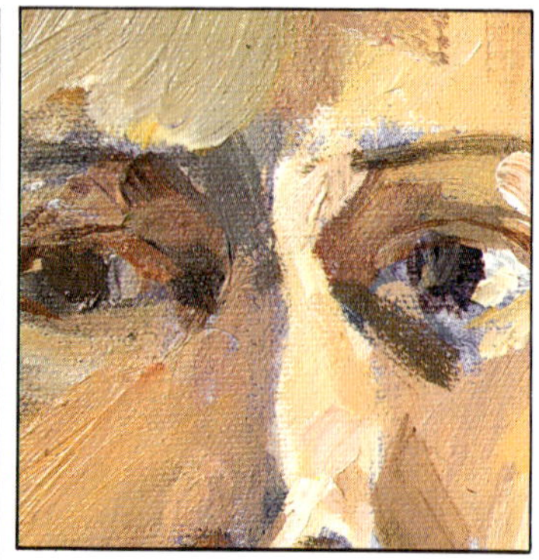

7. Die im Bild verwendete Vielfalt von Techniken läßt sich an diesem Ausschnitt gut erkennen – dünne, dämpfende Farbaufträge, welche die Untermalung und die Leinwandstruktur freigeben, und dickes Impasto und Farbverläufe dort, wo die Leinwand ganz bedeckt ist.

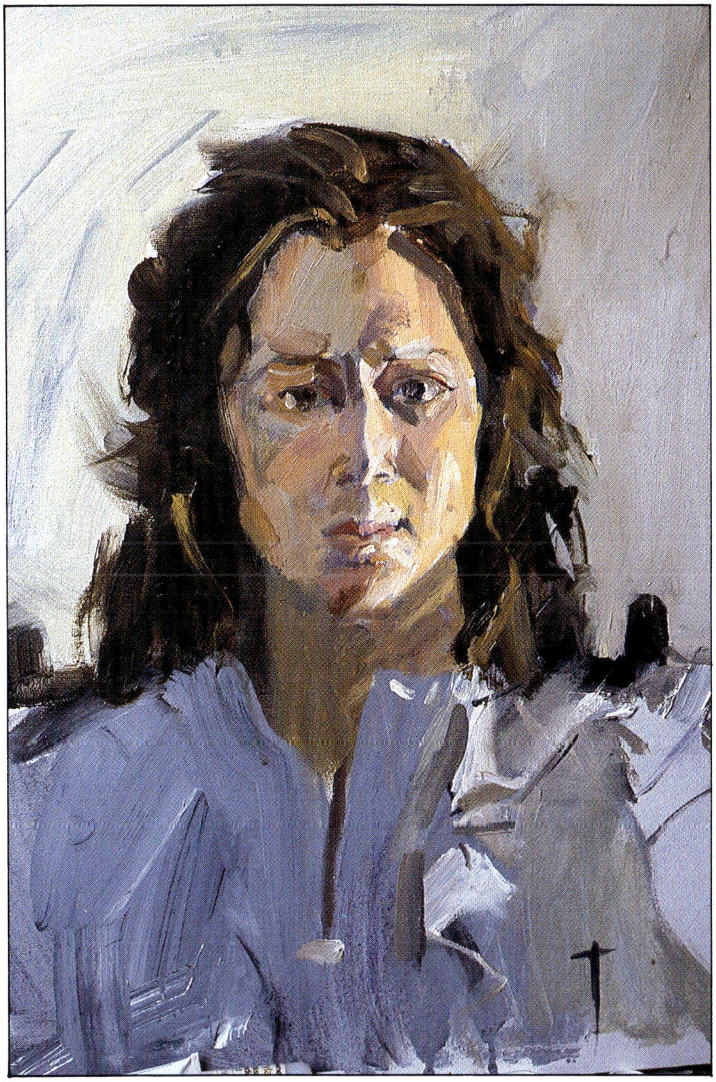

8. Das fertige Bild strahlt eine große Vitalität aus, die von den kräftigen Pinselstrichen und der wunderbaren Balance zwischen kalten und warmen Farbtönen herrührt.

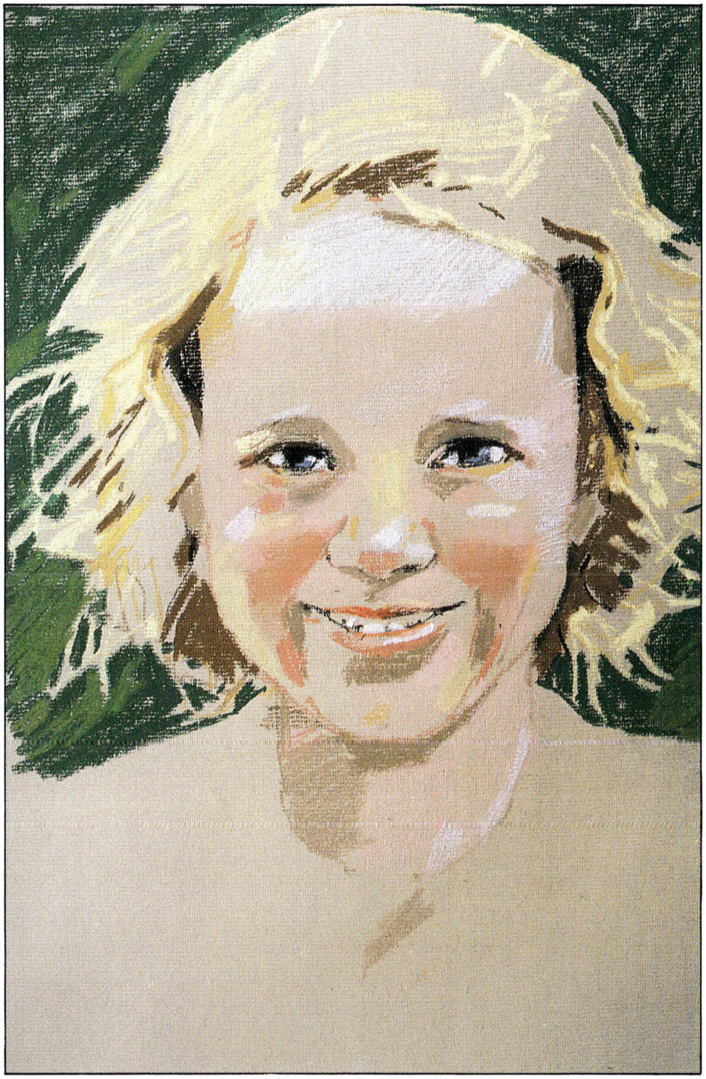

Haut • Pastell
Pastellfarbe ist das perfekte Mittel, um die ansprechende Sensibilität eines Kindergesichts auszudrücken. Ein Pastellstift ist leicht zu handhaben und läßt die flüchtigsten Stimmungen aufzeichnen. Die frischen, klaren Farben passen sehr gut zu der zarten Lichthaltigkeit einer Kinderhaut.

In diesem Porträt hat der Künstler Striche reiner Farbe in einem lockeren, skizzenartigen Stil verwendet, der dem warmen, anteilnehmenden Gesichtsausdruck des Kindes gut entgegenkommt. Der Künstler hat auf einem fleischfarben getönten Canson-Papier gearbeitet, das die frischen Farben des Kindergesichtes betont.

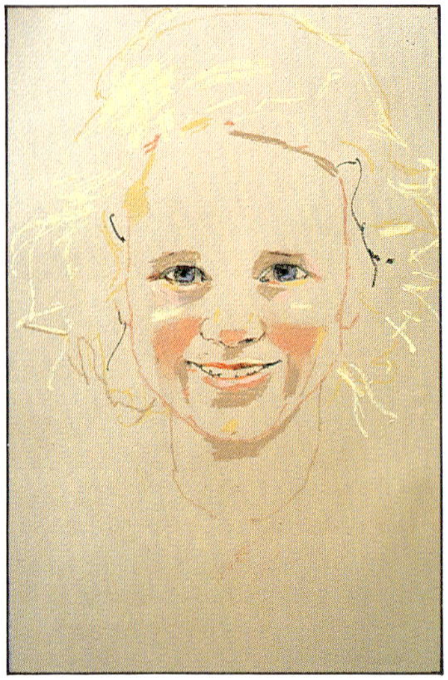

1. Man legt zuerst die Umrisse des Gesichts und Haars mit Pastellstiften in Rosa, Braun und Gelb an. Die Striche sind locker und skizzenhaft gelegt, da sie nur als Vorlage für die Proportion und die Farbgebung dienen sollen. Dann legt man die Augen, die Nase, den Mund und die Wangen an, wobei man auf die Proportionen und die Ähnlichkeit achtet. Das breite Lächeln des Kindes ist ein wichtiges Thema des Porträts. So legt der Künstler besonderes Gewicht auf die Partien um die Wangen und den Mund. Wangen und Mund werden mit Kadmiumrot hell modelliert. Die Augenhöhlen und die Schattenpartien um den Mund werden dagegen mit kühlen Farbtönen von Umbra natur gemalt. Die Augen werden in Schwarz gezeichnet, mit kleinen Tupfen von Kobaltblau für die Iris. Zum Schluß wird Kadmiumgelb Zitron in kleinen Tupfen auf die erhabenen Stellen des Gesichts gelegt, um den Eindruck von flackerndem Licht auf dem Gesicht wiederzugeben.

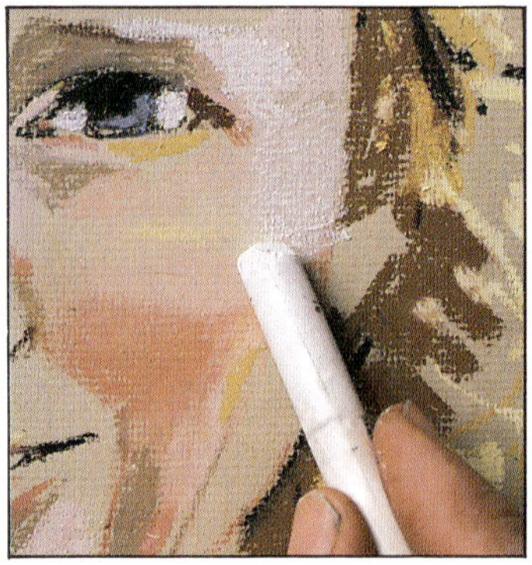

2. Der Künstler modelliert die Farbtöne des Gesichts weiter mit warmen und kalten Farben. Die Zeichnung darf nicht zu dicht werden, um die Frische und Vitalität der Hauttöne zu erhalten. Hier legt der Künstler gerade weiße Schraffuren über Krapplack dkl. mit Sepiabraun an, um diese Seite des Gesichts zu beleuchten.

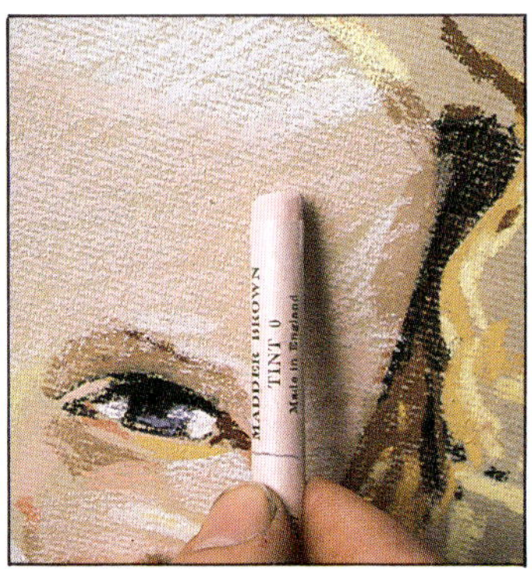

3. Dieser Ausschnitt zeigt, wie die Stirn mit leichten, fiedrigen Strichen von Krapplack dkl. mit Sepiabraun modelliert wird, die den neutralen Farbton des Untergrundes durchscheinen lassen. Aus einer richtigen Betrachterentfernung gesehen verschmelzen die Farben im Auge des Betrachters, ohne ihre funkelnde Frische zu verlieren.

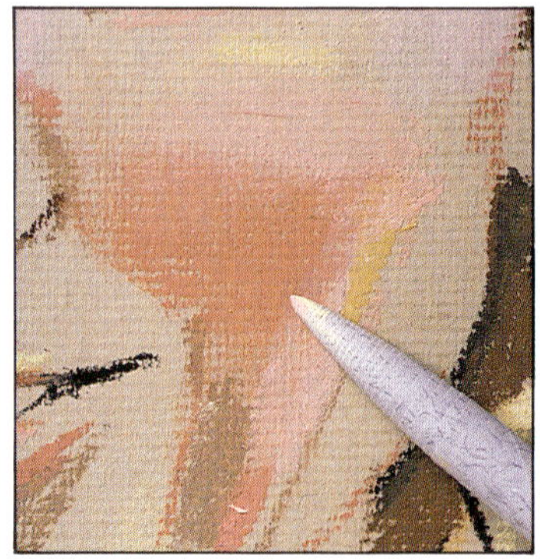

4. Im Gegensatz zu der dünnen Haut auf der Stirn sind die Backen prall und weich. Der Künstler nimmt hier einen Torchon (Papierwischer), um die Hauttöne zu einer glatten, samtigen Textur zu vermalen.

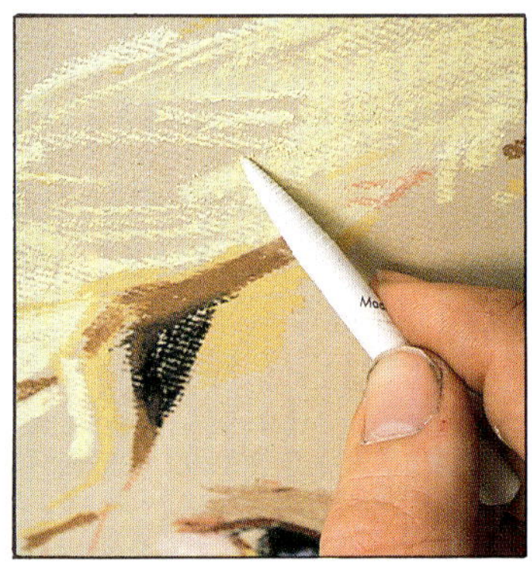

5. Bewegung und Textur im Haar werden durch gekritzelte Striche in Kadmiumgelb wiedergegeben, die hier und da mit einem Torchon vermalt werden.

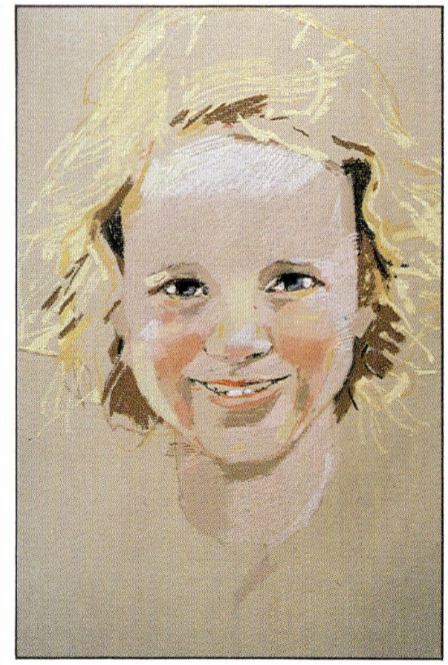

6. Hier sehen Sie, daß der Künstler die Farben nur wenig vermalt hat und sich dafür auf schraffierte Striche reiner Farbe verlassen hat, um den Lichteindruck auf dem Gesicht des Kindes wiederzugeben. Auch der Farbton des Papiers spielt eine wichtige Rolle, da er als Mittelton dient, so daß nur die Lichter und Schatten gebraucht werden, um das Bild fertigzustellen.
Der Künstler hat mit der Verhältnismäßigkeit der Mittel ein Porträt voller Frische und Leben geschaffen.

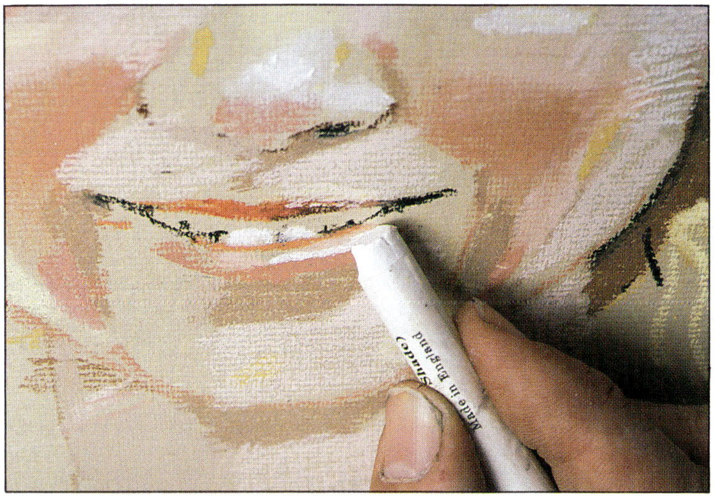

7. Das Porträt ist nun fast fertig und braucht nur noch einige letzte Lichthöhungen, um den jugendlichen Glanz auf der Kinderhaut wiederzugeben. Der Künstler verwendet wieder die scharfe Kante eines weißen Pastellstiftes, um ein Licht auf der Unterlippe einzutragen. Beachten Sie, wie die Zähne mit nur ein paar Strichen von Weiß gegeben sind. Der Betrachter des Bildes „ergänzt" den Rest der Zähne sehr leicht.

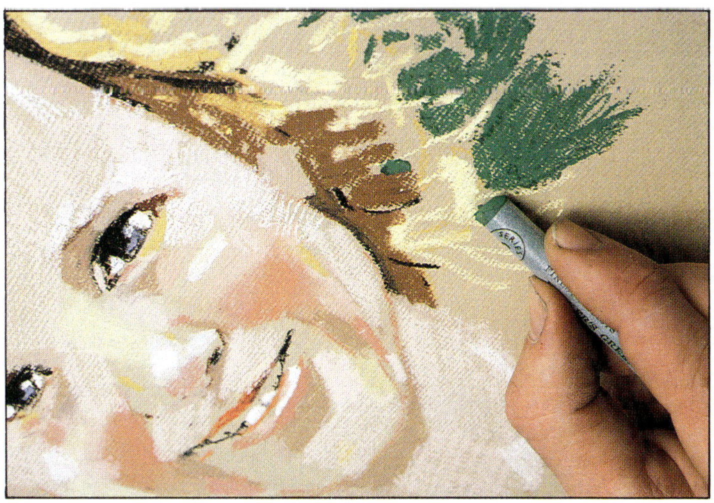

8. Zum Schluß etwas Hintergrundfarbe mit Strichen in Hookersgrün und Kadmiumgelb andeuten.
Dieser kühle Farbton betont die warmen Hautfarben.

Haut • Aquarell
Nichts kann die Aquarellfarbe ersetzen, wenn es darum geht, zarte Hauttöne zu malen. In diesem Porträt spielt das Weiß des Papiers eine wichtige Rolle. Es schafft den Eindruck von Sonnenlicht auf dem Gesicht. Wichtig ist eine begrenzte Auswahl frischer, leuchtender Farben. Die Formen und Farblavierungen sollten Sie auch so einfach und unkompliziert wie möglich halten.

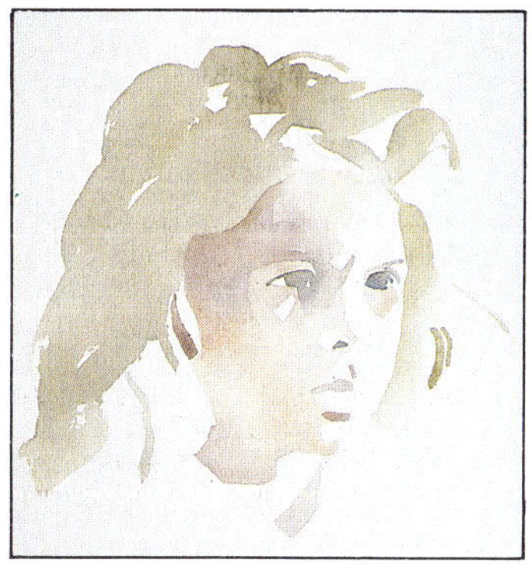

1. Der Künstler macht zuerst eine sehr einfache Skizze des Kopfes und legt dann die großen Schattenflächen mit Lavierungen in Madderbraun und Paynesgrau an. Darauf wird das Haar mit lockeren Strichen in einer hellen Lavierung von Umbra natur gemalt, die sehr gut die Bewegung des Haars wiedergibt.

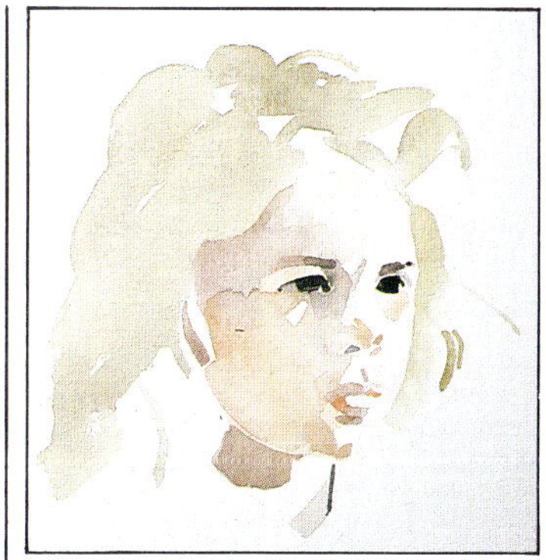

2. Der Künstler modelliert die Gesichtsflächen weiter mit leichten Tupfen von Madderbraun und Kadmiumrot hell. Achten Sie auf die Verbindung von harten und weichen Linien, die dem Gesicht Form und Struktur geben.

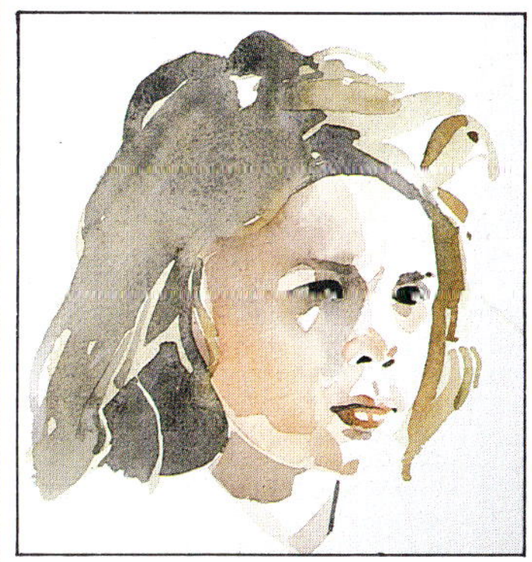

3. Die dunklen Farbtöne des Haares werden gemalt, wobei helle Streifen stehen bleiben. Der Mund wird nachgezogen. Das Porträt ist fast fertig, obwohl die Hälfte des Gesichts aus dem Papier hervorgeht. Um abzuschließen, malt der Künstler noch eine Lavierung in den Hintergrund. Der Künstler hat unnötige Einzelheiten weggelassen und sich auf die wichtigen Licht- und Schattenflächen konzentriert.

Haut • Textur

Wie Sie die Textur von Haut gestalten, hängt sehr von Ihrem Malstil, Ihrem Medium und dem Modell selbst ab. Wahrscheinlich ist die Ölfarbe für Porträtmalerei am besten geeignet, da ihre Farbintensität und Sättigung dem Motiv Festigkeit und Kraft geben. Es gibt einige Möglichkeiten, mit Ölfarben Hauttöne zu malen: Sie können mit einer dünnen Untermalung anfangen, um ein Formgerüst anzulegen, und dann mit feinen Lasuren und dämpfenden Farbaufträgen weiterarbeiten, um den Glanz und die Transparenz der Haut wiederzugeben. Die langsame Trockenzeit der Ölfarbe gestattet weiche Farbabstufungen durch Vermalen mit einem Fächerpinsel. Wenn Sie eine direktere, dynamischere Farbwirkung suchen, sollten Sie versuchen, mit mutig gesetzten Gesten gebrochener, abgesetzter Pinselstriche zu arbeiten.
Aquarellfarbe wird gerade beim Malen von Porträts und Figuren als schwierig eingestuft. Mit ständiger Übung wird aber auch Ihr Selbstvertrauen wachsen. Sie können Hauttöne z. B. mit Lasuren naß auf trocken aufbauen. Sie können aber auch den aufregenderen Weg wählen, reine Farben naß in naß verlaufen zu lassen.
Der Pastellmaler hat die Wahl zwischen glattem Vermalen für einen weichen Effekt, abgesetzten Pastellstrichen für einen vibrierenden Effekt und Farbschichten übereinanderzulegen für einen dynamischen Effekt - oder einer Mischung von allen drei Möglichkeiten.

Haar

Der Kopf trägt im Durchschnitt etwa 100 000 Haare. Das Volumen wird vom Haar mitbestimmt. Deshalb ist es wichtig, das Haar zunächst als Form zu klären, bevor man an die Textur des Haares herangeht. Suchen Sie die Stellen des Haares, die im Licht und andere, die im Schatten liegen, und legen Sie diese Flächen mit großen Farblavierungen an. Anschließend deuten Sie die Richtung des Haarwuchses an: lange Striche für langes Haar; kurze Striche für lockiges Haar. Malen Sie keine einzelnen Haarsträhnen, die mit dem übrigen Haar unverbunden aussehen.
Um den weichen Charakter von Haar wiederzugeben, läßt sich am besten naß in naß arbeiten, so daß die Grenzlinien ineinander verfließen. Eine zu hart gestaltete Haarlinie ist ein Fehler von Anfängern. Haar und Gesicht sollten eine organische Einheit bilden. Das können Sie erreichen, indem Sie etwas von der Hautfarbe in die Grenzlinie zum Haar einfließen lassen und so die Trennung zwischen Haar und Gesicht auflösen. Ebenso sollte auch die Außenlinie des Haars in die Hintergrundfarbe verfließen.
Die Haarfarbe sollte weich und natürlich aussehen und nicht die Aufmerksamkeit vom Gesicht ablenken. Selbst wenn Ihr Modell rabenschwarzes Haar hat, können Sie es nicht einfach schwarz malen. Haar nimmt Farbreflexe aus der Umgebung auf. Achten Sie darum auf feine Farbtöne von Blau und Braun in schwarzem Haar, von Blond und Rot in braunem Haar und von Gold und Grau in blondem Haar.

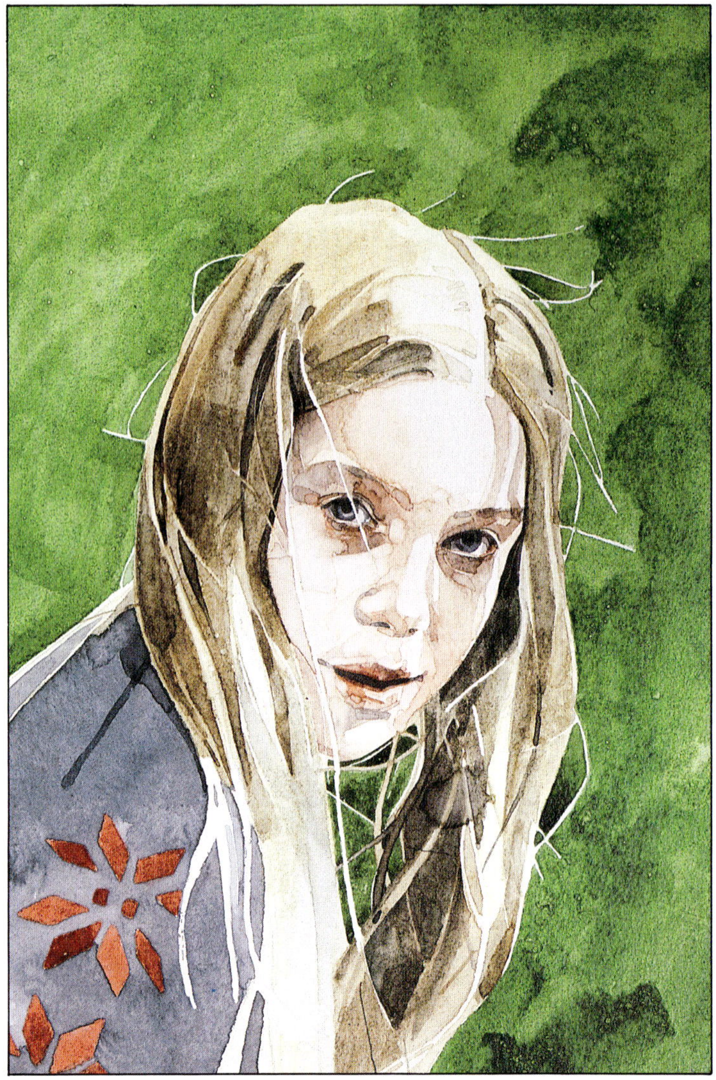

Haar • Aquarell
Der Künstler gibt in diesem Porträt einen lebhaften Eindruck von Licht und Bewegung in dem Haar des Mädchens wieder. Das Wesentliche in dieser Technik ist, die Verteilung von Hell und Dunkel einfach und ausdrucksstark zu halten. Mit einigen wirkungsvollen Lichtern wird die Bewegung im Haar beschrieben.

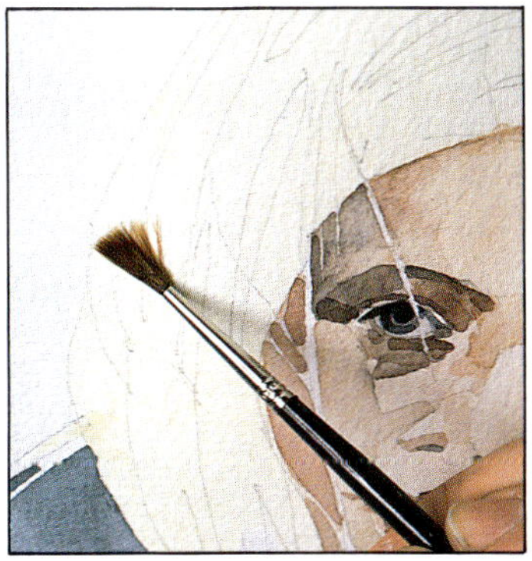

1. Auf einem Blatt aufgezogenen, schweren Aquarellpapier macht der Künstler zunächst eine Bleistiftskizze des Kopfes. Zuerst werden die Farbtöne des Gesichts angelegt. Das vereinfacht, die farblichen Beziehungen zwischen Haar und Gesicht herzustellen. Mit einem Marderhaarpinsel Nr. 2 legt der Künstler nun die Grundfarbe des Haars mit einer verdünnten Lavierung von lichter Ocker an.

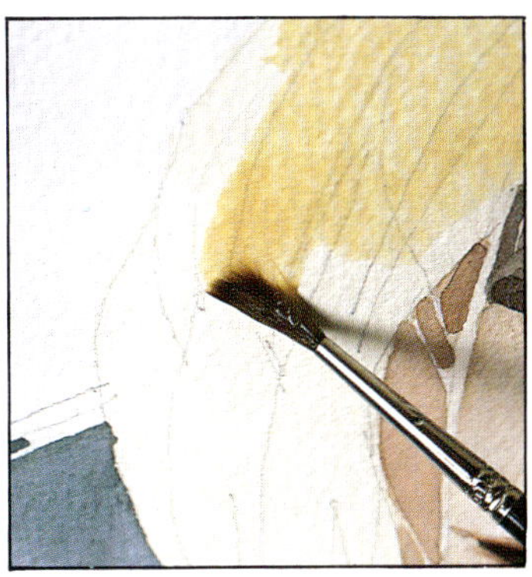

2. Nach Trocknung der ersten Lavierung wird eine stärkere Konzentration von lichter Ocker und Umbra natur darüber gemalt, die einige Strähnen hellen Haars unbedeckt läßt.

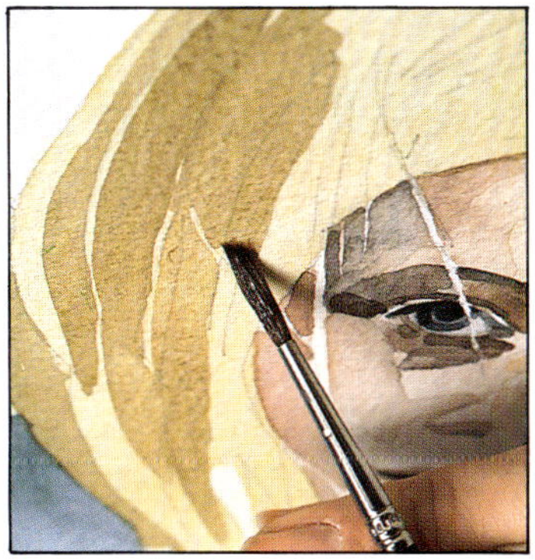

3. Mit einer noch dunkleren Mischung von Umbra natur und lichter Ocker legt der Künstler die Mitteltöne des Haares an. Wieder muß er um die lichtgehöhten Stellen herumarbeiten.

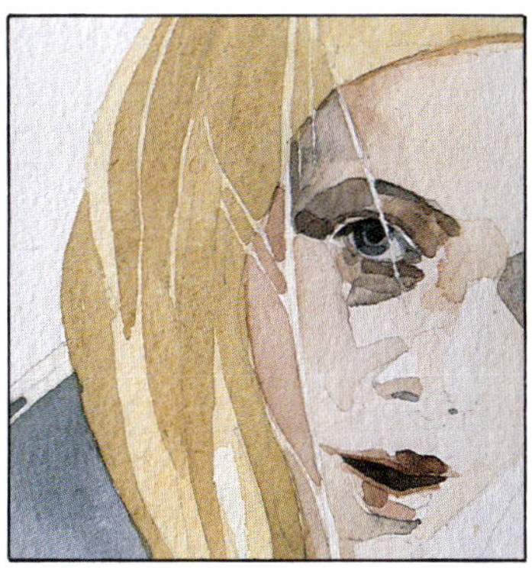

4. Hier sehen Sie, wie der geduldige Aufbau von transparenten Lasuren von Hell nach Dunkel der Haut und dem Haar ein frisches, transparentes Aussehen geben.

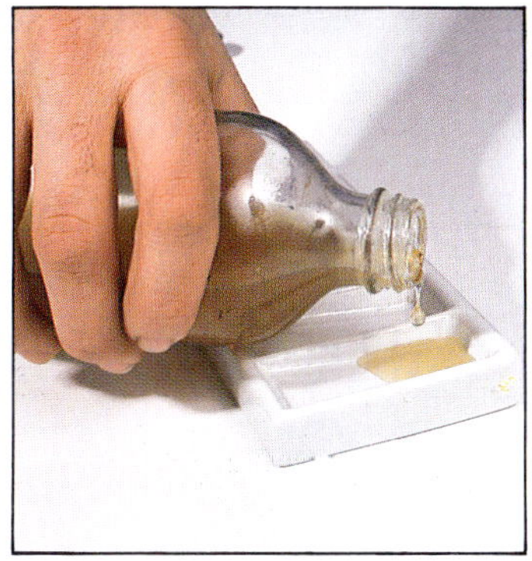

5. Der Künstler gießt nun etwas Gummiarabicumlösung auf eine Mischpalette. Diese Lösung wird ab jetzt jeder Farbe zugefügt, um ihr zusätzlichen Glanz zu geben. Die Zugabe von Gummiarabicum erleichtert Ihnen dann auch das Auswaschen von Farbe mit Pinsel und sauberem Wasser, wodurch feine Lichter in den späteren Phasen des Malvorgangs eingesetzt werden können.

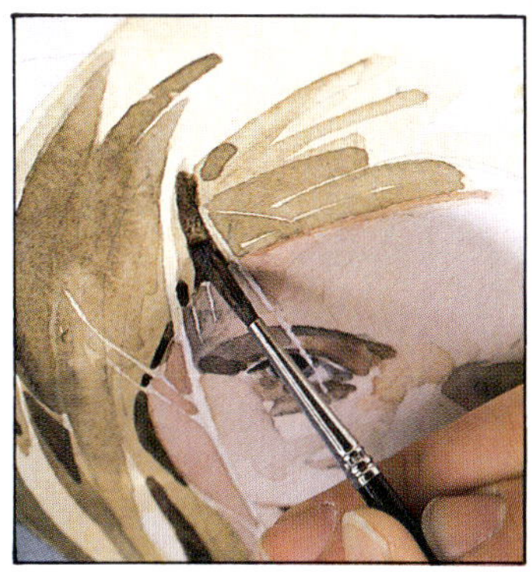

6. Nun malt der Künstler die dunklen Farbtöne und Schatten in das Haar mit einer Mischung aus Umbra natur, Elfenbeinschwarz und Gummiarabicum. Die hellen Strähnen müssen vorsichtig umgangen werden.

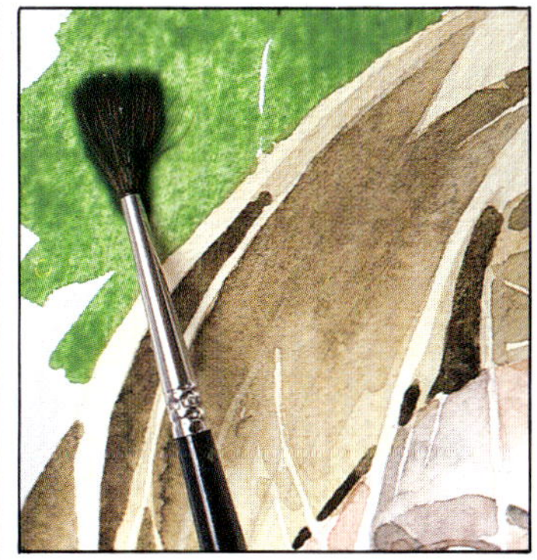

7. Nachdem das Haar trocken ist, wird die Hintergrundsfarbe eingetragen. Der Künstler nimmt für den Hintergrund eine Mischung von Saftgrün, Elfenbeinschwarz und Gummiarabicum und malt in großzügigen Strichen, um innerhalb der Farbe interessante Abstufungen zu erzielen.

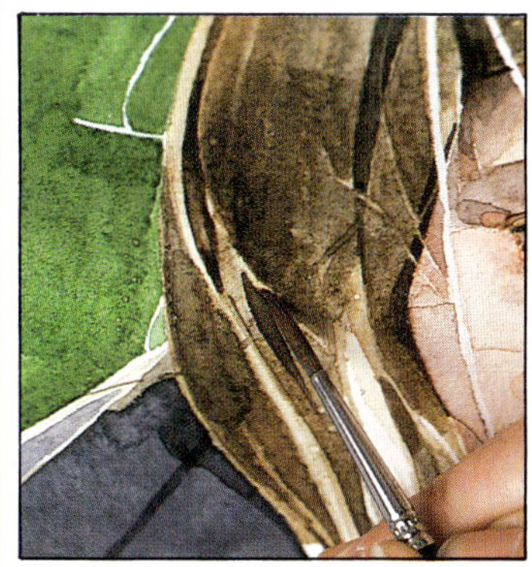

8. Zum Abschluß werden noch einige weitere Lichter gesetzt, indem etwas Farbe mit der Spitze eines Marderhaarpinsels Nr. 2 und sauberem Wasser ausgewaschen wird.

Stilleben

Stilleben-Malerei transportiert über ihre Bildinhalte oft einen faszinierenden Kommentar zu unseren sich verändernden Lebensstilen, fast so etwas wie eine konzentrierte Sozialgeschichte. Die holländischen Meister des 17. Jahrhunderts wurden z.B. von Kaufleuten und anderen Mitgliedern des reich gewordenen Mittelstandes zu Gemälden beauftragt. Der Kontakt mit den Ländern des Fernen Ostens und der daraus resultierende Wohlstand schlägt sich in den zu dieser Zeit gemalten Stilleben nieder, die mit exotischen Früchten und Blumen, gestickten Kleidern und Silber- und Glasgefäßen vollgestopft sind, alles in fehlerlosen Einzelheiten wiedergegeben.

Unzählige Möglichkeiten von persönlichem Ausdruck und Umsetzung lassen sich im Stillebenmotiv wiedergeben. Die von uns ausgesuchten Gegenstände geben genauso etwas von unserer Persönlichkeit wieder wie die Art der Zusammenstellung und der Umsetzung. Der Künstler kann sich auf bildnerische Elemente wie Form, Textur und Farbe konzentrieren. Er kann auch eine Geschichte erzählen, durch ein aufgeschlagenes Buch z.B. oder die Überreste eines Mahls auf einem Tisch.

Das Stilleben überläßt dem Künstler die volle Kontrolle. Sie haben die Wahl bei den Gegenständen, mit denen Sie ein Stilleben aufbauen wollen. Und vorausgesetzt, daß Sie ihr Stilleben längere Zeit stehen lassen können, haben Sie so viel Zeit, wie Sie wollen, um die Dinge zusammenzustellen und zu beleuchten. Unter diesen kontrollierten Bedingungen können Sie die Licht- und Schattenverteilung auf den Gegenständen studieren, was für Ihre Malerei von Wichtigkeit sein wird.

Lassen Sie sich nicht verführen, beim Aufstellen eines Stilllebens zu viele Dinge zusammenzubringen. Eine einfache Gruppe von Gegenständen hat eine größere Ausdruckskraft als ein willkürliches Sortiment von Dingen in unausgewogenen Farben. Wählen Sie nur einige Dinge aus, die sie optisch angenehm empfinden und die irgend etwas gemeinsam haben. Vor allem müssen Sie auf eine Vielfalt von Formen, Farben und Texturen achten.

Im allgemeinen ist eine neutrale Farbe als Hintergrund am besten, da sie das Motiv nach vorne auf eine optische Ebene bringt. Wenn aber der Grundfarbton des Stillebens hell ist, sollten Sie eine dunkle Farbe für den Hintergrund wählen.

Ordnen Sie im nächsten Schritt die Gegenstände harmonisch an. Es lohnt sich, die Dinge in unterschiedlichen Arrangements aufzustellen, bis Sie von der Komposition der Formen und der Farbharmonie überzeugt sind. Versuchen Sie, einige Gegenstände sich überschneiden zu lassen und Verbindungen zu legen, die das Auge auf natürliche Weise zur und um die Komposition herum führen. Gehen Sie um das Motiv herum, um den optisch aufregendsten Blickwinkel zu finden. Sie können auch aus starkem Karton einen Rahmen in der Größe ihrer Malunterlage schneiden und vor das Stilleben halten, damit Sie auf einen Blick Kompositionsfehler entdekken. Zwei Dinge in einer Stillebengruppe sollten nie von gleicher Höhe sein. Achten Sie auch auf ein fließendes Muster der Hell-Dunkel-Verteilung. Entscheiden Sie, welcher Gegenstand des Stillebens der Mittelpunkt des Bildes werden soll und geben Sie ihm mehr Licht, Farbe oder Textur als den anderen Teilen. Der optische Blickpunkt liegt rechts vom Bildzentrum, da das menschliche Auge ein Bild ganz instinktiv von links nach rechts liest.

Die Beleuchtung des Stillebens ist ein anderer sorgfältig abzuwägender Aspekt. Die Art, wie Licht durch ein Bild geführt wird, vermittelt den Eindruck von Tiefe und Raum. Wählen Sie eine einzige Lichtquelle, am besten von der Seite einfallend, weil das ein klares Muster von Licht und Schatten schafft und die Formen zu klären hilft. Außerdem werfen die Objekte bei einem solchen Licht Schatten, deren Umrisse die verschiedenen Bildelemente des Stillebens verbinden und das Ganze vereinheitlichen.

Ob Sie natürliches Tageslicht oder künstliches Licht nehmen, ist eine Frage der persönlichen Vorliebe. Tageslicht gibt dem Stilleben realistischere Farben als künstliches Licht, ist aber in der Leuchtstärke nicht konstant. Künstliches Licht hat den Vorteil, daß man es in der Position verändern und auch hart oder weich scheinen lassen kann, je nach Ausrüstung. Künstliches Licht strahlt konstant, färbt allerdings die von ihm beleuchteten Dinge leicht gelb.

Falls Sie nicht Alla Prima malen wollen, beginnen Sie das Bild am besten mit einem getönten Grund, um das grelle Weiß des Bildträgers, das hemmend wirken kann, auszuschalten. Sie können für diese Grundierung ein neutrales Grau oder eine Erdfarbe aussuchen, eine Farbe, die mit dem Grundton der Stillebengruppe verwandt ist, oder komplementär arbeiten. Eine warme, orangene Grundierung für ein überwiegend blau gehaltenes Bild gibt z. B. einen schillernden Effekt, wenn der abgetönte Grund an einigen Stellen durchschimmern darf. Darauf kann dann eine monochrome Untermalung folgen, welche die Hell-Dunkel-Verteilung der Komposition vorgibt und außerdem als Basis für die nächsten Farbschichten dient.

Während Sie malen, sollten Sie ständig Tonwerte und Farben untereinander vergleichen und auf die räumlichen Verbindungen zwischen den Gegenständen achten. Malen Sie keine isolierten Gegenstände. Arbeiten Sie zwischen dem Stilleben und dem Hintergrund hin und her, um das Bild als bildnerische Einheit zu erschließen. Arbeiten Sie vom Allgemeinen zum Besonderen und lassen Sie Lichthöhungen und Details bis zuletzt offen.

Auf diese Weise erzielen Sie in Ihrem Bild Harmonie und Einheit sowie einen Eindruck von Raum und Luft.

Blumen

Beim Malen von Blumen in einem Stilleben geht es nicht um photographische Abbildtreue. Versuchen Sie lieber, die wesentlichen Eigenschaften der unterschiedlichen Blumen herauszuarbeiten: die intensiven, samtigen Rosenblüten; die einfache, klassische Würde der Tulpen; die intensiven Farben der Anemonen. Da Blumen so wunderschön anzuschauen sind, kann man nur schwer der Versuchung widerstehen, jedes Blütenblatt einzeln liebevoll auszumalen. Das ist jedoch ein gefährlicher Weg. Das so gemalte Bild sieht zum Schluß wie eine botanische Studie aus. Ihr Anliegen sollte es aber sein, ein lebendiges Bild zu schaffen, einen Eindruck von Geheimnis, Tiefe und Vergänglichkeit zu geben und die weichen Lichtwirkungen auf dem Motiv zu betonen.

Detaillierte Überbetonung jedes einzelnen Blatts, jeder Knospe und jeder Blüte führt nur zur Verwirrung und macht das Blumenstilleben hart und spröde, statt weich und graziös. Außerdem geht auch die dreidimensionale Erscheinung des Bildes verloren. Wenn wir auf eine Fülle von Blumen schauen, können wir nur einen kleinen Teil scharf und genau sehen, die Außenbereiche unseres Sehbildes sind vergleichsweise verschwommen. Versuchen Sie, dieses Phänomen in Ihrem Bild nachzuahmen durch eine Mischung von harten und weichen Linien, hellen und gedämpften Farben, hellen und dunklen Tonwerten. Beobachten Sie das Stilleben sorgfältig und nehmen Sie dann ein oder zwei Blumen heraus, die viel Licht erhalten. Betonen Sie diese Blumen mit leuchtenden, klaren Farben und scharfen Linien. Lassen Sie die übrigen Blumen allmählich in den Hintergrund übergehen, indem Sie ihre Farbgebung abdämpfen und die Umrißlinien auflösen, besonders bei den Blumen, die weiter hinten liegen sollen.

Durch den Kontrast zu diesen weichen Farben und Tonwerten erscheinen die hellen Teile des Stillebens noch leuchtender. Außerdem wirkt das Stilleben weniger als flaches Muster, sondern plastisch und tiefenräumlich.

Blumenarrangements für ein Stillebenbild sollten frisch und natürlich aussehen. Stellen Sie die Blumen ganz natürlich zusammen und vermeiden Sie Symmetrie. Formal stilisierte Blumengebinde haben ihren Platz – aber nicht in der Malerei. Sie bringen irgendwie eine falsche Note ins Bild, während eine einfache, zufällig wirkende Gruppierung von Blumen natürlich und spontan aussieht.

Wichtig ist eine wohl überlegte Komposition. Arrangieren Sie die Blüten so, daß sie sich überschneiden und in verschiedene Richtungen weisen. Nehmen Sie Profilansichten von Blumen und einige im Knospenstadium, um malerische Abwechslung zu schaffen. Auch das Grün ist bei einem Blumenstrauß wichtig. Es verstärkt die Farben der Blüten und gibt mit seinen dunklen, schattigen Farbtönen dem Stilleben einen tiefenräumlichen Eindruck.

Falls Sie die Blumenvase nicht zum wichtigen Bestandteil des Bildes machen wollen, sollten Sie das Gefäß am besten durch teilweises Verdecken mit überhängenden Blumen und Blättern überspielen. Soll die Vase allerdings mitspielen, sollte sie die Blumen in Farbe, Form und Musterung ergänzen.

Ideal wäre, wenn sie mit dem Grundton der Blumen kontrastiert und insgesamt kleiner als der Blumenstrauß ist.

Blumen • Acryl

Tulpen eignen sich als Malmotiv, da man ihre einfachen Formen leicht in Hell-Dunkel-Flächen umsetzen kann. Man verwendete für dieses Bild Acrylfarbe, die genauso wie Ölfarbe eingesetzt werden kann, aber schneller trocknet. Das Bild läßt sich daher schnell in Schichten aufbauen.

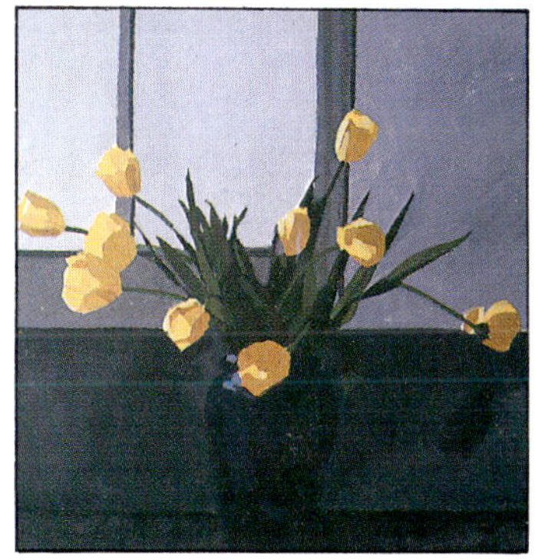

1. Dieses Bild zeigt, wie man die Elemente der Komposition in großen Blöcken mit Farbe angelegt hat. Zuerst wurden die Grau- und Schwarztöne des Hintergrundes gemalt. Die Vase wurde in einer Mischung aus Ultramarinblau, Kobaltblau und Elfenbeinschwarz gemalt. Lichter wurden in Ultramarinblau und Titanweiß gesetzt. Die Stengel und Blätter sind in verschiedenen Grüntönen aufgebaut, die aus Phtalogrün, Ultramarinblau und Weiß gemischt wurden. Schließlich wurden noch die Tulpenköpfe in verschiedenen Farbtönen von Gelb gemalt, gemischt aus Kadmiumgelb hell, Indischgelb und Titanweiß. Die Farbe wird gut mit Malmittel verdünnt. Das Arrangement ist von Hell nach Dunkel aufgebaut worden. Jeder Tonwert wurde in großen Farbflecken angelegt.

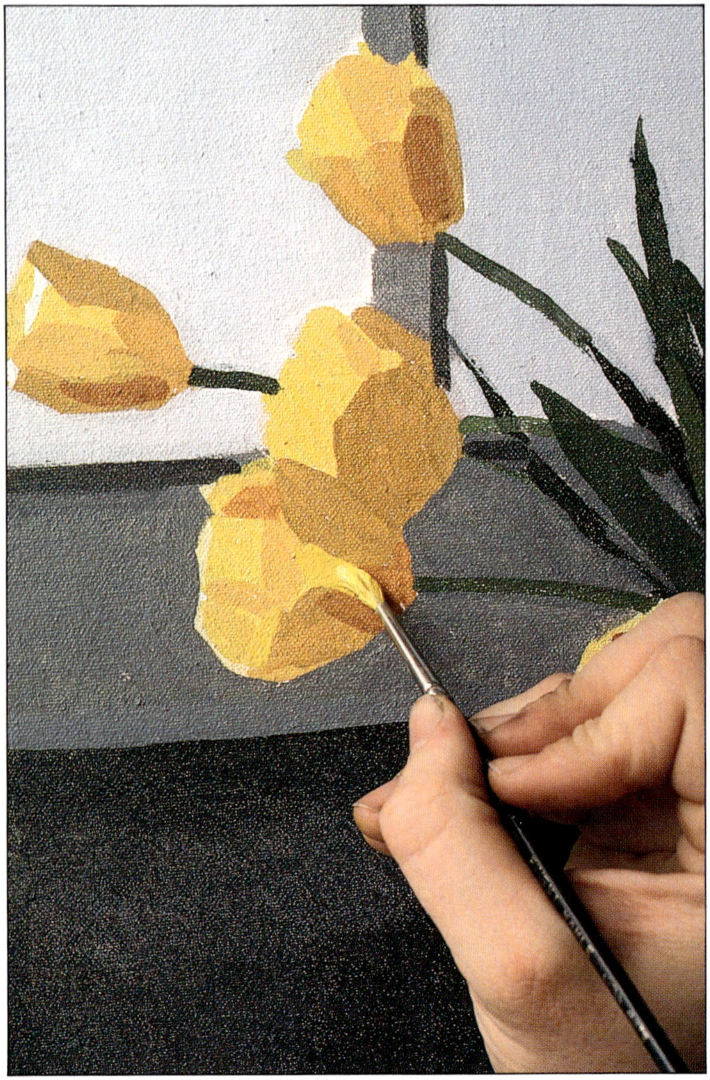

2. Diese Nahaufnahme zeigt, wie der Künstler Farbe und Tonwert skizziert, um eine plastische Form zu schaffen und die Richtung des Lichteinfalls anzugeben.
Nachdem die wesentlichen Formen und Tonwerte angelegt sind, beginnt der Künstler nun, die hellen Lichter einzufügen, die das Bild „klingen" lassen.

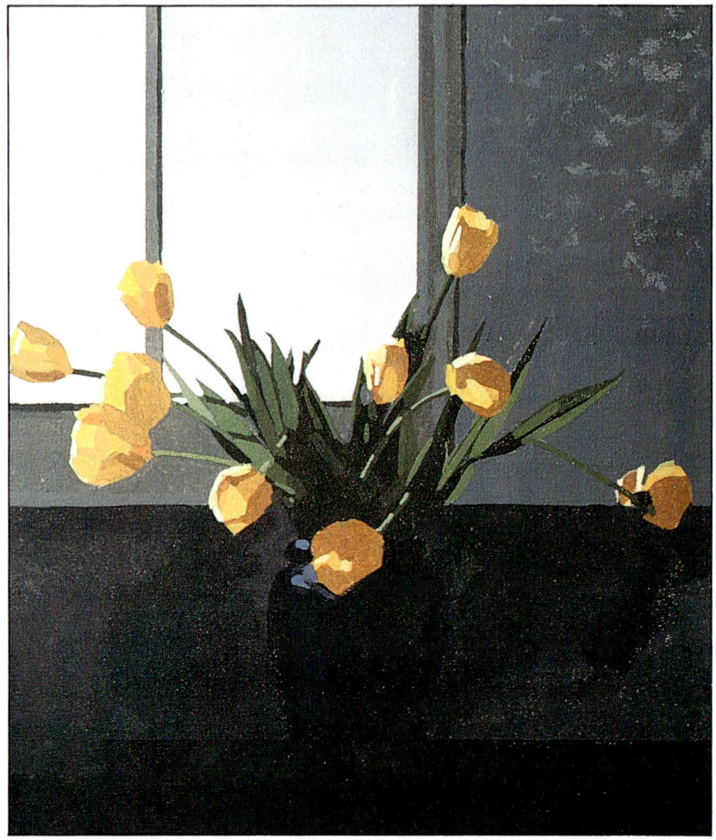

3. Die hellsten Töne in den Blättern und Stengeln sind mit Chromoxidgrün, Titanweiß und etwas Kadmiumgelb hell gemalt worden. Die warmen, hellen Lichter auf den Blumen wurden mit Kadmiumgelb hell und Weiß angelegt.
Achten Sie auf die sorgfältige Komposition dieses Bildes. Der Hintergrund ist in die streng-geometrischen Formen der Wand und des Fensters aufgeteilt und gibt so ein kontrastreiches Formgerüst für die organischen Formen der Blumen ab. Die kühle, neutrale Farbigkeit des Hintergrundes betont außerdem die leuchtenden Gelbtöne der Blumen. Das Fenster gibt einen starken Lichteinfall. Die von oben und leicht von links kommende Helligkeit schafft ein interessantes Hell-Dunkel-Spiel auf den Blumen und erhöht die Leuchtkraft und Transparenz der Blumen.

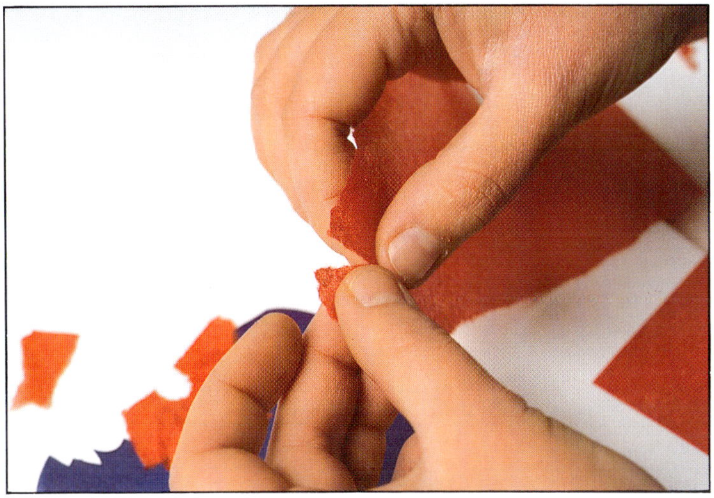

Blumen • Collage
1. Die leuchtenden Farben der Anemonen sind gut für eine Collage aus Seidenpapier geeignet. Der Künstler zerreißt hier das rote Seidenpapier, um daraus die Blütenblätter zu machen. Für Motive aus der Natur, wie Blumen, sehen gerissene Kanten besser als sauber ausgeschnittene Formen aus.

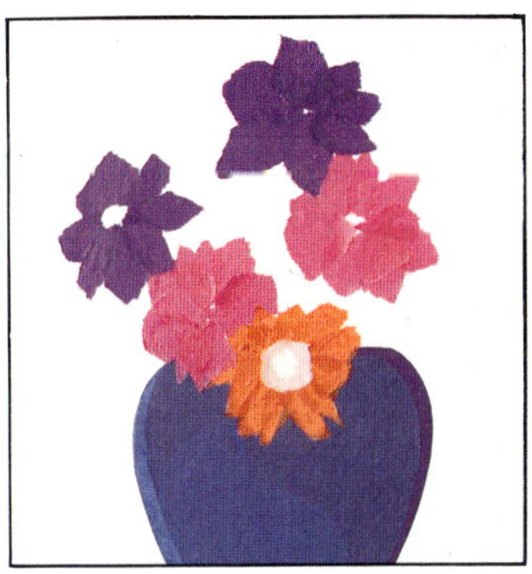

2. Sie können für die Blütenblätter noch intensivere Farbtöne schaffen, wenn Sie die Seidenpapierstücke überlappen lassen, wie es hier gezeigt wird. Auch die Schatten auf den Blüten können so dargestellt werden.

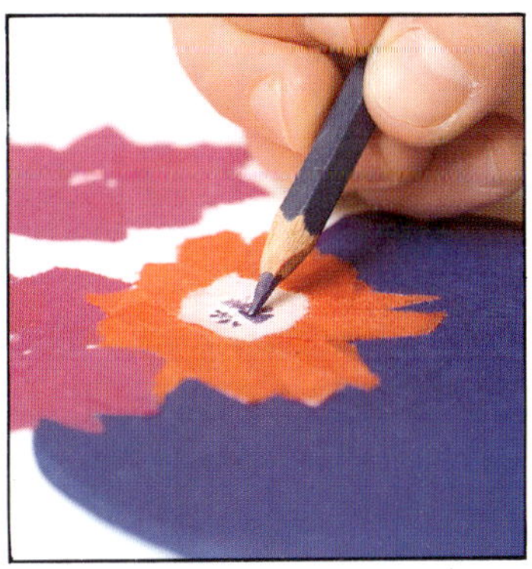

3. Nachdem die Formen der wichtigsten Blumen angelegt worden sind, zeichnet der Künstler die Staubgefäße mit farbigen Stiften im Zentrum der Blüten ein.

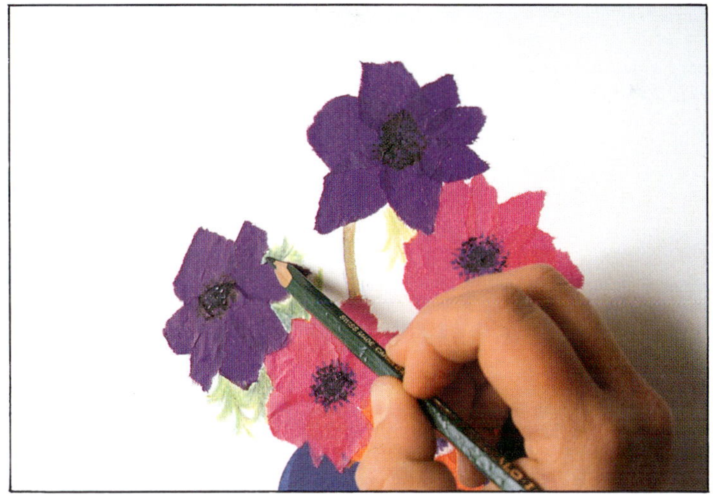

4. Mit zwei Farbstiften werden die verschiedenen Töne von Stengeln und Blättern eingezeichnet. Das helle, fiedrige Aussehen der Blätter gibt einen guten Kontrast zu den starken, einfachen Formen der Blüten.

Blumen • Variationen
Es gibt viele verschiedene Wege, ein Bild anzufangen. Drei der gebräuchlichsten werden hier vorgeführt.

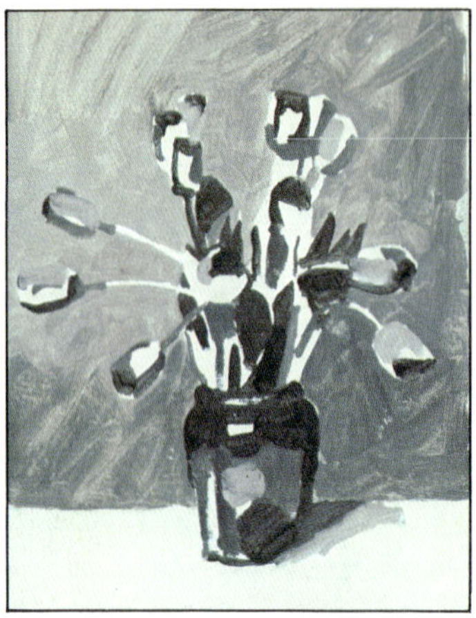

1. Nach einer Vorzeichnung legen Sie die Hell-Dunkel-Flächen mit einer neutralen Farbe an, bevor Sie zur Farbe übergehen.

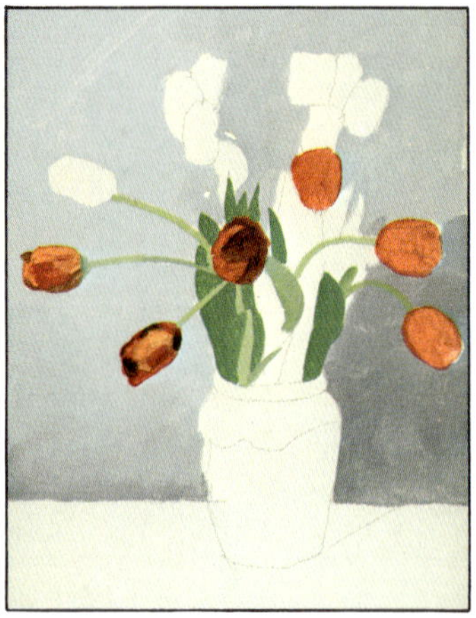

2. Vereinfachen Sie die Farben des Motivs auf drei Grundtöne für jede einzelne Farbe. Hier sehen Sie, daß die Tulpen in hellem, mittlerem und dunklem Rot gemalt worden sind.

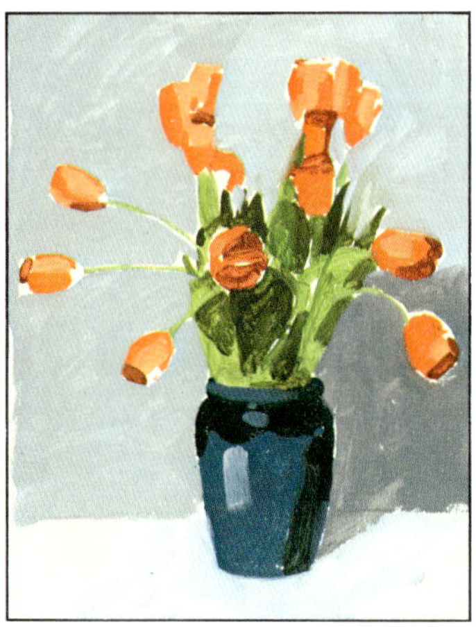

3. Legen Sie zuerst die Lokalfarben der wichtigsten Formen an und heben Sie die Details für später auf.

Blumen • Öl
1. Man beginnt mit zwei Schichten in Acrylfarbe und legt dann das Motiv mit Ölfarbe weiter an. Auf den Blumen liegt die Farbe dicker, da dort am meisten gemalt wurde. Beginnen Sie immer in dünnen Malschichten. Wenn die erste Malschicht zu dick ist, wird es schwierig, weitere Schichten aufzutragen, da die Trockenzeiten dann zu lang werden.

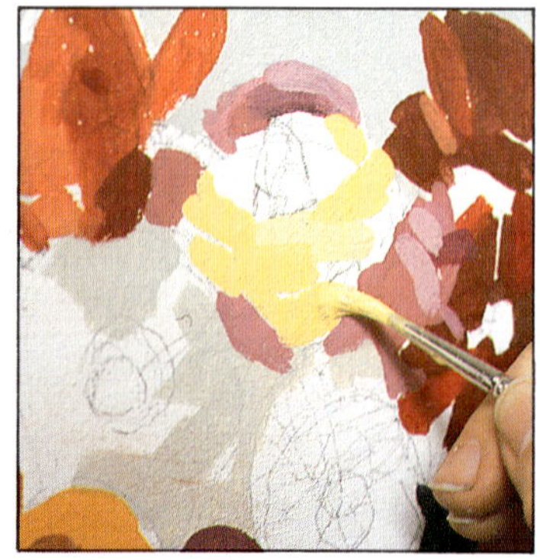

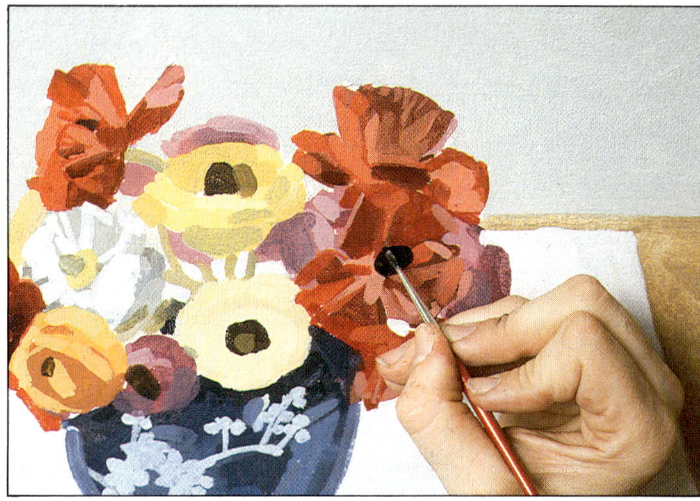

2. Der Künstler legt hier letzte Details an den Blütenblättern an. Das Muster der Vase wird mit verdünnter weißer Farbe eingezeichnet.

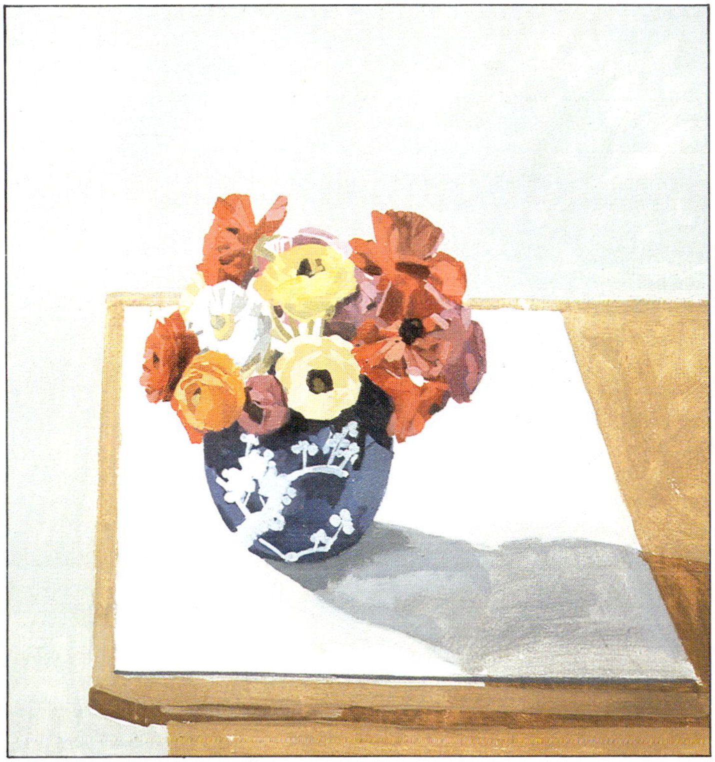

3. Die Blumen werden in ihren verschiedenen Formen weiter bearbeitet. Die Gesamtkomposition wird durch die sich überlappenden Farbschichten vereinheitlicht.

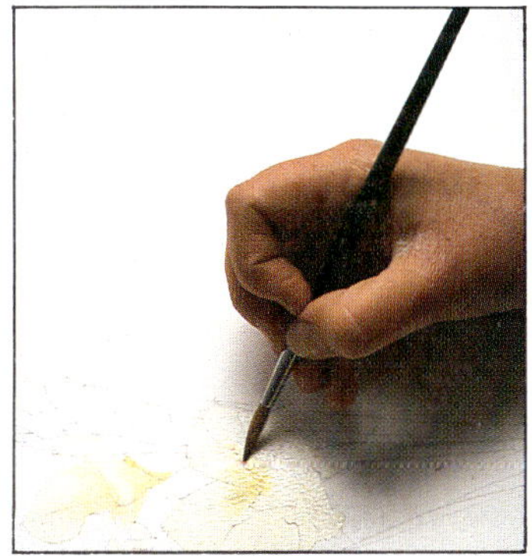

Blumen • Aquarell

1. Nachdem die Blüten in einer hellen Lavierung von Echtgelb angelegt worden sind, wird eine gesättigtere Lavierung der gleichen Farbe in die Zentren der Blumen gemalt. Die gelbe Farbe fließt in die noch nicht ganz trockene erste Lavierung der Blütenblätter ein.

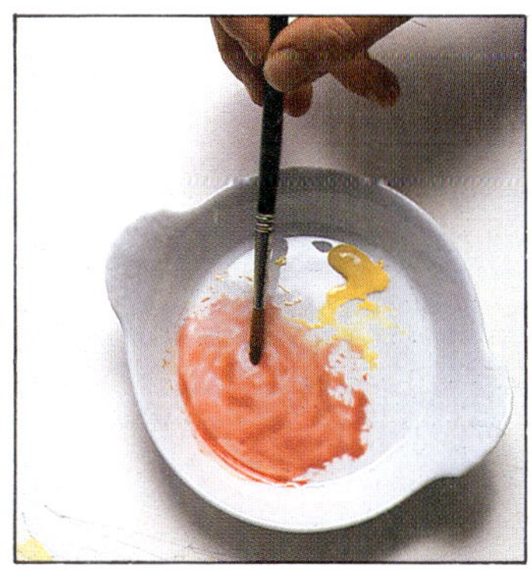

2. Mischen Sie Aquarellfarben immer auf einer weißen Unterlage aus, damit Sie die Farbtöne richtig beurteilen können, bevor sie aufs Bild kommen.

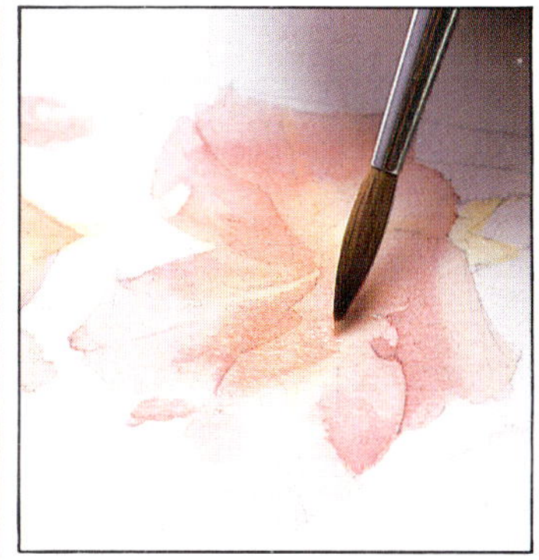

3. Lassen Sie die erste Lavierung leicht antrocknen bevor Sie die zweite auflegen. Beide Farben sollten sich dann leicht vermischen. Wenn Sie die erste Lavierung ganz durchtrocknen lassen, bekommen Sie harte Ränder. Beim Naß-in-Naß-Vermalen haben Sie dagegen wieder wenig Kontrolle über die Farbe.

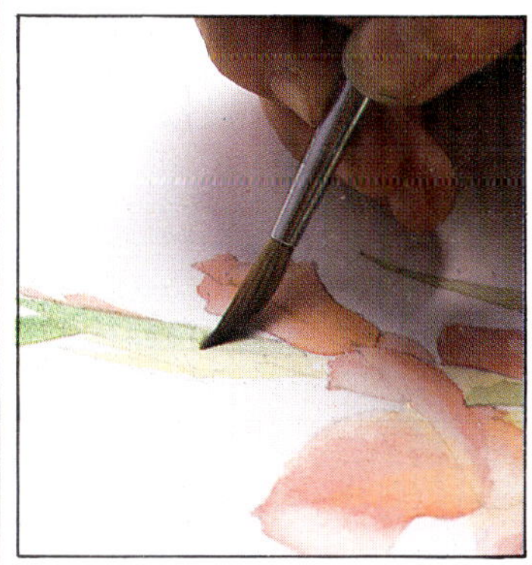

4. Der Künstler legt eine Lavierung in Olivengrün auf den Blättern und Stengeln an. Für die dunklen Flächen wird Hookersgrün genommen.

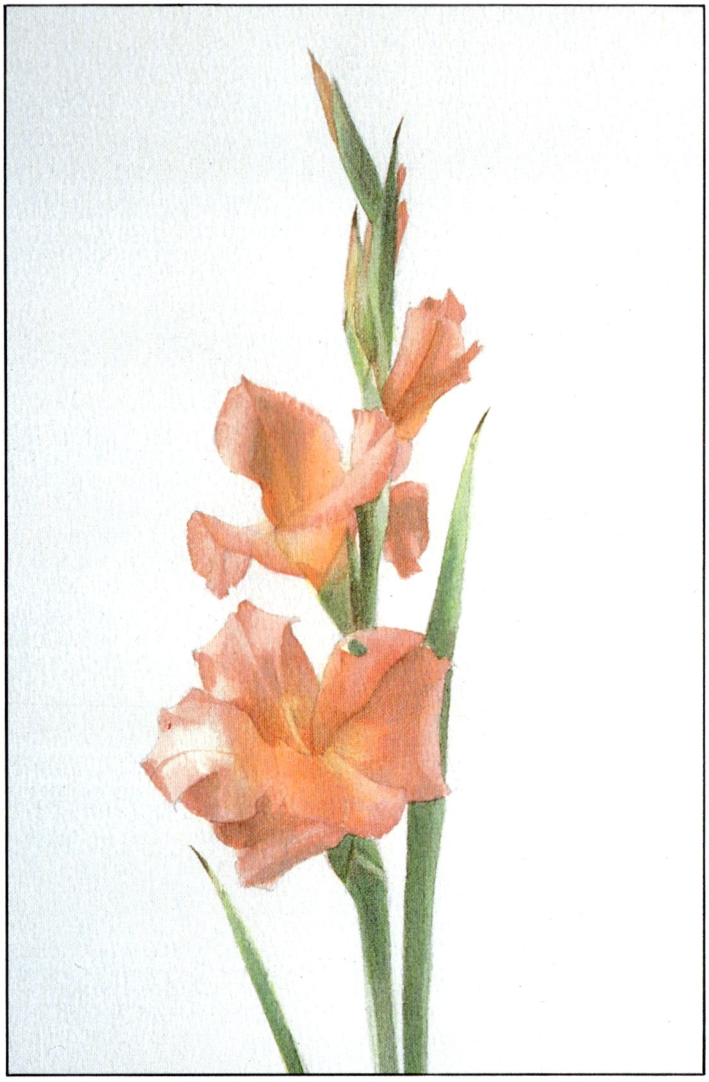

5. Nachdem alle Lavierungen vollkommen trocken sind, werden die Details mit einem Marderhaarpinsel Nr. 6 eingesetzt. Das fertige Bild ist in der Abstufung der Tonwerte und der Textur von außergewöhnlicher Feinheit. Der Künstler beschränkte sich auf nur vier Grundfarben und arbeitete mit einem Marderhaarpinsel Nr. 5.

Früchte und Gemüse

Früchte und Gemüse geben durch ihre Farben und Formen der Komposition auch Gleichgewicht. Eine Malerei, die im Gesamtton sehr hell geworden ist, kann durch Hinzufügen eines Kontrastes, z. B. von blauen Trauben, ins Farbgleichgewicht gebracht werden. Ausdrucksstarke Hell-Dunkel-Effekte können durch Einsetzen des Farbkontrastes, z. B. von leuchtend grünen Trauben oder Zitronenstücken in einem dunklen Bild erzeugt werden.
Obst- und Gemüsegruppen wirken nur, wenn sie nicht künstlich angeordnet werden. Versuchen Sie, sie so zu arrangieren, als ob sie gerade aus einem Korb gepurzelt wären. Sorgen Sie für Vielfalt in den Formen und Texturen, indem Sie Früchte entzweischneiden oder Gemüse, wie Zwiebeln und Kohlköpfe, in zwei Hälften schneiden, um die innere Struktur zu zeigen.
Anfänger machen den Fehler, dunklere Abtönungen der Lokalfarben für die Schatten mit Schwarz zu mischen. Farben werden im Schatten kühler und enthalten komplementäre Farbkontraste. Die Schattenseite einer Orange zeigt eine Spur ihrer Komplementärfarbe Blau. Außerdem enthalten Schattenpartien von umliegenden Gegenständen reflektiertes Licht.
Selbst das hellste Licht auf einem Apfel ist rein-weiß. Ist das Licht kühl, kann der Lichtreflex Blau enthalten. Bei warmem Licht kann die Lichthöhung Gelb bekommen. Wenn Sie auf solche Dinge achten, geben Sie Ihren Bildern eine größere Lichtwirkung.

Äpfel • Aquarell
Hier sehen Sie noch eine einfache Aquarellstudie, in der der Künstler transparente Lavierungen und Lasuren für die Modellierung der Äpfel und ihre köstliche Textur verwendet hat.

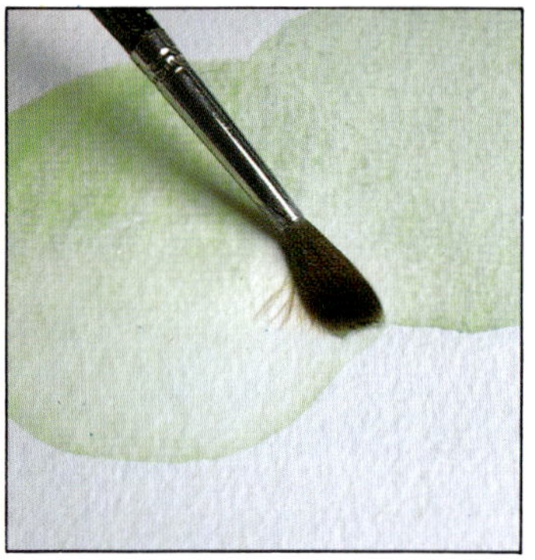

1. Die Formen der Äpfel werden mit Saftgrün und Kadmiumgelb auf feuchtem Papier skizziert. Bevor weitergemalt werden kann, muß dieses Stadium gründlich trocknen.

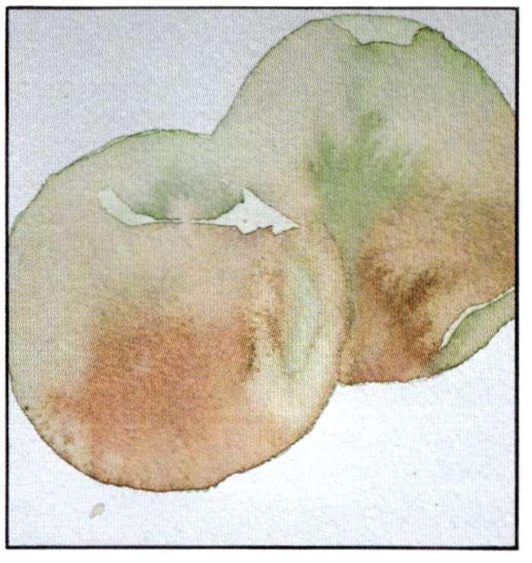

2. Der Künstler malt naß in naß Farbmischungen aus Saftgrün und Madderbraun ein, um Form und Farbe aufzubauen. Kleine Flecken der Untermalung werden für die Lichter stehen gelassen.

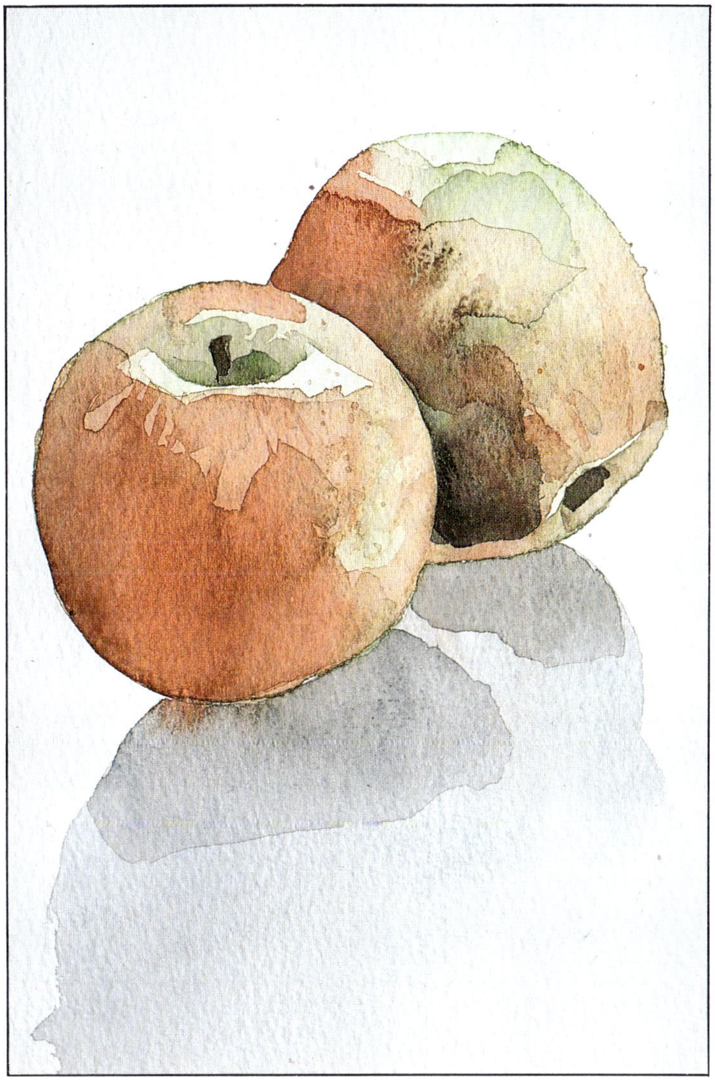

3. Der Künstler folgt mit seinem Pinselduktus den Konturen der Äpfel. An einigen Stellen trocknet die Farbe mit einem Rand auf und gibt dadurch den Eindruck der scharf modellierten Apfelform wieder, die sich von sanften Rundungen unterscheiden soll. Die Stiele werden mit Siena natur und ein wenig Ultramarinblau angelegt.
Zum Schluß werden die Schatten der Äpfel mit Lavierungen und Lasuren von Indigoblau und Purpur gemalt. Mit einem feuchten Pinsel werden dann die Ränder etwas aufgeweicht, damit sie nicht zu hart aussehen.
Das schafft auch den Eindruck, als ob die Äpfel auf einer glänzenden Unterlage liegen.

Zitronen • Aquarell
Ein Stillebenarrangement muß nicht immer genau ausgearbeitet sein. Machen Sie einfache Studien von Früchten, die Ihnen wegen ihrer Form, Farbe oder Textur aufgefallen sind, so wie der Künstler es hier getan hat.

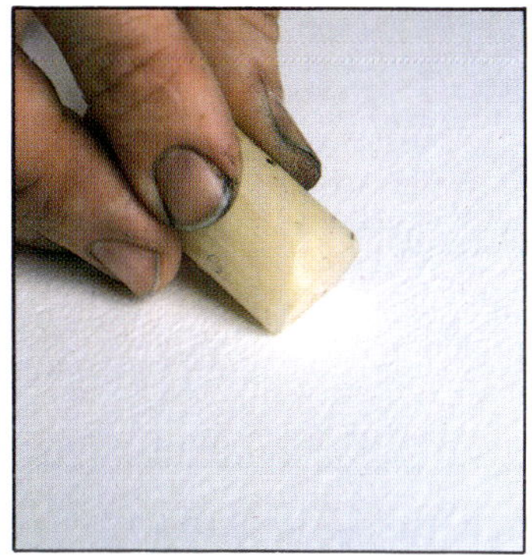

1. Auf einem Blatt kaltgepreßtem Aquarellpapier reibt der Künstler die lichtgehöhten Stellen mit einer Wachskerze ein, aber nur so leicht, daß gerade die Körnung des Papiers berührt wird.

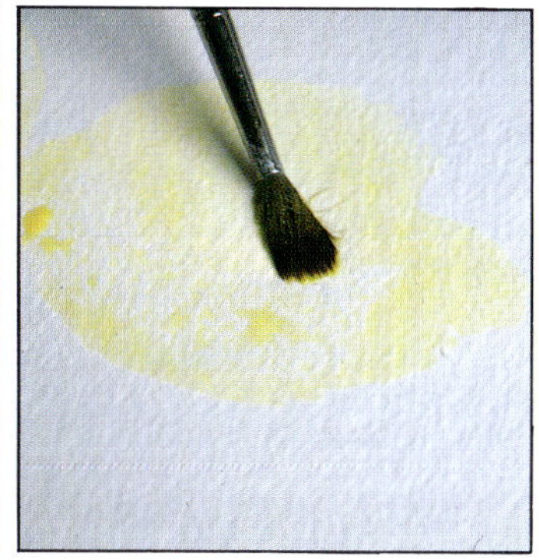

2. Die Zitronen werden mit einem Pinsel Nr. 4 und einer Lavierung von Kadmiumgelb gemalt. Diese Farbe sollte in großer Sättigung angemischt werden, da sie heller auftrocknet. Die gewachsten Stellen des Papiers stoßen die Farbe ab, die sich leicht in den Einkerbungen des Papiers absetzt. Im Ergebnis ähnelt die Textur der Zitronenschale. Der Künstler verzichtete auf eine Vorzeichnung.

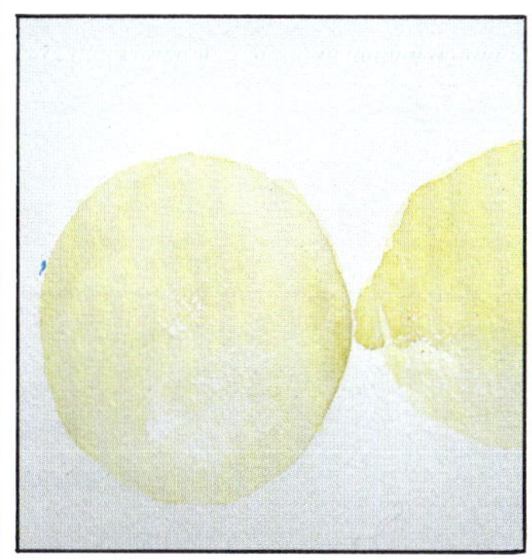

3. Ist die Lavierung trocken, legt der Künstler die Mitteltöne Kadmiumgelb, Kadmiumorange und etwas Elfenbeinschwarz an. Die Farbe der Mitteltöne wird aufgetragen und an einigen Stellen mit einem Zellstoffpapier abgetupft.

4. Zur Mischung der Mitteltöne wird etwas mehr Kadmiumorange und Elfenbeinschwarz gegeben, und damit werden die dunkelsten Farbtöne eingesetzt.

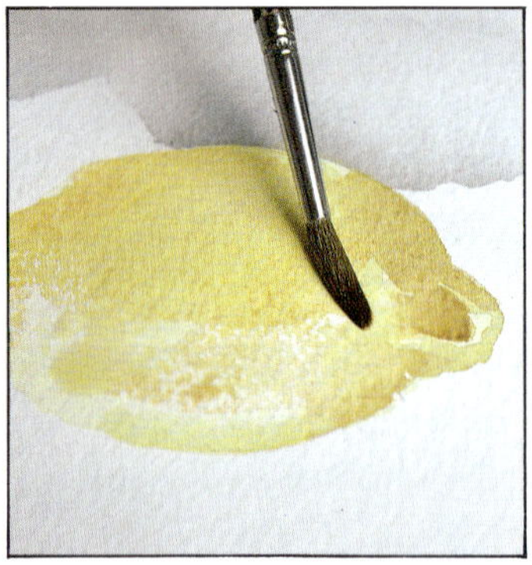

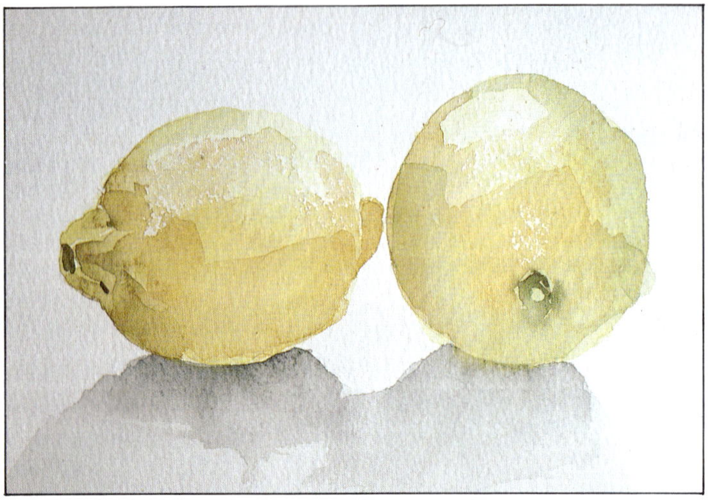

5. Die Schatten werden mit Lavierungen und Lasuren in Paynesgrau und Indigo gemalt. Beachten Sie, wie die Schatten nahe an den Zitronen dunkler und deutlicher werden und zum Rand des Bildes hin aufhellen. Das wird erreicht, indem man die Farbe mit einem sauberen, feuchten Pinsel auswäscht. Das fertige Bild hat eine Klarheit und Frische, die dem Gegenstand völlig angepaßt ist. Durch die Wachstechnik ist die Textur der Zitronenschale sehr gut nachempfunden, was mit anderen Mitteln wesentlich schwieriger gewesen wäre.

Melonen • Pastell

Das Aufschneiden einer Frucht oder eines Gemüses legt die Struktur und die faszinierenden Texturen des Fruchtfleisches und der Samen frei; in manchen Fällen gibt das interessante Motive. Für diese Studie einer Melonenhälfte verwendet der Künstler Pastellfarbe und einen Graphitstift.

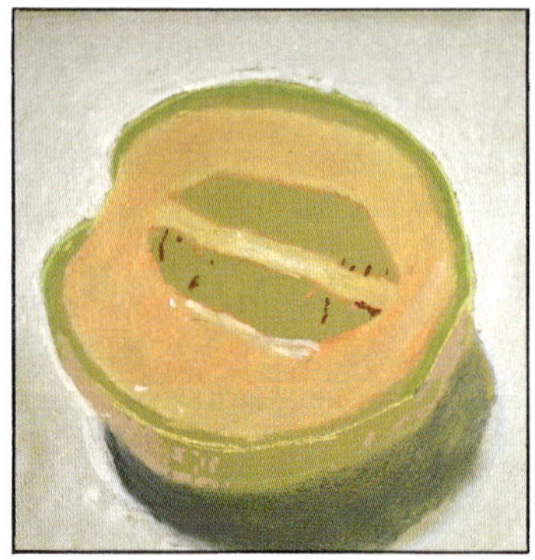

1. Auf einem glatten Papier skizziert der Künstler zuerst die Grundform der Melone mit Maigrün, Echtgelb und Kadmiumrot ein. Die Farben werden dick aufgetragen und ganz glatt vermalt.

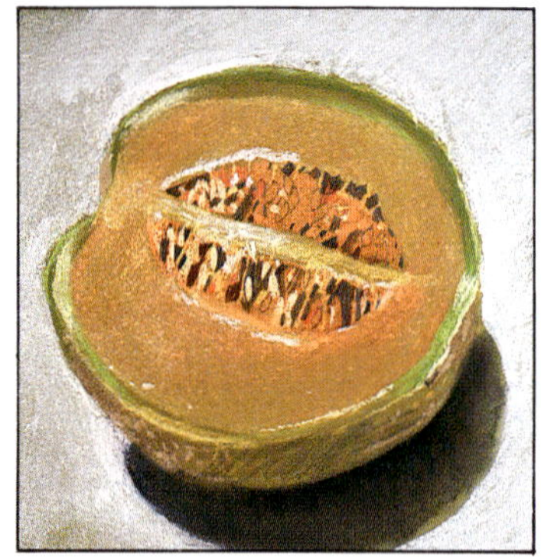

2. Nun werden die Farben des Fruchtfleisches und der Schale mit hellen Farbstrichen gefestigt, um der Form Plastizität zu geben. Der Schatten wird mit Lizardgrün und Schwarz verstärkt. Der Künstler zeichnet mit gut zugespitzten Pastellstiften in Orange, Rot, Weiß und Gelb die Melonensamen ein.

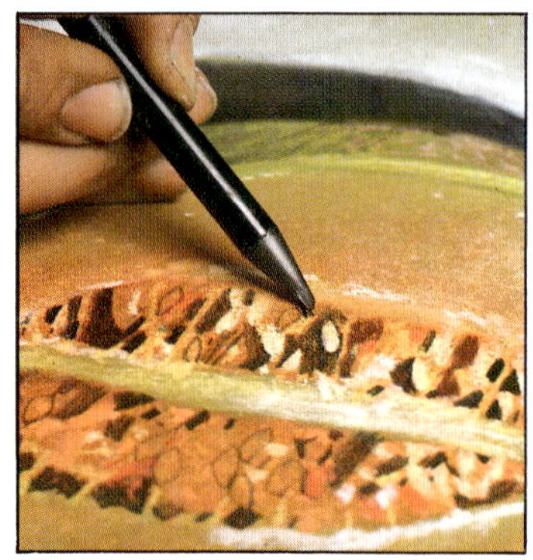

3. Diese Nahaufnahme zeigt, wie der Künstler mit einem Graphitstift dunkle Akzente um die Melonenkerne herum anlegt.

Zwiebeln
Mit ihren leuchtenden Farben und ihrer pergamentartigen Haut sind Zwiebeln beliebte Elemente der Stillebenmalerei.

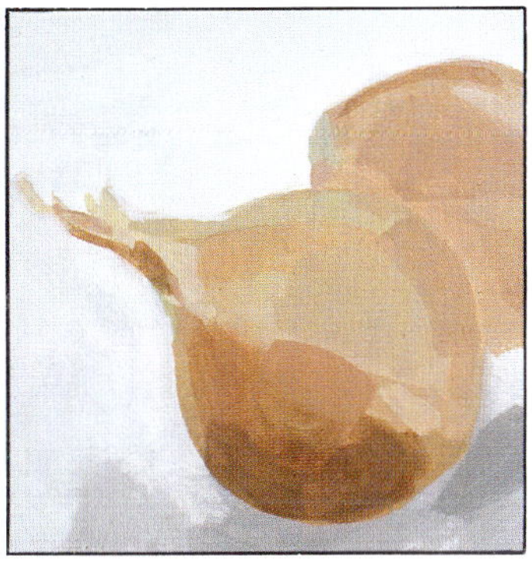

1. Der Künstler skizziert die Form der Zwiebeln auf einem Malbrett mit feiner Malbrettstruktur in großen Farbflächen ein. Als Farben nimmt er Umbra natur, Englischrot, lichter Ocker, und Titanweiß. Für die dunklen Töne wird mehr Umbra natur, fur die hellen mehr Titanweiß verwendet.

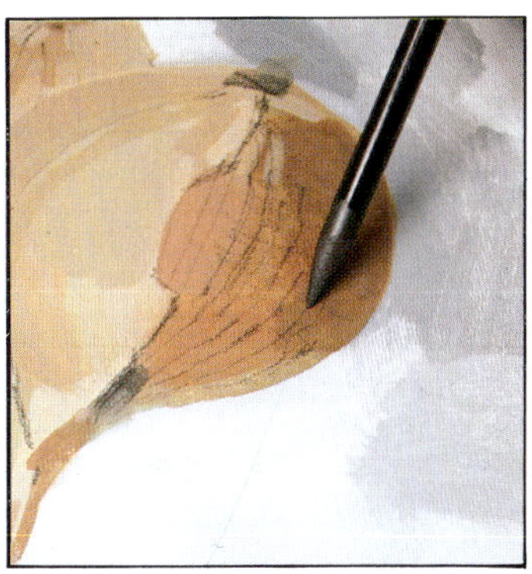

2. Ist die Farbe trocken, zeichnet der Künstler mit einem Graphitstift die dunklen Adern, die auch die Plastizität der Zwiebeln betonen.

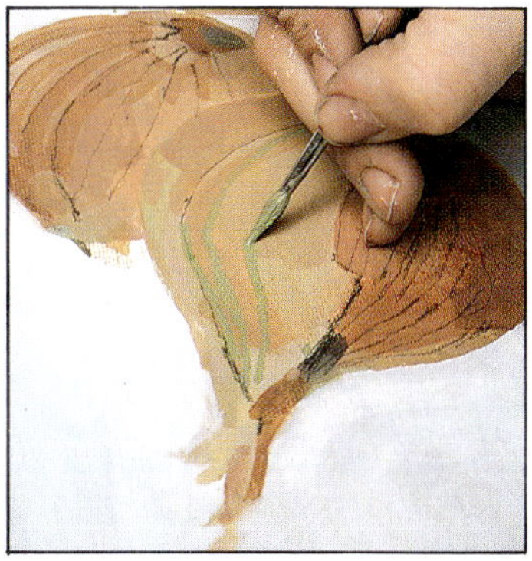

3. Nun malt der Künstler mit einem Marderhaarpinsel Nr. 4 die grünen Teile der Zwiebeln mit einer Mischung aus Chromoxidgrün und Titanweiß ein.

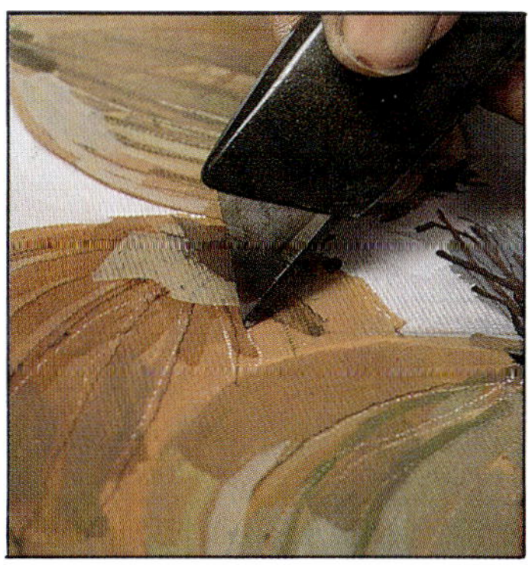

4. Nach der Trocknung nimmt der Künstler ein scharfes Bastelmesser und kratzt silbrige Linien in die Zwiebelhäute.

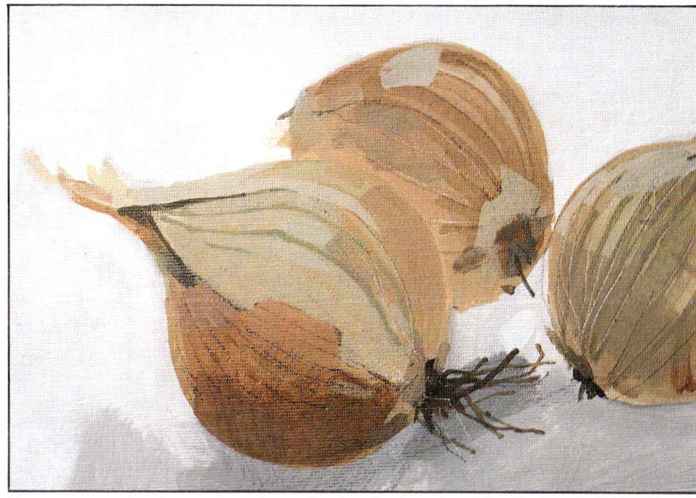

5. Zum Abschluß werden noch einige dunkle Akzente mit Umbra natur und Elfenbeinschwarz zugefügt.

Glasobjekte

Legen Sie beim Malen von Glasvasen, Flaschen oder anderen reflektierenden Gegenständen in einem Stilleben immer zuerst die Farben des Hintergrundes an. Achten Sie dabei genau auf mögliche Verzerrungen von Formen, die sich im Glas spiegeln. Dann kann der Glasgegenstand über den Hintergrund gemalt werden. Nehmen Sie sich beim Malen von Glas Zeit, die feinen Tonwertabstufungen zwischen den Lichtern, den Mitteltönen und den Schatten zu beobachten sowie die Farben und Flächen, die der Form des Glasgegenstandes folgen. Das Malen von klarem Glas ist vergleichbar mit dem Malen von Wasser.
Unter bestimmten Lichtverhältnissen erscheinen auf einem klaren Glasobjekt unzählige Lichtreflektionen. Das alles zu malen, würde von der transparenten Beschaffenheit des Gegenstandes ablenken. Malen Sie nur die wichtigsten Tonwerte und Lichter ein, lassen Sie dabei die Pinselstriche deutlich stehen, ohne sie zu sehr zu vermalen. Was das Problem der Lichthöhung angeht, so denken Sie daran, daß es kaum ein Licht auf einem Gegenstand gibt, das reinweiß ist. Wandeln Sie die weiße Farbe immer mit einer Spur der reflektierenden Lokalfarbe aus der Umgebung ab.

Glas • Acryl

1. Da Glas durchsichtig ist, muß der Künstler zuerst die Farben des Hintergrundes anlegen, anstatt den Gegenstand zusammen mit dem Hintergrund zu malen. Für den Hintergrund nimmt der Künstler hier Elfenbeinschwarz und Titanweiß, mit

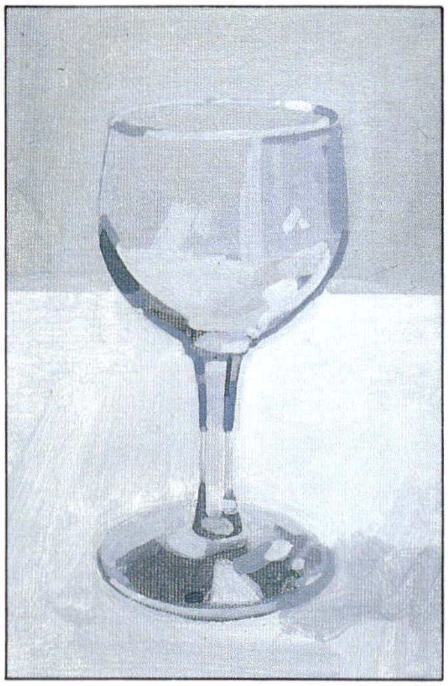

ein wenig Kobaltblau gemischt. Im unteren Teil des Bildes werden die Tonwerte mit etwas mehr Weiß aufgehellt. Dann zeichnet er die Form des Glases mit einem Marderhaarpinsel Nr. 2 in einer hellen Mischung von Ultramarinblau und Weiß deutlich ein. Die Linien, besonders die Öffnung des Glases, müssen ganz sauber eingesetzt werden. Oft ist es in dieser Phase günstig, vom Bild Abstand zu gewinnen. Danach werden Sie meistens sofort irgendwelche Fehler bemerken.
Die dunklen, mittleren und hellen Töne des Glases selbst werden als nächstes skizziert, wobei einige Linien scharf gezogen und andere weicher geführt werden. Als Farben wurden Kobaltblau, Titanweiß und Paynesgrau verwendet. In diesem Stadium sollten Sie die Pinselarbeit nicht übertreiben. Ein kleiner Unterschied im Tonwert genügt, um das Glas vom Hintergrund zu trennen.

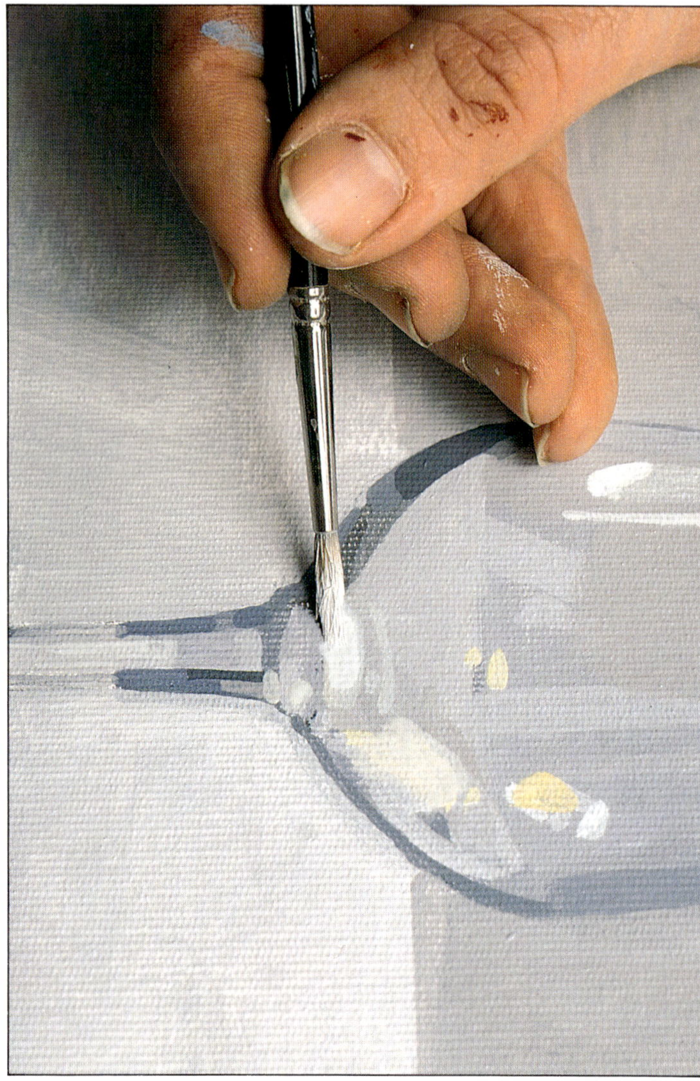

2. Als nächster Schritt werden kleine Tupfen als Lichthöhungen eingetragen, die das Glas funkeln lassen. Mit einem Marderhaarpinsel Nr. 6 nimmt der Künstler etwas Titanweiß auf und malt senkrechte Striche auf die Seiten und den Rand des Glases. Das sind die hellsten Lichter. Die weniger hellen Lichter werden in einer Mischung aus Titanweiß und Umbra natur angelegt und mit Pinselstrichen, die den Biegungen des Glases und des Stiels folgen, eingesetzt.

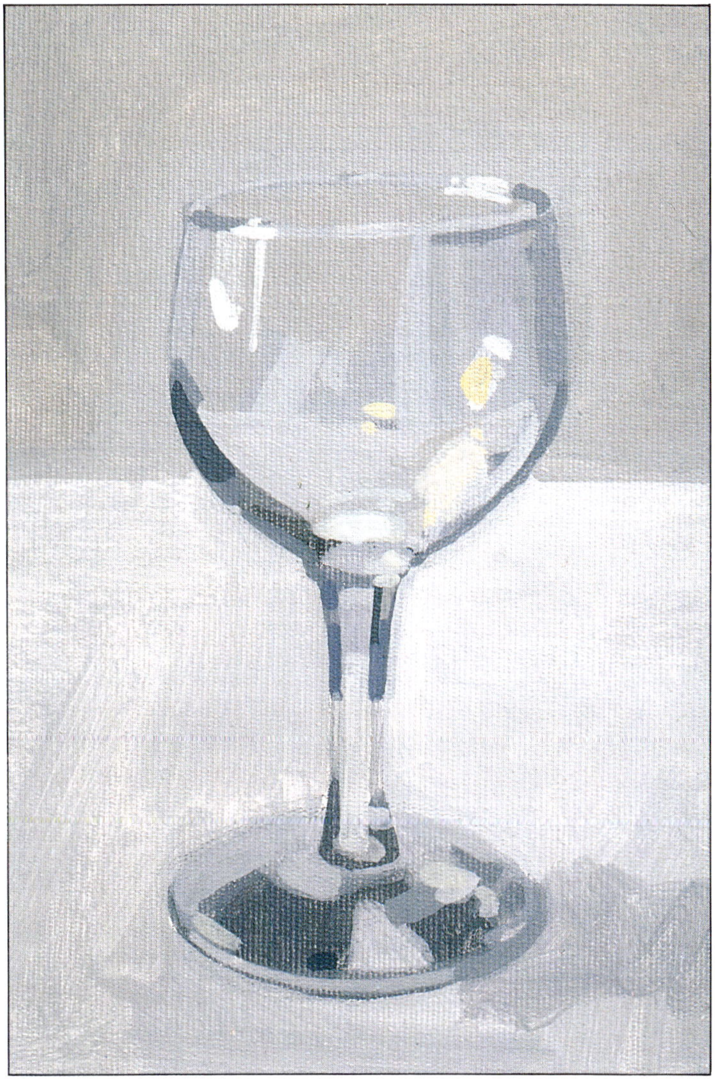

3. In einer Mischung aus Titanweiß und Elfenbeinschwarz fügt der Künstler noch einen vom Glas geworfenen Schatten ein. Der Eindruck von Transparenz im Glas wird durch die einfach und betont ausgeführten Details hervorgerufen. Die wenigen schillernden Lichter lassen das Bild malerisch erscheinen.

Metallobjekte

Der attraktive Glanz von Metallgegenständen, von Kupfergefäßen bis zu Aluminiumtöpfen, reizte von jeher die Stillebenmaler. Diese Gegenstände sind jedoch auch eine Herausforderung an das maltechnische Können. Der springende Punkt ist die genaue Beobachtung von Tonwert, Farbe und Form und in der skizzenhaften, lockeren Anlage des Motivs.
Wenn Sie Metallgegenstände für ihr Stilleben nehmen wollen, dürfen Sie nicht zuviel Oberlicht nehmen, sonst erhalten Sie ein Durcheinander von Schatten, Reflexen und Lichtflecken. Nehmen Sie statt dessen ein starkes Seitenlicht, das die Plastizität der Form betont und gleichzeitig relativ einfache Schatten und Lichter schafft.

Tonware

Irdene Schalen, Becher und Vasen haben oft sehr schöne Formen und bereichern jedes Stillebenbild. Die Wiedergabe von glasierten Tongefäßen ist, genau wie die von Glas, eine Frage der genauen Beobachtung der Tonwertunterschiede und des Wissens um die Darstellung feiner Lichthöhungen.
Unglasierte Tonware ist genauso schön. Die warmen Terrakotta-Töne fügen sich harmonisch zu den Farben von Pflanzen und Blumen in Stilleben.

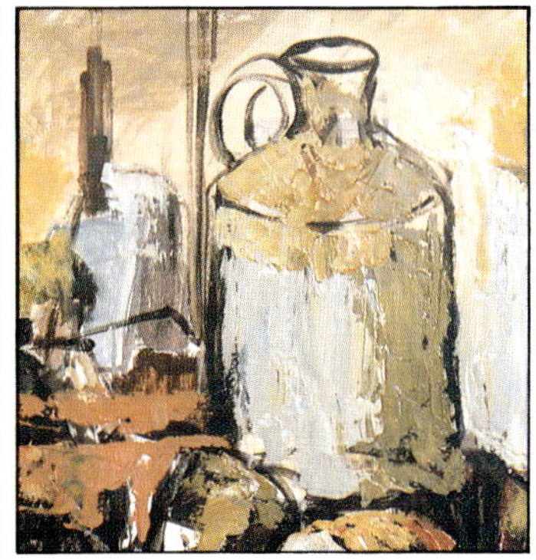

Tonware • Acryl
1. Bei diesem Bild nahm der Künstler eine schon benutzte alte Leinwand und bemalte sie aufs neue mit einem Malmesser. Diese Methode des Farbauftrags schafft eine rauhe Farbtextur, die an Tonware erinnert.

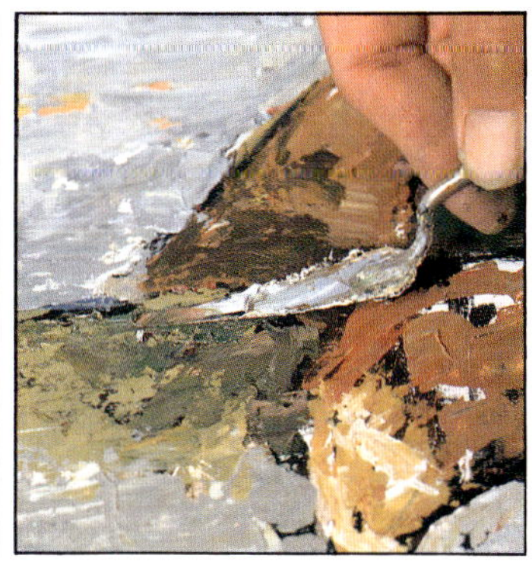

2. Die Farbe wird dick mit dem Malmesser aufgetragen. Für die schattigen Teile des Kruges werden Braun und Saftgrün über lichter Ocker gespachtelt.

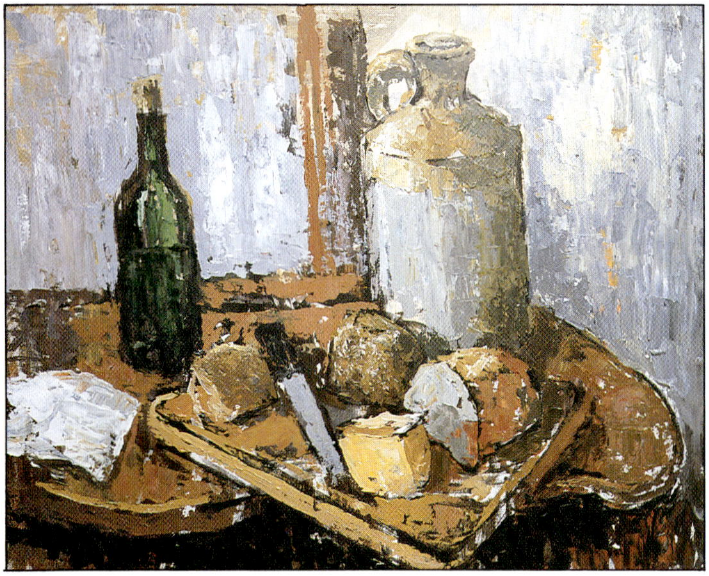

3. Die unfertig erscheinende, rauhe Textur des Bildes gibt die unterschiedliche Stofflichkeit des Motivs treffend wieder.

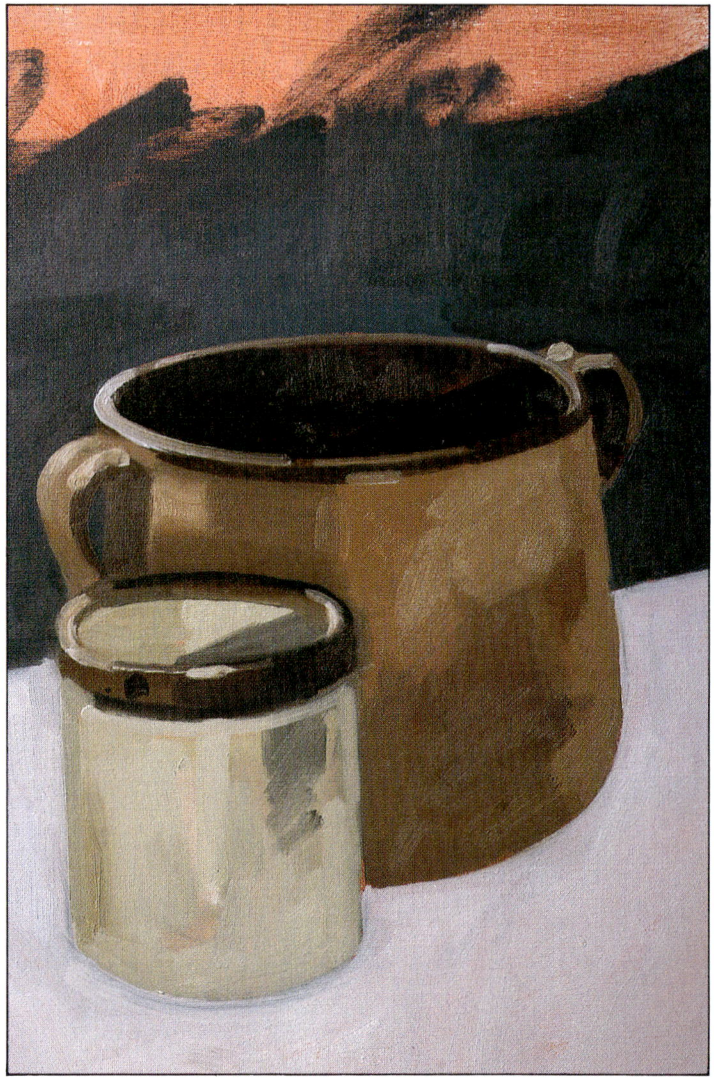

Tonware • Öl
Der glatte, glänzende Überzug glasierter Tonware und dazu glänzendes Metall ergeben Tonwerte, die mit sehr feinen Stufen von Hell nach Dunkel übergehen. Für diese Studie wählt der Künstler die Ölmaltechnik, weil durch die cremige Konsistenz und lange Trockenzeit sich die Farbe so lange bearbeiten läßt, bis ganz glatte Tonwertabstufungen erreicht sind. Ein zu starker Verlauf zwischen den Farbtönen sollte aber vermieden werden, da dies zu statisch wirkt. Achten Sie darauf, wie der Künstler hier Pinselstriche eingesetzt hat, um die Bildoberfläche zu beleben, ohne jedoch den Eindruck der Plastizität der Formen zu stören.

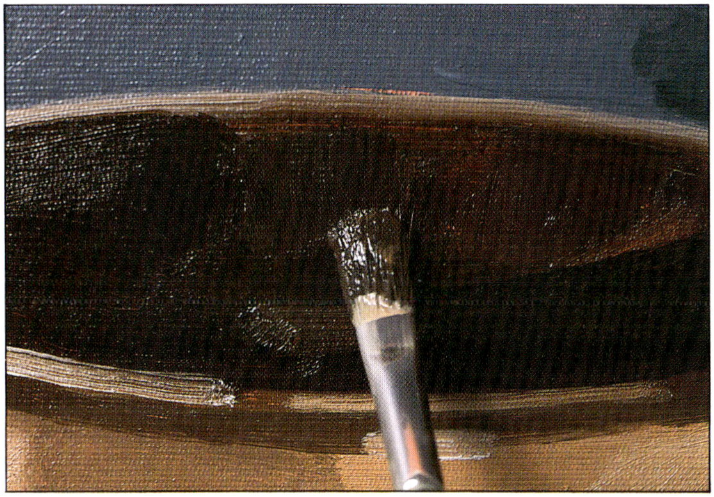

Dieser Ausschnitt zeigt, wie der Künstler die Öffnung des großen Topfes in einer Mischung aus Umbra gebrannt und Elfenbeinschwarz malt. Die Farbe wird dünn und in feinen Abstufungen aufgetragen, damit der Schatten leuchtend und voll von Lichtreflexen erscheint.

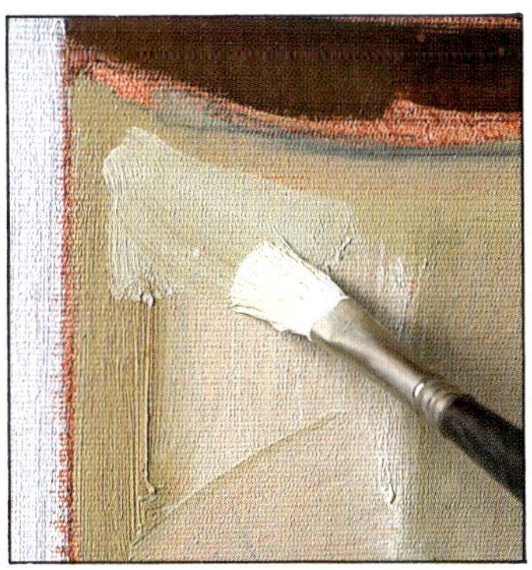

Der hellste Ton wird in einem dickeren Impasto angelegt, damit das helle Licht sich gut von den übrigen Tönen abhebt.

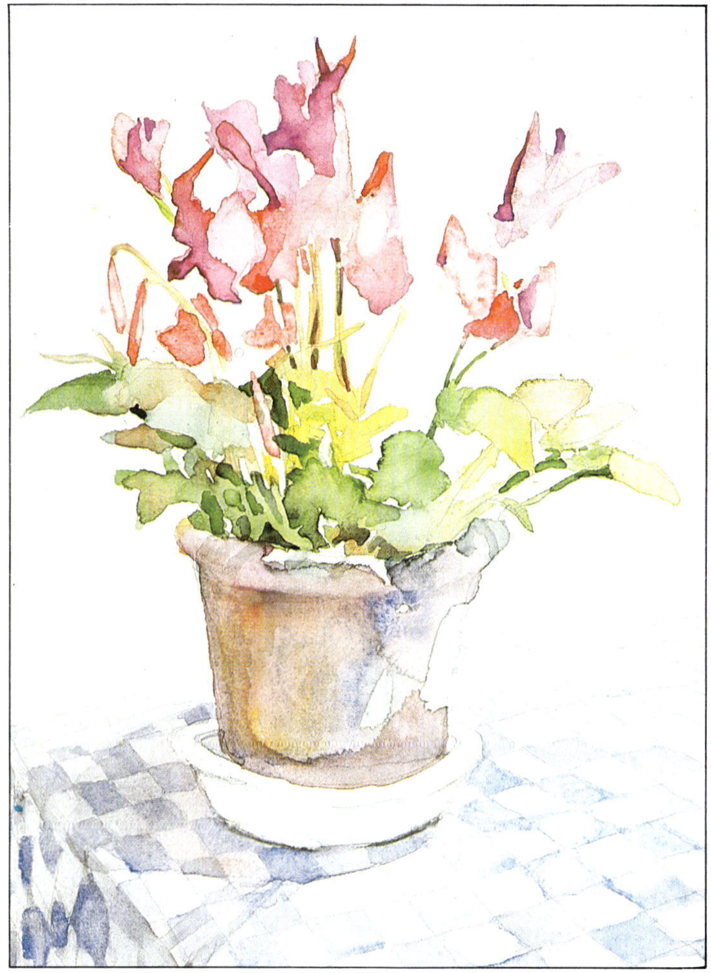

Tonware • Aquarell
Für diese Darstellung eines Terracottatopfes hat der Künstler die Naß-in-Naß-Technik voll ausgenutzt. Die Farben wurden stark mit Wasser verdünnt und ineinander verlaufen lassen. Die zusammenlaufenden Farbtöne in Terracotta, Paynesgrau und Ultramarin ergaben feine Farbtonabstufungen. Die Lichthöhungen wurden im weißen Papier ausgespart.

Stoffe

Im Gegensatz zur Meinung mancher Malanfänger gehört ein gefaltetes Tuch nicht zur Ausstattung eines Stillebens. Trotzdem kann ein Tuch gute Dienste leisten. Das Tuch bietet im Gegensatz zu den glatten Gegenständen im Stilleben einen interessanten Texturkontrast, und seine Falten können ein wichtiges Hilfsmittel der Komposition sein. Ein schlicht gefärbtes Tuch eventuell mit ruhigem Muster kann als Kontrast zum lebhaften Ausdruck von Blumen, Vasen und anderen Gegenständen im Stilleben eingesetzt werden, um dann als Ruhepol für das Auge zu dienen. Umgekehrt können Sie ein gemustertes Tuch zur Belebung einer einfachen Zusammenstellung nehmen.
Wenn Sie Stoffe für Ihr Stilleben nehmen, sollten Sie den Faltenwurf ganz natürlich und ungezwungen aussehen lassen. Die Linien der Falten sollten helfen, das Auge des Betrachters durch die Komposition zu leiten, ohne daß sie deswegen gleich wie Straßenmarkierungen aussehen müßten.
Falls der Faltenwurf im Hintergrund eine große Fläche einnehmen soll, müssen Sie seine Farbe sorgfältig abstimmen, weil diese die Gesamtharmonie der Farbgebung beeinflußt. Auch die Tonwerte des Faltenwurfs, seine Hell-Dunkelverteilung ist wichtig. Falls die Tonwerte des Faltenwurfs dem Hell-Dunkel des übrigen Stillebens zu ähnlich sind, wirkt das Bild monoton. Es ist sinnvoll, einige Streifen hellen und dunklen Stoffs mit dem Stilleben zu vergleichen, um die Gesamtwirkung zu überprüfen.

Bevor Sie mit der Malerei anfangen, sollten Sie eine Skizze machen. Skizzieren Sie die mittleren und dunklen Töne mit Zeichenkohle oder Bleistift und lassen Sie für die Lichter das Papier stehen. Das gibt Ihnen eine Übersicht über das Faltenmuster und hilft Ihnen bei der farbigen Umsetzung.
Gemusterte Stoffe scheinen noch schwieriger zu malen zu sein. Das Muster hilft aber, die Lage des Stoffes besser zu beschreiben (Streifen und Karos sind besonders wirkungsvoll). Malen Sie am besten immer nur einen kleinen Teil des Stoffmusters und beschreiben Sie innerhalb dieses Teils, wie die Musterung abläuft. Beobachten Sie auch, wie das Licht auf das Tuch fällt und malen Sie die vom Licht getroffenen Stellen heller als die im Schatten liegenden. Ändern Sie zudem noch den Pinselduktus, um mit einer Verbindung von harten und weichen Linien einen Eindruck von Bewegung zu geben.

Faltenwurf

Der Trick beim Malen von komplizierten Falten in einem weißen Stoff besteht darin, daß man die warmen und kühlen Schattentöne leicht übertreibt, so daß die weißen Lichter stärker herauskommen. Gehen Sie um der Klarheit willen ganz systematisch vor:
Bevor Sie zu malen anfangen, schauen Sie mit halbgeschlossenen Augen auf das Motiv und greifen nur vier oder fünf wesentliche Tonwerte heraus (eine monochrome Skizze zu machen, ist hilfreich). Mischen Sie Ihre Farben dann nach diesen beobachteten Tonwerten aus. Nun können Sie mit dem Malen beginnen!

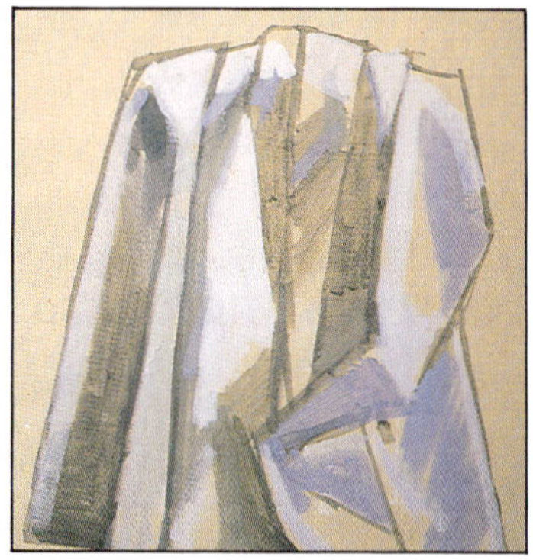

1. Der Künstler legt für diese Ölstudie zuerst einen getönten Grund in Siena natur an, damit die weißen Töne besser beurteilt werden können. Nachdem der abgetönte Grund trocken ist, zeichnet der Künstler die wichtigsten Falten und Tonwertflächen mit einem Flachpinsel Nr. 6 und gut verdünnter Umbra natur ein. Darauf legt er eine leichte Untermalung an, um die dunklen, mittleren und hellen Töne festzulegen. Für die dunklen Flächen nimmt er Umbra natur, für die mittleren Tonwerte Ultramarin und Titanweiß. Reines Titanweiß benutzt er für die hellen Tonflächen.
Die Untermalung zeigt dem Künstler, wie das Bild später in der Hell-Dunkel-Verteilung aussehen wird. Zu diesem Zeitpunkt können noch Korrekturen und Veränderungen gemacht werden, da der Farbauftrag noch sehr dünn ist.

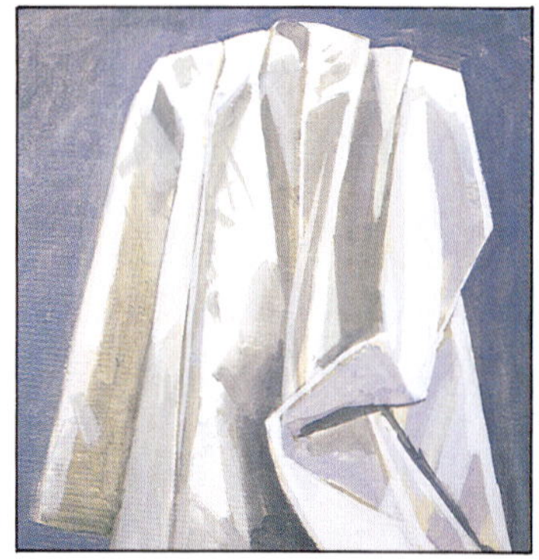

2. Der Künstler legt nun eine Lavierung in Ultramarin und Titanweiß für den Hintergrund an und läßt dabei die neutrale Farbe der Untermalung an einigen Stellen durchscheinen. Mit der Untermalung als Vorlage baut er dann mit dickeren Farbschichten die Tonwerte des Tuches weiter auf.

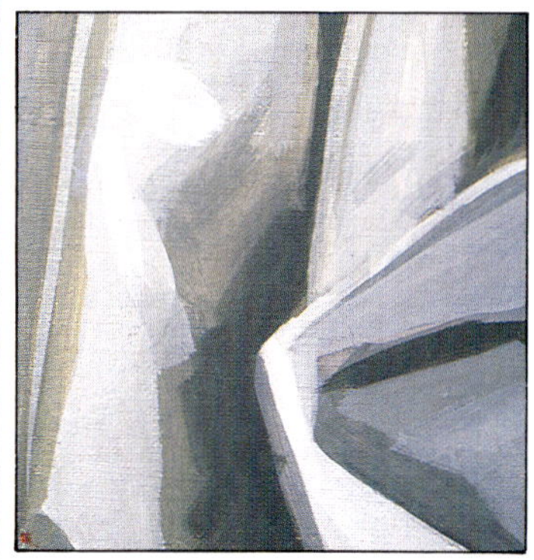

3. Dieser Ausschnitt zeigt die genau gezogenen Linien und den dicken Farbauftrag, den der Künstler für die lichtgehöhten Teile des Faltenwurfs verwendet hat, um sie von den übrigen Teilen abzuheben. Die Schattenzonen sind dagegen mit dünner Farbe und etwas weniger genau gegeben.

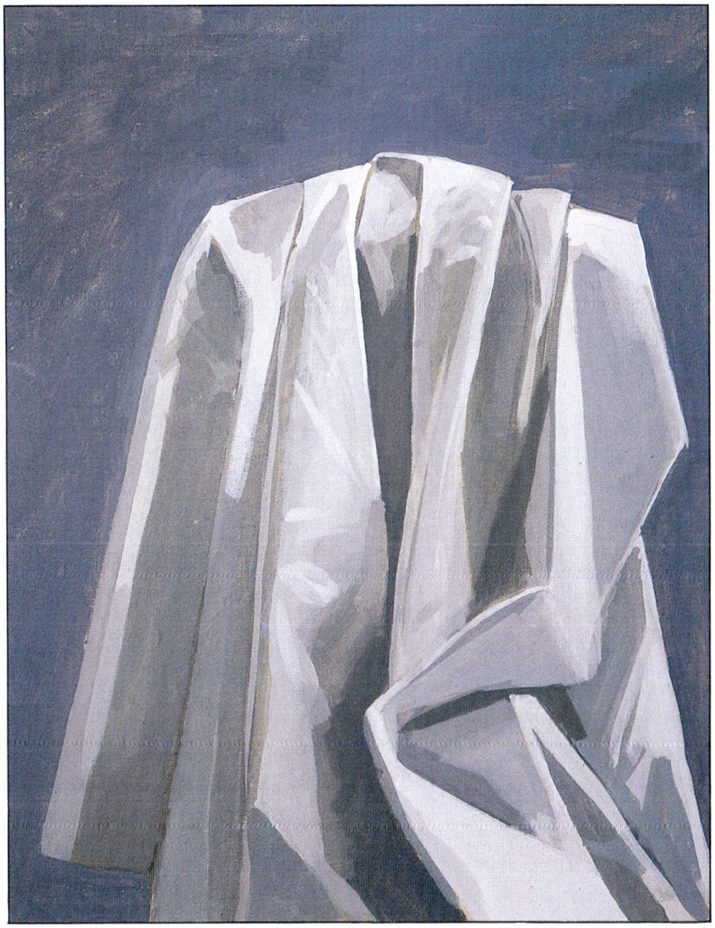

4. Das fertige Bild zeigt, wie der Künstler durch methodische Vorgehensweise, Untermalung und allmähliche Verfestigung der Einzelheiten zu einer klaren, eindeutigen Aussage gekommen ist.

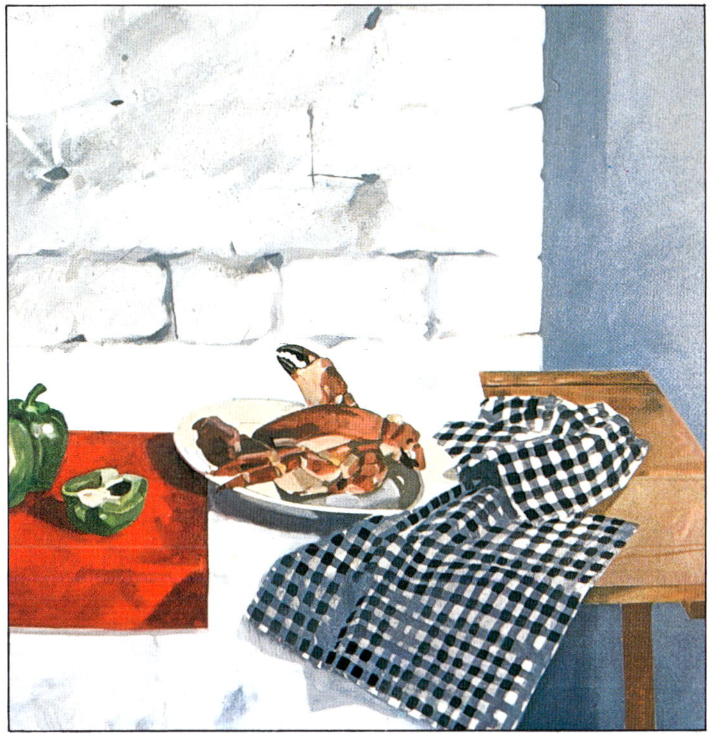

Gemustertes Tuch • Öl

1. Für die deutlich abgegrenzten Rander des Tuches konnen Sie Abdeckband verwenden. Lassen Sie die Farbe gut durchtrocknen und ziehen Sie dann das Band vorsichtig ab.

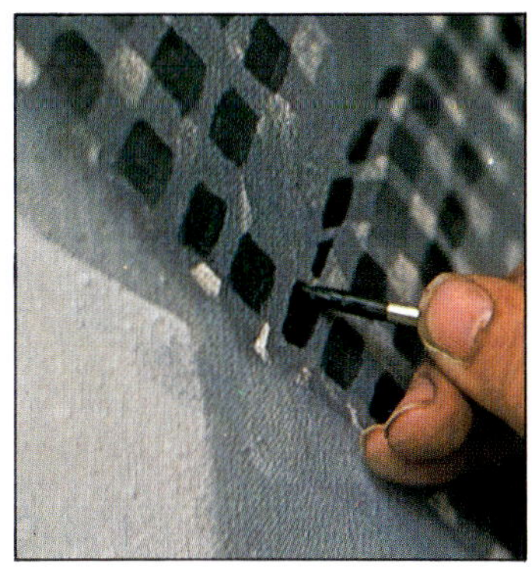

2. Beim Malen eines karierten Tuches, wie diesem hier, sollten Sie die schwarzen Felder ganz sorgfältig mit einem kleinen Marderhaarpinsel eintragen. Nehmen Sie ein leichtes Grau für die Schatten und lassen Sie an den weißen Karos einfach die Leinwand durchscheinen.

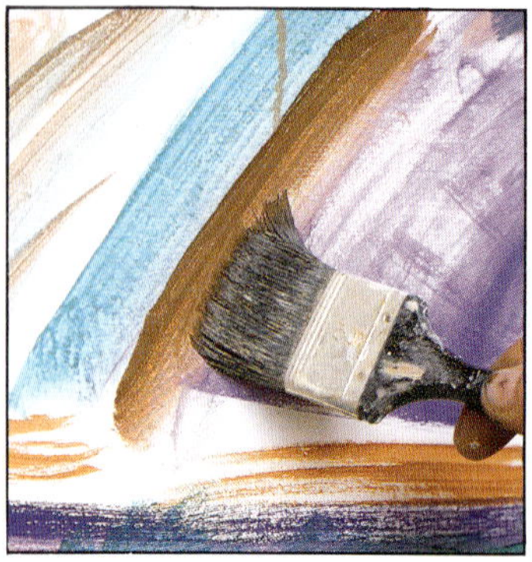

Gemustertes Tuch • Acryl
1. Der Künstler wollte die bunte Steppdecke ganz ohne Vorzeichnung malen. In breiten Strichen mit einem Malerpinsel werden die Farben nebeneinander gelegt. Das komplizierte Muster wird auf ungefähre Farbwerte reduziert.

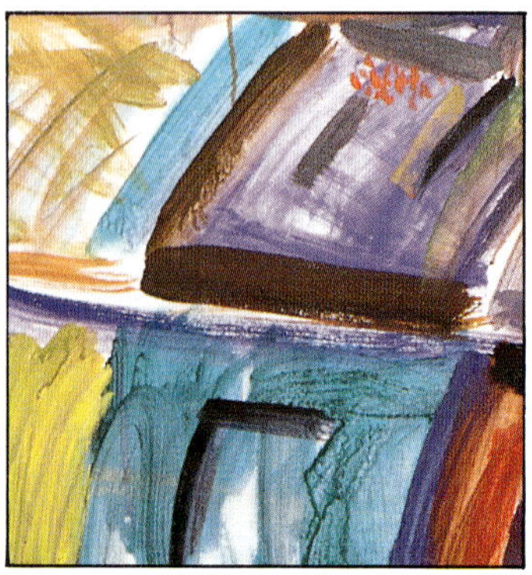

2. Die Form des Bettes wird hier nicht durch Hell-Dunkel, sondern einfach durch rechteckige Flecken dargestellt. Die Farben werden nur dünn aufgetragen, damit jeder Teil des Bildes während des Malprozesses aufgebaut werden kann.

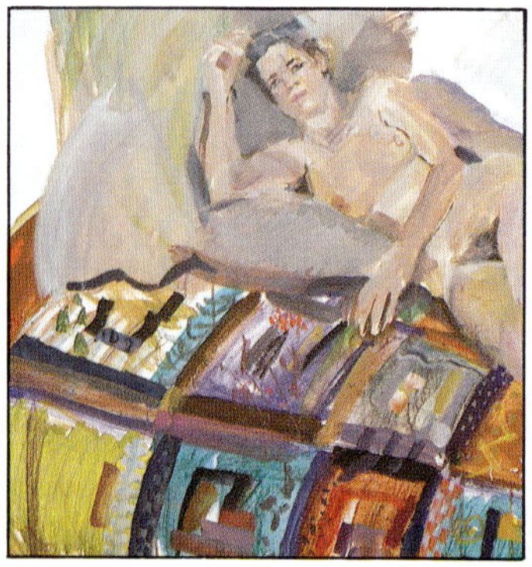

3. Der Künstler hat nach Fertigstellung des Bildes noch weitere Streifen und Punkte in bunten Farben auf die großen Farbflächen gesetzt, um die Bildfläche interessanter zu gestalten.

Gemustertes Tuch • Aquarell
Der Künstler verwendet in diesem Bild dünne Aquarellfarbenlasuren, um den Stoffalten Form und Festigkeit zu geben.

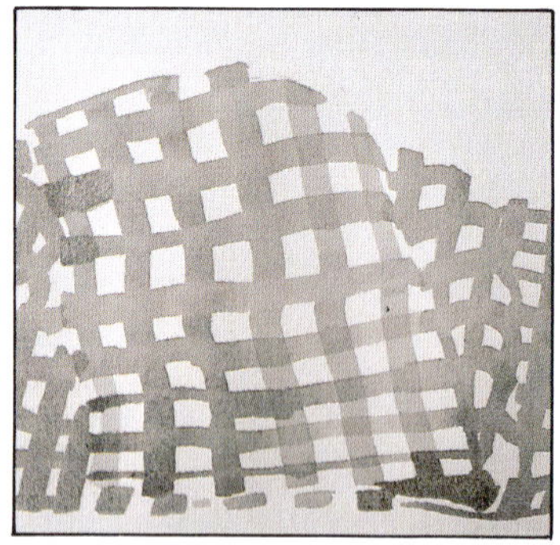

1. Mit einem Flachpinsel und stark verdünntem Elfenbeinschwarz legt der Künstler das Schachbrettmuster des Tuches fest. Die Falten und Kniffe in dem Stoff werden durch die Richtung der Linien im Muster wiedergegeben.

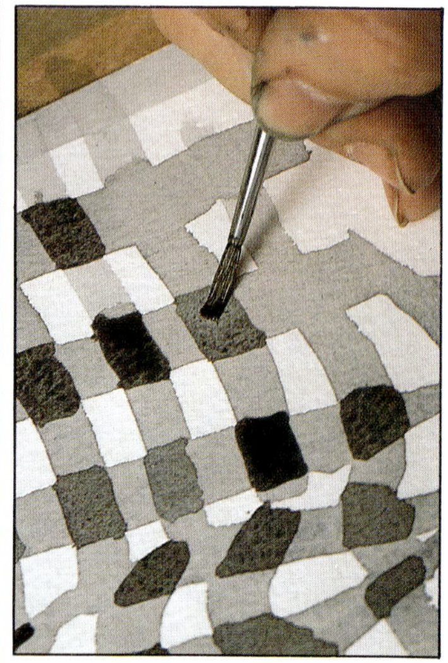

2. Nachdem die ersten Lavierungen trocken sind, skizziert der Künstler die dunkleren Quadrate mit einem kleinen Marderhaarpinsel und einem dunkleren Ton von Elfenbeinschwarz ein.

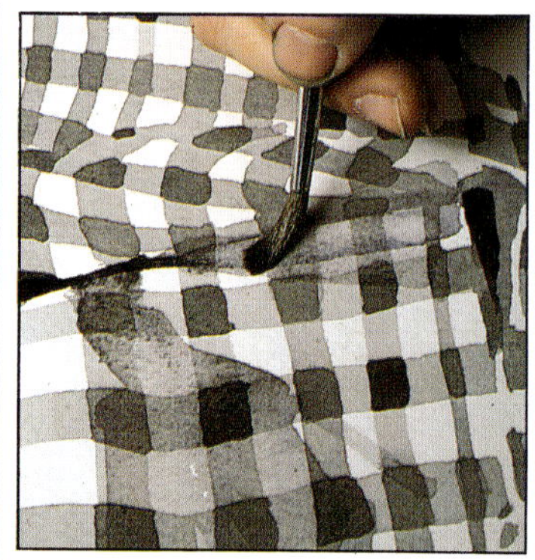

3. Erst nachdem das Bild wieder vollkommen trocken ist, geht der Künstler wieder an die Darstellung des Tuches. Mit einem transparenten, mittleren Schwarzton schafft er Schattenzonen und betont die Hell-Dunkel-Kontraste.

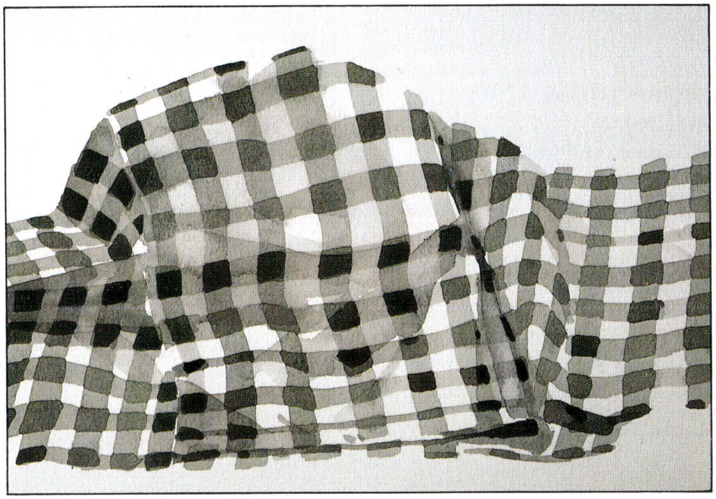

4. Die Studie des Karotuches ist fertig. Beachten Sie, wie die schwarzen Quadrate in den Schattenzonen des Tuches entsprechend dunkler als in den hellen Teilen geworden sind.

Tiere

Die Wiedergabe der Grazie und Beweglichkeit eines Tieres, gerade eines sich bewegenden Tieres, gehört zu den Erfahrungen, die ein Künstler machen kann.

Tiere zu malen erfordert nicht ein Lehrbuchwissen über Anatomie. Beobachtungsgabe, Sensibilität und eine Grundkenntnis von Form und Struktur genügen. Sie sollten in Büchern und Zeitschriften nach Motiven stöbern und sie studieren. Man sollte nicht von den Photos abmalen, da sie Formen verflachen und Details reduzieren. Von Photos abgemalte Bilder lassen Bewegung vermissen. Haben Sie ein Haustier? Dann verfügen Sie über endlose Möglichkeiten zu skizzieren und zu malen. Falls nicht, gehen Sie in einen Zoo, wo Sie die charakteristischen Bewegungen einer großen Zahl von Tieren beobachten können.

Selbst wenn sich die Tiere bewegen, werden Sie bald feststellen, daß die meisten dazu neigen, bestimmte Bewegungsabläufe ständig zu wiederholen. Eine gute Taktik ist es darum, an mehreren Skizzen gleichzeitig zu arbeiten und immer wieder von einer zur anderen zu gehen, sobald das beobachtete Tier bestimmte Positionen verändert und wieder einnimmt. Das mag zunächst etwas frustrierend sein, aber allmählich werden Ihre Reflexe schneller, und Sie werden lernen, wie man den wesentlichen Charakter eines Tieres einfängt. Machen Sie zusätzlich Studien von ausgestopften Tieren in einem Naturkundemuseum. Das gibt Ihnen die Gelegenheit, die faszinierende Zeichnung und Färbung aus nächster Nähe zu studieren.

Einer der häufigsten Fehler von Tierbildern ist der, daß das Tier auf der Bildfläche „klebt" oder mittendrin schwebt. Um das zu vermeiden, sollte man zuerst die Farbe und die Tonwerte des Hintergrundes festlegen und den Hintergrund dann über die Umrisse des Tieres hinaus vorgeben. Es ist immer einfacher, das Motiv in einen Hintergrund einzubauen als umgekehrt. Eine andere Möglichkeit, den „Ausschneideeffekt" zu umgehen, ist die Kombination harter und weicher Umrißlinien. Wo die Form des Tieres im Schatten liegen soll, muß die Umrißlinie „verloren" oder verschwommen sein. Dort, wo das Licht auftreffen soll, muß die Linie scharf geführt werden. Diese Verbindung von harten und weichen Linien läßt das Tiermotiv natürlich in seine Umgebung verschmolzen aussehen.

Behalten Sie außerdem im Kopf, daß zu viele Details die

Wiedergabe des Tieres einfrieren können und es steif aussehen lassen. Um Leben und Bewegung wiederzugeben, sollte man nur die wesentlichen Züge des Tieres genau herausarbeiten, die anderen aber nur skizzenhaft darstellen. Das gibt Ihrem Bild zusätzliche Ausdruckskraft und läßt auch noch etwas für die Vorstellungskraft des Betrachters übrig.

Federn

Bei den meisten Vögeln sind die Flügel- und Schwanzfedern glatt geformt. Die Federn im Nacken und an der Kehle sind flaumig. Beginnen Sie mit einer hellen Untermalung. Malen Sie die Musterung der Hauptfedern in der Naß-auf-Trocken-Technik. Die weichen, flaumigen Federn sollten zuletzt mit leichten, dämpfenden Farben eingetragen werden.

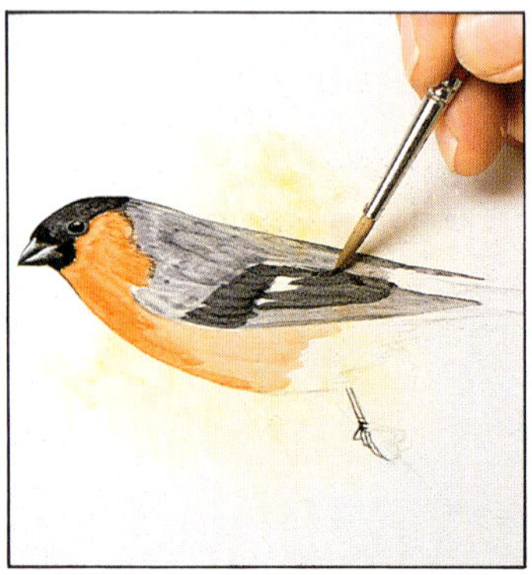

Federn • Gouache
1. Sind die Lavierungen der Grundfarbe trocken, beginnen Sie mit den Details des Gefieders, indem Sie Farbe und Textur aufbauen. Der Künstler hat mit einem sehr trockenen Pinselstrich gearbeitet und mit gelegentlichen Akzenten frischer Farbe, um Veränderungen im Farbton anzuzeigen und um dem Bild Vitalität zu verleihen.

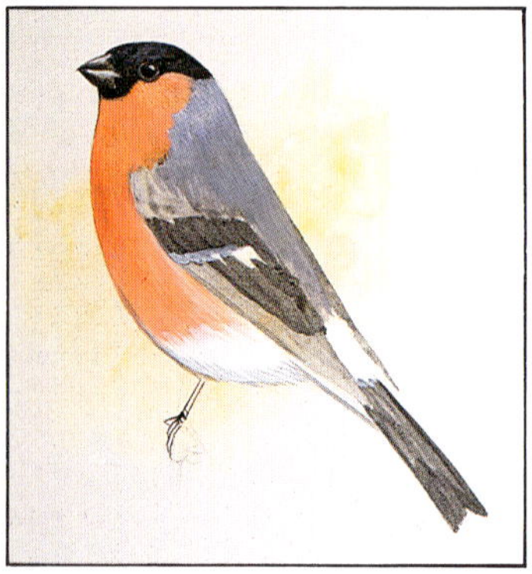

2. Die Farben der Brustfedern sind in Karmin- und Kadmiumrot hinzugefügt. Die Rückenfedern werden in Grautönen aufgebaut.

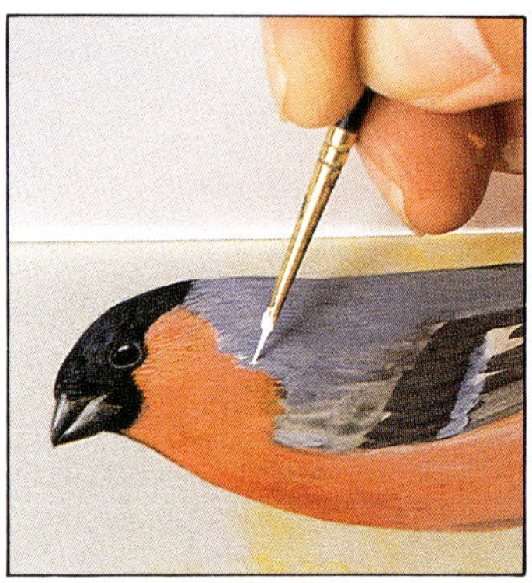

3. Strich um Strich schafft der Künstler die feine Textur der Rückenfedern. Lichthöhungen sind mit weißer Farbe eingelegt worden. Hier fügt der Maler mit einem Marderhaarpinsel Nr. 0 dunklere Töne ein.

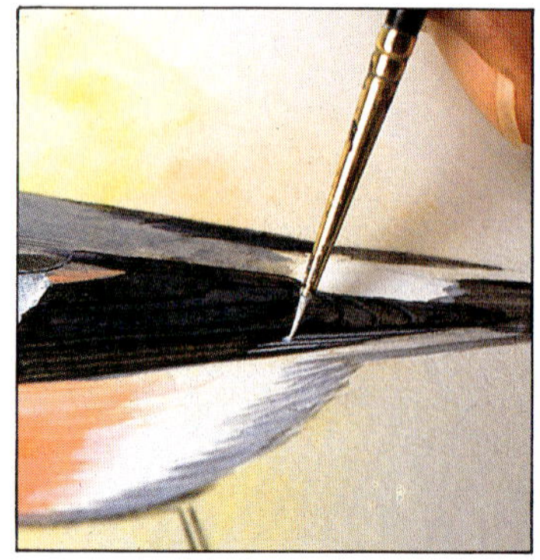

4. Mit einem Marderhaarpinsel sehr kleiner Größe werden feine, parallele Striche in trockener, unverdünnter Farbe gezogen, um dem Gefieder den letzten Schliff zu geben. Für die Textur der Federn ist diese schraffierende Technik besonders gut geeignet.

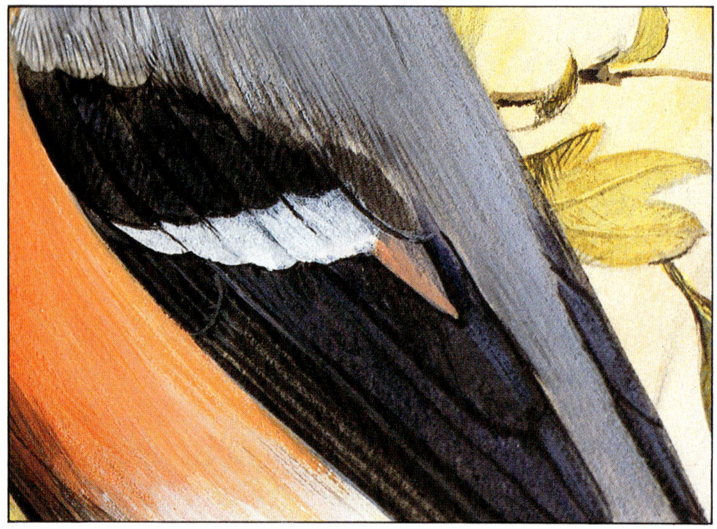

5. Dieses Detail zeigt die große Skala an Farbtönen und die sorgfältige Schraffur und Kreuzschraffur der Striche.

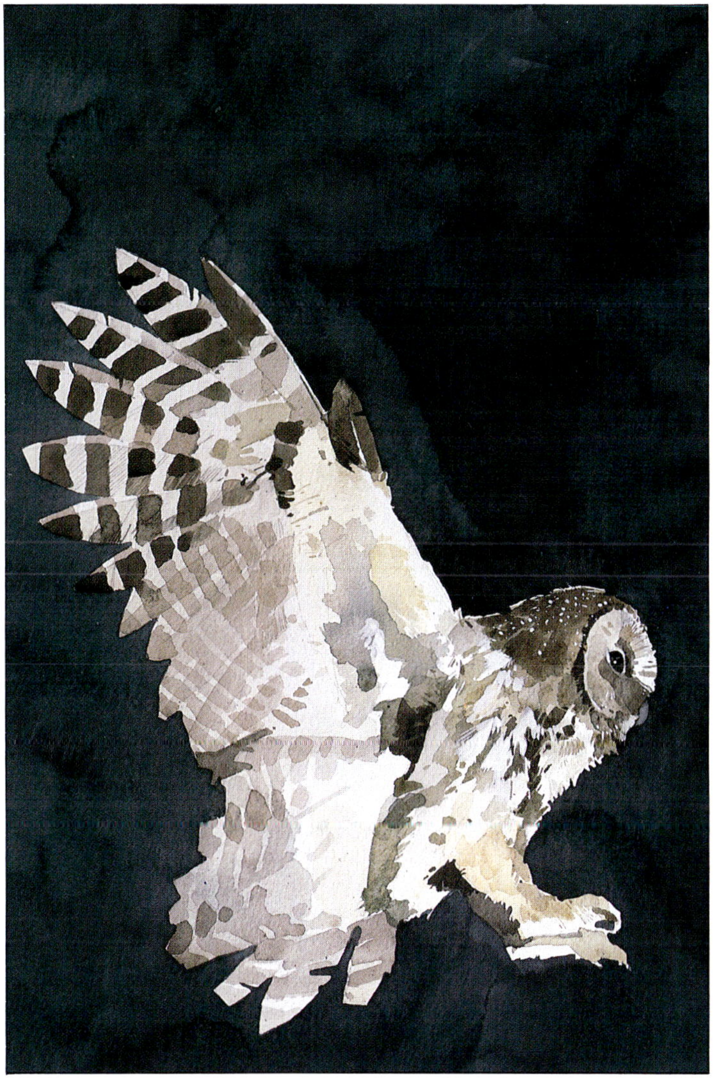

Federn • Aquarell
In dieser dramatischen Studie einer Eule im Flug hat der Maler sehr locker gesetzte Pinselstriche benutzt, die nicht nur die Textur der Federn wiedergeben, sondern auch den Eindruck des Fliegens gut darstellen. Aus einleuchtenden Gründen ist das Studium frei fliegender Vögel schwer. Aber auch von einem Photo abzumalen, ist nicht immer zufriedenstellend. In diesem besonderen Fall gab allerdings ein Photo hoher Qualität die Komposition vor. Der Künstler machte jedoch zuvor auch Studien nach ausgestopften Eulen, so daß er die Färbung und Anordnung der Federn genau wiedergeben konnte.

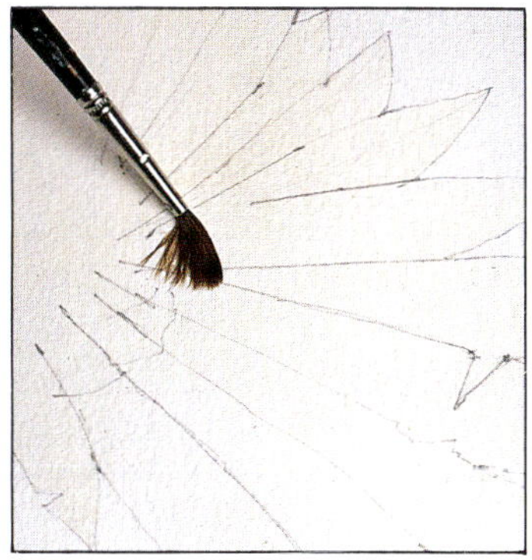

1. Die Abbildung zeigt ein Detail der Schwanzfedern. Der Künstler beginnt mit einer ziemlich genauen Umrißzeichnung des Vogels und legt dann mit einem Marderhaarpinsel Nr. 4 die hellsten Töne der Schwanzfedern in einer sehr hellen Lavierung von lichter Ocker an.

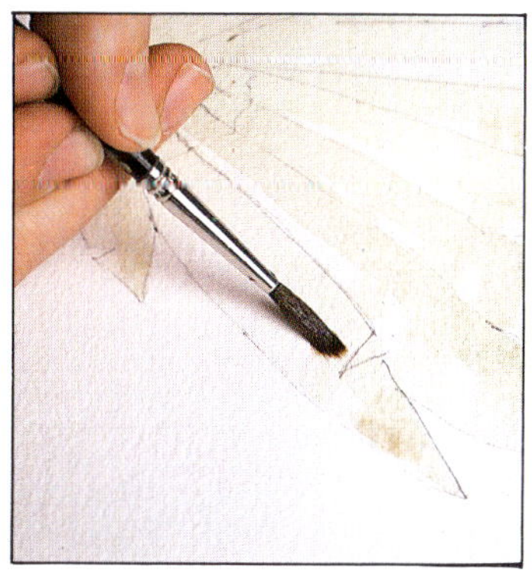

2. Nach Trocknung der ersten Lavierung beginnt der Künstler, die Zeichnung der Federn in einem mittleren Ton von Siena gebrannt und Umbra natur anzulegen.

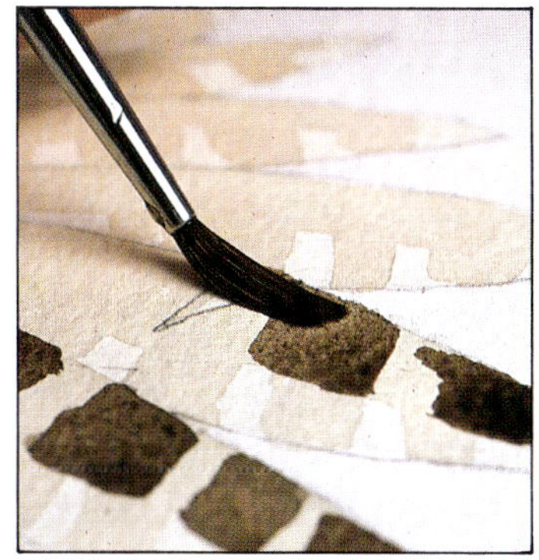

3. Mit einer dunklen Mischung von Siena gebrannt und Elfenbeinschwarz werden nun die dunkelsten Tonwerte eingefügt.

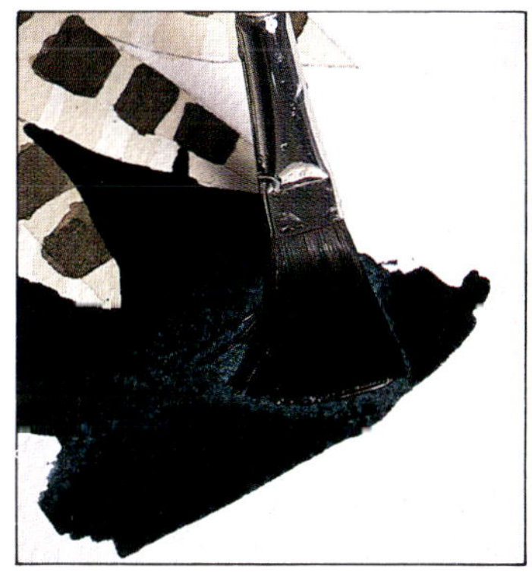

4. Die Dramatik des Bildes beruht auf der hellen, klaren Form der Eule gegen den tiefschwarzen Himmel. Der Künstler legt gerade den dunklen Hintergrund mit einer sehr gesättigten Lavierung von Paynesgrau an. Vorsichtig umgeht er die genauen Formen der Federn mit einem Marderhaarpinsel Nr. 2. Sobald er weit genug von den Federn entfernt ist, nimmt er einen circa 2 cm breiten Flachpinsel, um den Hintergrund abzuschließen.

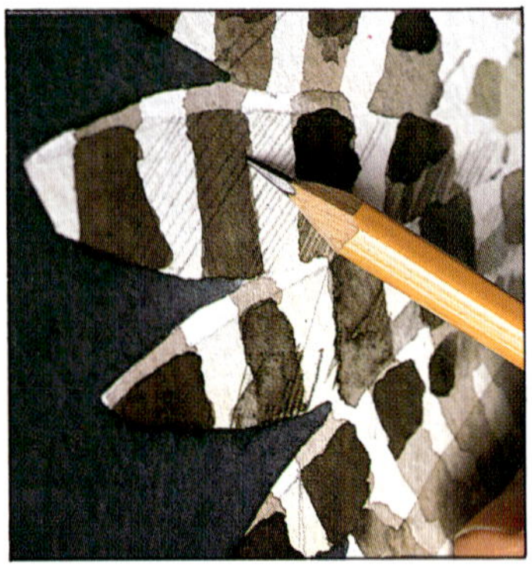

5. Zum Abschluß gibt der Künstler den Federn mit schraffierten Linien eines scharfen HB-Bleistiftes noch etwas mehr Struktur.

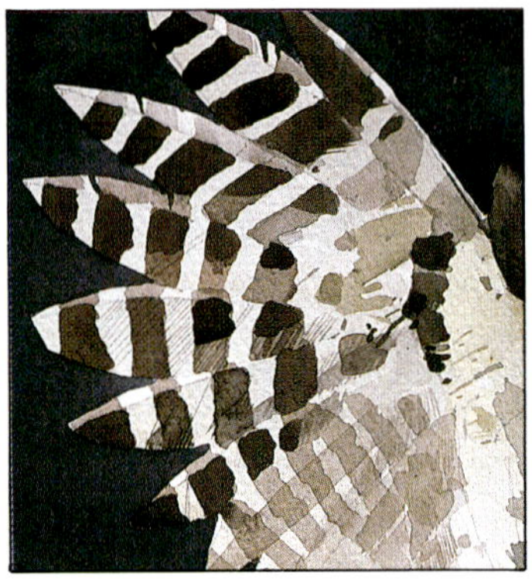

6. Die Nahaufnahme des Hauptflügels zeigt, wie die Muster und Formen aufgebaut wurden, angefangen mit den hellsten Tönen bis zu den Dunkelheiten in der Lasiertechnik. Der Vorgang ist einfach, aber sehr genau und wirkungsvoll.

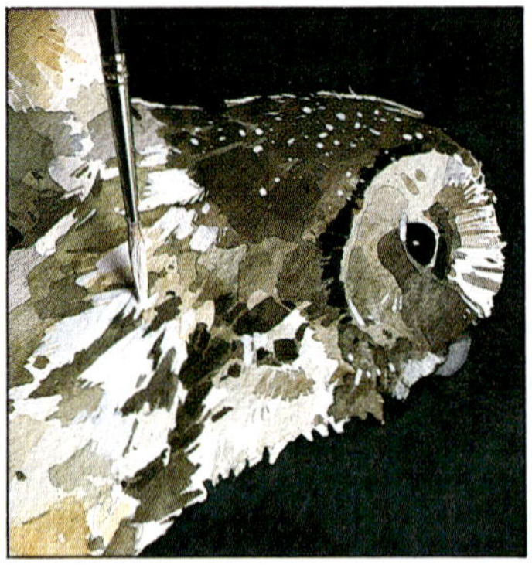

7. Die Federn des Nackens und der Unterseite haben eine ganz andere Beschaffenheit als die genau definierten Schwanzfedern. Um ihre dicke, flaumige Textur wiederzugeben, legt der Künstler erst verschiedene Töne mit überlagernden Strichen in Paynesgrau, Elfenbeinschwarz und Kadmiumgelb hell an. Sobald diese trocken sind, wird weiße Gouache mit schnellen Pinselstrichen darübergelegt, um die dunklen Federn teilweise zu überdecken. Dieser halbdeckende Auftrag hat den Sinn, die Federn etwas abzudämpfen. Zum Schluß wird weiße Gouachefarbe leicht über den oberen Teil des Eulenkopfes gespritzt, um die charakteristische Zeichnung wiederzugeben. (Das übrige Blatt wurde sorgfältig mit Zeitungspapier abgedeckt, um es vor Farbspritzern zu schützen.)

Fell

Tierfelle gibt es, wie auch das menschliche Haar, in einer breiten Vielfalt von Texturen und Formen. Wie Sie diese wiedergeben, hängt von dem Tier ab, das Sie malen, von dem Medium, mit dem Sie arbeiten, und ob das Tier aus der Nähe oder aus der Ferne gesehen wird. Nachfolgend finden Sie einige Beispiele für passende Techniken. Zuerst sollten Sie immer mit dem Umriß des Tieres anfangen, dann Licht und Schatten auf seinem Körper andeuten und erst zuletzt der Fellzeichnung und den einzelnen Formen Aufmerksamkeit schenken.

Glänzendes Fell
Für Tiere mit einem glänzenden Fell nehmen Sie am besten die Naß-in-Naß-Technik. Beobachten Sie die Licht- und Schattenverteilung genau und malen Sie dann mit schnellen, flüssigen Strichen, um den Glanz des Fells zu betonen.

Zottiges, struppiges Fell
Für Tiere mit einem zottigen oder struppigen Fell verwenden Sie Pinselstriche dämpfender Farbe oder gehen mit einem Borstenpinsel und deckender Farbe mit vermalten Farbaufträgen über die Partie.
Eine oft in Aquarell- und Gouachemalerei benutzte Methode ist die Anlage der Farben und Tonwerte des Fells mit Lavierungen. Nach der Trocknung nehmen Sie die Spitze eines feinen Pinsels und zeichnen feine Linien ein, die der natürlichen Fellstruktur folgen. Mit dieser Technik können Sie sehr schön Felle von Hunden und Füchsen wiedergeben.

Samtiges Fell
Einige Tiere, Pferde, Kühe, Rotwild und glatthaarige Hunderassen, haben kurzes, glattes und samtiges Fell. Die Muskeln unter dem Fell sind viel sichtbarer als bei langhaarigen Tieren. Daher muß besonderer Wert auf die sanfte Modellierung der Farbtöne gelegt werden.
Sie könnten zunächst die Form mit einigen wässrigen Lavierungen wiedergeben und dann die Lage des Fells mit sehr kurzen Strichen eines spitzen Pinsels andeuten.

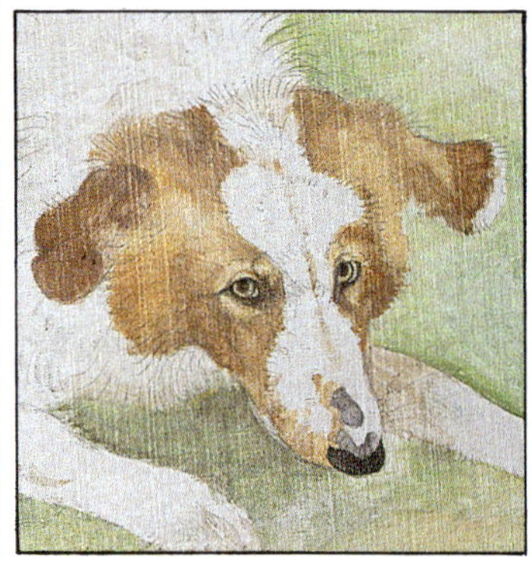

Fell • Öl
1. Mit mehreren Lagen dünner Farbschichten wurden Form und Farbe aufgebaut. Die Details der Haare wurden dann mit einem feinen Pinsel eingetragen.

2. Mit einem Marderhaarpinsel Nr. 0 wurden weiße Haare eingefügt. Jedes einzelne Haar wurde langsam und genau gemalt.

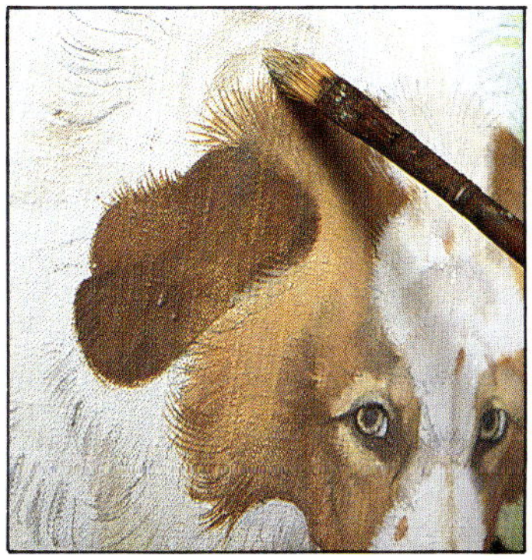

3. Die Bleistiftmarkierungen der Vorzeichnung geben die Falten des Fleisches und die Richtung der Fellhaare an. In dem fertigen Bild wurden die Bleistiftstriche verstärkt. Mit Weiß wurde das Fell gegen den Hintergrund abgehoben.

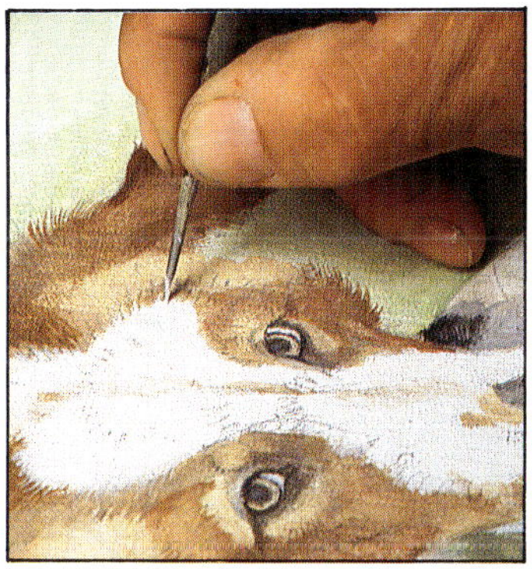

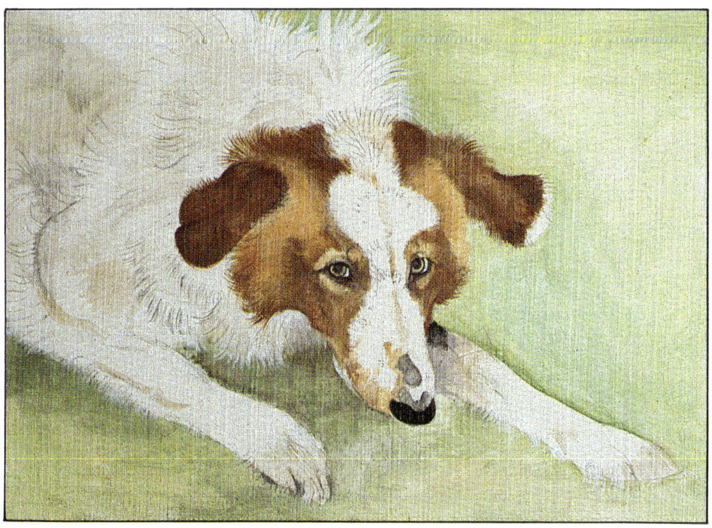

Das fertige Bild

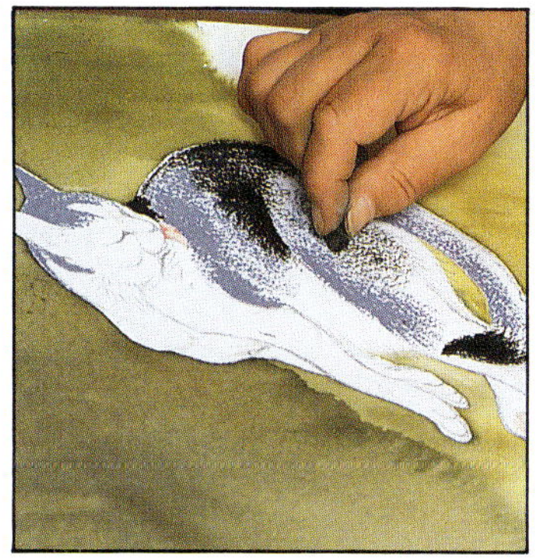

Fell • Pastell

1. Der Hintergrund ist in einer Aquarellavierung angelegt worden, weil man darüber einfacher malen kann als über eine Pastellschicht. Mit grauer und schwarzer Pastellfarbe wurde das Fell wiedergegeben. Das ergibt eine körnigere Struktur als mit der Spitze des Stiftes. Die weiche, aber dichte Farbgebung ist für die Textur des Fells genau richtig.

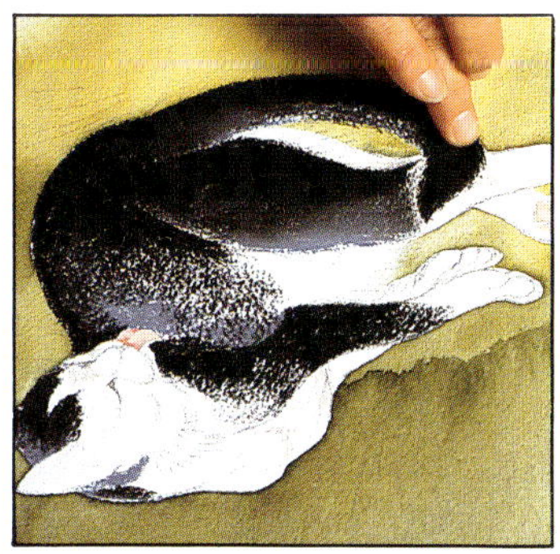

2. Zur Verstärkung der Farbdichte vermalt die Künstlerin die schwarzen und grauen Pastellfarben in die Körnung des Papiers.

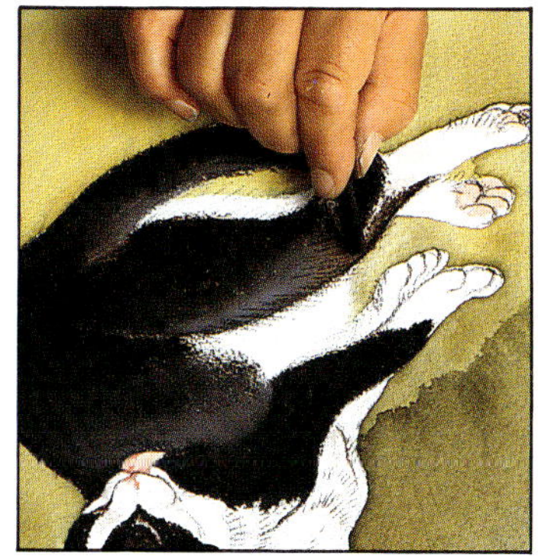

3. Die feinen schwarzen Haare werden mit schwarzem Pastellstift einzeln eingefügt. Um eine scharfe Kante zu erhalten, wurde der Stift in der Mitte durchgebrochen.

Fell • Aquarell

1. In kurzen Bleistiftschraffuren wurde das Fell weich umrissen. Dann wurde eine helle Lavierung darübergemalt. Nachdem die Details der Tierhaare gezeichnet worden sind, konzentriert sich der Künstler auf den Kopf des Tieres. Die Farben werden auf dem nassen Papier aufgetragen, damit sie sich weich vermalen lassen.

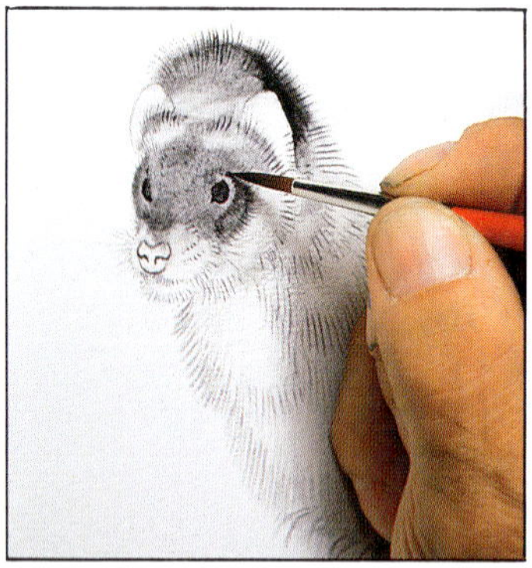

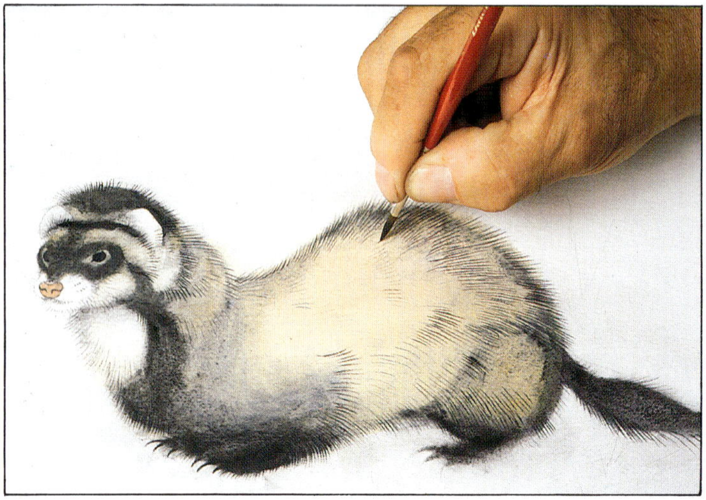

2. Nachdem das Blatt mit einem Fön getrocknet worden ist, wird die Körperfarbe eingetragen. Eine helle Mischung aus Kadmiumgelb, Kadmiumrot und Weiß wird in einer dünnen Lavierung aufgelegt. Da, wo Schatten eingesetzt werden sollen, werden schwarze Lavierungen zugefügt.
Denken Sie daran, daß Sie die Grenzlinien einer Lavierung mit einem Pinsel voll Wasser auflösen können.

Tigerfell • Aquarell
Sie sehen eine Kombination mehrerer Lavierungen und zeichnerischer Arbeit.

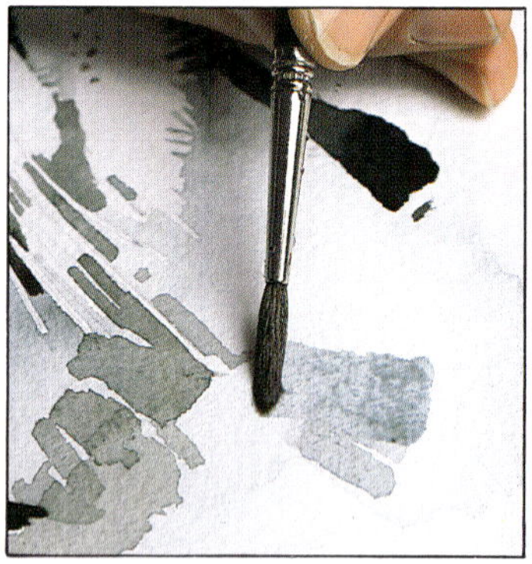

1. Auf Aquarellpapier trägt der Künstler die mittleren Töne des Fells mit einem Pinsel Nr. 4 und verschiedenen Mischungen aus Paynesgrau, Elfenbeinschwarz und Siena gebrannt ein. Die hellen Haare bestehen aus offenen Papierstellen.

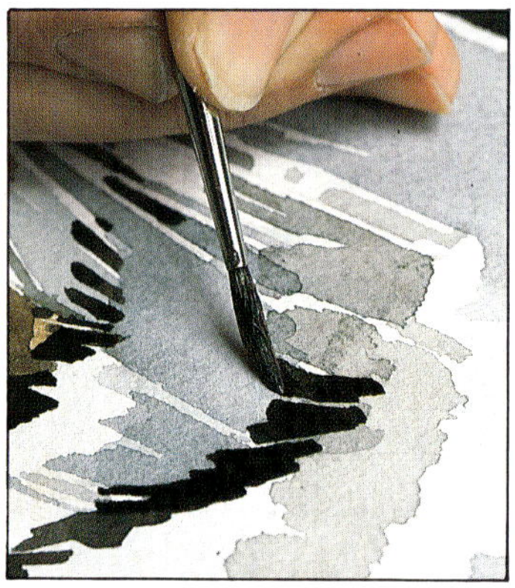

2. Getrocknet, werden schwarze Streifen mit einer deckenden Mischung von Elfenbeinschwarz und Siena gebrannt zugefügt. Wieder werden negative, weiß ausgesparte Formen stehen gelassen.

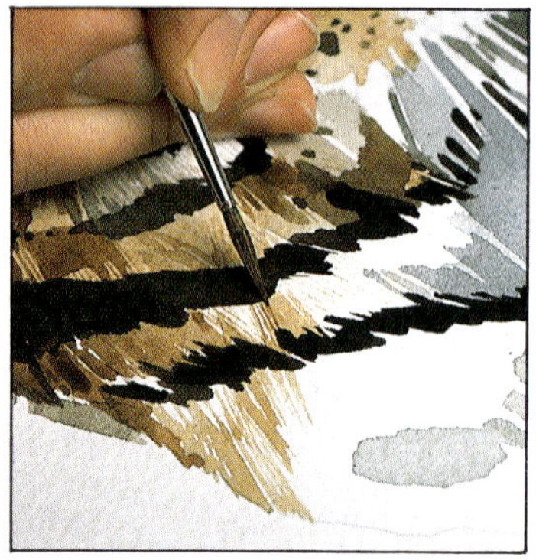

3. Getrocknet, wird das goldgelbe Fell gemalt. Der Künstler legt zuerst einen hellen Ton in Siena gebrannt an und läßt weiße Stellen für die hellen Haare offen und trocknen. Mit einem spitz zugeformten Pinsel Nr. 2 wird mit langen Strichen einer Mischung aus Siena gebrannt und Elfenbeinschwarz die Struktur einzelner Haare über die getrocknete Untermalung gelegt.

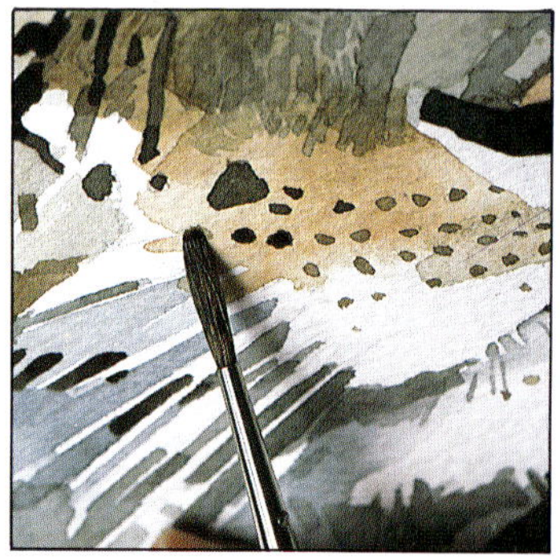

4. Kleine Punkte oder „Schnurrbartlöcher“ werden in einer Mischung aus Elfenbeinschwarz und Siena gebrannt auf die Tigerschnauze gemalt. Jetzt können Sie sehen, wie die weiß ausgesparten Stellen als Schnurrbarthaare erscheinen.

5. Die Haare auf der Nase eines Tigers sind sehr fein, so daß das Herausarbeiten einzelner Haare nicht nötig ist. Die Nasenbrücke wird mit leichten Lavierungen in verschiedenen Abstufungen von Paynesgrau naß auf trocken lasiert. Zum Schluß wird die Nasenspitze mit einer hellen Lavierung von Krapplack und Madderbraun abgerundet.

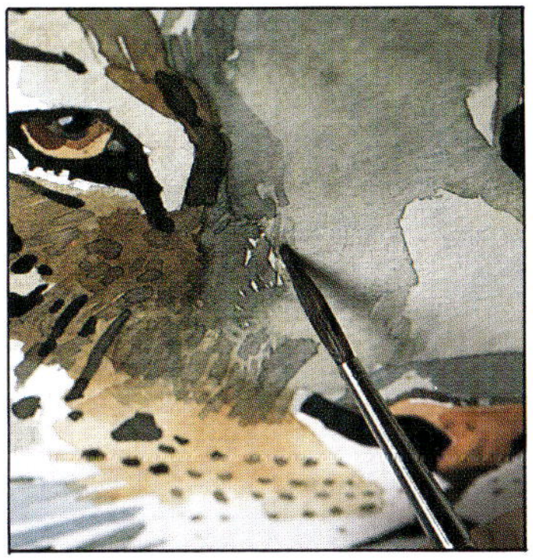

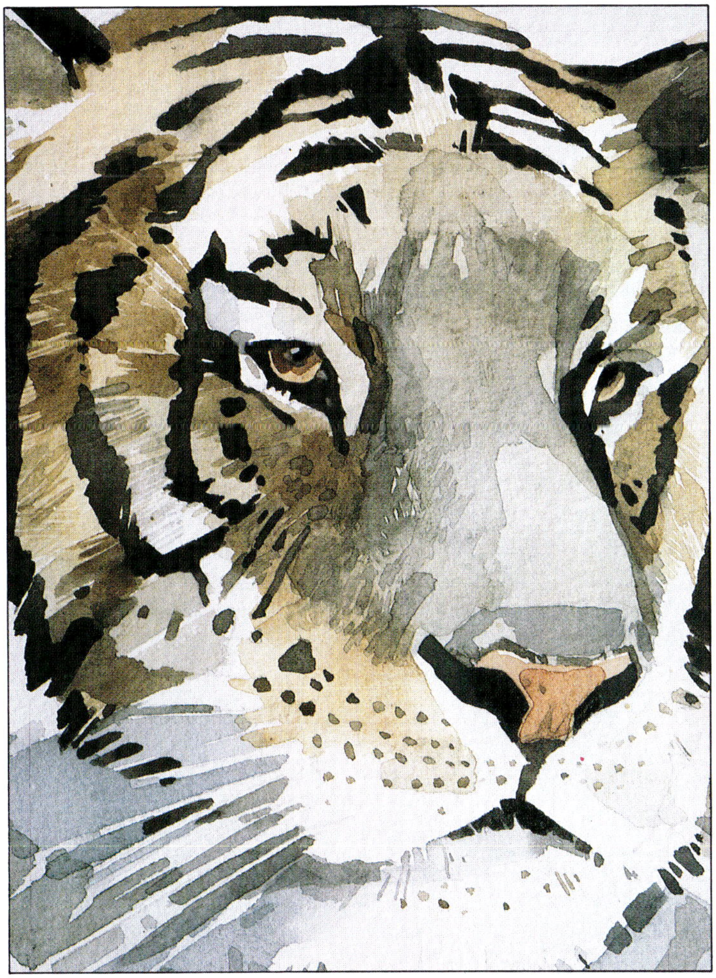

Das fertige Bild

Augen

Die Darstellung der Augen von Tieren erfordert besondere Aufmerksamkeit, da sie den Ausdruck des Tieres bestimmen. Bei Raubvögeln z. B. besitzen die Augen einen harten, beobachtenden und gebieterischen Zug, der durch harte, scharf gezogene Umrißlinien betont werden sollte.
Vergleichen Sie diese Eigenschaft mit dem weichen, verletzlichen Aussehen junger Tiere und nichträuberischer Arten, wie Pferden, Kühen und Rotwild. Helle Farben und eine weich übergehende Technik geben am besten den feuchten Ausdruck dieser Augen wieder.
Tieraugen haben eine ausgesprochen runde Form, und ihre Oberfläche ist glasig und stark reflektierend. Mit dünnen Farblasuren fangen Sie am besten die feinen Nuancen von Licht und Schatten ein, die den Augen ihre Tiefe und Plastizität verleihen. Achten Sie auch auf die Formen der Lichter und Schatten, die der konvexen Kontur des Augapfels folgen.

Augen • Aquarell
Die Transparenz der Aquarellfarbe kann ein ausgezeichnetes Mittel sein, die feinen Farbnuancen wiederzugeben, die den Augen Tiefe und Plastizität geben.

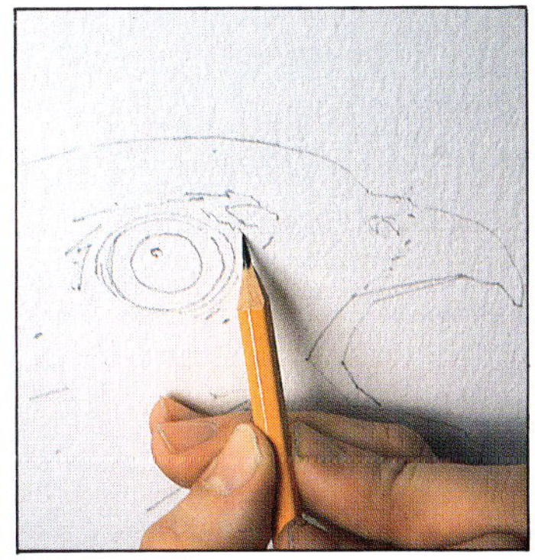

1. Auf einem aufgezogenen schweren Aquarellpapier skizziert der Künstler mit einem HB-Bleistift die Umrißlinien des Auges ein.

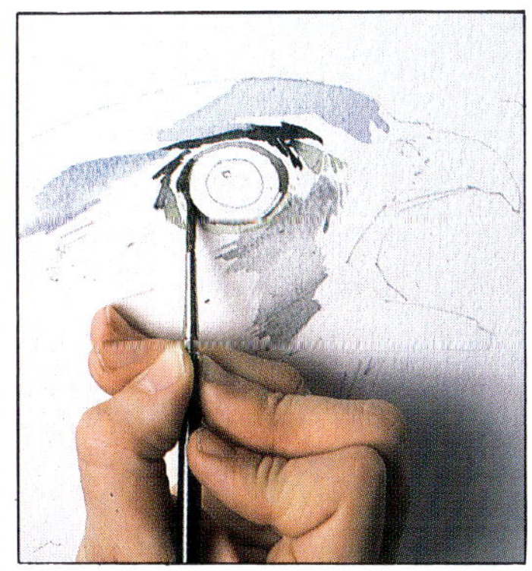

2. Der Künstler malt zunächst die Stellen um das Auge mit hellen Lavierungen von Paynesgrau und Kobaltblau, mit lichter Ocker gemischt. Mit einem Marderhaarpinsel Nr. 2 zieht er dann den äußeren Rand des Auges mit Elfenbeinschwarz.

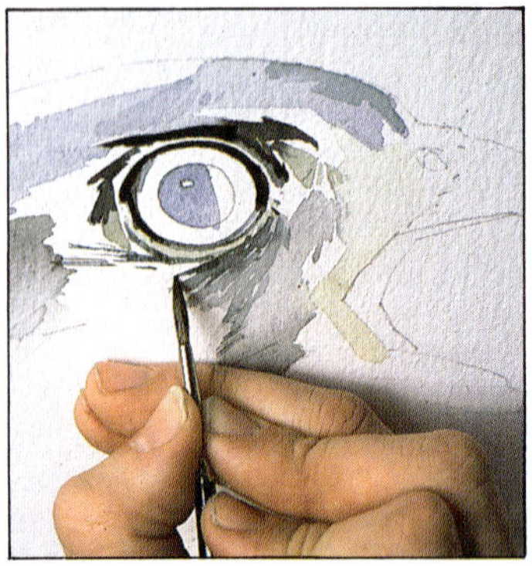

3. Die das Auge umgebenden Federn werden dann mit Lavierungen von Kobaltblau und lichter Ocker aufgebaut. Die Pupille des Auges wird anschließend mit Kobaltblau gemalt. Ein kleiner weißer Fleck wird für das hellste Licht auf dem Papier stehengelassen.

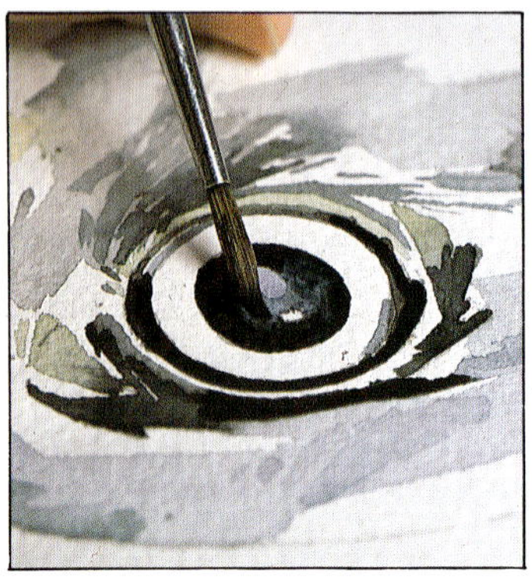

5. Wenn die Pupille vollkommen trocken ist, legt der Künstler die Iris in einer Mischung von Madderbraun und Kadmiumorange an. Lassen Sie diese Schicht vor der nächsten Lasur gründlich trocknen.

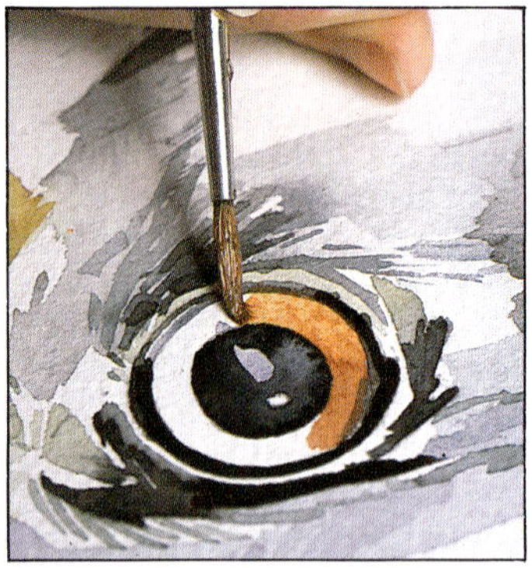

4. Das Dunkle der Pupille wird mit mehreren Lasuren von Kobaltblau und Paynesgrau langsam aufgebaut. Da die Lasuren durchscheinend sind, erhält die Farbe eine Tiefe, die das Gläserne des Vogelauges gut zum Ausdruck bringt.

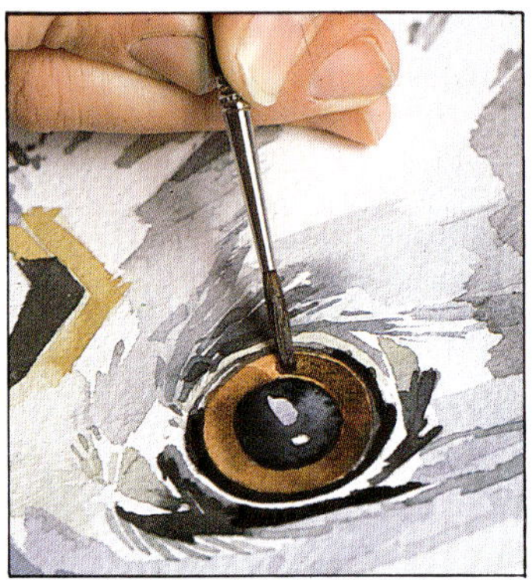

6. Das Auge wird über der Iris mit einer Schattenlavierung in einer Mischung von Siena gebrannt und Kadmiumorange abgeschlossen. Beachten Sie in diesem Ausschnitt, wie man eine Verbindung von harten und weichen Linien verwendet. Dadurch wurde vermieden, daß das Auge zu statisch aussieht. Der langsame Aufbau mit Lavierungen hilft, die konvexe Kontur des Augapfels zu schaffen.

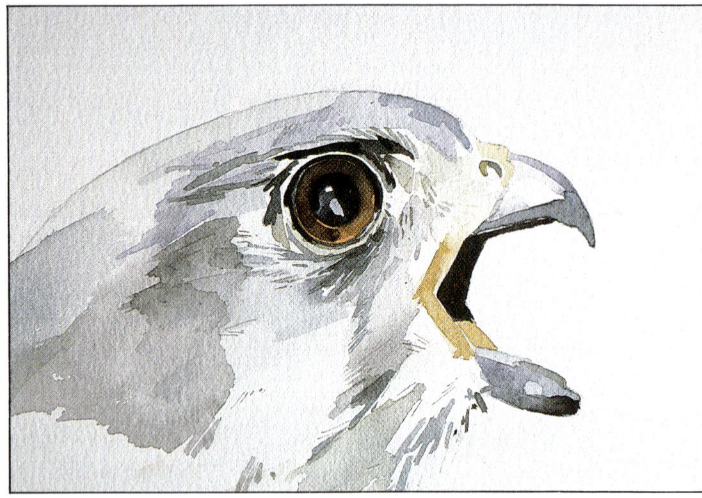

7. Das ganz sauber und scharf eingesetzte helle Licht zeigt, daß dieser Vogel sehr wohl zu den räubernden Arten gehört.

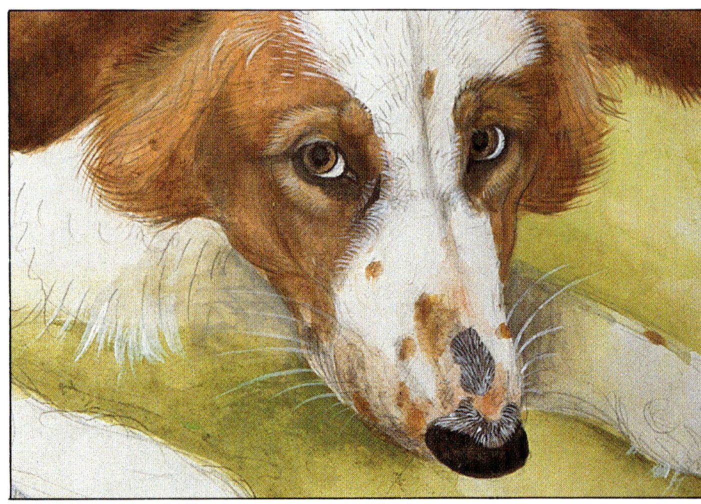

Augen von Hunden
Mit einem sehr feinen Marderhaarpinsel Nr. 0 wurden die Augen in Schichten der gleichen Farbe gemalt, um mit der Farbe eine Tiefe aufzubauen. Jede Schicht wurde gründlich trocknen gelassen, bevor die nächste angelegt wurde. Die Farbe wurde ganz dünn aufgetragen, um einen weichen Ausdruck zu erzielen. Das Papier wurde für das Weiß der Augen an diesen Stellen offen gelassen.

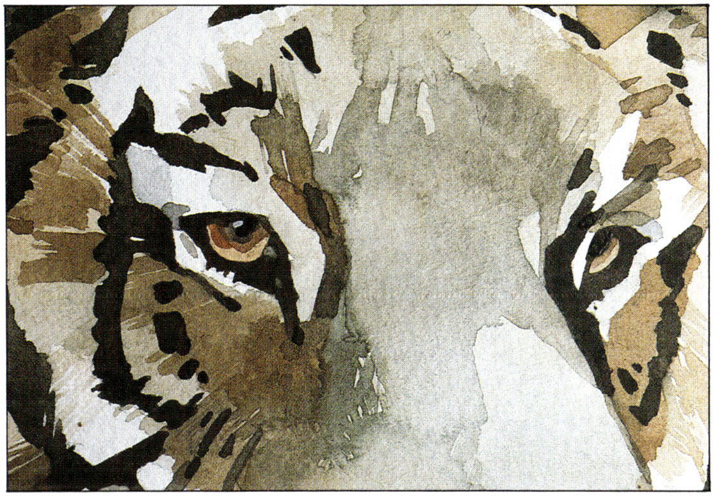

Augen von Tigern
Der Ausdruck ist kühn und fest. Betont wird das durch die kleinen Pupillen und das harte, glitzernde Licht in ihnen.

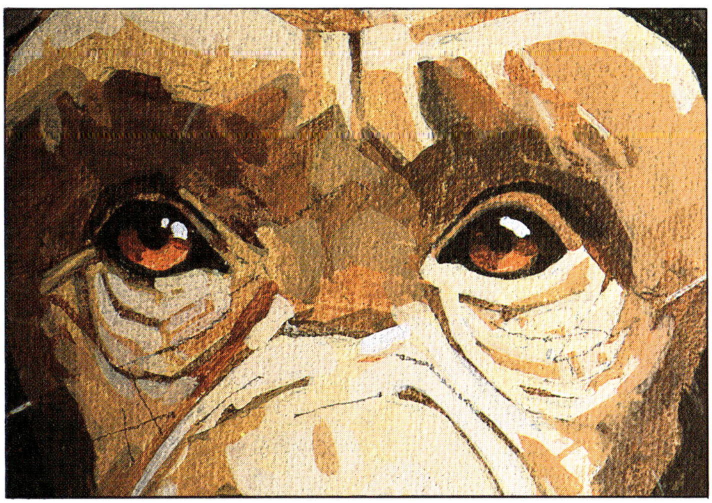

Augen von Schimpansen
Die Augen dieser jungen Schimpansen, einer nicht räubernden Tierart, sind viel weicher. Im Auge selbst ist viel mehr Licht, und der äußere Rand ist weniger scharf gezeichnet.

Fische

Die silbrige, schillernde Haut der Fische macht sie zu einem hervorragenden Motiv für die Malerei. Besonders gut geeignet ist dafür die wässrige, feine Technik der Aquarellfarbe. Um das glänzende, nasse Aussehen der Haut wiederzugeben, sollten Sie mit breiten, lockeren Lavierungen einer hellen Farbe auf naßem Papier arbeiten. Lassen Sie die Farben naß in naß verschwimmen. Während das Papier noch feucht ist, markieren Sie die dunkle Zeichnung des Fisches mit deckender Farbe und lassen die Farbstriche weich mit der unterliegenden Lavierung verschwimmen. Versuchen Sie nicht, jeden Strich auf der Haut des Fisches wiederzugeben. Das ergibt ein zu festes und steifes Aussehen und zerstört die im wesentlichen schillernde Erscheinung des Tieres. Deuten Sie mit einem kleinen, gut geformten Pinsel lediglich die sich überlappenden Striche entlang des Rückens an. Nach Trocknung der Markierungen legen Sie eine abschließende, dünne Farblavierung über den Körper des Fischs. Das schafft einen transparenten Effekt, da die dunkle Zeichnung durch die abschließende Farbschicht scheint.

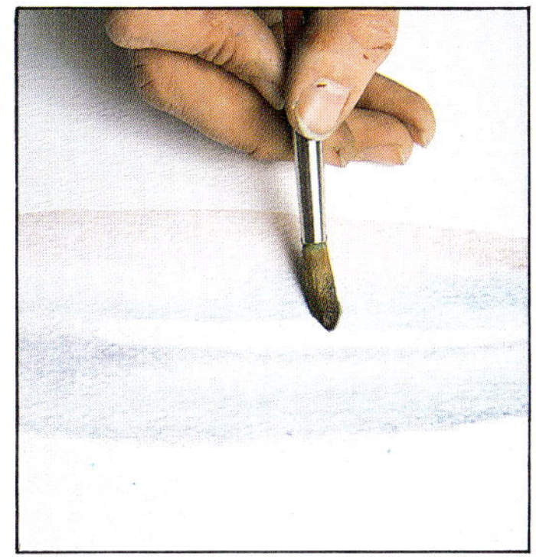

1. Auf einem aufgezogenen Papier legt der Künstler die Form des Fisches an. Zuerst befeuchtet er die Fläche und legt dann mit einem runden Marderhaarpinsel Nr. 10 helle Lavierungen in Paynesgrau, Türkis und Kadmiumrot an. Sie sollten die Form nicht mit dem Bleistift vorzeichnen, da das die Spontaneität der nachfolgenden Farblavierungen stören kann. Eine Umrißform sollte immer so locker angelegt sein, daß sie während des Malprozesses leicht verändert werden kann.

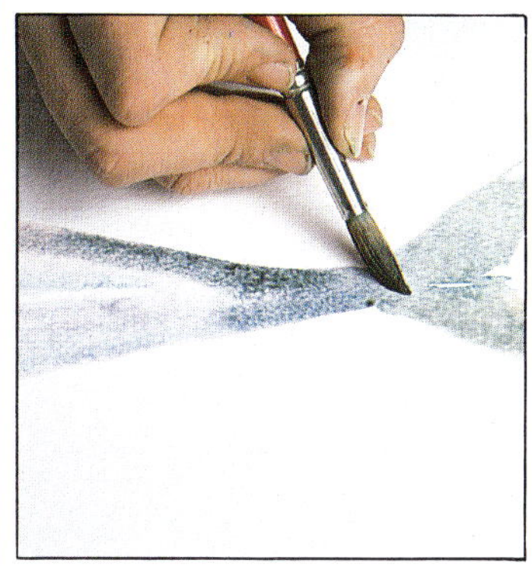

2. Die Form des Schwanzes wird mit Paynesgrau gemalt. Gummiarabicum gibt der Farbe einen leichten Schimmer, der das glänzende, schillernde Aussehen der Fischhaut gut wiedergibt.

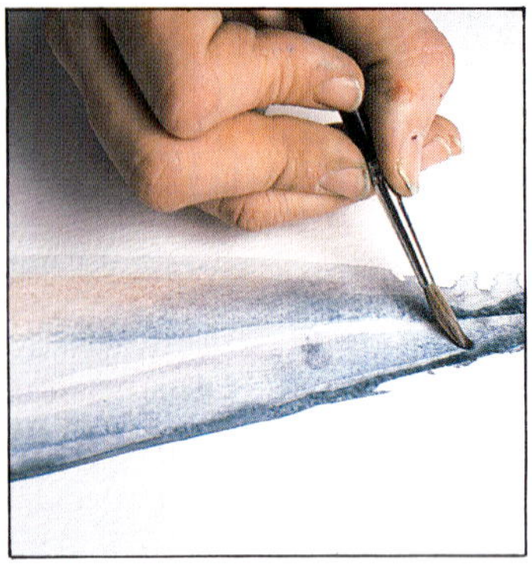

3. Mit einem Pinsel Nr. 4 malt der Künstler den Kopf und das Rückgrat des Fisches mit einer dunkleren Lavierung von Paynesgrau. Beachten Sie die unterbrochene Linienführung, die dem Bild Bewegung verleiht. Eine vollkommen gerade Linie würde zu statisch aussehen.

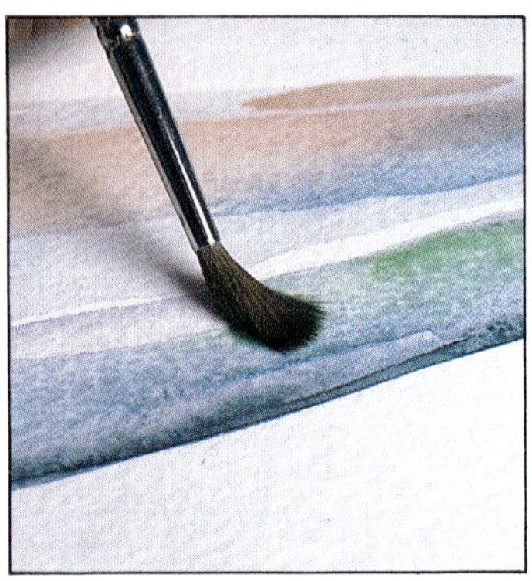

4. Nachdem die vorhergehenden Farben leicht angetrocknet sind, werden weitere Farben hinzugenommen: Saftgrün, Türkis und Madderbraun werden naß in naß vermalt.

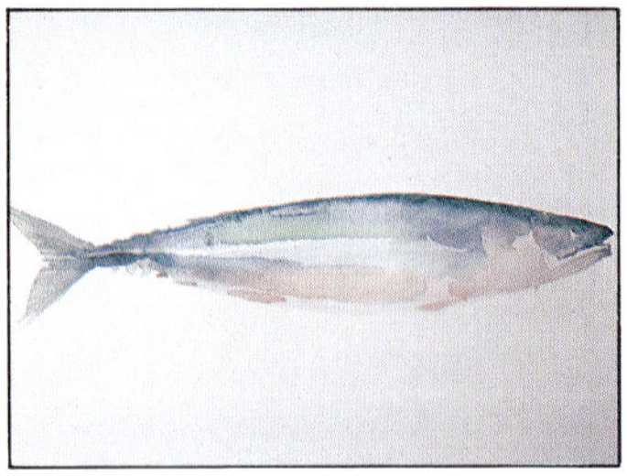

5. In diesem Stadium können Sie sehen, wie die Form des Fisches durch die nassen Lavierungen geschaffen wurde. An einigen Stellen wurden die Farben mit einem sauberen, nassen Pinsel ausgewaschen, um den weichen Glanz der Fischhaut zu betonen.

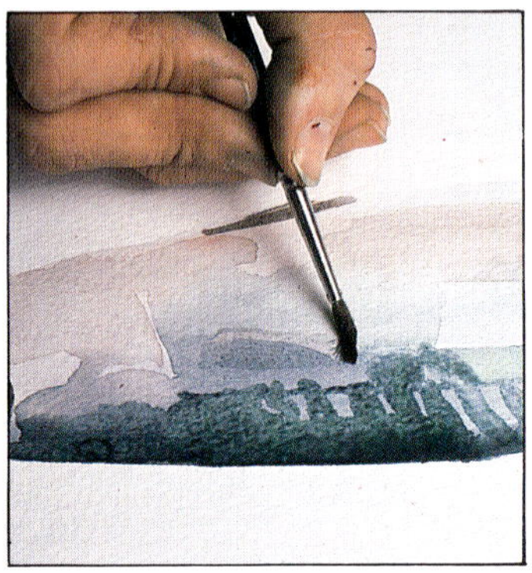

6. Wenn die Lavierungen fast trocken sind, zeichnet der Künstler mit einem Marderhaarpinsel Nr. 4 das gefleckte Muster auf dem Rücken in einer dunklen, deckenden Mischung von Paynesgrau und Saftgrün ein. Die untere Grenzlinie der Textur wird mit einem sauberen Pinsel und klarem Wasser überfahren, um sie mit dem Körper des Fisches zu verschmelzen.

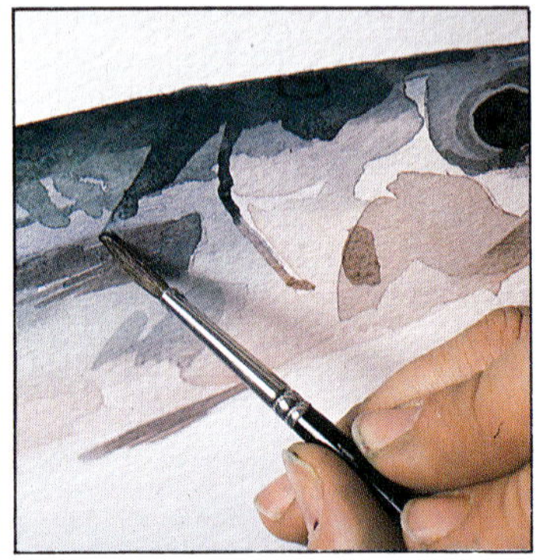

7. Das Maul und das Auge des Fisches werden in einer dunklen Mischung von Paynesgrau und Umbra gebrannt gegeben. Die Kiemen werden mit einer hellen Mischung aus Paynesgrau und Saftgrün gemalt. Sie können auch sehen, wo kleine, spontane Striche hier und da über die trockenen Farbschichten aufgetragen wurden, um den Farben Tiefe und Leuchtkraft zu geben.

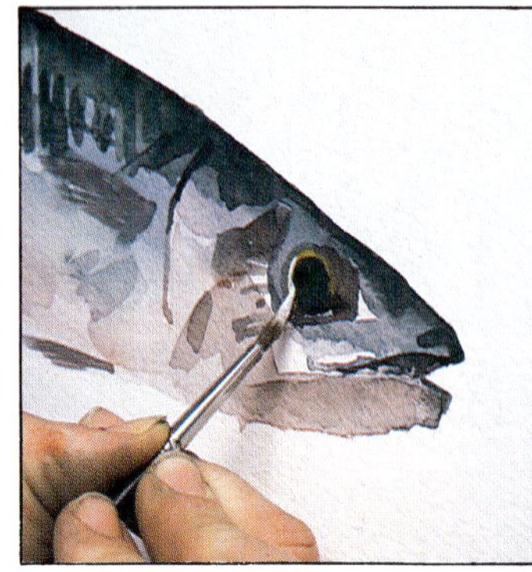

9. In das trockene Bild fügt der Künstler einen letzten Strich ein. Die Lichter im Auge werden mit weißer Farbe eingesetzt.

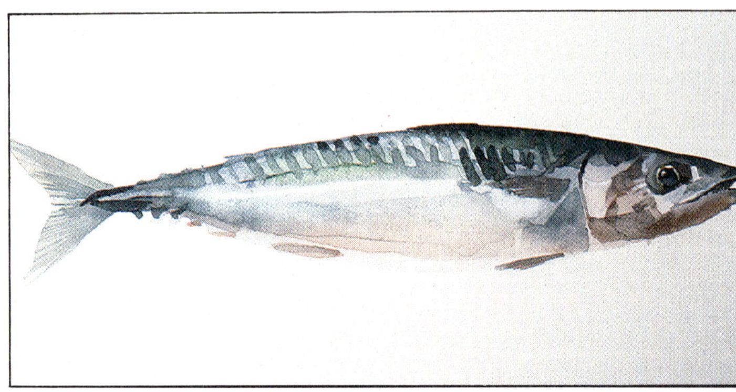

8. Bei der Anlage dieses Bildes hat der Künstler die Flexibilität und Transparenz der Aquarellfarbe voll ausgenutzt. Das fertige Bild fängt das Wesentliche des Motivs sehr gut ein. Die harmonische Balance von lockeren, nassen Lavierungen und dunklen, scharf gezogenen Einzelheiten gibt dem Bild Frische und Vitalität.

Wasser

Fischschuppen

1. Hintergrund mit ungleichmäßiger Lavierung von Echtgelb und Schwarz malen, um den Effekt des gekräuselten Wassers wiederzugeben. Die Fischschuppen werden auf eine verdünnte Lavierung von Kadmiumrot und Kadmiumgelb hell mit einem Pinsel Nr. 0 gemalt.

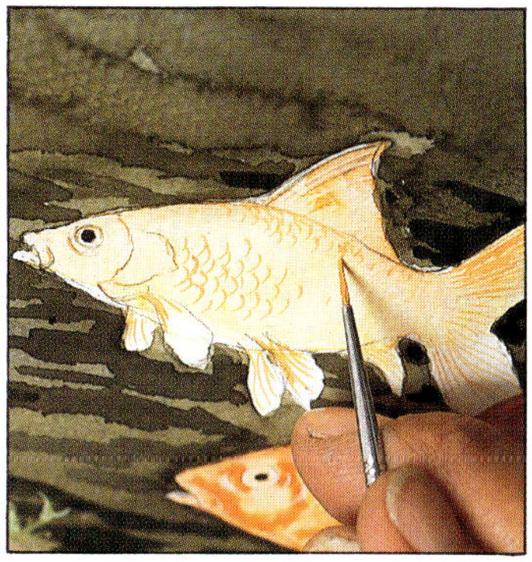

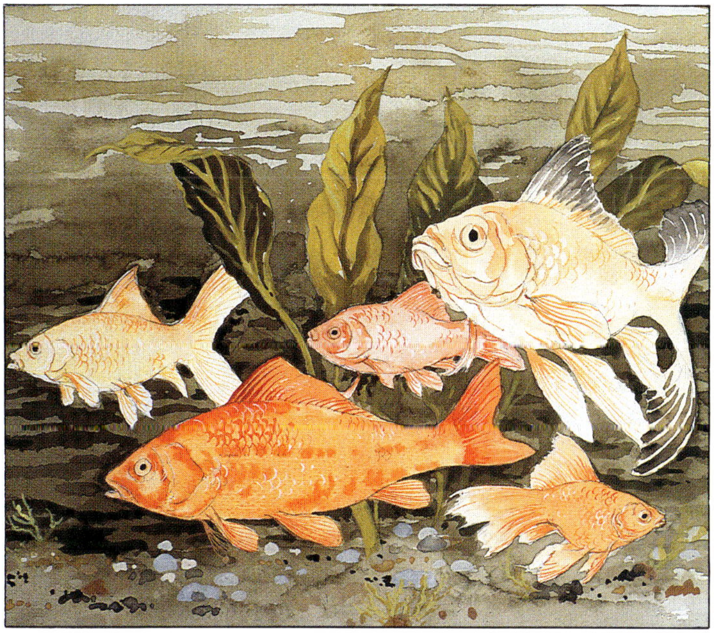

2. Der sanfte Verlauf der Farbtöne wird durch das Vermalen der Farben naß in naß erzielt. Die Farbtöne um die Kiemen und Flossen sind mit Kadmiumrot und Orange verstärkt. Das verleiht dem Fisch ein schillerndes Aussehen.

Wasser ist genau wie der Himmel ein flüchtiges Motiv, das sich ständig verändert. Reißende Wasserströme und rasch dahinziehende Bäche, die sich über Felsen und Wehre stürzen, erzeugen eine dramatische Atmosphäre, die sich bei Wasserfällen, spritzender Gischt und aufschlagenden Wellen noch steigern kann.

Licht und Schatten tauchen auf und verschwinden wieder, die Farben verändern sich andauernd, Wellen brechen und bilden sich wieder neu, bevor man auch nur den Pinsel zur Leinwand führen konnte. Das Hauptproblem besteht in der Tat darin, wie man diese ganzen Aktionen überhaupt auf die Leinwand bringen kann, ohne die Bewegung und Spontaneität „einfrieren" zu lassen, die dieses Thema doch so reizvoll machen. Auf keinen Fall dürfen Sie die Bewegung starr oder mit photographischer Genauigkeit wiedergeben. Geben Sie statt dessen mit einigen sorgfältig gesetzten Pinselstrichen einen allgemeinen Eindruck von Bewegung und Fließen wieder. Im Wasser sieht man oft unzählige Reflektionen und Lichter. Wenn Sie aber darangehen sollten, alle diese flakkernden Lichter naturgetreu festzuhalten, würden Sie zum Schluß nur einen bunten Farbteppich auf Ihrem Bild sehen. Malen Sie deshalb immer skizzenhaft, und vermeiden Sie zu große Detailgenauigkeit. Je entschiedener und einfacher Ihre Darstellung des Wassers ausfällt, desto nasser wird sie aussehen. Machen Sie sich die Qualitäten Ihres Mediums zunutze, um den Kern des ausgesuchten Motivs zu treffen. Öl- und Acrylfarben haben z. B. eine gewisse Strenge, die gut zur Darstellung stürmischer, aufgerauhter See paßt. Aquarell und Pastell geben demgegenüber den schnellen und spontanen Eindruck fließenden Wassers wieder.

Man stellt sich Wasser immer blau, blaugrau oder grün vor. In Wirklichkeit ist es aber völlig farblos und bezieht seine Färbung aus dem jeweiligen Licht des Himmels und der Umgebung. An einem ruhigen Tag wird die See also den blauen Himmel reflektieren, während sie an einem stürmischen Tag braun-grün aussieht. Aus der Entfernung gesehen, kann ein Fluß das kühle Grau des Himmels zeigen. Bei näherer Betrachtung in den Tiefen der Wälder reflektiert er wiederum das Grün der Bäume, die viel vom Licht des Himmels verschlucken. Außerdem können noch Algen, Seetang und Sedimente im Wasser Färbungen von Grün-, Braun- und Ockertönen geben.

Bewegtes Wasser

Das Malen von bewegtem Wasser verlangt ein schnelles Auge und eine sichere Hand. Um es noch einmal zu betonen: Der Trick besteht darin, sich nicht von der offensichtlichen Komplexität der Licht- und Schattenwirkung verwirren zu lassen. Schauen Sie mit halbgeschlossenen Augen auf das Wasser, und greifen Sie die augenfälligsten Wellenbewegungen heraus. Malen Sie nur diese in schnellen, entschlossenen Strichen. Um das rauschende, weiße Wasser von Stromschnellen und Wasserfällen zu malen, müssen Sie mit der Pinselarbeit diese Bewegung andeuten. Einige gestische, nicht zu ausgemalte trockene Pinselstriche genügen völlig, um den Eindruck von fallendem Wasser wiederzugeben. Ein rauhes Papier oder eine grobkörnige Leinwand kann diesen Eindruck unterstützen, weil die Körnung der Oberfläche die Farbe auffängt und aufbricht.

Bewegtes Wasser • Öl
Das Spiel der Wellen, Kräuselungen und Reflektionen im Wasser sind ein unerschöpfliches Thema für Studien und Skizzen.
In diesen Beispielen macht der Künstler eine Ölskizze von der Oberfläche eines Sees bei windigem Wetter, als das Wasser sich vom Wind kräuselte und in kleine Wellen aufbrach.

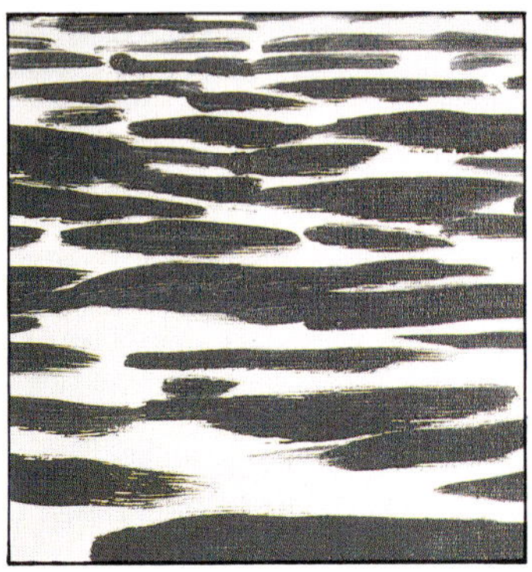

1. Mit einem flachen Borstenpinsel Nr. 4 und einer Mischung aus Paynesgrau und Ultramarin malt der Künstler die dunklen Täler der Wellen mit leicht gebogenen Pinselstrichen.

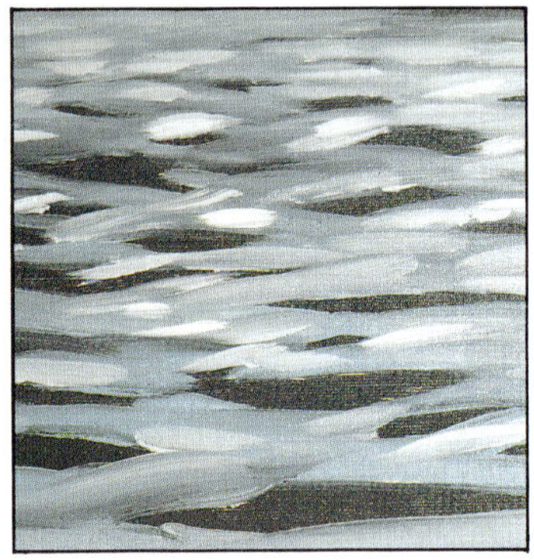

2. Mit einer Mischung aus Ultramarin und Weiß werden nun weiße Striche kreuz und quer für die helleren Wellenkräuselungen skizziert. Die gekräuselten weißen Lichter werden zum Schluß eingesetzt.

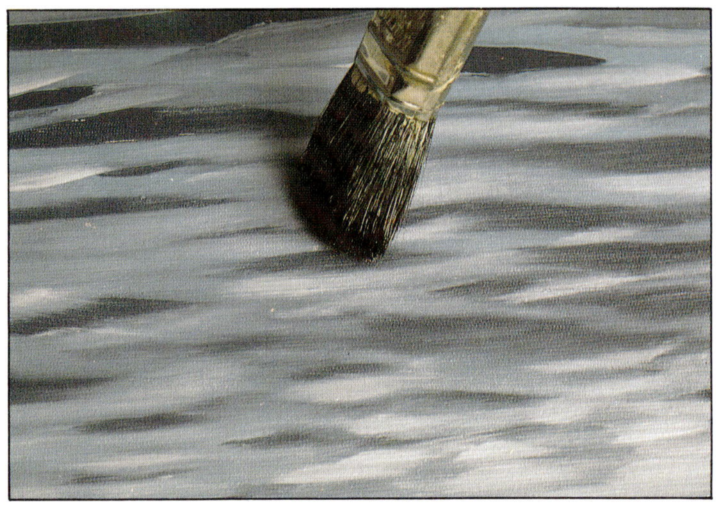

3. Ungefähr 15 Minuten muß die Farbe trocknen. Dann vermalt der Künstler die Farben leicht mit einem 3 cm breiten Malerpinsel.

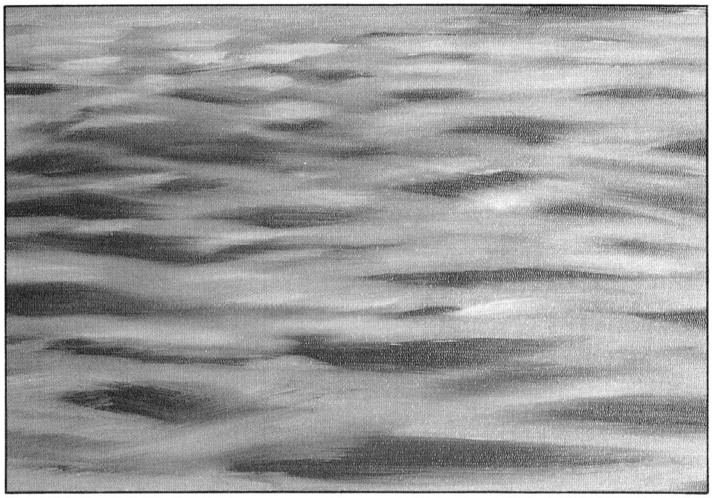

4. Die fertige Studie gibt den Eindruck von sich bewegendem Wasser, das den grauen Himmel reflektiert, sehr gut wieder.

Fließendes Wasser

Eine Flußlandschaft, die ein Wehr oder einen Wasserfall aufweist, bietet dem Künstler die Möglichkeit, Wasser auf unterschiedliche Weise darzustellen: die glatte, glasige Oberfläche des ruhigen Wassers stromaufwärts, das fallende, schäumende Wasser im Wasserfall selbst und die komplizierten Kräuselungen und Strudel des vom Wasserfall aufgewühlten Wassers.
Der Hauptfehler bei einem solchen Thema ist die Wiedergabe zu vieler Einzelheiten. Das Bild sieht dann zu verworren aus, und der frische Eindruck geht verloren. Es ist also wichtig, nur die wichtigsten Bewegungslinien herauszuarbeiten und den Rest wegzulassen.

Fließendes Wasser • Aquarell
Der Künstler hat sich bei diesem Motiv eines Waldflusses für die Aquarellmalerei entschieden. Aquarellfarbe eignet sich wegen ihrer Frische und Transparenz bestens zur Darstellung von Wasser.
Fließendes Wasser mit der Aquarelltechnik wiederzugeben, ist besonders herausfordernd, da Sie keine dicken Farbschichten zur Darstellung des schäumenden Wassers verwenden können wie bei der Öl- oder Acrylmalerei. Dagegen läßt sich die Aquarellmalerei einfacher für die zurückhaltende Darstellung von Wasser einsetzen.

1. Auf einem schweren Blatt Aquarellpapier legt der Künstler zuerst die dunklen Töne im Wasser mit einem Marderhaarpinsel Nr. 6 und einer hellen Verdünnung von Indigo an. Die Striche werden glatt und entschieden angelegt, wobei weiße Stellen im Papier für die Lichter freigelassen werden.

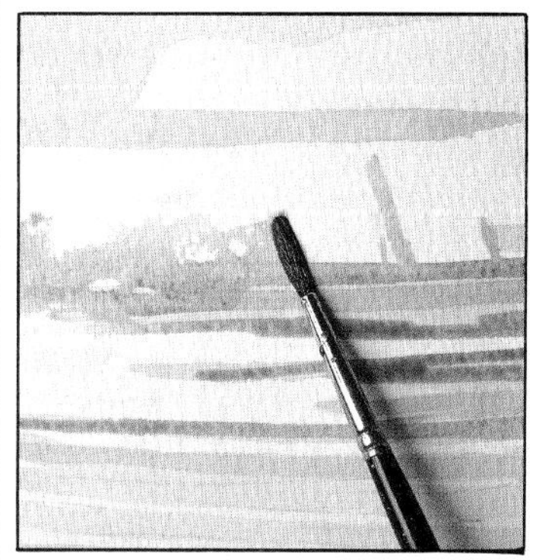

2. Am Fuß des Wasserfalls wird die Farbe dünn in lockeren, dämpfenden Strichlagen mit der Pinselbreitseite aufgetragen, um die Wirkung schäumenden Wassers anzudeuten.

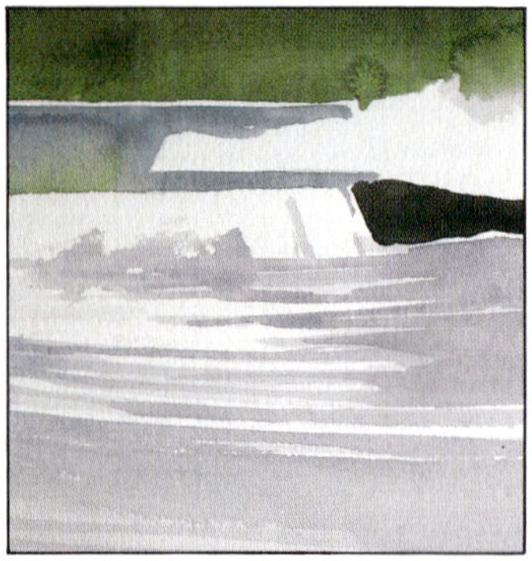

3. Nun wird eine dunkle Lavierung von Hookersgrün aufgetragen, um die Bäume am Flußufer im Hintergrund anzudeuten. Darunter wird eine feine, dünne Linie weißen Papiers stehen gelassen. Das Wasser über dem Wasserfall wird dann mit Ultramarin und Hookersgrün naß in naß gemalt.

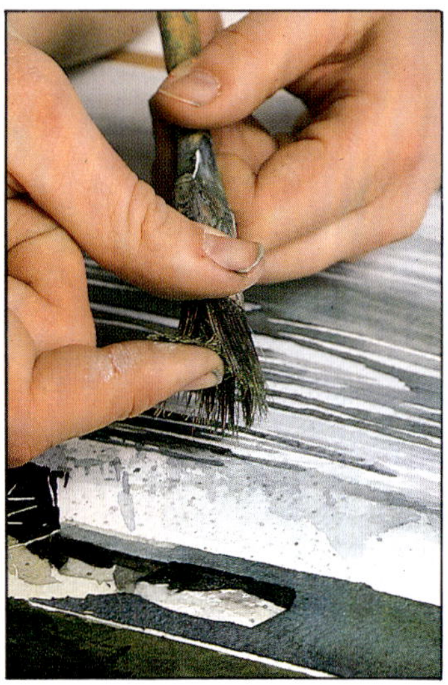

4. Mit einem festen Borstenpinsel spritzt der Künstler nun eine helle Mischung von Elfenbeinschwarz und Hookersgrün entlang des herabstürzenden Wasserfalls.

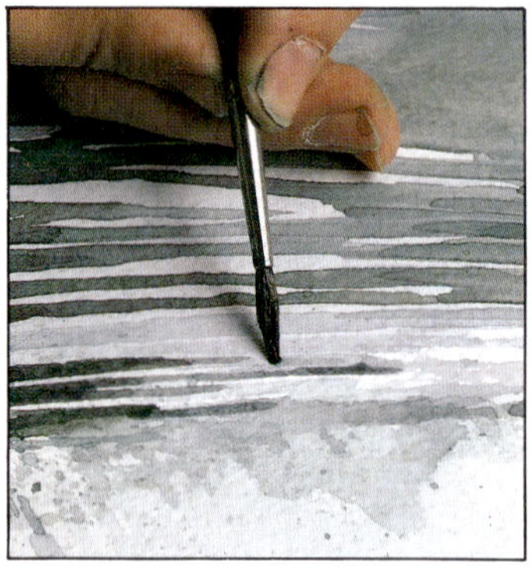

5. Weiter vorne, zum Vordergrund des Bildes hin, verstärkt der Künstler die Kräuselungen des Wassers, die etwas von dem Dunkelgrün der überhängenden Zweige widerspiegeln sollen. Die Kräuselungen werden mit Paynesgrau, Hookersgrün und Ultramarin gemalt. Zum Vordergrund hin werden die Töne dann wieder heller.

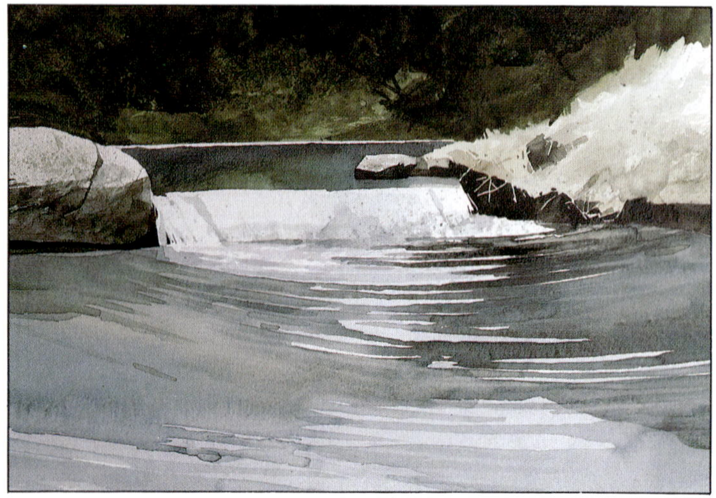

6. Mit einem weichen Pinsel, der mit sauberem Wasser befeuchtet wurde, vermalt der Künstler die Farben im Vordergrund, um an der Wasserfläche zu zeigen, wie die Kräuselungen sich nach und nach wieder auflösen. Zum Schluß werden die Bäume im Hintergrund noch weiter mit Mischungen aus Saftgrün, Hookersgrün und Elfenbeinschwarz entwickelt. Die Farbe wird durch Zugabe von Gummiarabicum etwas dickflüssiger gemacht, damit man sie besser in dämpfenden, vertreibenden Strichen anlegen kann. Nach der Trocknung geben diese Farbaufträge einen stimmigen Eindruck von gedämpftem, durch die Bäume gefiltertem Sonnenschein.
Das kühle, klare Wasser wurde ganz einfach dargestellt, und doch sieht es sehr naturgetreu aus! Beachten Sie auch, wie der Eindruck von Perspektive dadurch entsteht, daß die Kräuselungen dunkler und enger zusammen im Hintergrund gemalt worden sind.

Wasserspiegelungen

Eine glatte Wasserfläche, die etwas von der Landschaft an ihrem Ufer widerspiegelt, besitzt einen starken malerischen Reiz. Bäume, Häuser, Brücken und Berge sowie ihre weichen Spiegelungen im Wasser bieten dem Auge ein angenehmes Bild. Suchen Sie sich eine Strecke ruhigen Wassers aus, und beobachten Sie die Unterschiede und Ähnlichkeiten zwischen einem Gegenstand und seinem Spiegelbild im Wasser. So werden Sie Spiegelungen am besten verstehen und überzeugend wiedergeben lernen. Sie werden z. B. bemerken, daß die Spiegelung eines hellen Gegenstandes im Wasser immer dunkler aussieht. Umgekehrt erscheinen dunkle Gegenstände heller im Spiegelbild des Wassers aufgrund seiner lichtreflektierenden Eigenschaften.
Alles, was sich in einem bestimmten Winkel zum Wasser befindet, ob im Wasser stehend oder an seinem Ufer, wirft ein Spiegelbild im gleichen Winkel. Von Ihnen weggeneigte Gegenstände geben allerdings ein kürzeres Spiegelbild ab, Ihnen zugeneigte Dinge haben ein längeres Spiegelbild als in der Realität. Die wirklichen Schwierigkeiten setzen aber erst so richtig ein, wenn die Oberfläche des Wassers noch dazu von Strömungen durchbrochen oder vom Wind aufgewühlt wird. Diese Kräuselungen brechen das Spiegelbild auf, so daß es verzerrt aussieht. Gebrochene Spiegelbilder sehen länger aus als Spiegelbilder in ruhigem Wasser. Die Spiegelungen von hohen Gebäuden und Bäumen sehen in der Tat viel länger als in Wirklichkeit aus.

Beim Malen von Spiegelungen müssen Sie daran denken, daß das Spiegelbild ganz gerade ins Wasser zu gehen scheint. Im Gegensatz zu Schatten scheinen Spiegelungen nicht auf uns zuzukommen. Achten Sie daher auf die Form des Spiegelbildes. Wenn Sie es unten, beim Einfall ins Wasser, weiter malen als es eigentlich sein sollte, sieht es nicht mehr wie ein Spiegelbild aus. Gebrochene Spiegelungen sehen oft sehr kompliziert aus. Es ist aber besser, die Formen zu vereinfachen, als jede Einzelheit auszumalen. Einige gut gesetzte, wellige Striche mit einem weichen, runden Pinsel genügen, um die spiegelnde, gewellte Oberfläche des Wassers wiederzugeben.

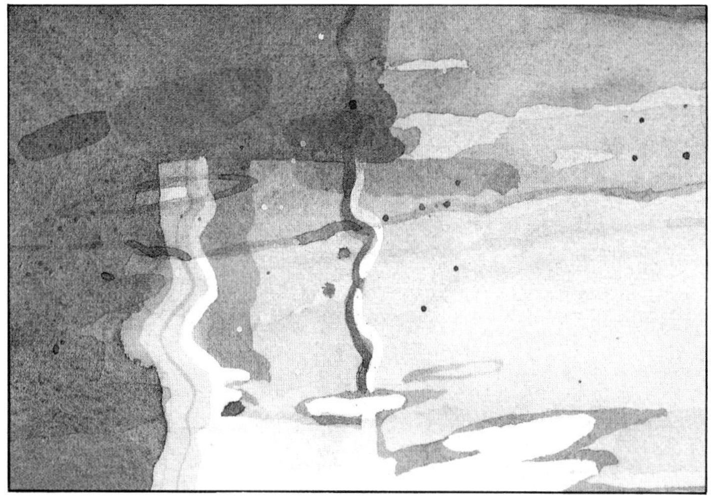

Selbst ganz ruhiges Wasser kann von Kräuselungen und Wellen oder der Bewegung von Booten gestört werden. Spiegelungen werden dann gelängt und verzerrt. Die sich daraus bildenden abstrakten Muster lohnen das genaue Studium. Das ist ein Gebiet, wo ein Schnappschuß hilfreich sein kann, um die Bewegungsmuster der Spiegelungen einzufangen, um sie in Ruhe studieren zu können.
Den Künstler faszinierte in dieser Aquarellstudie die verzerrten Spiegelungen von Bug und Mast eines Boots, die von den horizontalen Kräuselungen der Wasseroberfläche durchkreuzt werden.

Meer

Rauhe See ist eins der beliebtesten Malermotive. Allerdings stellt die Umsetzung derartiger Kraft und Energie in ein Bild auf einem kleinen Stück Papier oder einer Leinwand eine echte Herausforderung dar. Wenn Sie sich jedoch von der Vorstellung einer „Kopie“ der Natur losmachen können und statt dessen versuchen, einen grundlegenden Eindruck der Szene wiederzugeben, werden Sie weniger schnell enttäuscht sein, und Ihre Mühe wird belohnt werden.
Ein so energiereiches Thema wie das Meer wird am besten vor Ort in Alla-Prima-Technik gemalt. Bevor Sie zu malen anfangen, sollten Sie sich die Zeit nehmen und das Spiel der Wellen beobachten. Obwohl Sie sich dauernd bewegen und verändern, werden Sie bald in der Lage sein, eine bestimmte wiederkehrende Struktur herauszusehen.
An einem ruhigen Tag wandert eine Welle in einer glatten Wellenbewegung durch das Meer. Je näher sie zur Küste kommt, desto mehr wird der untere Teil der Welle abgebremst. Der obere Teil läuft aber mit unverminderter Geschwindigkeit weiter, bis er sich überschlägt und am Ufer bricht. Der weiße Schaum wird durch die Vermischung des Wassers mit Luft erzeugt. Schließlich wird die Bewegung der Welle ganz vom Ufer gestoppt und die Bewegungsrichtung umgekehrt. Wo diese Welle den Kopf der nächsten, hereinkommenden Welle trifft, wird durch die stärkere Luft-Wasser-Vermischung noch mehr Schaum erzeugt.
Beim Malen der See sollten Sie die Bewegungen mit gestischen Pinselstrichen nachahmen. Malen Sie so skizzenartige, gestische Striche, die flüssige Bewegung andeuten. Nehmen Sie für die weiter weg liegenden Wellen lange Striche. Zum Horizont hin werden diese Wellen undeutlicher. Um Wellen auf der See anzudeuten, können Sie mit einem runden Pinsel gebogene Striche ausführen. Für den Vordergrund, wo sich die Bewegung konzentriert, verwenden Sie einen kräftigen Pinselduktus. Abwärts gerichtete Striche geben die niederbrechenden Wellen wieder. Aufwärts gerichtete Striche deuten die Gischt an.
Bei deckenden Farben sind dämpfende Striche, Trockenpinsel- und Impastotechnik für die Darstellung der schäumenden See brauchbar. Mit der Aquarellmalerei läßt sich dieses Thema schwieriger darstellen, weil Sie weiße Stellen für den Schaum frei lassen und danach die Tonwerte und Farben der Wogen nachziehen müssen.
Beim Malen des Meeres sollten Sie genau auf die Farben achten. Der Schaum der Brecher mag weiß aussehen, enthält aber Spuren von Gold- und Rosatönen, die vom Abendlicht stammen, oder erscheint grau bei stürmischem Wetter.
Je nach Wetterlage und dem Licht kann die Grundfarbe der See blau, blaugrün, grau oder sogar braun sein. Wie immer die Farbe aussieht, geben Sie den beobachteten Farbton nicht gleichmäßig monochrom wieder, sondern malen Sie feine Farbstonabstufungen. Wechseln Sie dunkle und helle Tonwerte ab, um die Bewegung der Wasseroberfläche herauszuarbeiten.

Meer • Öl
Wenn Sie ein so flüchtiges Thema wie stark bewegtes Wasser malen wollen, kann ein Sucher aus grauem Karton hilfreich sein, um die wichtigste Bewegung herauszufinden. Schnappschüsse können hier einmal sinnvoll sein, auch wenn man Photos nur als Hilfe verwenden und sonst nur direkt vor Ort malen sollte.

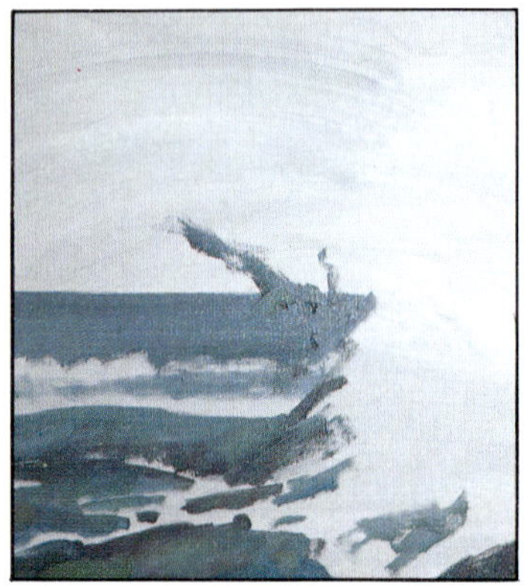

1. Der Künstler bemalt in schneller Alla-Prima-Technik die ganze Leinwand mit einem getönten Grund von Titanweiß, dem etwas Preußischblau zugemischt worden ist.
Er legt die Farbe mit einem 2 cm breiten Malerpinsel dünn und in Halbbögen an, die später den Eindruck dynamischer Bewegung in der schäumenden Gischt unterstützen sollen. Die See ist schnell mit Mischungen aus Preußischblau, Saftgrün und Kadmiumgelb in kräftigen, kurzen Pinselstrichen angelegt, welche die Bewegung der Wellen im Wind andeuten.

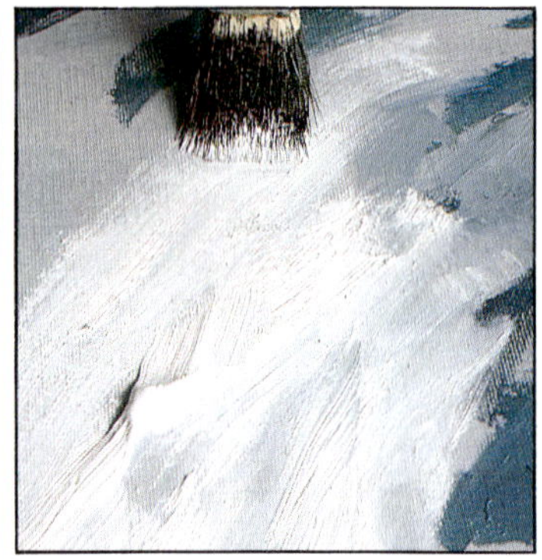

2. Nun wird die Form der Gischt entwickelt. Titanweiß wird mit etwas Malmittel zu einer dicken, cremigen Konsistenz angerührt und in kräftigen Impastostrichen aufgetragen, besonders am Fuß der Welle. Mit einem 2 cm breiten Malerpinsel vertreibt der Künstler die Farbe schnell, so daß sie sich zum Teil mit der kühlen Untermalung vermischt. Das gibt der Gischt Volumen und legt Licht- und Schattenflächen an.

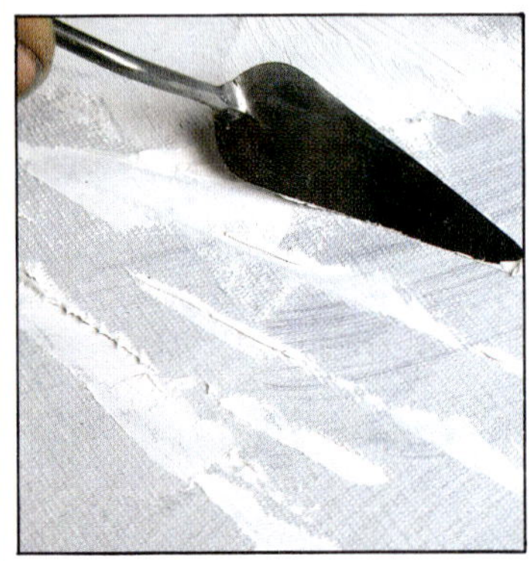

3. Mit der Kante eines Malspachtels legt der Künstler lange Streifen von Titanweiß auf die Krone der Gischt an. Diese Streifen dicker, cremiger Farbe stehen gegen den grauen Himmel ab und erhöhen den Eindruck der Kräfte, mit denen die Gischt spritzt.

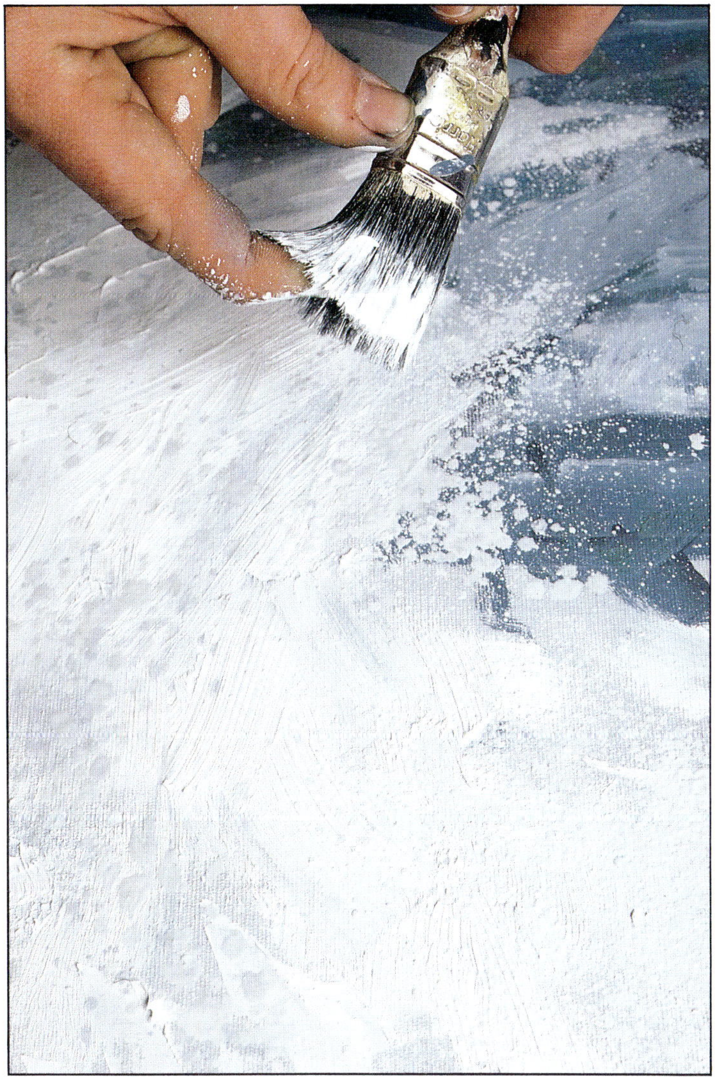

4. Mit dem Malerpinsel werden noch Spritzer von Titanweiß auf der Gischtform verteilt, um auseinanderfliegende Schaumteile anzudeuten und die Bewegungsrichtung der Welle zu betonen.

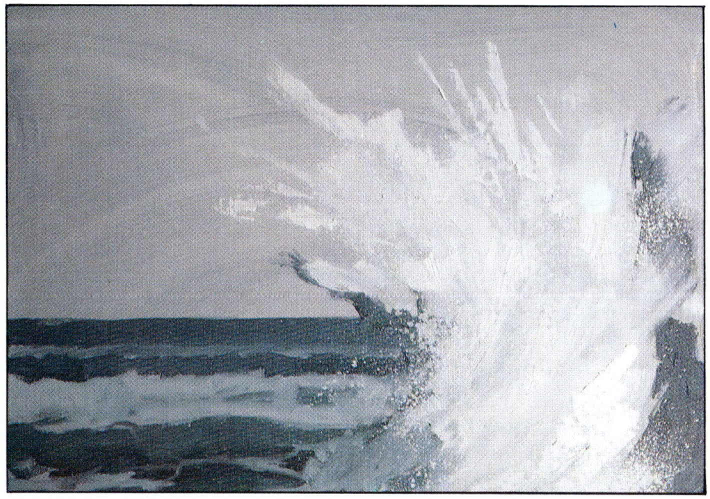

5. Das fertige Bild gibt einen aufregenden Eindruck von den explosiven Kräften der Natur wieder. Für den Bereich der größten Kraftentfaltung, den unteren Teil der Gischt, wurden kräftiges Impasto und kühne, feste Pinselstriche verwendet, die hier mehr Gewicht und Festigkeit geben. Die oberen Teile der Gischt werden vom Wind weggeweht und gehen in die umgebende Atmosphäre über, je transparenter sie werden. Dieser Kontrast von scharf gezeichneten und verschwommenen Passagen gibt dem Bild den Eindruck von Bewegung und Atmosphäre.

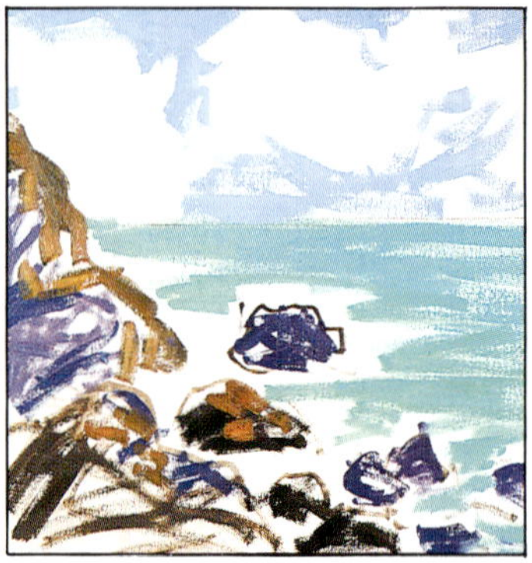

Meer • Öl

1. Die Künstlerin skizziert in der Alla-Prima-Technik die Farbflächen mit einem Borstenpinsel Nr. 4 über eine Kohleskizze ein.

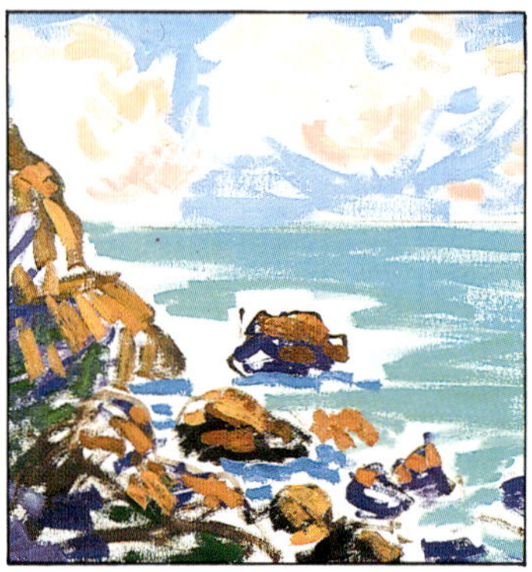

2. Kurze Pinselstriche in Siena gebrannt und Kadmiumrot werden für die Felsen angelegt, die so auch gleichzeitig in ihrer Form gekennzeichnet werden.

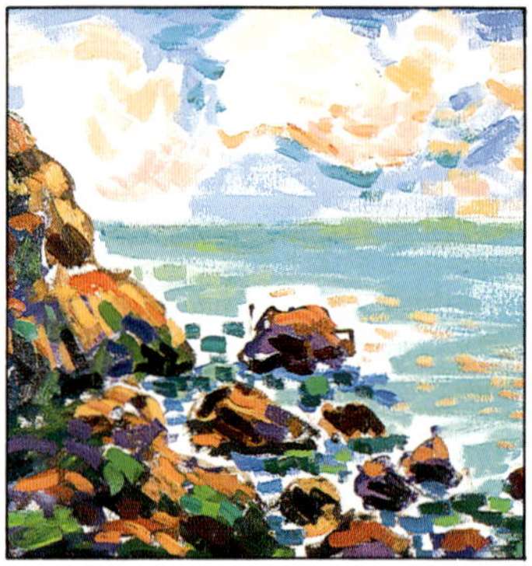

3. Die dunklen Töne werden mit Preußischblau und Umbra gebrannt vertieft. Die hellen Töne werden mit Mischungen aus Kadmiumgelb, Ocker, Rot und Purpurviolett entwickelt.

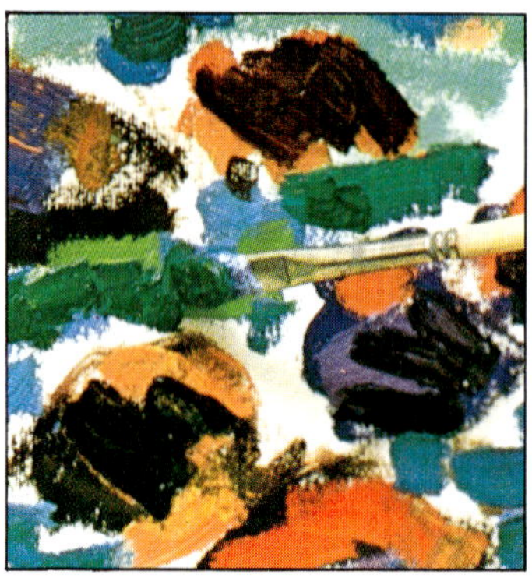

4. Um die Kräuselung auf der Wasseroberfläche zu gestalten, werden grüne und andere helle Farbtöne mit einem kleinen Borstenpinsel eingetragen.

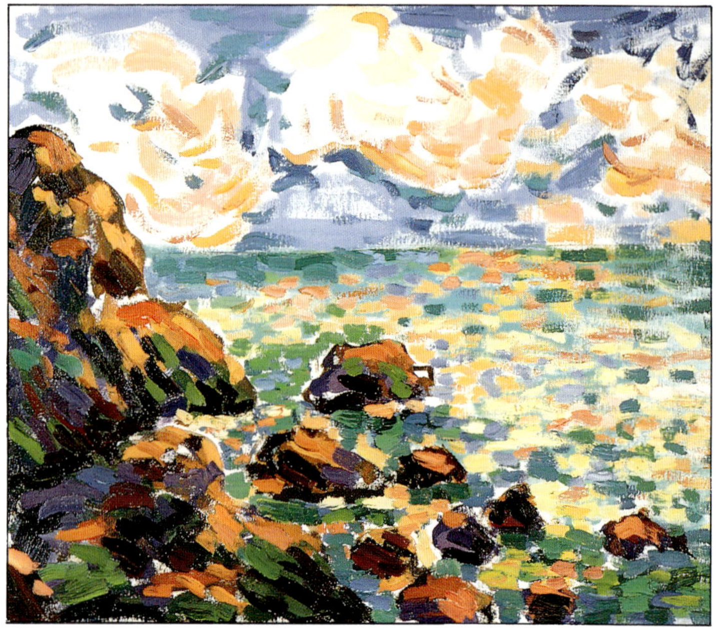

5. Zum Schluß werden Lichter in Kadmiumgelb und Weiß auf die Wasseroberfläche gesetzt. Die Untermalung soll an einigen Stellen durchscheinen.

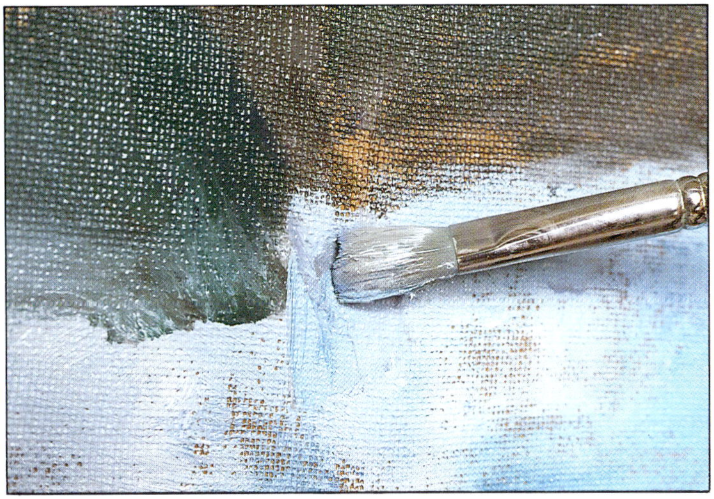

Meer • Öl

1. Das Bild wird auf einer Hartfaserplatte, das mit leichtem Leinengewebe bedeckt ist, gemalt. Das bedeutet, daß die Farbe sehr dick aufgetragen werden muß, da das Gewebe stark saugend ist. Die Farbe bleibt vor allem in der Körnung des Gewebes hängen und gibt so der Malfläche Textur.

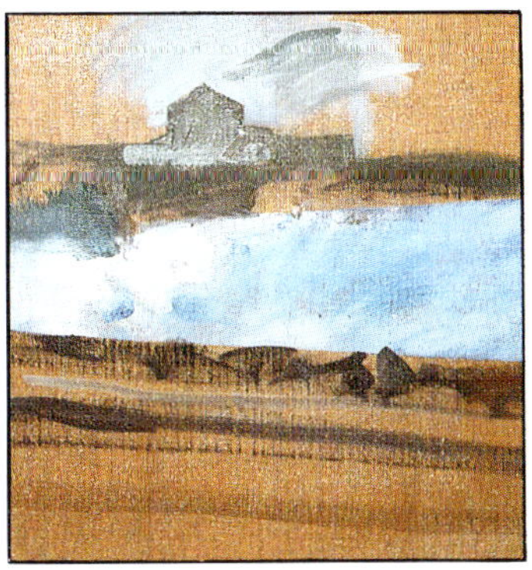

2. Das Bild wird in drei Zonen aufgeteilt, von denen die mittlere für die Fläche des Meeres vorbehalten ist.

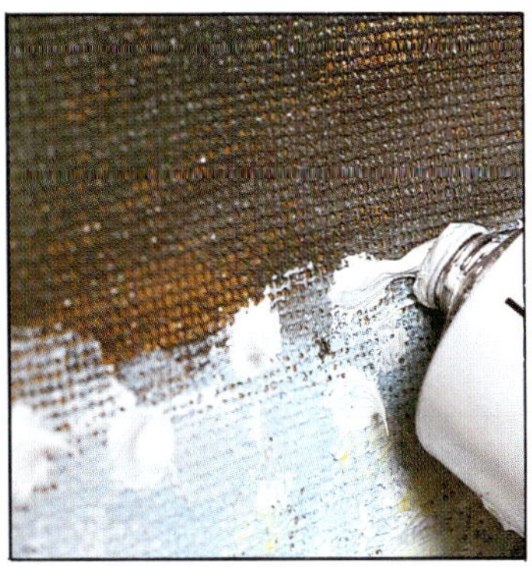

3. Um die Wirkung des sich kräuselnden Wassers treffend wiederzugeben, drückt der Künstler die Farbe direkt aus der Tube in dicken Tupfen auf die Malunterlage. Die weiße, leicht abstehende Farbe reflektiert das Licht ganz anders als die übrige Malfläche.

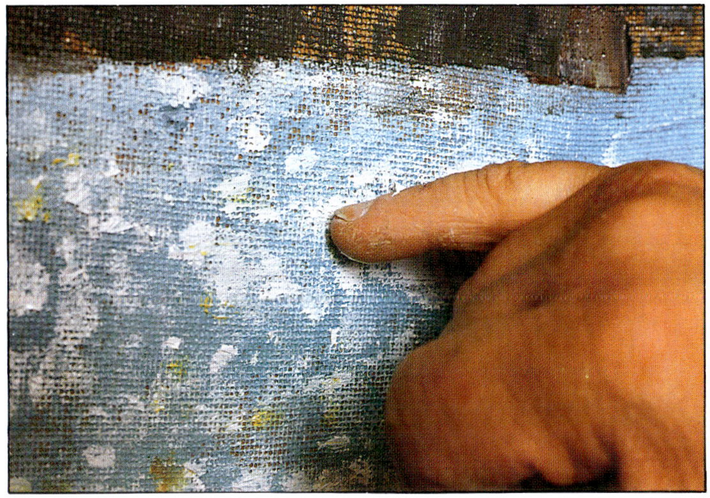

4. Die weißen Farbkleckse werden unter größtmöglicher Beibehaltung der Textur leicht mit dem Finger verrieben.

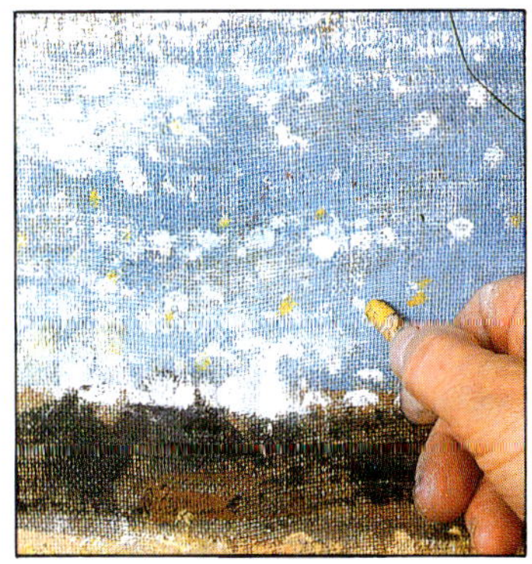

5. Als Abschluß werden kleine Tupfen eines gelben Pastellstiftes auf der Wasseroberfläche verteilt, um die Textur noch weiter abzuwandeln.

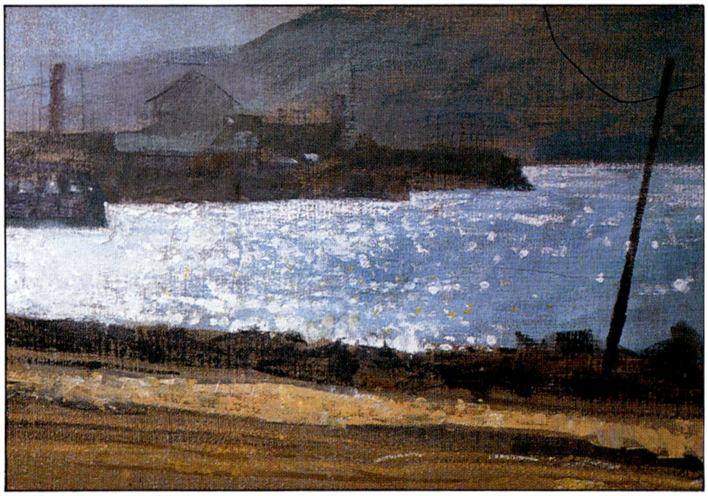

6. Der Künstler hat ein lebhaftes Landschaftsbild fertiggestellt. Das schimmernde Wasser kontrastiert dabei auf dynamische Weise mit den dunklen Farbtönen des Landes.

Ruhige Gewässer

Die glatte Oberfläche eines Sees oder eines Flusses an einem ruhigen Tag wird am besten mit breiten, gleichmäßigen Lavierungen naß in naß angelegt. Verwenden Sie nur wenig Pinselduktus, da sonst die Illusion der glasigen Oberfläche verlorengeht.

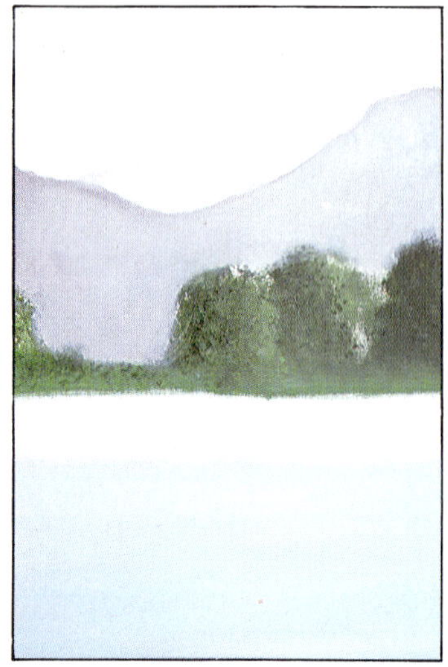

Ruhige Gewässer • Acryl

1. Die drei Bildgründe des Bildes werden mit Grundfarben skizziert. Der Streifen Wasser im Vordergrund wird mit Phtaloblau und Weiß gemalt.

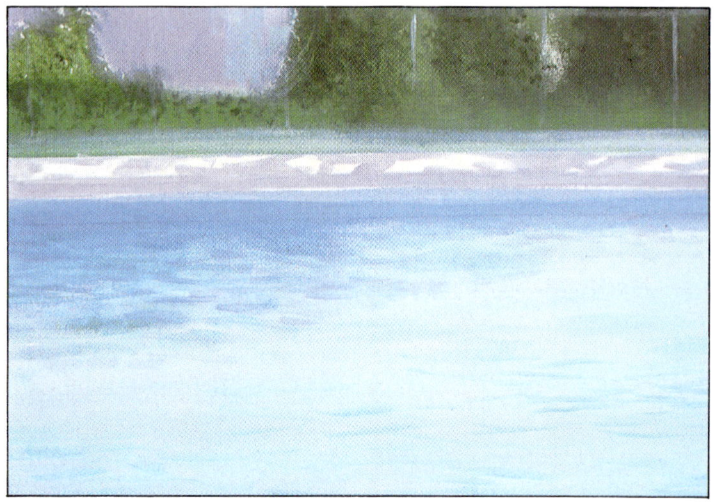

2. Tupfen von Phtaloblau und Kobaltblau geben auf der Wasseroberfläche Reflexe vom Himmel wieder.

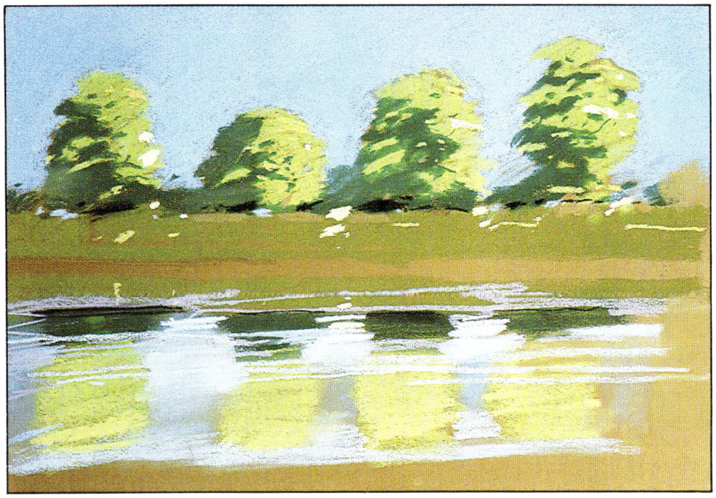

Ruhige Gewässer • Pastell

1. Weiche Pastellstifte können sehr vorteilhaft für Skizzen und Studien im Freien verwendet werden. Sie sind einfach und schnell zu benutzen und haben eine Vielfalt von Ausdrucksmöglichkeiten. In dieser Skizze einer Flußlandschaft werden weich vermalte Farbtöne und schraffierte Flächen zusammen eingesetzt, um einen leuchtenden Sommertag wiederzugeben. Der Künstler hat als Malunterlage ein glattes, leicht grüngetöntes Papier ausgesucht, das die landschaftlichen Grüntöne gut unterstützt und zudem die Komposition vereinheitlicht.

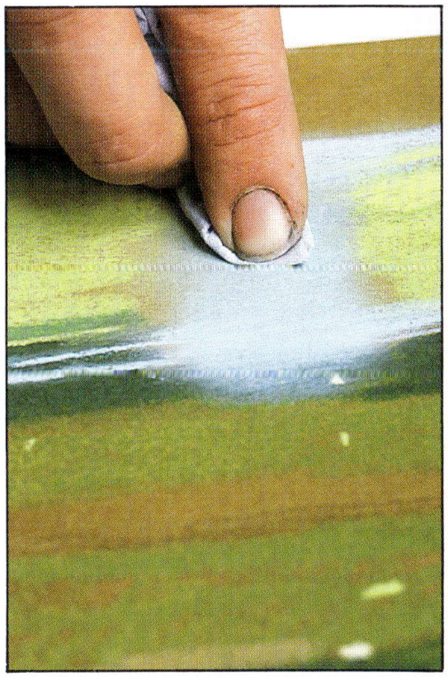

2. Um den Eindruck von stillem, ruhigem Wasser wiederzugeben, vermalt der Künstler die Farbtöne der Spiegelungen mit einem sauberen Lappen und führt die Farbe dabei in vertikalen Bewegungen herunter.

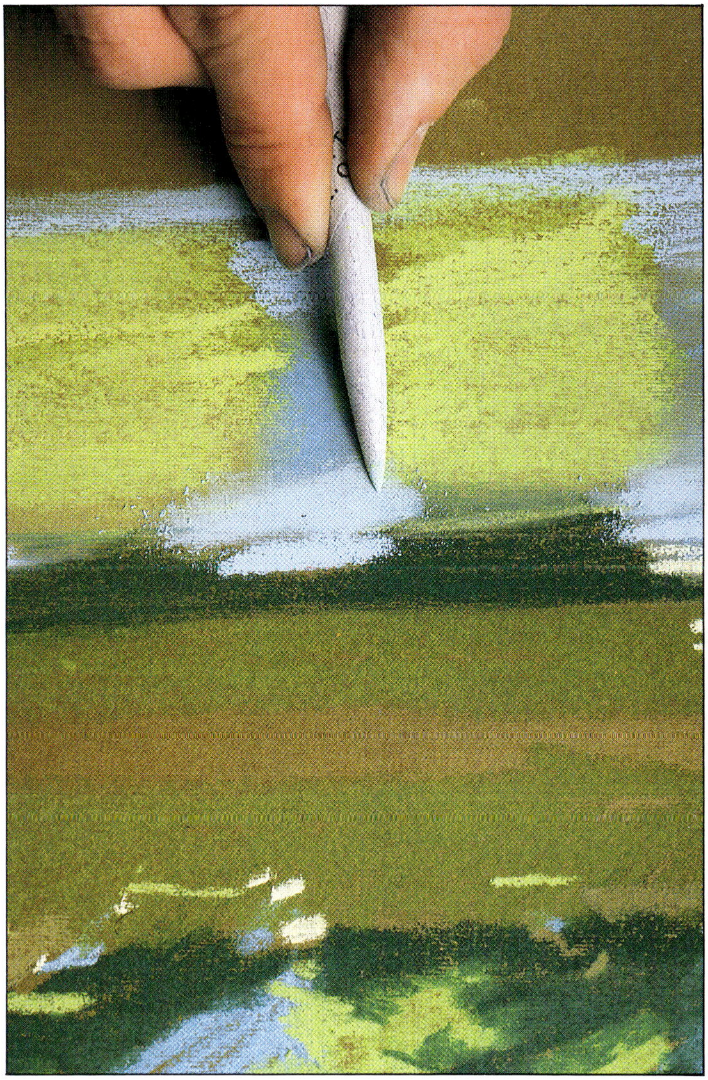

3. Dann wird das Bild mit einem Fixativ angesprüht, um ein Verschmutzen der Malfläche zu vermeiden. Nun können weitere Farbschichten ohne Gefahr des Verschmierens aufgelegt werden. Helle, auf dem Wasser tanzende Lichter werden dicker aufgetragen und mit einem Torchon in das Papier vermalt.

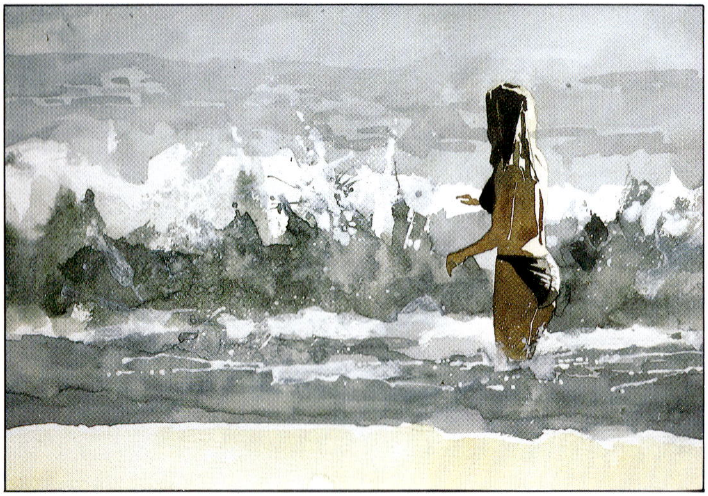

Wellen

Wenn man sich vornimmt, die Kraft und Energie einer hereinbrechenden Welle zu malen, so mag einem das wie eine vergebliche Liebesmüh vorkommen. Dabei ist das alles nur eine Frage der Pinselarbeit, um die wesentliche Bewegung des Wassers einzufangen.
Der Künstler malte dieses Aquarellbild sehr schnell, um das Wesentliche des Motivs festzuhalten. Auf feuchtem Papier malte er schnell verschiedene Farbtöne von Paynesgrau, Ultramarin und Umbra gebrannt auf und führte die Farben dann naß in naß zusammen. Mit einem sauberen, nassen Pinsel wurden einige Flecken Farbe ausgewaschen. Schließlich wurde etwas deckendes Weiß auf das Bild gespritzt, um den Eindruck von hochspritzender Gischt wiederzugeben.

Wetterphänomene

In der Darstellung von Landschaften spielen die Licht- und Wetterbedingungen eine Rolle. Durch sie wird eine Szene in eine denkwürdige Stimmungslandschaft umgewandelt. Sonnenlicht in einer Landschaftsszene läßt die Luft vibrieren und schafft Schatten. Nebel legt sich über eine Landschaft und verwandelt Hügel und Bäume in Schatten, die über das Land zu treiben scheinen. Dramatisch wirken Sturmwolken, wenn starke Lichtstrahlen die ferne Landschaft beleuchten. Wind und Regen bringen Bewegung in die Landschaft; Bäume biegen sich unter dem Druck der Windböen, und Blätter wirbeln durch die Luft. Nach einem Schneefall wiederum scheint sich die Landschaft zu verbergen. Die dunklen Formen der Bäume und Häuser heben sich kontrastreich von dem Weiß des Landes ab.

Es ist zwar möglich, atmosphärische Phänomene nach Photos zu malen, was aber kein Ersatz dafür ist, daß man sich wirklich den Elementen aussetzt. In der Malerei spielen noch andere Sinnesempfindungen mit: Wenn Sie die Brandung gegen den Felsen donnern hören oder die Schärfe eines frostigen Tages spüren können, werden diese Empfindungen in Ihrem Bild zu spüren sein, ohne daß Sie sich dessen bewußt sein müssen. Selbst in einem Schneesturm kann man nach der Natur arbeiten, wenn man einen Unterschlupf aufsucht. Falls Sie Ihre Staffelei wirklich nicht aufstellen können, so lassen sich doch Wetterphänomene schnell mit Aquarell oder Bleistift skizzieren. Später im Atelier können Sie dann aus den Skizzen ein größeres Bild gestalten. Tatsächlich kann das Arbeiten unter widrigen Umständen zu direkter und spontaner Umsetzung zwingen, so daß das Wesentliche der Wetterstimmung ohne zu viele Einzelheiten festgehalten werden kann.

Beim Malen von Wetterstimmungen sollten Sie die analytische Seite Ihres Verstandes ausschalten. Achten Sie nur auf Ihre Gefühle, die von einem funkelnden Frühlingstag oder z. B. auch von einem krachenden Gewitter ausgelöst werden. Atmosphärische Phänomene vergehen schnell und sind deshalb nur schwer im Bild „festzulegen". Der kreative Künstler zieht aber daraus seinen Vorteil an malerischer Freiheit: Er läßt die Farbe selbst die explosive Kraft der Natur darstellen.

Der Aquarellmaler hat einen besonderen Vorteil, da die Flexibilität und Spontaneität seines Mediums schon oft mit den Erscheinungen der Natur selbst verglichen worden sind.

Aber jedes Medium hat seine besonderen Qualitäten, und es lohnt sich immer, mit ungewöhnlichen Techniken zu experimentieren, um die ständig sich wandelnden Stimmungen der Natur auszudrücken.

Nebel und Dunst

Eine Landschaft im Nebel hat Maler zu allen Zeiten angezogen. Die großen Meister der traditionellen chinesischen und japanischen Malerei fanden Vergnügen daran, mit wenigen, aber ausgezeichnet gesetzten Strichen den Eindruck von aus Nebel ragenden Bäumen und Bergen wiederzugeben. Von den europäischen Malern ist Turner der Meister in der Wiedergabe von Sonne, von Wasser und Licht Land- und Meeresszenen. Da Nebel und Dunst in schwebende Wasserdämpfe sind, versteht es sich von selbst, daß ein Medium wie die Aquarellmalerei für ein solches Motiv besonders gut geeignet ist. Ölfarben können mit Erfolg eingesetzt werden, da ihre langsame Trockenzeit feine naß in naß vermalte Verläufe ermöglicht. Pastell ist ein Mittel für Studien vor Ort. Mit einigen schnellen Strichen, mit dem Finger kurz verwischt, kann man den flüchtigen Effekt von dunstigem Licht einfangen, bevor er wieder verfliegt. Eitempera eignet sich schließlich sehr gut für die Wiedergabe der ruhigen, geheimnisvollen Stimmung, die eine Landschaft an einem nebligen Tag durchzieht.
Nebel wirkt wie ein Filter vor der Landschaft. Er reduziert Formen zu einfachen Silhouetten, verringert den Tonwertkontrast und beseitigt Unterschiede in der Textur. Um diesen Effekt wiederzugeben, lassen sich viele Techniken verwenden. Eine ausgezeichnete Möglichkeit in der Ölmalerei besteht darin, einen getönten Grund in stark verdünntem Umbra natur anzulegen. Dann werden die gedämpften Töne und Farbe der Landschaft mit zarten dämpfenden Pinselstrichen wiedergegeben, welche die Grundfarbe durchschimmern lassen. Diese Technik schafft einen sehr atmosphärischen, weichen Effekt.
Eine andere interessante Technik ist, das noch feuchte Bild mit einem Stück Zeitungspapier abzutupfen. Das entfernt viel Farbe und läßt das Bild weicher werden, ähnlich einem Weichzeichner in der Photographie.
Dunstige Wirkungen können auch mit den klassischen Methoden der Naß-in-Naß-Technik erzielt werden. Am besten fängt man mit den mittleren Tönen an und malt dann die dunklen und hellen Töne in die noch feuchte Farbe, wobei die Ränder der Formen ineinander vermalt werden.
Andere Maler ziehen es vor, auf einer trockenen Malfläche zu arbeiten und mit einem kleinen Schwamm die Stellen zu befeuchten, die eine dunstige Atmosphäre wiedergeben sollen. Diese Methode ist ausgezeichnet geeignet, um Gegenstände zu malen, die nur teilweise vom Nebel verhüllt sind.
Nebel und Dunst reduzieren im allgemeinen die Farbintensität auf ein kaltes Grau oder Graublau. Ausnahmen können der frühe Morgen oder späte Nachmittag sein, wenn die Sonnenstrahlen den Nebel in fahlem Gelb färben. Zur Darstellung dieser gedämpften Farbstimmung sollten Sie eine Palette von wenigen, aber harmonisch abgestimmten Farben bereitstellen.
Nebel reduziert auch die Intensität des Hell-Dunkels. Daher werden Tonwerte in einer Nebelszene sehr wichtig. Um den Eindruck von Ferne in Ihrem Bild wiederzugeben, sollten Sie immer erst mit den hellen, verschwommenen Formen im Hintergrund beginnen. Malen Sie dann den Mittelgrund mit etwas dunkleren Tonwerten und zuletzt den Vordergrund mit dunklen Akzenten und genauen Details. Dieser Kontrast läßt den Hintergrund dunstig und fahl erscheinen und gibt der ganzen Szene ein Gefühl von Tiefe und Geheimnis.

Nebel • Öl

Eine Landschaft mit auf und ab steigenden Hügeln und Feldern, die sich weit in die Ferne erstrecken, bekommt durch aufziehenden Morgennebel eine ganz besondere Atmosphäre. Die Wirkungen der Luftperspektive werden betont – Vordergrund, Mittelgrund und Hintergrund erscheinen deutlicher und unterschiedener als gewöhnlich. Die Formen des Landes werden zu flächigen Silhouetten, fast so wie Teile eines Bühnenbildes. In diesem Ölbild verwendet der Künstler die direkte Alla-Prima-Technik und vermalt die Farben naß in naß, um die typischen, weichen Töne eines nebligen Tages zu bekommen. Zum Abschluß tupft er das ganze Bild ab, um die Töne noch mehr verschwimmen zu lassen.

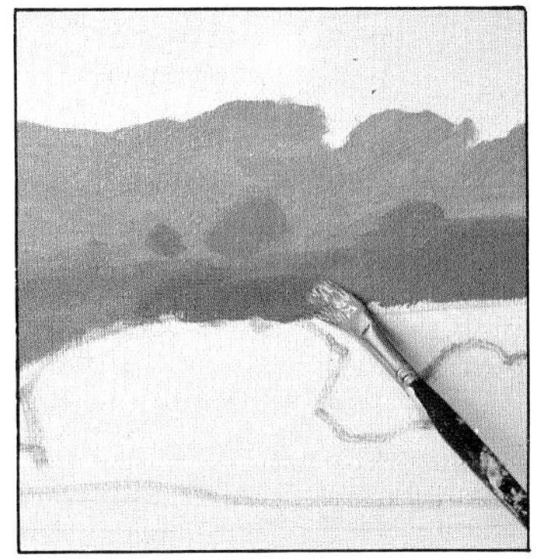

1. Mit einer Lavierung von Kadmiumgelb, Titanweiß und etwas Elfenbeinschwarz sind die Umrisse mit einem Pinsel Nr. 2 einskizziert.
Die entfernt liegende Baumgruppe wird in einem hellen Ton aus Elfenbeinschwarz, Titanweiß und Umbra natur angelegt. Der folgende Geländestreifen wird mit einem etwas dunkleren Ton aus mehr Umbra natur und weniger Weiß einskizziert.

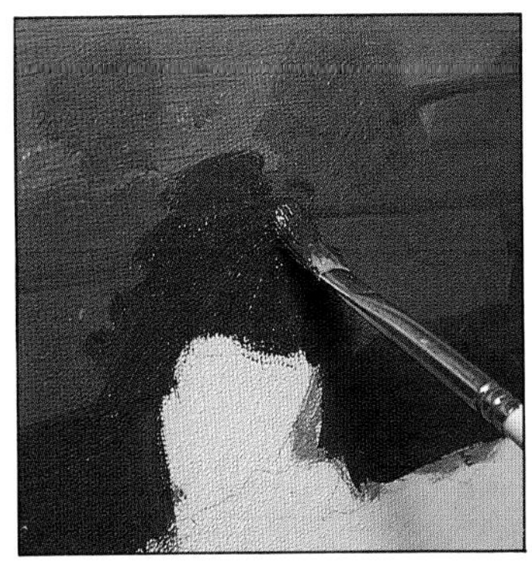

2. Mit wärmeren und dunkleren Tönen arbeitet sich der Künstler zum Vordergrund vor. Die Baumgruppe im Vordergrund wird mit einem flachen Pinsel Nr. 4 und einer Mischung aus Saftgrün, Umbra natur und etwas Elfenbeinschwarz angelegt.

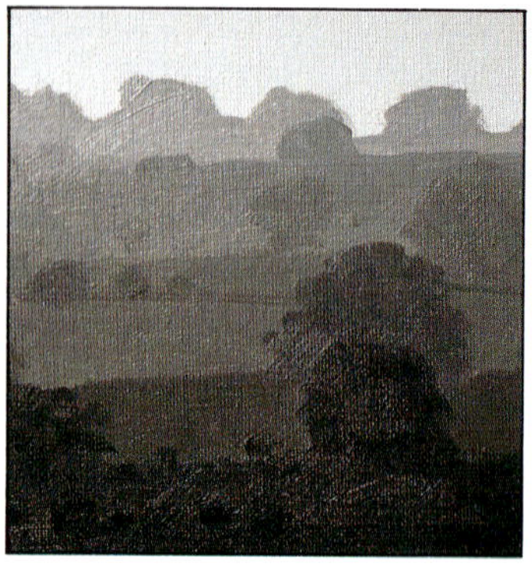

3. Hier sehen Sie den allmählichen Übergang der Tonwerte von Hell nach Dunkel, vom Hintergrund zum Mittel- und Vordergrund. Wichtig ist, jeden Bildgrund getrennt zu halten, jedoch keine plötzlichen Sprünge zwischen den Bildebenen zu schaffen. Die allgemeine Wirkung des Bildes sollte weich und gedämpft sein. Vermalen Sie die Ränder jeder einzelnen Bildebene mit der davorliegenden naß in naß, besonders im Hintergrund.

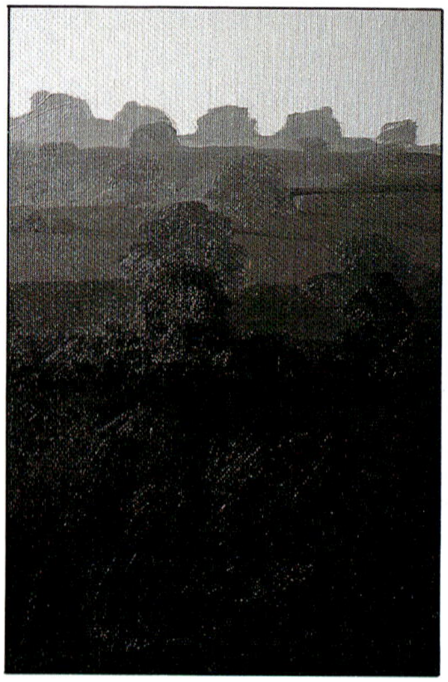

4. Zum Schluß wird der Vordergrund mit einem großen Borstenpinsel und kräftigen dämpfenden Strichen gemalt, um Textur und Bewegung zu geben.

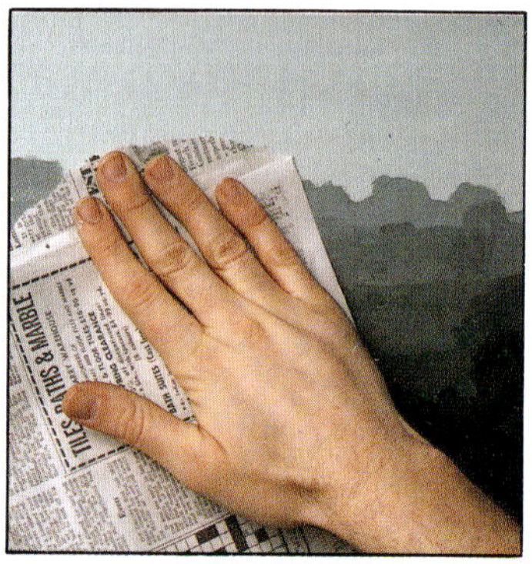

5. Solange die Farbe noch naß ist, tupft der Künstler das ganze Bild ab. Ein Stück Zeitungspapier wird auf das Bild gelegt, mit der Handfläche leicht abgerieben und dann vorsichtig abgezogen.

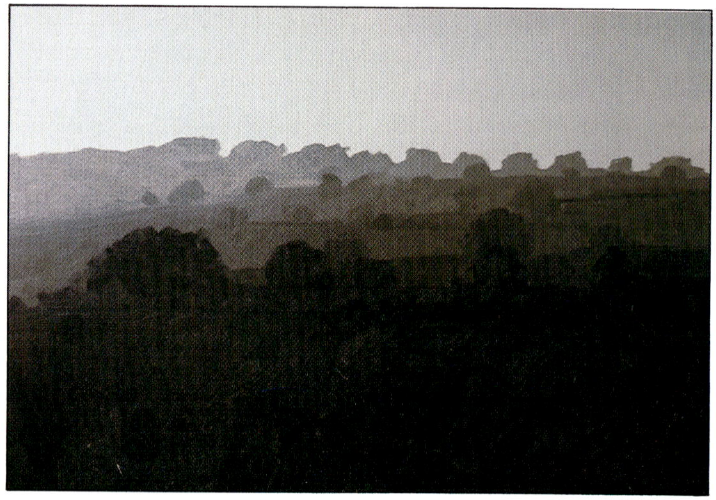

6. Das Papier hat die überschüssige Farbe von der Leinwand aufgesaugt und die Töne überall gedämpft. Der Eindruck von Nebel wurde noch verstärkt.

Nebel • Aquarell
Die Weichheit der Aquarellfarbe eignet sich ausgezeichnet für die Wiedergabe von Nebel und Dunst. Der Künstler verwendet hier eine Kombination von verschwommenen Lavierungen und schärferen Details, um eine neblige Landschaft zu schaffen, welche die Schönheit einer traditionellen östlichen Tuschezeichnung wachruft.

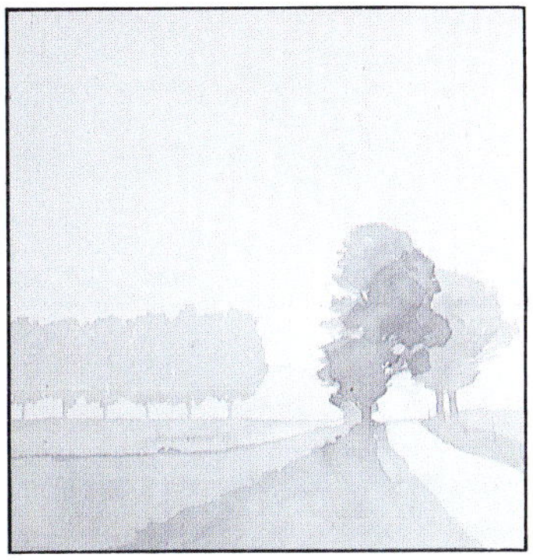

1. Der Künstler malt zuerst auf einem Blatt aufgezogenen, schweren Aquarellpapier das Feld und die entfernt stehenden Bäume in einer stark verdünnten Mischung aus Elfenbeinschwarz und Paynesgrau ein. Nach der Trocknung werden die Bäume im Vordergrund mit weiteren, etwas dunkleren Lavierungen bearbeitet. Diese dunkleren Töne geben der Landschaft Tiefe, indem sie die nahestehenden Bäume nach vorne bringen und im Vergleich dazu die hellen Baumformen im Hintergrund noch weiter entfernt aussehen lassen.

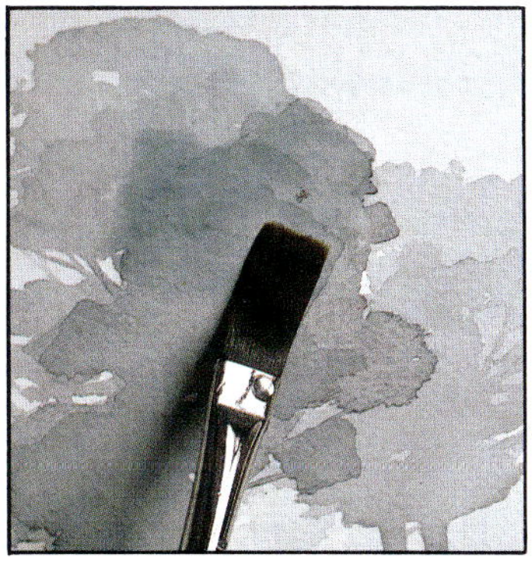

2. Dieser Ausschnitt zeigt, wie die Lavierungen naß auf trocken gelegt werden, um scharfe Ränder zu schaffen und so den Eindruck von Laub wiederzugeben.

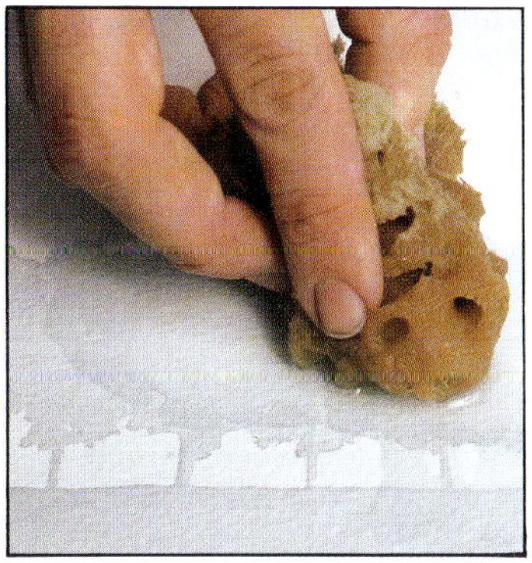

3. Nachdem das Bild trocken ist, werden die Spitzen der Bäume im Hintergrund mit sauberem Wasser und einem weichen Schwamm angefeuchtet und mit einem Zellstoffpapier vorsichtig abgetupft. Dadurch wird die meiste Farbe entfernt, und nur eine dünne Farbspur bleibt zurück. Wichtig ist, daß die gründlich eingetrocknete Farbe das Papier färben konnte, bevor die Stelle aufgeweicht wurde.

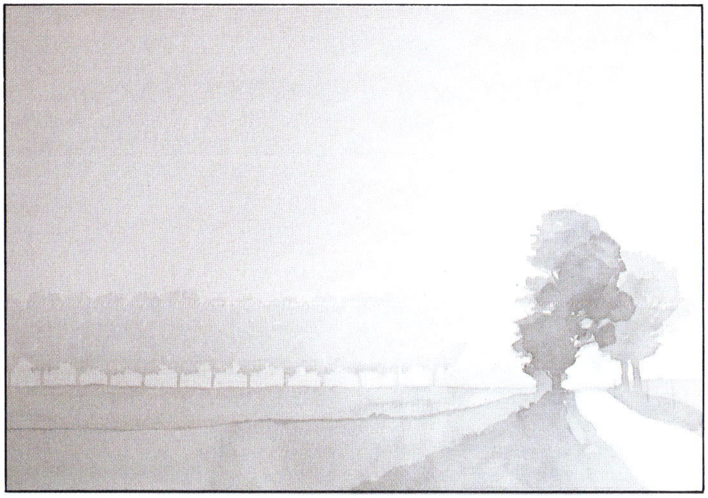

4. Die Bäume im Hintergrund sind nun so dargestellt, daß sie im Nebel verschwinden und langsam wieder auftauchen, bis sie ganz weich in der grauen Ferne vom Nebel verschluckt werden. Die Schönheit des Bildes liegt in der feinen Balance zwischen scharfen Formen im Vordergrund und weichen, verschwommenen Formen im Hintergrund.

Regen

Die Darstellung eines Regentages kann auf verschiedene Weise bewältig werden. Man kann den Regen durch diagonale oder vertikale Pinselstriche im Bild andeuten. Man kann aber auch die einzelnen Regentropfen verleugnen und statt dessen die Wirkung des Regens auf der Landschaft andeuten, indem man das Bild weich verschwimmend darstellt. Malen Sie die Nässe auf Dächern und Straßen ganz hell im Tonwert und benutzen Sie einen dunklen Kontrastton für den Himmel. Auch Pfützen auf den Straßen und Bürgersteigen, in denen sich Bäume und Häuser spiegeln, gehören zur Atmosphäre eines Regentages. Die dominante Farbe in einer Regenszene ist meistens Grau. Machen Sie diese Grautöne aber vielseitig und interessant, indem Sie sie aus verschiedenen Mischungen von Blau-, Rot- und Gelbtönen, statt nur aus Schwarz und Weiß, ermischen.

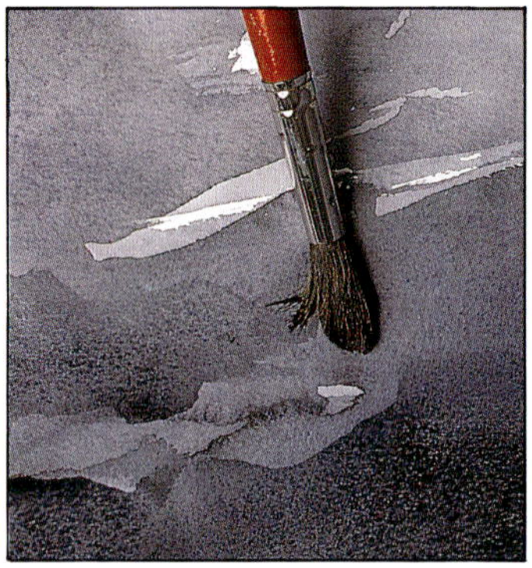

Regen • Aquarell
1. Ein Blatt schweres Aquarellpapier wird fest auf dem Malbrett befestigt und mit klarem Wasser befeuchtet. Eine Lavierung in Paynesgrau wird mit breiten Strichen aufgetragen, wobei kleine Stellen weiß bleiben. Noch während die Lavierung feucht ist, wird eine leichte Tönung in Paynesgrau und Elfenbeinschwarz mit einem großen Pinsel eingeschwemmt.

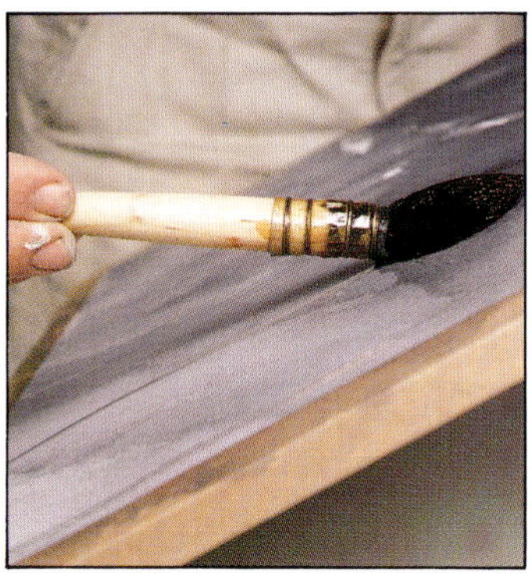

2. Der Künstler neigt das Malbrett etwas, damit die Farbe das Papier herunterlaufen kann. Mit einem großen Verlaufpinsel lenkt er die Farbflüsse dahin, wo er sie haben möchte.

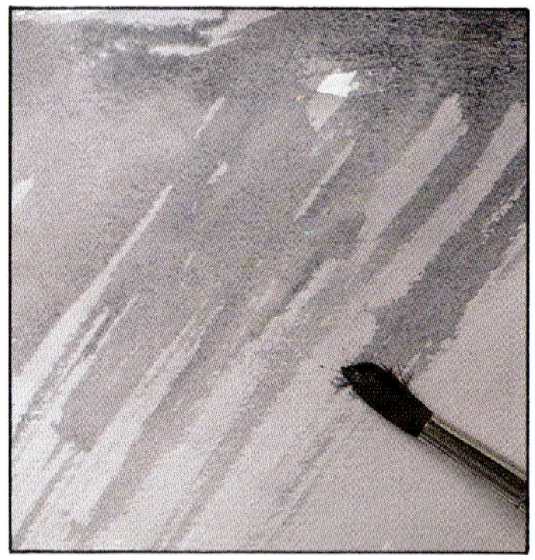

3. Mit einem Marderhaarpinsel Nr. 6 wird die Farbe dann zum Horizont heruntergezogen. Der Künstler arbeitet schnell und mit leichtem Druck, damit die Farbe von der Papierkörnung leicht aufgebrochen wird.

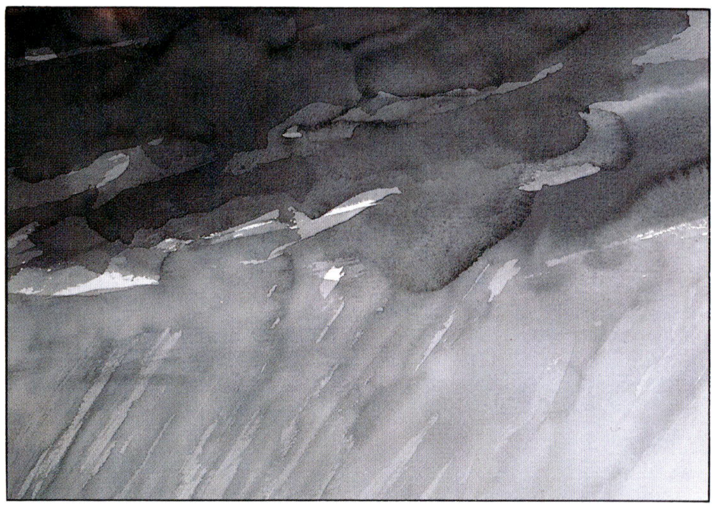

4. Die diagonalen Striche wurden leicht mit den feuchten Lavierungen unten vermalt und schaffen so den Eindruck fallenden Regens.

Schnee und Eis

Schnee und Eis werden wohl im allgemeinen für weiß gehalten. In Wirklichkeit sind sie aber nie ganz weiß, außer an den hellsten Stellen. Schnee und Eis sind Wasser in fester, gefrorener Form und reflektieren, wie Wasser, die Farben des Himmels und der Gegenstände in dieser Landschaft. Das ist besonders am frühen Morgen oder am späten Nachmittag zu bemerken, wenn die Sonne auf die Oberfläche des Schnees in einem bestimmten Winkel trifft und ihn mit einem feinen Rosa- oder Gelbton färbt. Das sind auch die besten Tageszeiten, um Schnee zu malen. Das Licht strahlt jetzt am schönsten. Es wirft warme Rosa- und Goldtöne als Lichter und leuchtende Blau- und Violettöne als Schatten. Außerdem machen die langen, zu dieser Zeit fallenden Schatten die Szene noch ausdrucksvoller und helfen bei der Formgebung des schneebedeckten Landes.
Unerfahrene Künstler glauben gerne, eine Schneeszene zu malen, bedeute, daß man unzählige Schichten weißer Farbe anhäuft. Die atmosphärischsten Schneeszenen sind aber gerade im Gegenteil die, welche viele Schatten enthalten und dazwischen kleine Stellen hellen, von der Sonne bestrahlten Schnee. Wegen der kontrastierenden Schattenzonen sehen die hellen Stellen dazwischen strahlend hell aus, während ein ganzes Bild, nur in Weiß gemalt, flach und monoton, ohne Lichtatmosphäre, wirken würde.
Beim Malen einer Schneeszene in deckenden Farben sollten Sie immer mit den hellen Farben beginnen und die kühlen Schattenfarben langsam aufbauen. Man braucht weniger Farbe, um eine helle Stelle abzudunkeln als eine dunkle Stelle aufzuhellen. Bei Aquarellfarbe trifft das Gegenteil zu. Erst müssen Sie die Lage der hellsten Lichter im Schnee festlegen und dann von Hell nach Dunkel um sie herum malen.
Nach einem kräftigen Schneefall nehmen die eingeschneiten Gegenstände weiche Konturen an. Die hellen Flächen gehen ohne harte Ränder in die Schattenzonen über. Malen Sie deshalb diese Formen mit einem Naß-in-Naß-Verlauf.
Beim Malen von Schatten im Schnee werden Sie feststellen, daß sie nahe am Motiv sehr deutlich erscheinen und weiter weg mehr verschwimmen, da viel reflektiertes Licht vom Himmel oder angrenzenden Schneeverwerfungen in die Schatten eindringt. Halten Sie die Schatten frisch und transparent durch Verwendung dünner Farbaufträge und frischer, sauberer Farbe.

Fallender Schnee
Fallender Schnee verdeckt viel von den Dingen im Hintergrund, und falls er sehr dicht fällt, reduziert er die Gegenstandswelt zu schwachen Silhouetten.
Tüpfel- und Spritztechniken sind bei deckenden Farben zur Wiedergabe fallenden Schnees sehr wirksam. In der Aquarellmalerei können Sie entweder mit deckender weißer Gouache spritzen oder den Eindruck von Schneeflocken durch die im ersten Teil gezeigte Salztechnik hervorrufen.

Schnee • Gouache und Aquarell
Der Künstler geht das Problem des fallenden Schnees so an, daß es natürlich aussieht. Spritzverfahren gehören zu den besten Möglichkeiten für eine solche Darstellungsweise: Die winzigen Farbtropfen fallen ganz zufällig auf das Papier und geben so den Eindruck wirbelnder Schneeflocken sehr gut wieder.

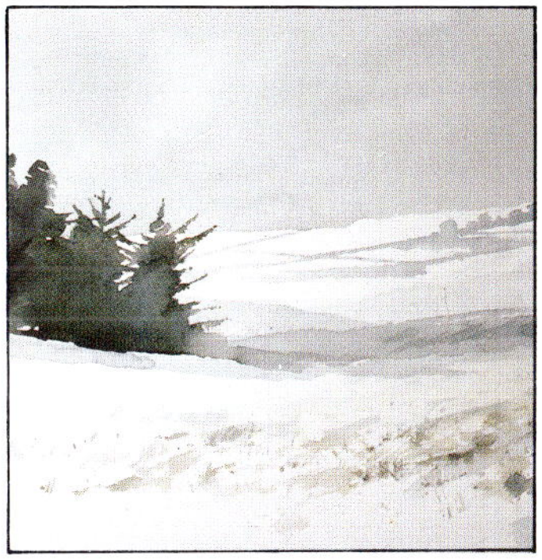

1. Der Künstler legt auf einem Blatt aufgezogenem Aquarellpapier den Himmel in einem hellen Ton von Paynesgrau an. Das Weiß des Papiers wird für die hellsten Stellen im Schnee frei gelassen, während die Formen entfernt stehender Bäume und Heckenreihen mit dünnen, grauen Linien eingezeichnet werden. Die Fichten auf der linken Seite werden mit einer dunklen Lavierung von Paynesgrau und Hookersgrün gemalt. Schnelle, trockene Striche im Vordergrund in Umbra gebrannt deuten Gras und Erdklumpen an, die der schmelzende Schnee freigelegt hat.
Dieser zusätzliche warme Ton im Vordergrund betont noch einmal die Tiefenwirkung im Bild.

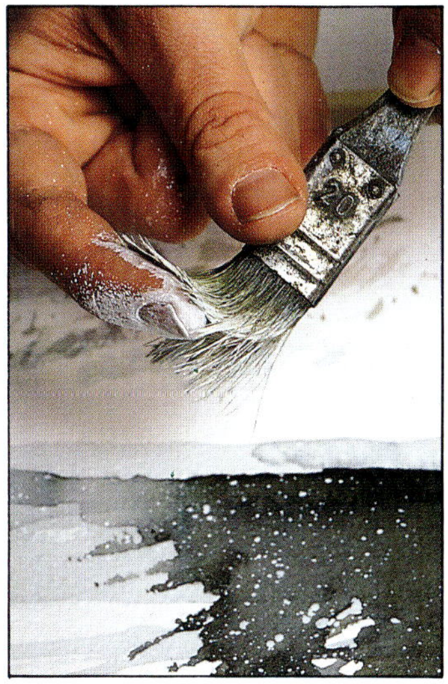

2. Das Bild soll dann ganz natürlich trocknen. Inzwischen wird eine dickflüssige Lavierung in weißer Gouache angemischt und für den Spritzvorgang bereitgestellt.
Das ist der schwierige Teil der Malerei – die Farbtropfen müssen die richtige Größe und Farbdichte haben, sonst könnte der gewünschte Effekt nicht zustande kommen. Machen Sie immer erst einen „Probelauf" auf einem Stück Papier, bevor Sie zu ihrem Bild übergehen. Auf diese Weise lernen Sie die erforderliche Flüssigkeit der Farbe einschätzen wie auch den nötigen Abstand zwischen Pinsel und Papier (ungefähr bis zu 12 cm).
Der Künstler verwendet hier einen Malerpinsel und erzeugt einen feinen Farbregen, indem er mit dem Finger durch die Borsten fährt.

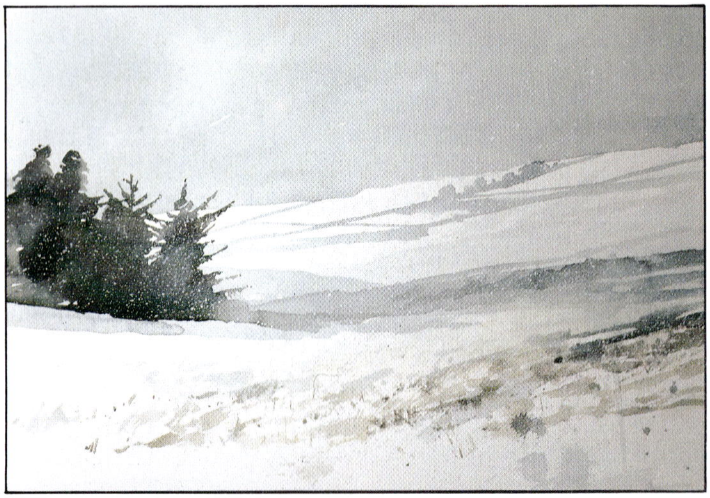

3. Beachten Sie, wie die Farbspritzer im fertigen Bild einen ganz natürlichen Effekt wiedergeben. Das Spritzen von Farbe sollten Sie aber trotzdem nicht übertreiben – weniger ist besser als zuviel, es sei denn, Sie wollten einen Schneesturm darstellen. Der Schleier von halbdeckender Gouache macht die Formen und Farben weicher, so wie richtige Schneeflocken im Fallen teilweise die Landschaft verdecken.

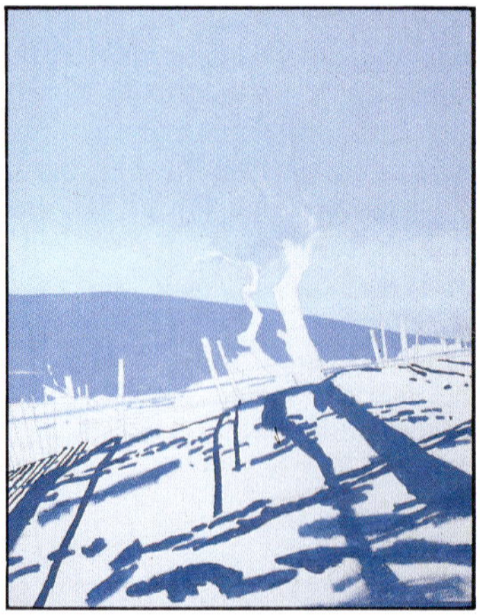

Schnee • Öl

1. Nachdem die Grundfarben für den Himmel und die Hügel in Coelinblau und Weiß angelegt worden sind, malt der Künstler die langen Schatten in einer Mischung aus Coelinblau und etwas Schwarz und Weiß.

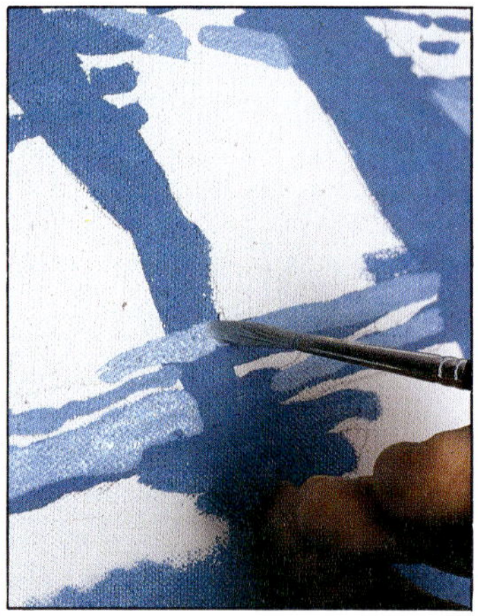

2. Dann setzt er die Mitteltöne der Schatten in einer hellblauen Mischung ein.

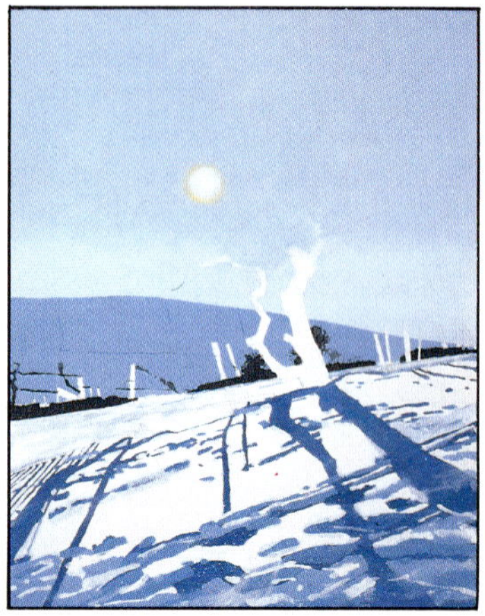

3. Im weiteren Verlauf des Malprozesses weicht der Künstler die harten Linien des Schnees und der Schatten durch Aufspritzen von weißer Farbe im Vordergrund auf, um fallenden Schnee anzudeuten.

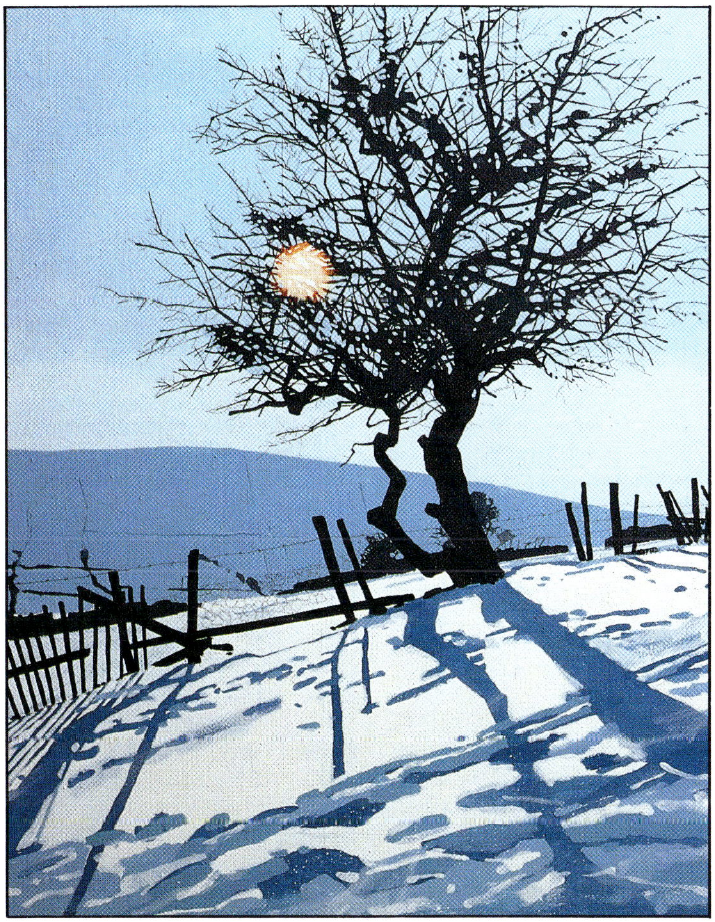

4. Dem Künstler ist es im fertigen Bild gelungen, lebhafte Kontraste mit einfachen Formen und einer beschränkten Farbenauswahl für die dunklen, sich gegen den Himmel abzeichnenden Bäume und die blauen Schatten im Schnee zu schaffen.

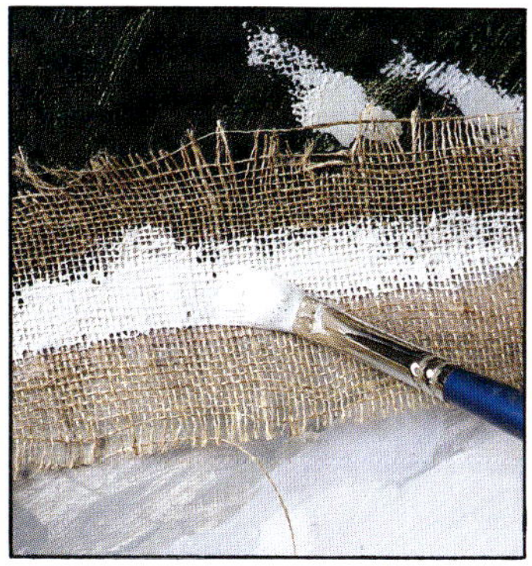

Schnee • Öl

1. Flockiger Schnee ist schwer zu malen. Mit einem Stück Rupfen lassen sich aber schöne Effekte erzielen. Legen Sie den Rupfen auf die Leinwand und drücken Sie einen Pinsel darauf. Die Farbe sollte nicht rein weiß sein, sondern mit den Farben der Landschaft leicht gefärbt sein.

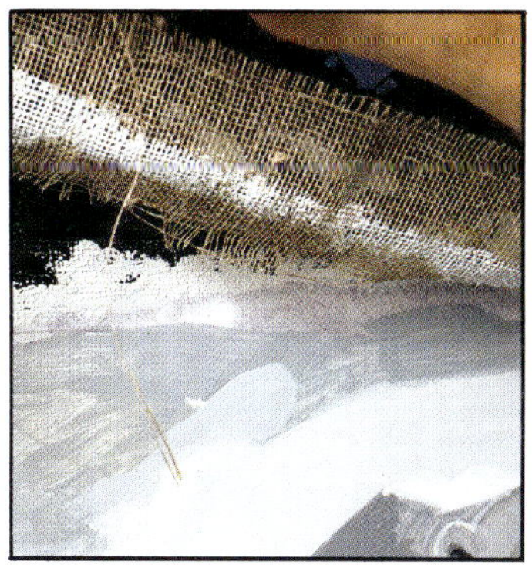

2. Heben Sie den Rupfen vorsichtig von der Malfläche ab. Darunter sollten jetzt feste Farbflächen mit weichen, statt mit harten Rändern zu sehen sein.

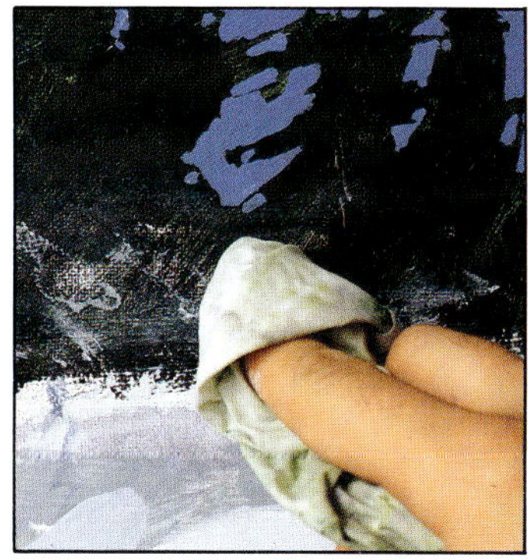

3. Manchmal geht zuviel Farbe durch den Rupfen. Wischen Sie dann die überschüssige Farbe mit einem Lappen weg.

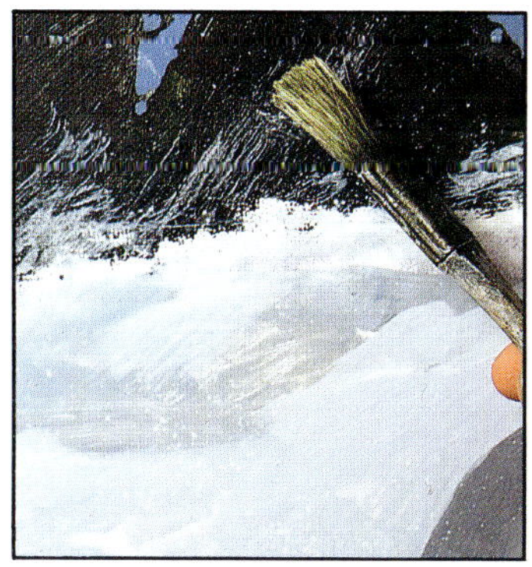

4. Um entferntes Schneegestöber anzudeuten, spritzt der Künstler mit einem 2 cm breiten Malerpinsel etwas Farbe auf die Bäume.

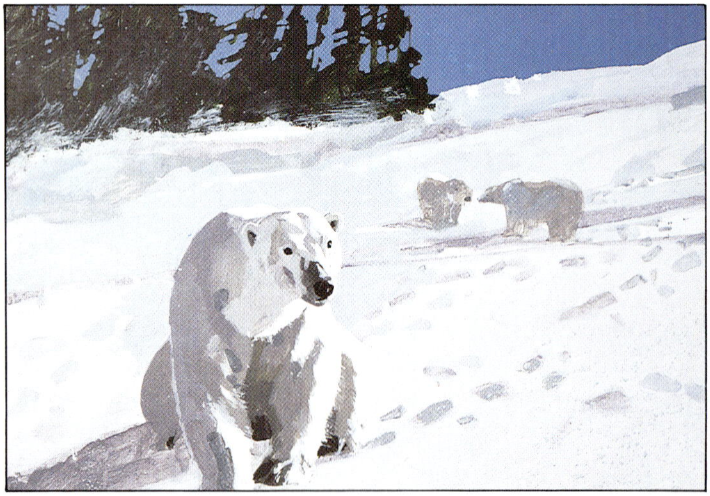

5. Dem Künstler ist es bei diesem schwierigen Weiß in Weiß gehaltenen Motiv gut gelungen, die massive Form des Bären gegen den lockeren, weißen Hintergrund abzugrenzen.

Strahlender Sonnenschein

Beim Malen einer von Sonnenschein durchfluteten Szene wird man nur allzu leicht von der Intensität der Farbe und des Lichts geblendet. Im Ergebnis ist das Bild dann zu hell und kontrastarm in den Tonwerten. Es sieht „ausgewaschen“ aus.
Das Geheimnis der Darstellung von hellem Sonnenschein liegt interessanterweise in der Malerei der Schatten. Licht sieht noch heller aus, wenn es von dunklen Stellen umgeben ist. Daher verwenden viele Künstler ein kompositorisches Mittel, welches darin besteht, einen Schatten über den Vordergrund zu legen und im Mittelgrund eine kleine, hell erleuchtete Stelle anzulegen.
Das Auge des Betrachters konzentriert sich automatisch auf diesen hellen Lichtfleck. Die Szene wirkt sonnendurchflutet, obwohl große Teile davon im Schatten liegen.
Wenn die Sonne am intensivsten scheint, beeinflußt die Farbe des Lichts oft die Lokalfarben der von ihr getroffenen Gegenstände. Alles, worauf die Sonne scheint, wird im Ton heller und wärmer, wohingegen Schattenbereiche kühler werden, da sie das Blau vom Himmel reflektieren. Balancieren Sie helle, warme Farben mit dunklen, kühlen Schatten so aus, daß sie sich gegenseitig intensivieren und starke Tonwertkontraste erzeugen, die man dann als „Sonnenschein“ identifizieren kann.
Auch auf das im Schatten reflektierte Licht sollte man sorgfältig achten. An einem sonnigen Tag gibt es soviel Licht, daß es von Gegenstand zu Gegenstand springt. Die Schattenseite weißer Häuser kann also blau aussehen, solange es Licht vom Himmel reflektiert. Plötzlich erscheint sie aber Grün, weil nun die umliegenden Bäume stärker bestrahlt werden und entsprechend Licht abgeben. Wenn Sie auf solche Feinheiten achten, werden Sie Ihrem Bild eine größere Leuchtkraft und Natürlichkeit geben.
Auch die verschiedenen Pinseltechniken tragen zu der Atmosphäre des Bildes bei. Malen Sie in deckenden Maltechniken die Schatten immer dünn und verwenden Sie dickes Impasto, das viel Licht reflektiert, für die Malerei der lichthaltigen Stellen.
In der Aquarellmalerei wird der ausbleichende Effekt der Sonne meistens einfach und effektiv durch Stehenlassen von weißem Papier wiedergegeben. Denken Sie auch daran, daß intensives Sonnenlicht scharfe Details verringert. Verwenden Sie also an einigen Stellen einen weicheren Pinselduktus.

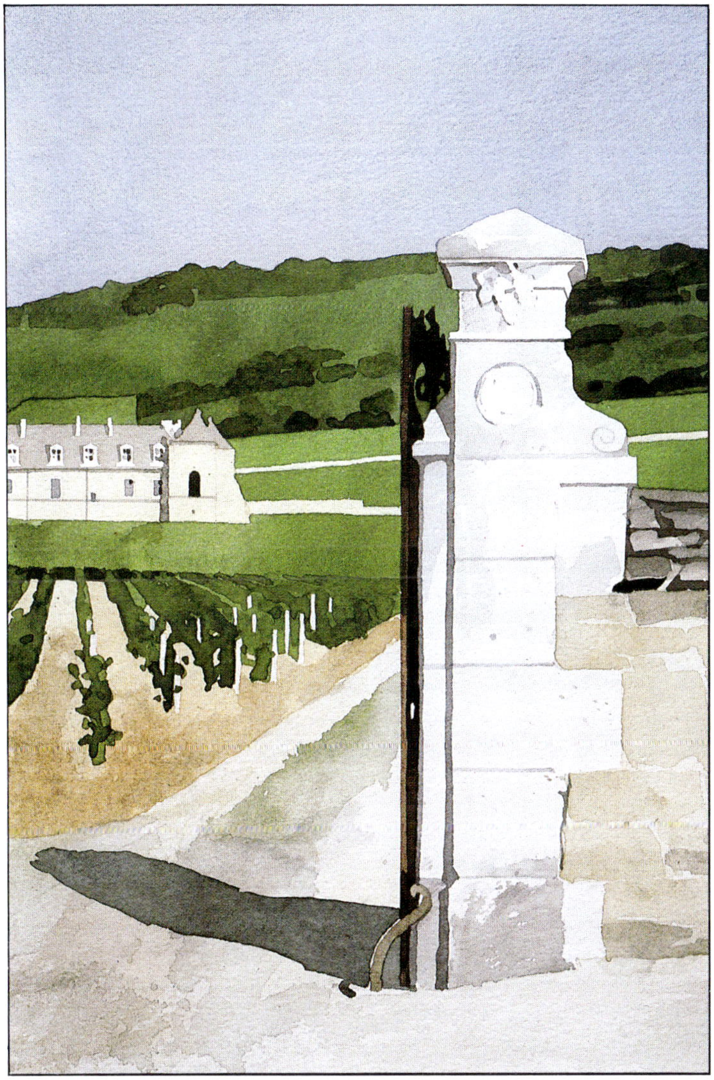

Strahlender Sonnenschein
In diesem Aquarell wird der Eindruck von hellem Sonnenschein durch den Kontrast zwischen dem intensiven Weiß des Steinpfeilers und dem tiefen, dunklen Schatten, den er auf den Boden wirft, erzeugt.

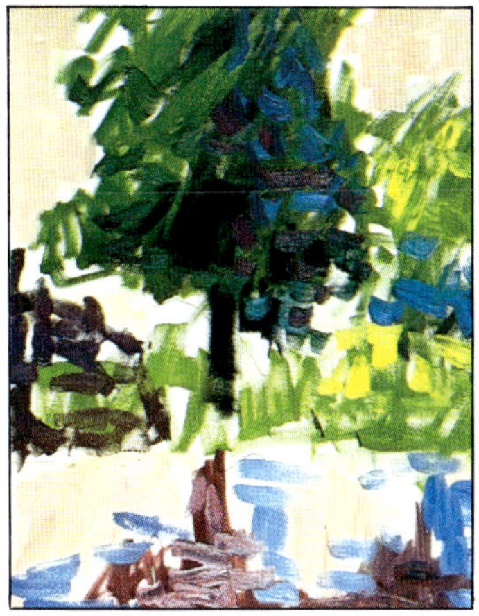

Gesprenkeltes Sonnenlicht

1. Nach einer Vorzeichnung in Kohle und der Anlage der Grundfarben nehmen Sie Kadmiumgelb für die hellen Töne in den Bäumen und Coelinblau für die Lichter auf dem Wasser.

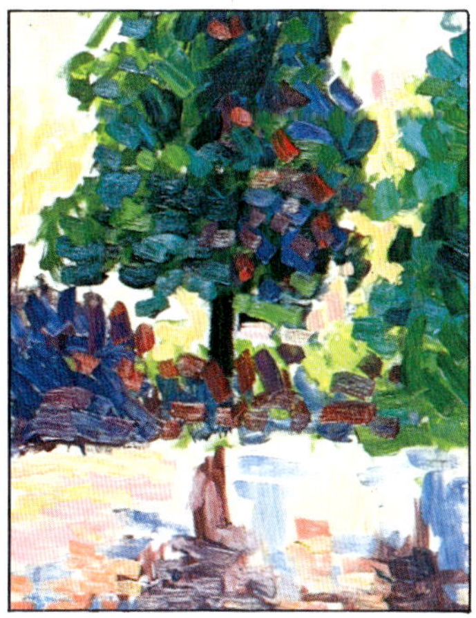

2. Nachdem Sie die Bäume grob skizziert haben, setzen Sie Tupfen von Krapplack, gemischt mit Kadmiumrot mittel, ein. An einigen Stellen können Sie diese Mischung mit ein wenig Weiß aufhellen.

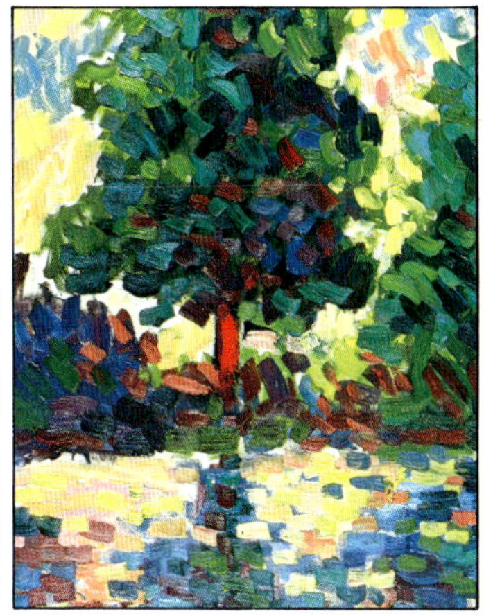

3. Für die Lichtreflexe der Bäume und des Himmels auf dem Wasser nehmen Sie die gleiche Farbmischung aus Kadmiumgelb und Weiß, wie sie für den Himmel verwendet wurde. Der Künstler hat in dem fertigen Bild eine harmonische Farbverteilung erzeugt, in der jede einzelne Farbe in anderen Teilen der Komposition wiederaufgenommen wurde.

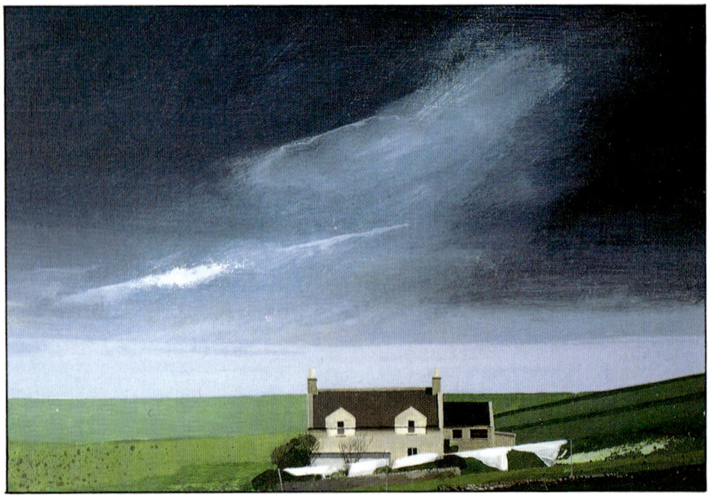

Sturm

Wenn Sie Ihr Motiv auf einen stürmischen Himmel konzentrieren wollen, so sollten Sie die Horizontlinie so niedrig halten, daß die Landschaft mit dem Himmel um Aufmerksamkeit kämpft. In diesem Acrylbild wurde die Farbe des stahlgrauen Himmels absichtlich noch verstärkt, um den Stimmungsgehalt zu erhöhen. Die Wolken scheinen auf dem kleinen Haus auf dem Hügel zu lasten. Die Bewegung der auf der Wäscheleine trocknenden Wäschestücke trägt auch zur Gesamtstimmung bei, weil dadurch ein heftiger Wind angezeigt wird.

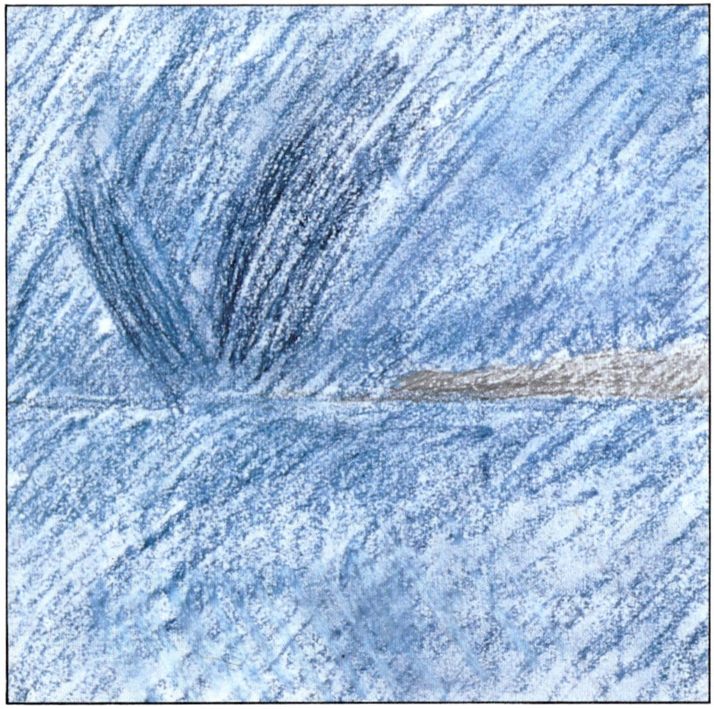

Sturm • Pastell
1. Mit starken, diagonal gerichteten Linien in Coelinblau skizziert der Künstler die wichtigen Flächen von Himmel, Land und See ein.

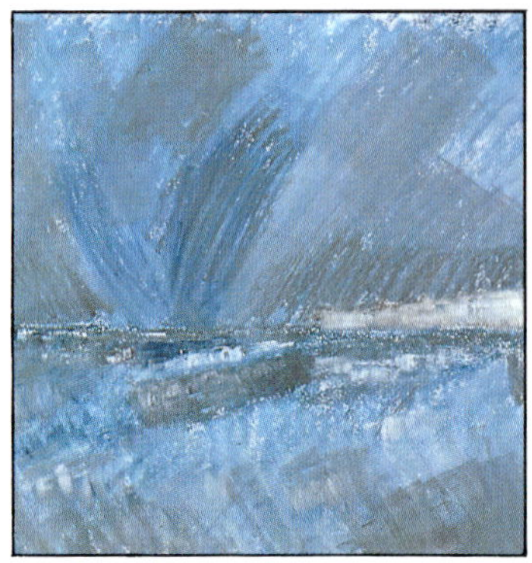

2. Dann setzt er diagonale Striche in grauem und weißem Pastell ein, die dann vermalt werden.

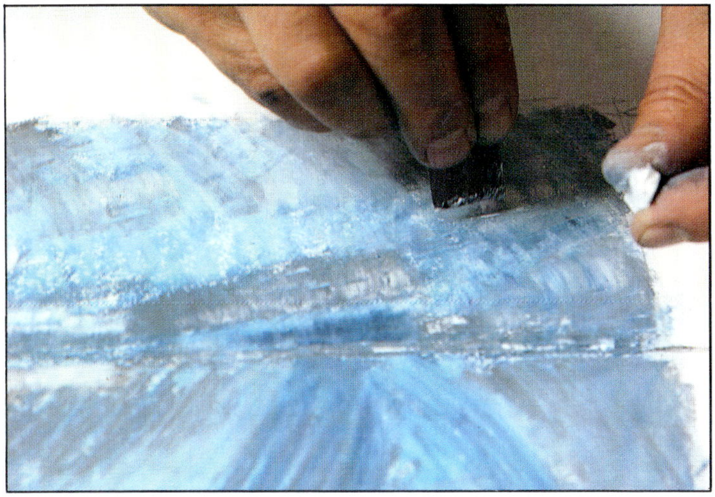

3. Ölpastellkreide ist ein vielseitiges Malmittel. Hier zerdrückt der Künstler kleine Stückchen weißer Kreide mit einem Malmesser auf der Bildfläche. Mit dem Messer kratzt er auch Texturen in die Pastellfarbe.

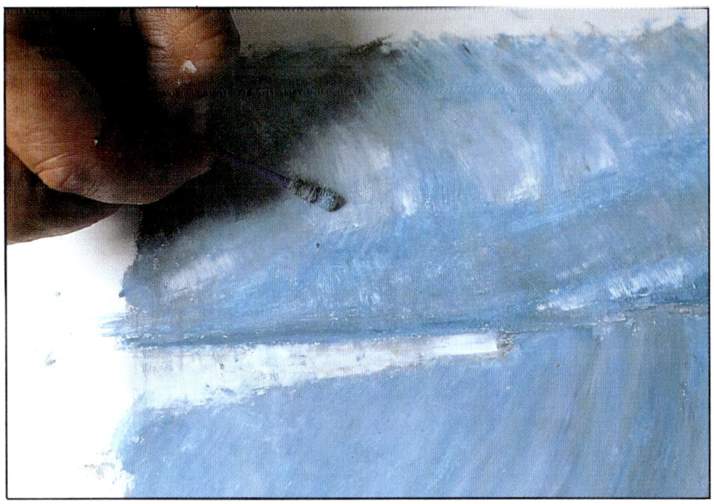

4. Die Wirkung von aufgewühltem Wasser gibt er wieder, indem er mit einem terpentingetränkten Wattestäbchen die Pastellstriche vermalt.

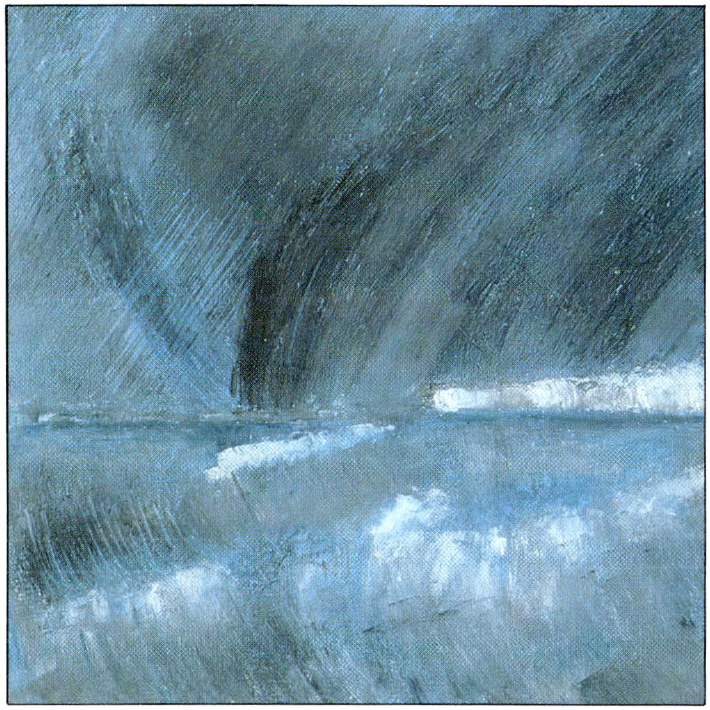

5. Für die Uferzone und die brechenden Wellen wird dicke, weiße Pastellfarbe eingesetzt. Mit dem Malmesser kratzt der Künstler die Farbe bis zum Papiergrund weg und erzeugt so weiße Streifen, die die aufschäumenden Wellen gut wiedergeben.

Register

Bildnachweis

Alle Übungsbeispiele stammen von Ian Sidaway, mit folgenden Ausnahmen:

Gordon Bennett:	Seite 51, linke Spalte oben und unten, 53, 87, 88 linke Spalte, 149 rechte Spalte, 150 linke Spalte;
Moira Clinch:	Seite 89, 91 linke Spalte;
Dietrich Eckert:	Seite 18 linke Spalte;
Vicky Funk:	Seite 81 mittlere Spalte unten, 172, 185 rechte Spalte;
Kevin Hennessy:	Seite 100 linke Spalte, 101 linke Spalte, 106, 107 rechte Spalte, 130, 131 linke Spalte;
Jan Howell:	Seite 19 rechte Spalte unten, 20 linke Spalte;
Nicke Kemball:	Seite 141, 143 mittlere und rechte Spalte, 144 linke Spalte;
Sally Michel:	Seite 159 mittlere und rechte Spalte, 165 linke Spalte;
John Newberry:	Seite 109 rechte Spalte;
Mike Pape:	Seite 186 rechte Spalte;
Lincoln Seligmann:	Seite 107, 174 rechte Spalte;
Wendy Skrimpton:	Seite 126 rechte Spalte, 127 linke Spalte;
Stan Smith:	Seite 46 mittlere und rechte Spalte, 47, 89 rechte Spalte, 132, 133 linke Spalte, 154 linke Spalte, 173, 174 linke Spalte;
Maurice Wilson:	Seite 158 rechte Spalte, 159 linke Spalte, 160 linke Spalte, 162 linke Spalte unten;
Marc Winer:	Seite 151 rechte Spalte;
Ken Wood:	Seite 110, 111, 156;